HEYNE
BÜCHER

LE LY HAYSLIP und JAMES HAYSLIP

GEBOREN IN VIETNAM — LEBEN IN USA

Der Lebensweg einer tapferen Frau

Aus dem Englischen
von
LISELOTTE JULIUS

Deutsche Erstausgabe

WILHELM HEYNE VERLAG
MÜNCHEN

HEYNE ALLGEMEINE REIHE
Nr. 01/9056

Unseren Ahnen

Titel der Originalausgabe
CHILD OF WAR, WOMAN OF PEACE
Erschienen beim Verlag Doubleday, Inc.

Die Adresse der Le Ly Hayslip-Stiftung lautet:

East Meets West Foundation
725 Washington Street
Suite 310
Oakland, CA 94607

Redaktion: Dr. Uta Vogel
Copyright © 1993 by Le Ly Hayslip und Charles Jay Wurts
Copyright © der deutschen Ausgabe 1994
by Wilhelm Heyne Verlag GmbH & Co. KG, München
Printed in Germany 1994
Umschlagillustration: Warner Bros. Film GmbH
Umschlaggestaltung: Atelier Ingrid Schütz, München
Druck und Bindung: Presse-Druck, Augsburg

ISBN 3-453-07506-4

Unseren Ahnen

INHALT

DAS LIED VOM SAU-DAU-BAUM

Vor langer Zeit, ehe die Welt ihre Lektion gelernt hatte, zog ein junger Mann in den Krieg. Wie seine Brüder durchstreifte er den Globus in allen Himmelsrichtungen, kämpfte in vielen Schlachten und sah viele wunderbare und erschreckende Dinge – doch keines kam dem Bild des Grauens gleich, als er bei seiner Rückkehr nach fünfundzwanzig Jahren sein Heimatdorf verlassen vorfand.

Auf den windgepeitschten Straßen wucherte Unkraut, und die einst fruchtbaren Felder waren kahl und schorfig. Der Himmel war von rötlichen Staubwolken verhangen, und der ehemals fischreiche Fluß nur noch ein trübes Rinnsal. Kokospalmen standen da wie geknickte Fahnenstangen, ihre Wedel vom Sommermonsun überall verstreut; die Bauernhäuser waren eingestürzt oder leer. Nur ein einsamer Sau-Dau-Baum, die alten Äste noch mit grünen Schoten bestückt, stand am Flußufer und erinnerte ihn an vergangene Zeiten.

Und daran erinnerte er sich sehr wohl.

Der Soldat streckte sich unter dem Baum aus und wandte das Gesicht den verlassenen Straßen zu. Die Spinnen in ihren Netzen wurden zu alten Leuten, die im Dunkel tratschten; die umherflitzenden Eidechsen zu Kindern, die hinter Enten herjagten; die herabstoßenden Vögel zu anmutigen Mädchen, die Wasser trugen – und dabei den Dorfjungen, die Holz hackten und Karren reparierten, schmachtende Blicke zuwarfen. Eine aus einem knochentrockenen Garten aufwirbelnde Staubwolke wurde zum Rauch aus der Küche seiner Mutter, der das Abendessen ankündigte. Eine ältliche Frau, schwarz gekleidet und zum Skelett abgemagert, kam aus einer nahen Hütte angehumpelt, als gehöre sie zu dem Tagtraum.

Der Soldat sprang auf – zunächst aus Furcht, die Gestalt wäre ein Schutzgeist des Dorffriedhofs, dann, um der alten Frau beim Sammeln von Pfefferschoten zu helfen, als er sah, daß sie wirklich war.

»Ich hab früher in diesem Dorf gelebt«, sagte der Soldat voller Freude, jetzt endlich einmal hilfreich zu sein. »Meine Familie wohnte hier, unten am Fluß, wo die Fähre übersetzte. An heißen Tagen hab ich immer Kokosmilch getrunken und zugehört, wie das Mädchen von der Fähre sang.«

Die Alte interessierte sich nicht für seine Geschichten und werkelte grämlich weiter. »Euer altes Haus ist zerstört«, teilte sie ihm barsch mit, »und die Fähre auf Grund gelaufen und verrottet, als das Militär den Fluß staute. Das Mädchen wurde vergewaltigt und ist mit ihrem vaterlosen Kind in die Stadt geflüchtet, wo sie nicht mehr singt. Und auf den zerschossenen Bäumen wachsen keine Kokosnüsse mehr. Alles ist jetzt verdorrt und verkümmert – wie ich. Wenn du klug bist, machst du dich davon, bevor die Sonne untergeht. Bei Nacht ist es im Dorf nicht sicher – zu viele Geister. *Zu viele Geister!*«

Unendlich traurig blickte der Soldat der Alten nach, die zurück zu ihrer Hütte humpelte. Die Sonne sank tiefer, und der Schatten des Sau-Dau-Baumes kroch über die verlassene Straße hinunter zu dem Platz, wo in glücklicheren Tagen sein Elternhaus gestanden hatte. Plötzlich sang er mit einer Stimme voller Zuversicht und Mitgefühl, aus der die Siege eines Soldaten sprachen, gemildert jedoch durch die Reue eines Soldaten:

> Der Sau-Dau-Baum steht im Abendlicht,
> Blätter umrieseln dich, dem Flußsand gleich.
> Wind und Regen folgten meinen Schritten,
> Ich war zu lange *la nuoc la cai* –
> Einsam, verloren im fremden Land.

Tu war mein Schatten;
Dao meine Sonne.
Wie kann ein dunkles Haus denn Furcht einflößen,
Wenn früher es dein eigen war?

Die Alte drehte sich um und sah den Mann in gleißendes
Licht getaucht, das Geflecht des Astwerks hing über ihm wie
eine Krone, strahlend voller Lebenskraft. Von den Pfefferschoten in ihrem Korb stieg Wärme empor, und die Narben
der Jahre verflüchtigten sich auf ihrem Körper, und die Vögel
wurden zu Mädchen und die Eidechsen zu Kindern; und das
Wasser begann wieder zu fließen, das Mädchen von der
Fähre kehrte zurück und sang das Lied vom Sau-Dau-Baum.

Wenn heute Menschen zu lange fern der Heimat im Exil gelebt und sich die Augen ausgeweint haben, dann brauchen
sie nur in den Sonnenuntergang zu schauen und das Lied
vom Sau-Dau-Baum zu singen, und schon fliehen die Geister,
die sie verfolgen, die Narben der Jahre glätten sich, und der
Boden unter ihren Füßen, wo immer sie sind, wird zur Heimaterde. Das, was zweigeteilt war, wird zur Einheit, und sie
fürchten das dunkle Haus nicht länger, das einst ihr Heim
war.

Im Mai 1970 stieg ich aus dem Flugzeug der Pan Am, das
mich aus meinem zur Hölle gewordenen Land gebracht hatte,
und betrat den Himmel, den ich mir in Amerika erhoffte. Ich
war zwanzig, hatte zwei Söhne von verschiedenen Vätern.
Ich sprach nicht viel Englisch und paßte mit meiner ganzen
Lebensart besser in Bauerndörfer und die Straßen von Saigon
als in einen Vorort von San Diego, der meine neue Heimat
werden sollte – für ein vietnamesisches Bauernmädchen
fremder als die dunkle Seite des Mondes.
   Meine Lebensgeschichte war anders als die meiner amerikanischen Nachbarn. Als Zwölfjährige hatte ich zwei Brüder
und unzählige Onkel, Tanten und Vettern im Krieg verloren.

Mit fünfzehn wurde ich im Kampf gegen die südvietnamesischen Republikaner gefangengenommen, gefoltert und vom Vietcong zum Tode verurteilt und vergewaltigt. Mit sechzehn sorgte ich als ledige Mutter auf dem Schwarzmarkt von Da Nang für den Lebensunterhalt meiner Familie. Als ich neunzehn war, hatte mein Vater Selbstmord begangen, um mich vor einer neuerlichen Verbindung mit dem Vietcong zu bewahren, und ich wurde die Ehefrau von *de quoc My*, ›dem Feind‹ – einem amerikanischen Bauingenieur, Zivilist in mittleren Jahren, namens Ed Munro – in der verzweifelten Hoffnung, daß er mich und meine Kinder vor dem Krieg retten würde.

Als er mich schließlich in die Vereinigten Staaten brachte, lernte ich rasch, daß die zum Überleben in den Sumpfgebieten und den korrupten Seitengäßchen meines Heimatlandes benötigten Fähigkeiten in Supermärkten, Warenhäusern und Stellenvermittlungsbüros der Vereinigten Staaten nicht zählten. Die ›Verkehrszeichen‹, die ich befolgte, waren nicht vor Straßenübergängen oder auf Autobahnen postiert, sondern in meinem Herzen eingemeißelt als *Dao lam nguoi:* Naturgesetz, Weltgesetz, das Gesetz von Karma und Leben und Tod. Plötzlich sah ich mich einer Welt ohne Ahnen gegenüber – ohne Ursache und Wirkung, in der ich kein Gestern und kein Morgen hatte. Ich war in *dat khach que nguoi* – einsam und verlassen in einem fremden, feindseligen Land. Die Propaganda des Vietcong bei den mitternächtlichen Zusammenkünften in den Sümpfen außerhalb meines Dorfes hatte ich noch frisch im Gedächtnis. *De quoc thuc dan* hämmerten sie uns ein: Befreit Vietnam von dem ›kapitalistischen Kolonialreich‹. Jetzt war dieses ›Reich des Bösen‹ zu meiner Heimat geworden. Ich hatte mich selbst dazu verurteilt, im Land des Feindes zu leben.

Dieses Buch ist die Geschichte meines Lebens im Land des ›Feindes‹ – des Überlebenskampfes einer Vietnamesin unter den ›katzenäugigen‹ Westlern, die zu fürchten und zu hassen man mich seit meiner Geburt gelehrt hatte. Aber es ist auch noch etwas mehr. Es ist die Geschichte von der Entdeckung eines Schatzes, wo man ihn am wenigsten erwartet; von der Suche nach zwei Hälften, die ein vollkommenes Ganzes bilden. Es geht darum, Ähnlichkeiten in verschiedenartigen Dingen zu erkennen und Freude zu finden am Gewöhnlichen, Unscheinbaren. Es handelt davon, wie man der Liebe begegnet und sie wieder verliert, wie man den Schmerz überwindet und weiterlebt. Vor allem aber dreht es sich darum, mit der Vergangenheit ins reine zu kommen, während man nach einer besseren Zukunft strebt. Man hat mir gesagt, es sei die Geschichte Amerikas, mit einer Bambusfeder geschrieben. Die Geschichte trifft auf jeden zu – ob aus Asien, Europa, Afrika, Australien, dem Mittleren Osten, Amerika –, der sich je vertrieben, verlassen und von der Welt mit Haut und Haar verschlungen gesehen hat, nur um wieder ausgespien zu werden: eine Fremde an einem fremden neuen Gestade.

Ich lade Sie ein, auf diesen Seiten an einer Reise teilzunehmen, für die ich insgesamt zwanzig Jahre gebraucht habe. Unterwegs werden wir viele schreckliche und wunderschöne Dinge erleben, am schrecklichsten aber wären wohl die Ängste, die meine Geschichte in Ihnen wachrufen mag, und am wunderbarsten der Frieden, den Sie an ihrem Ende finden werden – denn ich habe den Sau-Dau-Baum gesehen und sein Lied gesungen.

Erster Teil

LEBEN MIT DEM FEIND

(1970–82)

1

DIE SEHNSUCHT, FREI ZU ATMEN

Die warme Brise von Honolulu streichelte mich wie Mutterhände. Ein hübsches Hula-Mädchen hängte mir einen Blumenkranz um den Hals. Zum erstenmal in meinem Leben kostete ich die berauschende Atmosphäre einer friedlichen Welt.

Der 27. Mai 1970, der Tag, an dem ich nach der Flucht vor dem Krieg in Vietnam meinen Fuß auf den International Airport in Honolulu setzte, markierte den Beginn meines neuen Lebens als frischgebackene Amerikanerin. Vielleicht habe ich es mir nur eingebildet, aber die Besatzung des großen amerikanischen Jetliners aus Saigon schien mich und meine beiden Jungen – den dreijährigen Jimmy (er und sein Vater, ein reicher Industrieller in Saigon, hatten einander nie kennengelernt) und Tommy, der drei Monate alte Sohn meines neuen amerikanischen Ehemannes, Ed Munro, zu dem wir jetzt unterwegs waren – außergewöhnlich freundlich zu behandeln. Freiheit und Freundlichkeit gingen offenbar ebenso Hand in Hand wie Korruption und Grausamkeit.

Dennoch besaß Hawaii zuviel Ähnlichkeit mit Vietnam, um es wirklich den Vereinigten Staaten zuzurechnen. Zum einen war es eine tropische Insel – mit Palmen und Sand bedeckt und Honolulu glich trotz seinen modernen Hotels und Geschäften und Restaurants nur allzusehr Saigon: überall Asiaten und GIs, billige Bars, Taxis und Transitreisende, *khong hieu qua khu* – Menschen ohne Vergangenheit oder Zukunft, wie ich. Auf die spannende Begegnung mit dem eigentlichen, dem spektakulären Amerika mußten wir noch bis zur nächsten Landung warten.

Wie sich herausstellte, war San Diego ein weiteres Honolulu, freilich in größerem Maßstab. Unser Flugzeug kam nach Mitternacht an, keine günstige Zeit für Stadtbesichtigungen, zumal durch furchtsame Einwanderer. In Vietnam scheute der Vietcong das Licht, deshalb waren die ›befreundeten‹ Gebiete – Großstädte, Provinzstädte, Luftstützpunkte und Außenposten – hell erleuchtet wie amerikanische Weihnachtsbäume. Auch in San Diego brannte die Straßenbeleuchtung die ganze Nacht hindurch, vielleicht ein Entwarnungssignal für Kriegsheimkehrer.

Ed erwartete uns am Eingang zur Ankunftshalle, wie versprochen. Er hatte bei seiner Schwester, Erma, im Vorort El Cajon gewohnt. Obwohl ich aufatmete, nach Tausenden von Kilometern unter Fremden sein vertrautes Gesicht, braungebrannt und gesund, zu sehen, ließ ich bei seinem Anblick doch den Mut sinken. Geboren 1915 (sieben Jahre später als meine Mutter) in Mount Vernon, Washington, hätte er mein Vater sein können – nicht gerade der Traummann für eine Zwanzigjährige. Mit zwei Brüdern und drei Schwestern waren ihm immerhin Kleinstädte und Großfamilien nicht fremd – ein weiterer Grund, neben seiner reifen Persönlichkeit, daß er mich so gut verstand. Seine Mutter hatte als Kellnerin in einem sogenannten Drive-in gearbeitet, sein Vater war tot, wie der meine. Mein Vater, ein Bauer, hatte sich nur selten weiter als einen Tagesmarsch von unserem Heimatdorf Ky La entfernt. Eds Vater war Tischler und Jäger, der sich bis nach Alaska wagte – eine phantastische Gegend, wo laut Ed scharfkantige Eisbrocken vom Himmel fielen. Alles in allem waren Eds Angehörige gediegene Vertreter der Arbeiterklasse. Genau wie meine bäuerliche Familie liebten sie einander, liebten ihr Land und hielten an ihren Überzeugungen fest.

Ed war vorher schon zweimal verheiratet. Er kannte wie ich das Gefühl, in einer Liebesbeziehung der Verlierer zu sein. Seine erste Frau schenkte ihm zwei Söhne, Ron und Ed jr. (beide bei der Marine in Vietnam, wo wir sie besuchten), ließ sich dann von ihm scheiden und übersiedelte nach Nevada. Seine zweite Frau war ihm untreu, und als Ed dahinterkam, verprügelte er sie nicht, wie es ein vietnamesischer Ehemann getan hätte, sondern schickte ihr ein Dutzend Rosen und wünschte ihr viel Glück mit ihrem neuen Mann. In gewisser Weise war das ganz typisch für Ed. Die Wünsche der Menschen, die er liebte, rangierten für ihn höher als sein eigenes Recht auf Glück. Diese ständige Opferbereitschaft zehrten ihn meiner Meinung nach immer mehr auf und kosteten ihn schließlich das, woran ihm am meisten lag. Damit stand er unter Amerikanern nicht allein, wie ich später entdeckte.

Die lange Fahrt vom Lindbergh Field in San Diego nach El Cajon unterschied sich nicht nennenswert von der in die Vororte von Saigon, außer daß sich auf den sechs breiten Spuren der Autobahn mehr Personenwagen und weniger Motorräder befanden. Dann fuhren wir durch saubere Häuserblocks, alles dunkel, bis auf die Straßenbeleuchtung. Wir parkten in der Zufahrt eines blaßgelben Hauses – im ›Ranch-Stil‹, wie Ed erklärte, obwohl ich keinerlei Tiergeruch wahrnehmen konnte – und gingen den schmalen Weg zu einer strahlend hell erleuchteten Haustür. Bevor Ed die Klingel betätigen konnte, tauchte hinter dem Vorhang ein Schatten auf. Die Tür öffnete sich für eine hünenhafte Amerikanerin, mit Lockenwicklern und einem Nachthemd von den Ausmaßen eines Bettlakens.

Verblüfft machte ich eine tiefe Verbeugung – aus Höflichkeit und um die monumentale Erscheinung aus dem Gesichtsfeld zu verbannen, während ich meinen schlaftrunkenen Verstand sammelte.

»Oh!« schrie Erma, Eds Schwester, schlug sich auf die Wangen und zog mich mit kräftigen Armen an sich. »Sie ist ja so niedlich – ein richtiges Porzellanpüppchen! Ich möchte sie am liebsten kaputtdrücken!«

Das tat sie auch um ein Haar – eine stürmische, rührselige amerikanische Umarmung, eine Zurschaustellung von Gefühlen, die kein richtiger Vietnamese bei der ersten Begegnung wagen würde. Es überraschte mich, wie schnell Amerikaner Fremden gegenüber Zuneigung bekundeten, sogar denen aus jenem fernen Land, in dem ihre Männer einen mörderischen Krieg führten.

»Und die Kinder ...?« Erma spähte an meiner hochgetürmten Frisur vorbei. Ed hatte ihr Bilder von meinen beiden Söhnen gezeigt.

»Im Wagen!« Er wies mit dem Daumen über die Schulter, ganz der stolze Vater.

»Oh – ich kann's kaum erwarten, sie zu sehen!« Erma hastete den Weg hinunter. »Ich könnte sie glatt auffressen!«

Auffressen – mein Gott! Natürlich war das bloß wieder eine amerikanische Redensart. Mir begann zu dämmern, daß es im Englischen ebenso von Fallen wimmelte wie im Dschungel bei Ky La.

Eds neue Familie beeindruckte sie jedenfalls, positiv *und* negativ. Jimmy hatte die Zeitverschiebung zugesetzt, er war quengelig, und da er fast nur Vietnamesisch sprach, heulte er los, als diese riesige braunhaarige Bärendame ihn mit ihren Tatzen zu zerquetschen versuchte. Tommy jedoch, der im Flugzeug vierzehn Stunden geschlafen hatte und zu Späßen aufgelegt war, kreischte vor Vergnügen. Erma erkannte sofort, welcher Junge den aufgeweckten, aufrechten Sternenbanner-Vater hatte und welcher der bedauernswerte Flüchtling aus der Dritten Welt war. Erste Eindrücke bleiben haften. Ich glaube, diese mitternächtliche Begegnung hat sie unverrückbar für Tommy eingenommen, auch wenn ich das nie im Traum ausgesprochen hätte.

Wir luden das Gepäck aus und brachten die Jungen zu Bett; wo ich bei ihnen blieb, bis sie eingeschlafen waren. Ich hörte, wie Ed und Erma sich beim Kaffee unterhielten, viel zu schnell für mich. Gern hätte ich mich zu ihnen gesellt, mit ihnen geplaudert und gelacht wie mit einer richtigen Familie, aber ich verstand bloß einen Bruchteil von dem, was sie sagten und zum Teil nur flüsterten, für mich gleichbedeutend mit Gefahr, nicht mit Wohlerzogenheit. Die tiefen, ruhigen

Atemzüge der Kinder besänftigten mich zum Glück, und ich schlief ein, mit dem festen Vorsatz, besonders auf die Geister zu achten, die mich in meinem ersten amerikanischen Traum heimsuchen mochten.

Mein erster Tag als amerikanische Hausfrau verlief nicht so gut. Ich schlief schlecht in Ermas fest verschlossenem Haus, meine Körperfunktionen waren noch ganz auf Saigon-Zeit eingestellt. Niemand erklärte mir, was es mit der Zeitverschiebung auf sich hatte, und ich dachte, meine merkwürdigen Anfälle von Müdigkeit mitten am Tag und die Munterkeit um vier Uhr früh seien lediglich Anzeichen dafür, wie fehl am Platz Asiaten im rundäugigen Amerika waren. Ich hoffte, das würde ebenso vorbeigehen wie die Grippe, ohne daß ich den nächsten Psychiater oder Medizinmann konsultieren müßte.

Mein Wecker an diesem ersten Tag war ein munterer Klaps aufs Hinterteil.

»Steh auf, Schlafmütze!« brüllte Ed mit breitem Grinsen. Er wirkte so glücklich, Frau und Kinder wieder bei sich zu haben, daß ich glaubte, er würde jeden Moment platzen. Wie eine Schnecke im Garten meiner Mutter kroch ich ins Bad, unter die Dusche, wo ich weitere zehn Minuten zum Aufwachen brauchte.

Mit großer Sorgfalt zog ich mich an und machte mich zurecht, teils wegen meiner neuen Umgebung (amerikanische Häuser tragen, anders als die vietnamesischen Bauernhäuser, überall den Stempel ihrer Eigentümer – keine zwei Hausfrauen bewahren Abfalleimer und Wischtücher am gleichen Platz auf!) und teils, weil ich in bezug auf mein Äußeres kein Risiko eingehen durfte. Tageslicht und angeheiratete Verwandte sind unbarmherzige Kritiker.

»Beeil dich und zieh die Kinder an«, befahl Ed. »Nach dem Frühstück sollst du meine Mutter besuchen!«

In Vietnam ist die Begegnung mit angeheirateten Verwandten stets eine heikle Angelegenheit. Und ganz besonders, wenn die Ehe nicht durch Heiratsvermittler arrangiert wurde und zwischen den Ehepartnern ein erheblicher Altersunterschied besteht, geschweige denn ein rassischer – *quen nha ma, la nha chong*, im Haus meiner Mutter bin ich daheim, für meine angeheirateten Verwandten aber eine Fremde! Eher hätte ich einen amerikanischen Kampfpanzer auf Ermas Rasen begrüßt, als ohne Begleitung nach nebenan zu gehen und mich Eds Mutter vorzustellen – wie es der gedankenlose Plan meines Mannes aus unerfindlichen Gründen vorsah.

Als Jimmy angezogen und gefüttert war (Tommy schlief noch, und niemand hatte das Herz, ihn zu wecken), komplimentierte uns Ed hinaus und zeigte auf das mit Schindeln gedeckte grüne Nachbarhaus.

»Na, mach schon!« lachte er. »Ihr müßt euch kennenlernen. Mom wird dir schon nicht den Kopf abreißen!«

Das hoffte ich ernstlich, aber Ed hatte noch keine echte vietnamesische Schwiegermutter getroffen. Daheim in Da Nang hatte meine Mutter unsere Heirat nie akzeptiert und daher Ed auch nie als neues Familienmitglied in der Schulungsphase behandelt, mit all dem Horror, den diese Position mit sich bringt. Ich zerrte meinen Sohn wie eine Ziege über den sonnenbeschienenen Rasen in Richtung Schlachthaus.

Ich drückte Jimmys klebrige Finger und klopfte an die Tür. Wütendes Hundegebell – wir schreckten zurück! Der Schatten einer Gestalt im Erma-Format watschelte hinter Spitzengardinen auf uns zu. Eine hohe Großmutterstimme schimpfte mit den kläffenden Hunden.

Wäre dies ein vietnamesisches Haus gewesen, hätte ich sofort gewußt, was ich tun mußte. Ich hätte mich tief verneigt, das Begrüßungsritual einer unwürdigen Schwiegertochter für die Hexenmeisterin rezitiert, die mich binnen ein paar Jahren in eine ihres Sohnes würdige Ehefrau verwandeln würde, wäre dann in die Küche gegangen, um für uns beide Tee zu bereiten und ihn auf hergebrachte Weise demütig mit beiden Händen zu servieren. Danach hätte ich schweigend dagesessen und auf Unterweisung gewartet.

Doch dies hier war ein amerikanisches Haus, eine riesige, heimtückische Falle für einen vietnamesischen Fisch, der auf dem trockenen zappelte. In Vietnam hätte ein Heiratsvermittler den Weg bereitet – meiner Schwiegermutter meine mädchenhaften Tugenden angepriesen, und seien es auch noch so wenige. Jetzt mußte ich mich selber vermarkten, belastet mit meinem vaterlosen Kind und mit der Erinnerung, daß ich meine Jungfräulichkeit nicht nur einmal, sondern dreimal verloren hatte: körperlich durch den Vietcong, der mich nach dem Scheinkriegsgericht vergewaltigte; geistig an Jimmys Vater, Anh, in den ich mich überschwenglich verliebt hatte; und moralisch an den traurigen kleinen GI in Da Nang, der meine Familie vor dem Kampieren auf der Straße bewahrte, indem er mir für ein letztes glückliches Andenken an mein Land vierhundert *grüne* US-Dollar zahlte. In jedem Fall war ich unwürdig, auf der Schwelle dieser untadeligen Frau zu stehen, geschweige denn Anspruch zu erheben auf die Privilegien und Pflichten einer Schwiegertochter. Es war nur meinem andauernden schlechten Karma zuzuschreiben, daß die Erde mich nicht verschlang.

Meinen Ängsten zum Trotz öffnete sich die Tür vor einem alten Engelsgesicht, wie ich es schöner noch nie gesehen hatte. Leatha (die ich immer ›Mom Munro‹ nannte, doch niemals unhöflich beim Vornamen) war fünfundsiebzig, ihr silberblondes Haar ringelte sich um ihr Engelsgesicht wie der weiße Rauch in Bilderbüchern. In Vietnam vollzog sich der Übergang von rosiger Jugendfrische zum Alter schnell und unerbittlich. Zwar hielt die tägliche Arbeit im Freien unsere Körper auch nach der Entbindung schlank und straff, aber für Schönheitspflege hatten wir weder Zeit noch Geld. In einer Kultur, in der es als echte Leistung gilt, ein hohes Alter zu erreichen, brachten wir solchen Menschen Verehrung entgegen, weil sie den Ahnen einen Schritt näher waren. Manchmal wurden alte Frauen und alte Männer miteinander verwechselt, kein Grund, sich dessen zu schämen. In gewisser Weise war diese Angleichung der Geschlechter mit der Befreiung von den Anfechtungen der Jugend – Sorge um das Äußere und die Partnersuche –, eine der großen Vergünstigungen des Alters.

Doch nicht für Leatha.

Auch wenn Ed und Erma mir später versicherten, sie sei ›bloß eine ganz normale Großmama‹, fand ich, daß sie mit ihrem Engelshaar, dem wohlgenährten, glücklichen Gesicht, den feisten, wabbligen Armen, dem stattlichen Umfang und dem Make-up eines Filmstars noch spektakulärer wirkte als die bemalten Buddhas in dem Schrein unter den Marmor-Bergen bei meinem Heimatdorf. Ihre Erscheinung mutete dadurch noch erstaunlicher an, daß ich in Vietnam keine Amerikanerin über Fünfzig gesehen hatte. Obwohl ich mich nach ihrer heftigen Umarmung besser fühlte, mußte ich sie doch unentwegt anstarren. Als ich versuchte, mir das Gesicht meiner Mutter unter diesem silbernen Haarkranz vorzustellen, wurde mir seltsam neidisch und traurig zumute. Bis ich später herausfand, wie die meisten Amerikaner ihre bejahrten Eltern behandeln, erschien mir der Gedanke, in Amerika alt, fett und hübsch zu werden, als weitere Friedensdividende.

Natürlich wußte Leatha sofort, wer ich war, und forderte uns auf, hereinzukommen. Wir plauderten nur eine Minute, bis unser höfliches Lächeln zu schmerzen begann und unser belangloses Gespräch in Nicken und hohlem Lachen versandete. Ich erbot mich, Tee zu kochen, aber sie beharrte darauf, das sei Aufgabe der Gastgeberin. Leider kam mir in meiner Stimmung auch diese unerwartete Freundlichkeit wie ein Schlag ins Gesicht vor – ein Hinweis auf meine Fremdheit und Unfähigkeit. Wie schlecht muß eine Schwiegertochter sein, fragte ich mich, um nicht einmal eine strenge Lektion über Familienregeln zu verdienen?

Schließlich kamen Ed und Erma mit Tommy herüber, und mir wurde wohler. Ed legte den Arm um seine Mutter und erzählte ihr ausführlich von Vietnam, unter Auslassung von allem, was in meiner dunklen, blutigen Vergangenheit eine Rolle gespielt hatte – worüber er größtenteils selber nichts wußte. Dann erfuhr ich aus dem Gespräch, daß Leatha nach dem Tod von Eds Vater nach Kalifornien umgezogen war und sich in unmittelbarer Nachbarschaft von Erma niedergelassen hatte, die zusammen mit ihrem Mann Larry und ihrem erwachsenen Sohn, Larry jr., ein Haus bewohnte. Larry jr. war selten anwesend.

Ihre Tochter Kathy sah ich viel öfter, eine etwa gleichaltrige junge Frau mit einem elfenhaften Gesicht, die mit ihrem Mann in der Nachbarstadt Santee wohnte. Weshalb Leatha nicht zu ihrer Tochter zog, die mehr als genug Platz hatte und mit der sie sich die Haus- und Küchenarbeit teilen könnte, wie in Vietnam üblich, war mir unbegreiflich. Vermutlich liebten Amerikaner ihre Besitztümer so sehr, daß selbst eine einsame alte Frau ihren eigenen Fernseher sowie Küche, Bad, Gästezimmer und Garage für einen Wagen, den sie nicht mehr fahren konnte, höher schätzte, als ihren Lebensabend bei einer Tochter zu verbringen.

Der sehnsüchtige Ausdruck in Leathas Augen verriet mir jedenfalls, daß sie wahrscheinlich ihre gesamte Habe gegen einen kleinen Raum im Kreise ihrer Familie eingetauscht hätte. Ihre ›Kinder‹ waren jetzt sechs kleine Hunde, die herumtollten, den Fernseher anbellten und jeden anbettelten, sobald er sich hinsetzte. Sie kaufte ihnen sogar Dosenfutter im Laden, für mich der Gipfel von Dekadenz.

In Vietnam war ein Hund vor allem Wächter, dann Haustier und manchmal Braten. Er beschaffte sich sein Futter selber auf seinen Streifzügen, nicht auf Kosten der Familie. Ich führte Leathas Verhalten auf amerikanische Unwissenheit zurück, was dazu beitrug, daß ich mir in ihren prachtvollen Häusern weniger wie ein Bauerntrampel vorkam. Denn wenn sie wüßten, daß die Seele des Hundes in Wirklichkeit ein Geist im Übergangsstadium ist (gewöhnlich eine habgierige Person, die sich einen neuen menschlichen Körper dadurch verdienen muß, daß sie ein Hundeleben erduldet – das größtenteils darin besteht, den Reichtum eines anderen zu bewachen), dann würden sie die Tiere nicht so vergöttern und verzärteln. Ich schauderte bei dem Gedanken, wie Leathas sechs ›Kinder‹ über ihre naive amerikanische Herrin gelacht haben müssen.

Ed und Leatha verschwatzten den Vormittag, bis Ermas Sohn Larry sich zu uns gesellte. Ich kam mir bald wie die dekorative Porzellanpuppe vor, zu der mich Erma bei der Ankunft ernannt hatte – lediglich ausgepackt und auf ein Regal gestellt, wo man sie gelegentlich eines Blickes würdigt, aber keines Gesprächs. Die Zeitverschiebung (wie Ed sie jetzt erklärte) holte mich bald wieder ein, und ich verbeugte und entschuldigte mich, bedrückt und erschöpft, auf vietnamesisch, was sich meines Wissens aufrichtiger anhörte, und legte mich hin. Ich überließ es Ed, mit den Kindern fertig zu werden. Beim Einschlafen fragte ich mich, wie schnell Eds weiblicher Anhang Klagelieder anstimmen würde über die ›faule neue Ehefrau‹, die er nach Kalifornien gebracht hatte.

Als ich aufwachte, befanden sich unsere Sachen größtenteils in Leathas Haus. Ed wollte lieber bei seiner alten Mom wohnen, als seiner Schwester zur Last zu fallen, und ich stimmte begeistert zu. Während Leatha mich offenbar wie einen ihrer jungen Hunde betrachtete, schien Erma einfach auf mich herabzusehen. Auf diese Umkehrung der Rollen war ich nicht gefaßt, denn die Schwägerin sollte die Verbündete der jungen Frau sein – sollte ihr Trost zusprechen, wenn sie für ihre neue Aufgabe zu hart gedrillt wurde. In Amerika ist es anscheinend wichtiger, wer man ist; die Rolle, die einem die Gesellschaft zuteilt, zählt weniger. Freilich galt ich auch als Eds Frau anscheinend nicht allzuviel.

Abends kamen Erma und Larry herüber, und ich bemühte mich, den Frauen bei den Vorbereitungen für das Dinner zu helfen. Leider standen mir meine Unkenntnis amerikanischer Küchen und der Übereifer, mich ja nicht noch dümmer anzustellen, als ich es schon getan hatte, dabei im Wege.

Als erstes verblüffte mich der Kühlschrank – ein zweitüriges Ungetüm, gegen das unsere kniehohen vietnamesischen Modelle zwergenhaft wirkten –, in dem jeder Winkel mit Lebensmitteln vollgestopft war! Mir kam der Gedanke, daß die

Amerikaner deshalb so groß waren; je größer der Kühlschrank, desto größer die Menschen. Ich dankte dem Schicksal, daß Jimmy nun doppelt so groß werden würde wie Anh, sein reicher vietnamesischer Vater.

Erma nahm eine eiskalte, mit dem Bild eines finster blickenden Riesen bedruckte Schachtel heraus (zweifellos eine amerikanische Sagengestalt, die Kinder verschlang, wenn sie ihr Gemüse nicht essen wollten), dann eine dicke Scheibe Fleisch, die fest gefroren in einem kleinen Schiff aus Schaumstoff unter einer Plastikhülle lag.

»Wie essen wir das?« erkundigte ich mich, als die verklumpten, steinharten Erbsen in einer Pfanne klapperten. Ich war nicht bereit, in einem Land zu leben, wo man Gemüse und Fleisch wie Eiswürfel lutschte.

»Die Erbsen sind im Handumdrehen gar«, erwiderte Erma, goß Wasser dazu und heizte ihren Wunderherd mit einer kurzen Handbewegung an. »Das Rindfleisch essen wir morgen. Das laß ich erst im Kühlschrank abtauen.«

Warum geht man nicht einfach auf den Markt und holt sich dort alles, was man essen möchte? Vielleicht mußten die Amerikaner aber auch erst das Einfrieren von Lebensmitteln erfinden, damit sie dann etwas hatten, mit dem sie ihre teuren Tiefkühltruhen füllen konnten. Nach und nach begann ich, den Kapitalismus zu begreifen.

Wir setzten uns zu meinem ersten amerikanischen Dinner, und ich wartete schüchtern ab, was die anderen zuerst tun würden. Ich wußte, daß manche Amerikaner vor dem Essen ein Gebet sprachen, vielleicht zu Ehren des toten Tieres, das sie verzehren wollten, doch das mutete wie ein ziemlich törichter Brauch an. Alles zu seiner Zeit – entweder man betete oder man aß. Begleiteten die gleichen Leute auch ihre sonstigen alltäglichen Gepflogenheiten mit Gebeten – Beischlaf, Einkaufen oder Stuhlgang? Ich konnte ihren Gedankengängen einfach nicht folgen, zumal da Amerikaner nicht gerade besonders spirituell zu sein schienen. In ihren Häusern gab es keine Schreine für ihre Ahnen, vor denen gebetet wurde. Ich war jedenfalls froh, als ich die Munros alle zugleich zugreifen sah – ›sich an die Arbeit machen‹, wie Leatha es nannte –, sobald wir uns gesetzt hatten. Genau wie eine asiatische Familie.

Als nächste Hürde mußte ich den Umgang mit ihrem unhandlichen Besteck nachmachen. In Vietnam benutzte man entweder Eßstäbchen oder schlürfte aus einer Schale. Hier gebrauchten die Amerikaner ebenso viele Utensilien, wie die Köchin zum Zubereiten des Gerichts benötigt hatte. Ich war überzeugt, daß ich es nie lernen würde, alle zu handhaben, insbesondere die Gabel, die sie wie einen Bleistift hielten, dann von einer Hand in die andere jonglierten, um das Fleisch zu zerteilen. Warum schnitt die Köchin nicht einfach alles in mundgerechte Streifen wie wir? Ich spielte meinen Part, so gut es ging, umklammerte meine Gabel wie eine Keule und schmatzte höflich und sehr laut, um Erma und Leatha wissen zu lassen, daß es mir schmeckte – trotz der fetten Saucen, die mir schwer im Magen lagen. Zum Glück sah nach ein paar Sekunden niemand mehr zu mir hin, so daß Jimmy und ich am unteren Ende des Tisches die Mahlzeit ungestört beenden und uns dabei heimlich zublinzeln und anstupsen konnten.

Nach dem Dinner wollte ich meiner neuen Schwiegermutter zeigen, was für eine gute Hausfrau ich sein konnte, und erbot mich, das Geschirr abzuwaschen. Den ersten Schock versetzten mir die vielen Reste. In Vietnam galt für uns die Regel: Je mehr Nahrungsmittel du in diesem Leben vergeudest, desto hungriger wirst du im nächsten sein. Dann erinnerte ich mich an den vollen Kühlschrank und überlegte: Wenn die Leute ihre Lebensmittel so rationieren würden wie wir in Vietnam, dann erübrigten sich Tiefkühltruhen mitsamt den Herstellern, und die müßten verhungern; also war in Amerika Verschwendung gleichbedeutend mit Wirtschaftlichkeit. Ich fing an, die Reste von den Tellern in den Abfalleimer zu befördern, und prompt tauchte Ed hinter mir auf, lachend, ganz der belustigte Daddy.

»Aber nein«, sagte er. »Kipp die Abfälle ins Spülbecken.«

»Was?« Klar, er wollte mich aufziehen. »Willst du den Abfluß verstopfen?« Ich war zwar neu in Amerika, aber doch nicht von gestern!

»Der wird nicht verstopft. Mach schon. Kipp das Zeug einfach in den Abfluß. Ich zeig dir einen Zaubertrick.«

Lustlos befolgte ich seine Anweisung. *Okay, Mister Schlaumeier, wenn du unbedingt nach deinem Abendessen die Klempnerrechnung bezahlen willst, mir soll's recht sein!*

Als ein Haufen Blätter den Abfluß blockierte, drehte ich den Wasserhahn auf und trat zurück. Natürlich füllte sich das Spülbecken. Ohne mit der Wimper zu zucken, betätigte Ed einen Schalter über dem Herd, und der Abfallberg wurde zum aufgewühlten, speienden Vulkan, der dann wie durch ein Wunder in sich zusammenfiel und verschwand. Das Getöse legte sich, Ed drehte den Schalter ab. Aus dem Hahn rann das Wasser munter durch den Abfluß.

Blaß und gedemütigt – wieder einmal – konnte ich nur zu Boden blicken. Tränen stiegen mir in die Augen.

»Ist ja gut«, Ed nahm mich in den Arm. »Ich wollte dich nicht erschrecken. Das ist bloß ein Abfallbeseitiger. Ein Motor unter dem Spülbecken zermahlt alles.«

Ich nahm die Verpackung, in der die Erbsen gewesen waren, und wollte sie dem Monster in den Rachen schieben.

»Nein, nein«, korrigierte mich Ed abermals.

Ich hielt inne und blies mir eine Haarsträhne aus dem Gesicht.

»Kein Papier oder Kunststoff, keine Knochen, nichts dergleichen«, warnte Ed.

»Aber du sagst doch, tu den Abfall ins Spülbecken!« Also schien dieses amerikanische Wunder doch nicht alles zu können …

»Keinen Abfall. Nur weiche Speisereste.«

Wieder tat ich, was man mir sagte, spürte Ermas kritische Blicke im Rücken. Das Spülbecken war jetzt leer, also konnte ich endlich mit dem Abwasch anfangen – eine Arbeit, auf die

29

sich auch ein unwissendes vietnamesisches Bauernmädchen recht gut versteht.

»Nein, nein«, protestierte Ed, als er mich das Geschirr im Spülbecken stapeln sah. »Stell das einfach in die Spülmaschine.« Wieder dieses aufreizende, schwache Lächeln, und ich hatte nicht die leiseste Ahnung, ob er sich über mich lustig machte oder mir zu helfen versuchte.

»Wovon redest du?« Ich warf das Tafelsilber ins Spülbecken. Wieder überkam mich die Müdigkeit, und mein Ton war nicht so bescheiden und unterwürfig, wie es sich gehörte. Ich blickte über die Schulter ins Eßzimmer. Erma und Leatha gaben höflich vor, ganz in ihre Unterhaltung beim Kaffee vertieft zu sein.

»Hier …« Ed klappte die große Metalltür neben dem Spülbecken herunter. Innen befand sich ein seltsamer Drahtkorb. »Stell einfach das Geschirr hier rein.« Er demonstrierte es mit einem Teller.

»Okay, aber wie waschen wir sie, wenn sie da drin sind?« Die Frage erschien logisch, brachte aber Ed nur zum Lachen. Unter seiner strengen Aufsicht schichtete ich das ganze Geschirr in die dumme Maschine, wobei ich mich fragte, wie selbst diese auf Mechanisierung versessenen Amerikaner fettige Teller und die Zinken ihrer albernen, sinnlosen Gabeln ohne Lappen und Finger sauber bekommen wollten. Als ich fertig war, schüttete er etwas Pulver in ein kleines Kästchen an der Tür und machte sie dann fest zu. Er drückte auf ein paar Knöpfe, drehte an einer großen Scheibe, und wieder begann es zu brummen. Einen Moment dachte ich, das Geschirr würde zermahlen, aber diesmal klang das Surren freundlicher, und ich hörte das Wasser sprudeln.

»Siehst du?« Ed lächelte stolz. »Gar nichts dabei!«

»Okay«, entgegnete ich, »und wie lang müssen wir warten bis zum Abtrocknen?« Ich angelte nach einem Geschirrtuch.

Wieder lachte er. »Du mußt nicht warten. Geh noch mal mit dem Wischlappen drüber, und dann setz dich vor den Fernseher!«

Okay – das kann ich tun! Mein erster langer Tag in Amerika ging zu Ende, und ich war bereit, alles, was er sagte, für bare Münze zu nehmen. Ich würde nicht mal nach der Maschine fragen, die das Geschirr wegräumte, beschloß ich.

Ende der Woche begab sich Ed auf Stellungssuche, damit wir in eine eigene Wohnung umziehen könnten. Um Leatha unsere Dankbarkeit zu beweisen, übernahmen wir alle möglichen Arbeiten im Haus, und Ed betonierte ihr sogar den Hinterhof neu. Außerdem zahlte er Miete, in welcher Höhe, erfuhr ich allerdings nie. Diese Regelung erschien mir eigenartig, denn in Vietnam lebten erwachsene Kinder oft bei ihren Eltern und versorgten sie auf ihre alten Tage. Von der eigenen Familie eine, wenn auch noch so bescheidene Miete zu verlangen, wäre ihnen nie in den Sinn gekommen.

Mir fielen noch mehr Widersprüche auf, während wir bei Leatha wohnten. Zum erstenmal in unserer Ehe hatten Ed und ich ein eigenes Zimmer, Tommy und Jimmy desgleichen. In Vietnam schliefen Kinder bei ihren Eltern, bis sie selber heirateten – wer sonst sollte sie vor bösen Geistern schützen, die sich nachts heranschleichen? Wenn Kinder in Vietnam allein schlafen, geben wir ihnen ein Messer oder einen spitzen Stock oder legen das Fell oder die Zähne eines Wachhundes neben ihre Betten. Manche Amerikaner sind der Meinung, Spieltiere – kleine Bären und Katzen – hätten die gleiche Wirkung; ich aber hatte als Kind böse Kriegsgeister gesehen und vertraue deshalb immer auf den Stock.

Während unseres einen gemeinsamen Jahres in Vietnam schliefen Ed und ich, nur durch einen Vorhang von den Jungen getrennt. Ich hatte meinen schwarzen Pyjama an; in Vietnam schliefen die Bauern überall in ihren Kleidern, um bei Explosionen oder Artilleriefeuer sofort in Deckung gehen zu können. Auch wenn Ed seine ehelichen Rechte einforderte, versuchte ich, etwas anzubehalten, wie ich es schon als Kind in einem Kriegsgebiet gelernt hatte. Diesen Impuls, angezogen zu bleiben und mein Geld griffbereit zu haben, konnte ich selbst in dem stillen Vorort nicht abschütteln. Wenn man unterbewußt immer mit fallenden Bomben rechnet, kann man sich nur schwer auf die nächstliegende Aufgabe konzentrieren, und sei es der Beischlaf.

Und mit Ed zu schlafen – oder vielmehr, ihm zu gestatten, mit mir zu schlafen –, war immer eine Aufgabe. Diese Schwierigkeit beruhte nicht nur auf dem Altersunterschied, sondern auf der ganzen Basis unserer Ehe, die für mich eine Überlebensfrage darstellte, keine gegenseitige Attraktion. (Einen Retter kann man ehren und ihm dienen, Leidenschaft aber verlangt etwas mehr.) Eine weitere Wurzel meines Unbehagens lag in meiner Erziehung und allem, was mir bisher widerfahren war.

Unser abgeschlossenes Leben auf dem Dorf – wo alles in Gruppen getan wurde und niemand eine Privatsphäre hatte – führte dazu, daß wir jene Triebe unterdrückten, die Amerikaner so freimütig zum Ausdruck bringen. Wenn auf den Reisfeldern zwei junge Leute Gefallen aneinander finden, stimmt der eine ein Lied an, das vom anderen eine Antwort verlangt. Um Eindruck auf den Jungen zu machen, arbeitet das Mädchen besonders hart – das verschafft ihr den Ruf, ernst und pflichtbewußt zu sein. Bemüht sich der Junge um das Mädchen, dann betätigt er sich an ihrer Seite in einer Arbeitsgruppe des Dorfes, setzt sich bei geselligen Veranstaltungen neben sie oder wartet einfach auf sie, um sie wie ein treuer Hund in die Reisfelder zu begleiten.

Keinesfalls würde einer von ihnen jedoch seine Gefühle zeigen. Das Thema Sex war tabu. Die Mädchen hatten sich den Wünschen des Mannes zu fügen, ausschließlich mit dem Ziel, für Nachwuchs zu sorgen, eine Pflicht, die wir sehr ernst nahmen. Wenn eine Frau sich als unfruchtbar erwies, mußte sie ihrem Mann eine zweite oder auch dritte verschaffen, die ihm Kinder gebären sollte.

Unsere Abneigung gegen den Geschlechtsakt hatte auch ganz praktische Gründe. Wenn wir abends vom Feld kamen, wuschen wir uns Füße und Hände und beschränkten das

Baden im Fluß auf ein Minimum. Wir hatten weder Unterwäsche noch Tampons oder Binden, so daß uns die Periode nicht nur die Stimmung verdarb. Außerdem war nach einem langen Arbeitstag (der in den Sommermonaten bis zwei oder drei Uhr früh dauern konnte, da es tagsüber zu heiß war) keinem nach Sex zumute – weder zwecks Entspannung noch zwecks Fortpflanzung oder aus sonst einem Grund.

Unsere puritanischen Gepflogenheiten wurden auch durch die Kleidung gefördert. Unsere leichten Hosen wurden von einem Zugband gehalten, das, fest verknotet, ein erhebliches Hindernis für Sex oder auch das Wasserlassen in den Feldern darstellte. Diesen symbolischen Unterschied zwischen Ost und West erkannte ich erstmals, als meine amerikanischen Freunde – und später Ed – mir westliche Unterwäsche mit einem elastischen Bund schenkten.

Als meine weiblichen Angehörigen von meiner bevorstehenden Ehe mit einem älteren Amerikaner erfuhren, mischte sich in ihre Mißbilligung auch Erleichterung darüber, daß ich wenigstens vom Sex verschont bliebe. In Wirklichkeit freilich hatte Ed einen weitaus stärkeren Geschlechtstrieb als vermutet – absolut vergleichbar mit dem der jungen Amerikaner, die ich in Da Nang gekannt hatte. Ich ließ ihn im Bett gewähren (oft zweimal täglich), versuchte aber, den Akt so weit als möglich zu beschleunigen. Natürlich hatte ich von meinen jüngeren Liebhabern gelernt, was ein Mann brauchte – doch ich tat das alles ganz mechanisch, wie eine Maschine in einer Fabrik. Vergnügen erwartete oder empfand ich dabei nicht. Liebe blieb für mich eine Sache des Herzens und der Seele, nicht des Körpers.

Es gab allerdings noch mehr Barrieren, die ich mitgeschleppt hatte. Mein einziges Kleidungsstück bei der Ankunft in Amerika war ein *ao dai*, der traditionelle vietnamesische Schlitzrock. An meinem ersten Samstag (der Einkaufstag in Amerika) mußte ich feststellen, daß die Art, wie man sich in meiner alten Heimat fein machte, in meiner neuen grundverkehrt war.

Als Ed sagte: »Zieh dich an, wir wollen einkaufen«, nahm ich an, er wollte auf den Fischmarkt in der Nachbarschaft.

»Ich bin angezogen«, antwortete ich also und deutete auf meinen schwarzen Pyjama – das Kleidungsstück, das ich mein Leben lang zum Einkaufen auf dem Dorfmarkt getragen hatte.

»Doch nicht das!« Ed erstickte fast. »Damit halten dich die Leute für faul oder krank. Zieh Hosen an oder ein Kleid. Du weißt schon, irgendwas zum Ausgehen.«

Eds gereizter Ton wirkte auf mich verwirrend und auch etwas beleidigend. Ich mochte ja jung sein, aber dumm oder unerfahren war ich nicht. Ich wußte, daß ich mit meinem *ao dai* viel zu aufgetakelt wäre, um mit Fischhändlern zu feilschen, aber bei meinem Rekord an Fehlleistungen hielt ich es für besser, auf Nummer Sicher zu gehen.

Ich war nun angezogen und parfümiert für einen nächtlichen Stadtbummel, alle anderen dagegen für den Strand – oder das Schlafzimmer.

»Schau dir doch bloß die an!« flüsterte ich Ed zu, als wir uns dem Supermarkt näherten. Ed hatte die Frau mit den üppigen Brüsten, die unter dem dünnen Top hin und her hüpften, bereits bemerkt. Hinter ihr kam eine Frau in knappen, zerknitterten Shorts, die mehr enthüllten, als selbst ein Arzt zu sehen bekam. Ich war entrüstet und dankbar, daß ich meine unschuldigen Kinder bei Leatha und Erma gelassen hatte. Diese Hausfrauen und Schulmädchen waren aufreizender als alles, was ich vor den billigsten Nachtclubs in Da Nang gesehen hatte.

»Du magst also meinen Pyjama nicht, wie?« Ich gab Ed einen Rippenstoß. »Vielleicht geh ich das nächste Mal in der Unterwäsche einkaufen!« Den Schutzgeistern im Supermarkt gefiel mein korrekter Aufzug offenbar, denn sie öffneten mir die Türen mit unsichtbarer Hand.

Ich merkte es sofort – amerikanische Märkte riechen überhaupt nicht wie Märkte. Alles ist in Dosen, verpackt, in Folie eingeschweißt und in Schachteln versteckt, so daß man das

Obst, Gemüse, Fleisch oder was auch immer weder sehen noch riechen kann, sondern statt dessen das Wunschbild gezeigt bekommt, das der Verkäufer von der Ware vermitteln will. Man bezahlt so viel Geld für ein hübsches Bild! Überall im Supermarkt roch es nach Reinigungsmitteln oder nach Pappkartons. Woher sollte ich wissen, ob das Steak und die Kartoffeln – in Plastik abgepackt und eingefroren in einer Kühltruhe, viel zu eisig, um sie anzufassen – als Mahlzeit für meinen Mann geeignet waren? Und an der Obst- und Gemüsetheke war es nicht viel besser. Alles klimatisiert oder auf zerstoßenem Eis. Das Ganze war so fremd und ungewohnt, daß ich Magenschmerzen bekam. Ed deutete meine gequälte Miene fälschlich als Staunen.

»Na, wie findest du unsere großen amerikanischen Supermärkte?« erkundigte er sich voller Stolz, während er unseren wuchtigen Einkaufswagen durch den Gang schob. »Ganz schön beeindruckend, was?«

»Die Auswahl ist einfach zu groß!« erwiderte ich und suchte nach ein paar freundlichen Worten. »Aber der Wagen, den man hier kriegt, ist sehr angenehm«, was auch stimmte. Ich war gewohnt, jeden Tag einzukaufen, nicht den Lebensmittelvorrat für die ganze Woche.

Ed blieb mitten vor einem mit bunten Packungen bestückten Regal stehen, rückte seine Brille zurecht wie ein Lehrer. »Na, du sagst doch immer, wir essen nicht genug Reis – wie findest du denn das hier?« fragte er mit ausladender Geste. Den aufgedruckten Bildern nach enthielten alle Päckchen Reis, worin sich die jeweiligen Sorten unterschieden, davon hatte ich freilich keine Ahnung. Natürlich hatte ich mich beklagt (auf die denkbar freundlichste Art), wie schmerzlich ich meine tägliche Schale Reis vermißte. Die Munros schätzten Steak und Kartoffeln und zum Lunch ein dickes, mit Fleisch belegtes Sandwich anstelle von Gemüse und Reis und Nudelsuppe, die selbst reiche Asiaten bevorzugten.

Im Dorf hatten wir ein Dutzend Namen für Reis, je nach dem Stadium der Verarbeitung. Danach gab es im allgemeinen drei Arten: *tam* oder Reiskleie, die nur an das Vieh oder an Bettler verfüttert wurde; braunen Reis oder *gao mua* – ›Herbst‹ –, den die meisten von uns täglich aßen; und süßen Reis, *xoi* genannt – die weiße Sorte, die bei feierlichen Anlässen, an Festtagen verzehrt oder unseren Vorfahren zum Opfer gebracht wurde. Hier in Amerika gab es eine unendlich große Auswahl, von Dutzenden, die ich nicht einmal aussprechen konnte, ganz zu schweigen. In Eds Augen muß ich eine miserable Reisbäuerin gewesen sein, weil ich die zahllosen Sorten nicht unterscheiden konnte. Schließlich griff ich eine hübsch aussehende Packung.

»Na, toll«, lobte er. »Was hast du nun genommen?«

Zaghaft zeigte ich es ihm.

»Uncle Ben's?« fragte er. »Warum ausgerechnet Uncle Ben's?«

»Das Etikett.« Ich wies darauf mit Kennermiene. »Ich möchte erstklassigen Reis für die Familie, klar? Diese Sorte heißt ›Uncle Ben‹. Vietnamesen nennen einen verläßlichen Freund ›Onkel‹, klar? Wie ›Onkel Ho‹ für Ho Chi Minh? Also muß Uncle Ben's ein sehr guter Reis sein – auf den alle Amerikaner fest vertrauen, klar?«

Wiederum lachte Ed und schüttelte den Kopf. Ich fing an, den Wagen mit Uncle Ben's zu beladen, doch nach ein paar Päckchen gebot Ed mir Einhalt.

»Schluß jetzt! Wir brauchen doch nicht die ganze Nachbarschaft zu ernähren!«

Ich kämpfte immer noch gegen die alten Reflexe – amerikanische Waren zusammenraffen zum Weiterverkauf auf dem Schwarzen Markt. Unsere Devise hieß: Verstecken, horten, überleben. Außerdem pflegte man in Asien den Reis in Hundertkilosäcken zu kaufen, nicht in winzigen, wie bunte Bilderbücher bedruckten Schachteln. Wie sich später herausstellte, war es doch nicht die Sorte Reis, die ich erwartet hatte, und Leatha ließ mich erst einmal scheitern, ehe sie eingriff und mir zeigte, wie man ihn richtig zubereitet. Auch sie muß mich für einen glatten Versager gehalten haben, als Bäuerin ebenso wie als Ehefrau. Man stelle sich bloß vor – eine Asiatin, die keinen Reis kochen kann!

Beim Ausgang starrte mich der Kassierer, nach einem Blick auf meinen *ao dai*, gehässig an. Diesen Ausdruck hatte ich schon früher erlebt – zumeist von Vietnamesen in Da Nang, die an meinen amerikanischen Freunden Anstoß nahmen –, doch hier steckte noch mehr dahinter. Der Kassierer war zu jung, um gedient zu haben, hatte aber den typischen Blick des Kriegers, in dem sich Haß, Furcht und Leid mischten. Vielleicht wurde ein Bruder oder sein Vater in meinem Land getötet. Vielleicht war er auch nur einer der vielen Amerikaner, die den Krieg so satt hatten, daß sie jeden haßten, der sie an ihn erinnerte.

Doch es war sein Land, nicht das meine, also schlug ich die Augen nieder. Ich versuchte, mich ganz bescheiden und klein zu machen, was neben meinem hochgewachsenen amerikanischen Ehemann kein Kunststück war.

Wie viele in meinem Dorf empfand ich nie wirklichen Haß gegenüber amerikanischen Soldaten. Natürlich verübelten wir ihnen, daß sie in unser Land eingedrungen waren, aber wir nahmen das nicht persönlich. Niedertracht als Selbstzweck hatten wir von ihnen in der Regel nie zu spüren bekommen – im Gegensatz zu den Marokkanern oder Koreanern oder den Japanern im Zweiten Weltkrieg. Die unterschiedlichen Rassenmerkmale der Amerikaner – große Nasen und runde Augen in langen Gesichtern – lösten Erheiterung aus, manchmal auch Angst, aber selten Haß. Daher überraschte es mich, solche Ressentiments in den Augen dieses wütenden jungen Kassierers schwelen zu sehen.

Schlimmer noch, *ich* begann das persönlich zu nehmen. Ich muß wohl sonderbar aussehen oder mit irgendwelchen Gesten Ärgernis erregen, dachte ich. Ich bemühte mich, das Schuldgefühl heraufzubeschwören, das ich oft empfand, weil ich als Zwölfjährige, vom Vietcong rekrutiert, Sprengfallen im Dschungel gelegt hatte. Was einst richtig und notwendig erschienen war, wirkte jetzt grausam und sinnlos. Hatte ich tatsächlich dazu beigetragen, daß der Bruder dieses jungen Mannes verwundet oder zum Krüppel wurde? Hatte ich seinen unglücklichen Vater in einen Hinterhalt des Vietcong gelockt? Heute wirkten die lebhaften, umtriebigen Amerikaner auf mich nicht bedrohlicher als ein Haufen Touristen. Krieg und ›wirkliches Leben‹ waren jetzt wie Tag und Nacht.

So versuchte ich, die Rolle zu spielen, die dieser junge Mann mir zugeteilt hatte, doch ich konnte es nicht. Am meisten alarmierte mich der heftige Rassenunmut, der in mir aufflammte. Menschen können über alles vernünftig diskutieren, das zu ändern in ihrer Macht liegt, zum Beispiel ihr Verhalten oder ihre Kleidung, aber wenn sie ihrer Rassenzugehörigkeit wegen verurteilt werden, reagieren sie wie in die Enge getriebene Ratten. Ich war nicht nur eine Fremde in einem fremden neuen Land, sondern wurde mir überdies selber fremd. Ein Gefühl, das mir überhaupt nicht behagte.

Der Kassierer tippte alles ein, und Ed beanstandete weder Preis noch Frische, und als der junge Mann uns den Rechnungsbetrag nannte, fiel ich fast um. Ed dagegen ließ das kalt. Anstatt das Geld hinzublättern, schrieb er einfach den Betrag auf ein Stück Papier, das er unterzeichnete und aus einem Block riß.

»Was ist das?« fragte ich.

»Ein Scheck. Ich bezahle unsere Einkäufe. Du hast doch bestimmt schon mal jemand ’nen Scheck ausschreiben sehen?«

»Natürlich!« entgegnete ich von oben herab. Vor dem grimmigen Kassierer wollte ich nicht als Dummkopf dastehen.

»Na ja, vielleicht sind unsere amerikanischen Schecks auch anders«, meinte Ed begütigend, während der Kassierer von etlichen Karten, die Ed ihm zeigte, weitere Zahlen eintippte. »Der Supermarkt reicht den Scheck bei unserer Bank ein, die ihm dann für uns das Geld gibt, verstehst du?«

Kein Geld für Lebensmittel! Ich war verblüfft. *Nur ein Papierscheck! Kein Wunder, daß die Amerikaner so viel essen!* Und auch kein Wunder, daß wohlhabende Vietnamesen in meinem Land als einzige von Banken Gebrauch machten. Auf die

Weise kamen also die Reichen zu ihrem Vermögen – weil die Banken ihre ganzen Rechnungen bezahlten! Das erklärte auch, warum Ed sein Scheckbuch so hütete wie ich meine Kinder. Schecks waren besser als Geld!

In den folgenden zwei Wochen lernte ich noch viel mehr Freunde und Verwandte von Ed kennen. Gewöhnlich servierte ich ihnen Tee auf vietnamesische Art, reichte ihnen die Tasse mit beiden Händen und verbeugte mich leicht, wenn sie sie entgegennahmen. Es mußte sich herumgesprochen haben, denn manchmal applaudierten sie nach meiner ›Vorstellung‹. Jeder Besucher beglückwünschte Ed zu seiner schönen jungen Frau – als wäre ich ein neuer Fernseher oder Rasenmäher –, fragte mich, wie mir Amerika gefiele, begann sich dann mit Ed zu unterhalten, als wäre ich gar nicht da. Sicher, mein Englisch ließ zu wünschen übrig, doch ich verstand eine Menge und wollte gern noch mehr lernen. Aus irgendeinem Grund stellten sie mir Fragen immer über Ed – obwohl er kein Vietnamesisch sprach –, und mir traute man nichts weiter zu, als Tee einzuschenken, hübsch auszusehen und meine Kinder zu versorgen, die mit einer Mischung aus Belustigung und Ablehnung begrüßt wurden. »Nette Jungen«, hörte ich sie sagen, »aber solche fremdartigen Knirpse – vor allem der eine, der nicht von Ed ist.« Dachten sie, ich hätte keine Ohren?

Bei diesen endlosen Gesprächen fragte ich mich oft, was diese ›klugen‹ Amerikaner wirklich vom Leben wußten, geschweige denn von Tod und Überleben. Wie viele von ihnen hatten zugesehen, wie ihre Welt in zwei Teile zerschlagen wurde – wie Bruder gegen Bruder mit Kugeln, Bomben und Bajonetten kämpfte? Wie vielen war es widerfahren, daß fremdartig aussehende, fremdartig riechende Riesen in ihre Wohnungen eindrangen? Wie viele mußten sich in von Blutegeln wimmelnden Sümpfen verbergen oder wurden mit Schlangen und Strom gefoltert, damit sie Informationen herausrückten, die sie nicht besaßen? Wie viele schickten Frauen und Männer, Brüder und Schwestern morgens zur Arbeit, nur um die Überreste abends in einem Korb zurückzubekommen? Was hatten sie ihre gemütlichen Häuser, ihre ausladenden Kühlschränke, ihre rasanten Straßenkreuzer und geräuschvollen Fernsehgeräte wirklich über die Welt gelehrt: über zermürbende Arbeit, drückende Armut und bitterste Hungersnot? Konnten sie sich vorstellen, daß ihre im normalen bürgerlichen Leben so friedlichen und glücklichen Söhne und Ehemänner in mein Dorf kommen und alte Männer und Frauen dazu bringen, um ihr Leben zu flehen? *Xin ong dung giet toi!* – »Bitte, Sir, töten Sie mich nicht!« – war unser Standardgruß für amerikanische Jungen in Uniform, die uns über den Weg liefen.

Einmal hörten wir, wie ein Kriegskorrespondent des Fernsehens einen jungen GI vor einem brennenden Dorf interviewte.

»Meinen Sie, daß Ihre Operation erfolgreich war?« wollte der Journalist wissen.

»Aber ja, wir haben dem Charlie 'ne ganze Masse Häuser niedergebrannt und das Dorf weggeputzt und dabei wirklich 'ne Menge von den Schlitzaugen umgelegt!« Der junge Mann grinste breit über das ganze rußgeschwärzte Gesicht.

Ich konnte mir nur die wimmernden Dorfbewohner ausmalen, die für die Kamera und Eds Angehörige unsichtbar blieben. Wie erfolgreich war die ›Operation‹ für sie verlaufen? Konnte sich irgend jemand vorstellen, wie viele Schicksalsschläge wir in den ersten zwanzig Jahren unseres Lebens hinnehmen mußten? War Eds Verwandten klar, was für eine alte Frau sie aus den tränenfeuchten Augen von Eds ›bezaubernden jungen Ehehälfte‹ anblickte?

Wenn ich so zu weinen anfing – »ohne jeden Grund«, sagte Ed, nachdem die Gäste gegangen waren –, kam ich mir noch törichter als sonst vor. »Der arme Schatz hat Heimweh«, meinte Leatha, gerade außer Hörweite. »Sie vermißt ihre Mutter«, und das stimmte genau. »Sie ist 'ne verzogene Heulsuse, weiter nichts«, steuerte Kathy bei, ehe sie in ihr eigenes reizendes Heim zu ihrem jungen Ehemann abschwirrte. Erma vergewisserte sich erst, ob ich in der Nähe war, und gab dann naserümpfend über ihrem Kaffeebecher ihre Sticheleien von sich – nie macht sie einen Finger krumm, wenn man Hilfe braucht... Überall im Haus hinterläßt sie lange schwarze Haare, und die armen Kinder würden glatt *verhungern*, wenn ich nicht für 'ne ordentliche Mahlzeit sorgen würde. Nichts außer Reis und Nudeln – wie sollen sie denn davon satt werden? Und nie nimmt sie irgendeinen Kontakt zu unseren Gästen auf, habt ihr das bemerkt? Verbeugt sich bloß und blinzelt, verschwindet dann in ihrer Traumwelt. Weiß der Himmel, woran sie da denkt – vermutlich an all die Dinge, die Ed ihr kaufen soll. Er erlebt seine zweite Kindheit, na schön, und er hat sich die ideale Spielgefährtin aufgegabelt!

Ich hielt mich, ehrlich gesagt, weder für eine großartige Spielgefährtin noch für eine besonders gute Ehefrau oder Mutter. Weil Ed mit Vorliebe erzählte, wie wir uns kennengelernt hatten – an einer Straßenecke in Da Nang, durch eine Freundin von mir, die als Barmädchen arbeitete –, zog seine Familie aus der Geschichte den Schluß, ich müsse eine Prostituierte gewesen sein. Selbst wenn sie nachsichtiger gestimmt waren, schienen sie fest davon überzeugt zu sein, daß ich Ed seines Geldes wegen und wegen eines bequemen Lebens in Amerika geheiratet hatte. Daß es ums nackte Überleben ging und daß Dankbarkeit, nicht Habgier die Folge waren, das vermochten sie sich nicht vorzustellen.

Ihre Probleme mit meinem Haar, das bis zur Taille herabfiel, versuchte ich dadurch zu lösen, daß ich es mit einer Küchenschere ganz kurz stutzte. Ich verdoppelte meine Anstrengungen, Leatha und Erma auf die einzige mir bekannte Weise zu beeindrucken – indem ich härter und länger arbeitete als jeder andere, doch auch diese Taktik vergrößerte nur die Kluft zwischen uns. Wenn ich Kleidungsstücke von Hand waschen wollte, tadelte mich Erma, weil ich nicht die Waschmaschine und den Trockner benutzte. Wenn ich auf den Knien den Fußboden schrubbte, lachte Leatha über meine

Dummheit und riet mir, den Mop zu nehmen. Wenn ich guten Fisch und Reis kochte, rümpften sie verächtlich die Nase und fragten, warum ich meinen Jungen ein gutes, altmodisches Stück Fleisch und Kartoffeln vorenthielte. Wenn ich die beiden auf den Armen herumtrug, auch ohne daß sie weinten, und ihnen die Liebe und Zuwendung zukommen ließ, wie sie jedes Kind braucht, dann zeigte Leatha auf den Laufstall und sagte: »Laß sie in Ruhe, sonst werden sie nie selbständig!« In einem Land, in dem alles mit Knopfdruck maschinell erledigt wird, war offenbar kein Platz für spontane, eigenhändige Liebesbezeugungen.

Zu allem Überfluß fand ich Kleidungsstücke in meiner Größe nur in der Kinderabteilung. Wenn wir dann dort gemeinsam unsere Einkäufe erledigten, kam ich mir selber mehr wie ein Pflegekind vor, nicht wie eine würdige Schwiegertochter mit eigener Familie.

Nach ein paar Wochen begann ich mich selber zu hassen als den nutzlosen Teenager, für den mich jeder hielt. Ich haßte mein Haar, weil es schwarz war wie das aller Asiatinnen, nicht braun oder blond oder silberfarbig wie das der Europäerinnen. Ich haßte meinen Körper, weil er einer kleinen zierlichen Vietnamesin gehörte und nicht einer prallen Polin oder einer robusten Deutschen oder einer der vollbusigen, langbeinigen, auf Hochglanz getrimmten Amerikanerinnen, mit denen Ed auf dem Bürgersteig liebäugelte.

So sehr ich den Krieg haßte, so sehr begann ich mich nach Vietnam zu sehnen – nicht nach meinem gefährlichen, bedrückenden Leben dort, sondern nach dem Zuhause meiner Kindheit, im Kreis meiner Familie. Wie ein junger Hund wartete ich auf den amerikanischen Briefträger, in der Hoffnung auf Post von meinen Angehörigen.

Am schlimmsten war es, wenn wir uns nach dem Dinner zu einem Fernseh-Abend zusammensetzten, der damals regelmäßig mit den Kriegsberichten aus Vietnam begann – der amerikanischen Invasion in Kambodscha und dem anschließenden Kent-State-Massaker.

»Schaut euch doch bloß diese gräßlichen Leute an!« sagte dann Erma, wenn Berichte über ›Vietcong-Greuel‹ auf dem Bildschirm gezeigt wurden. Für sie und Larry hatte der Feind nur ein Gesicht. Ed und Leatha dagegen saßen wie ich stumm da, äußerten sich lediglich, wenn Jimmy beim Spielen zuviel Krach machte oder Tommy zu weinen anfing. Ich verstand die Kommentatoren, und die Bilder sprachen für sich. Doch während die Munros gesichtslose Asiaten sahen, die aus brennenden Dörfern flohen, gefesselt wie Gefangene oder wie Stoffpuppen im Straßengraben liegend (auch unschuldige Dorfbewohner waren ›VC‹ oder ›Charlie‹), sah ich meinen Bruder Bon Nghe, der seit fünfundzwanzig Jahren für den Norden kämpfte; den Neffen meiner Mutter, der als Lieutenant für den Süden im Einsatz war; meine Schwester Lan, die den Amerikanern in Da Nang unentwegt Drinks servierte; und meine Schwester Hai, die an der Seite meiner Mutter schlaflose Nächte in unserem Familienbunker in Ky La verbrachte. Ich sah den Geist meines toten Bruders Sau Ban, Opfer einer amerikanischen Landmine, in den Rauchwolken über den Kampfgebieten und den meines Vaters, der sich mit Säure vergiftet hatte, um mich vor einem neuerlichen Zugriff der Vietcong-Terroristen zu bewahren. Ich sah zwischen diesen flimmernden Bildzeilen, genau wie in meinen Träumen, die Geister von hundert Angehörigen, Freunden der Familie und Spielgefährten, die im Kampf für die eine oder andere Seite starben oder bloß zu überleben suchten.

Nach dem Themenwechsel jedoch, wenn von einem kleinen Mädchen berichtet wurde, das in einen Brunnen gefallen war, spürte man Mitgefühl im ganzen Raum. In den Meldungen aus Vietnam wurden Kinder, Frauen und alte Menschen in Stücke zerfetzt und alles gähnte bloß, denn das war ja *der Feind* – die Bösen in einer ›Räuber- und Gendarm‹-Show, *live*… Dieses kleine Mädchen im Brunnen nun entlockte meinen angeheirateten Verwandten bittere Tränen – denn es war *eine von ihnen*. Ich wollte diesen freundlichen, wohlmeinenden, aber ahnungslosen Menschen die Wahrheit über meinen

Krieg, ihren Krieg – *unseren* Krieg – sagen, daß meine Brüder und dieses arme kleine Mädchen im Brunnenschacht doch in Wirklichkeit alle zu einer Familie gehörten.

Aber dafür fehlten mir die Worte, selbst auf vietnamesisch.

Nachdem Ed bei seiner Stellungssuche in San Diego alles vergeblich abgeklappert hatte, entschied er sich, einen Vertrag bei seinem alten Arbeitgeber in Utah zu akzeptieren. Bevor er dort antrat, plante er einen gemeinsamen Besuch im Yellowstone Park. Das wäre eine fabelhafte Gelegenheit für mich, das Land kennenzulernen, sagte Erma, aber meiner Meinung nach freuten sie und Kathy sich insgeheim, mich loszuwerden. Es wunderte mich auch nicht, als sie sich erboten, uns Tommy abzunehmen, damit wir ungestörter reisen könnten. Mir behagte der Gedanke nicht, einen meiner Jungen bei nahezu Fremden zurückzulassen, doch ihre Zuneigung für Tommy wirkte echt, und außerdem waren es ja seine Blutsverwandten. Also erklärte ich mich gequält lächelnd einverstanden.

Am festgesetzten Tag luden wir das Gepäck ein und fuhren los. Als letztes sah ich Kathy grinsend am Bordstein stehen; sie hielt meinen kleinen Jungen wie einen Siegerpreis hoch und ließ ihn mit seinem Ärmchen winken, als wir davonbrausten.

»Stell doch endlich die Tränenschleusen ab!« versuchte Ed mich aufzuheitern. »Tommy wird's prima haben. Die Frauen werden ihn wie ihr eigenes Kind behandeln.«

Ich weinte noch heftiger.

Doch nach ein paar Stunden hatte uns das riesige, leere Land vereinnahmt und beschäftigte meine Gedanken. Der Horizont wurde immer weiter, und ich kam mir noch kleiner und unwichtiger vor als sonst. Als die Störungen in unserem Autoradio überhandnahmen, sang ich sämtliche Lieder, die ich kannte (natürlich auf vietnamesisch – Ed konnte kein Wort verstehen), und mir wurde klar, daß ich zum erstenmal seit fünf Jahren alles laut schmettern konnte, was ich wollte –

über den verdammten Vietcong oder die habgierigen Republikaner oder die Knochenarbeit auf den Reisfeldern, ich konnte auch die amerikanischen Soldaten verspotten –, ohne daß ich Ärger bekam. Hier in Amerika war ich so groß und kräftig wie meine Stimme, und das gefiel mir ungemein.

Nervös wurde ich freilich, als wir bei Sonnenuntergang immer noch weiterfuhren. In Vietnam war so etwas nach Einbruch der Dunkelheit halsbrecherisch. Selbst wenn man Landminen und feindlichen Spähtrupps entging, riskierte man immer noch, jederzeit aus dem Hinterhalt überfallen zu werden, von republikanischen Überläufern oder Gangsterbanden aus der Großstadt. Mein Verstand sagte mir zwar, daß der Krieg weit weg war, mein Gefühl indes riet mir, auf Nummer Sicher zu gehen.

»Fahr auf dem Mittelstreifen«, sagte ich und stieß Ed an. Ich wußte, daß Minen gewöhnlich am Straßenrand deponiert wurden, und nahm an, daß die schlauen Amerikaner deshalb die gelben Mittelstreifen auf ihre Autobahnen gemalt hatten.

»Sei nicht kindisch«, entgegnete Ed. »Willst du uns umbringen?«

Es wurde immer dunkler, und mir war immer elender zumute. Schließlich setzte ein Wagen zum Überholen an.

»Gut«, platzte ich heraus, als unser Begleitschutz links vorbeibrauste. »Bleib an ihm dran! Laß ihn nicht abhauen!« Der Anblick dieser riesigen Schlußlichter in der weiten amerikanischen Wildnis war enorm tröstlich, und ich wollte ihn nicht aus den Augen verlieren.

»Was?« Ed lachte. »Du spinnst wohl! Der muß neunzig drauf haben!«

Ich biß die Zähne zusammen und sagte kein Wort mehr. Zum Glück war unser nächster Halt ein für seinen Lichterglanz berühmter Ort.

Eds Söhne, Ron und Ed. jr., hatten kürzlich bei der Navy abgemustert und lebten in Las Vegas. Meiner Schätzung nach war ein Familientreffen der Hauptzweck unseres Besuches – was konnte man sonst mitten in der Wüste tun?

Ich fand das bald heraus.

Wir kamen gegen Mitternacht an, doch die Straßen waren taghell erleuchtet. Ed bat mich, nach einem Motel Ausschau zu halten. Ich zeigte auf das erste Gebäude, das ich sah, turmhoch und mit livrierten Türstehern. »Nein, ein Motel, kein Hotel.«

Schon wieder ein amerikanisches Wortspiel. »Okay. Und was ist der Unterschied zwischen Hotel und Motel?« erkundigte ich mich.

»Ungefähr fünfzig Dollar pro Nacht«, erwiderte Ed und lachte väterlich.

Schließlich entdeckte er eine Unterkunft, die ihm gefiel, und wir zogen ein. Für einen Anruf bei Eds Söhnen war es zu spät, deshalb schlug ich vor, zu Bett zu gehen. Davon wollte Ed nichts hören.

»Du fährst nicht nach Las Vegas zum Schlafen!« rief er, sichtlich perplex von meinem neuesten dummen Einfall. »Ich bestelle einen Babysitter, dann können wir spielen gehen.«

Spielen – das verstand ich, aber Babysitter? Die Besorgnis war mir anzumerken.

»Jemand, der auf Jimmy aufpaßt«, erklärte Ed.

»Du meinst Ron und Kim?«

»Nein, einen *Babysitter*.«

»Du meinst also einen Freund, den du in Las Vegas kennst?«

»Falsch. Du rufst einfach in der Rezeption an, und die schicken dann jemand, wie beim Zimmerservice. Paß auf.«

Er griff zum Telefon, und nach ein paar Minuten erschien ein Teenager – hochtoupiertes Haar, Minirock und jede Menge Armreifen. Mir fiel die Kinnlade herunter. Unter gar keinen Umständen würde ich meinen Jungen bei einer Fremden zurücklassen, erst recht nicht bei einem jungen Ding, das selber noch ein Kindermädchen brauchte. Außerdem hatte ich Gerüchte gehört, daß asiatische Kinder entführt und dann auf dem Schwarzmarkt verkauft wurden. Mein hübscher kleiner Jimmy war geradezu ein Musterexemplar für solche

Zwecke. Mit mir nicht, Ed konnte ja spielen gehen, wenn er unbedingt wollte; ich blieb bei meinem Kind.

Fünf Minuten später setzte mir Ed auf dem Weg ins Kasino auseinander, daß er seine hübsche Frau nicht nach Las Vegas mitgenommen hätte, um dort wie ein Junggeselle herumzuziehen. Finster, müde und unglücklich folgte ich ihm in einen riesigen Raum, der wie ein *cho* aussah, ein turbulenter vietnamesischer Fleisch- und Gemüsemarkt.

»Hier hast du zehn Dollar«, sagte Ed und steckte mir einen Schein in die Hand. »Mach 'ne Million daraus.«

Ich starrte auf das Geld, als Ed in einem Gang mit einarmigen Banditen verschwand. Wir lebten zwar in guten Verhältnissen, aber Bargeld bekam ich von Ed so gut wie nie; entweder kaufte er die Dinge, die ich haben wollte, gab mir dann einen Scheck oder benutzte eine seiner Plastikkarten. Mein erster Gedanke war, was man mit zehn Dollar in Da Nang bekommen konnte: einen Wochenvorrat an Lebensmitteln für meine Mutter, mich und Jimmy; oder genügend Waren aus dem PX, um sie für das Fünffache auf dem Schwarzmarkt in der Vorstadt loszuschlagen.

Ich wechselte den Schein in Münzen um und steckte sie in die Schlitze wie ein Kind, das die Tiere im Zoo füttert. Ed war zum Glück auch kein versierter Spieler. Ich fühlte mich etwas besser, als ich nach zwei Stunden noch ein paar Dollar zurückbrachte.

Zu meiner großen Erleichterung hatte Jimmy die Bewachung durch seinen auf Glamourgirl getrimmten Babysitter heil überstanden, und der Besuch bei Eds Söhnen tags darauf verlief ebenfalls gut. Als Vietnam-Veteranen war ihnen nicht nur manches von dem, was ich durchgestanden hatte, bewußt, sondern auch, womit Veteranen ebenso wie Vietnamesen immer noch in Amerika konfrontiert wurden: sie verunglimpfte man als ›Babykiller‹, und mich stempelten durchbohrende Blicke als ›VC Commie‹ ab. Wir waren wieder fähig, einander als Menschen und nicht als Zielscheiben zu betrachten, und es bekümmerte mich, daß ich Krieg als Lebensform jemals hingenommen hatte. Später entdeckte ich, daß dieses seltsame Gefühl von Unwirklichkeit, von hilfloser Scham über die Vergangenheit das war, was viele US-Veteranen als Schuld bezeichneten. Ich hörte es in ihren Stimmen mitschwingen und sah den Schatten in ihren Augen. In dieser Beziehung war die Begegnung mit einem Vietnam-Veteranen (egal, ob Soldat oder Zivilist), als habe man einen verloren geglaubten Vetter wiedergefunden. Ein entfernter Vetter mag mich hassen, respektieren oder auch nur tolerieren, dennoch sind wir durch Blutbande aneinandergekettet. Für viele Vietnamesen und ebenso Amerikaner waren die Blutbande des Krieges stärker als die der Geburt. Wir alle waren Waisen des gleichen zerstörten Traums.

In Utah klappte es nicht mit dem Ed versprochenen Job, also fuhren wir nach einer weiteren Übernachtung in einem Motel geradewegs in Richtung Yellowstone Park. Ich freute mich insgeheim, daß wir nicht in Utah blieben. Bei der Fahrt in die Berge hinauf fühlte ich mich wesentlich wohler. Die Autobahn wurde schmäler und erinnerte mehr an vietnamesische Dimensionen, der Blick durch die Wagenfenster zeigte eine frische grüne Landschaft. Schließlich kamen wir an Stellen vorbei, auf denen ein komischer weißer Staub lag, es wurden immer mehr, auch auf den Felsen.

»Was in aller Welt ist denn das?« fragte ich Ed und ließ mein Fenster hoch. Die Luft war so eisig geworden wie die aus Ermas Tiefkühltruhe.

Ed brach in sein berühmtes Lachen aus, und ich wußte, daß ich eine weitere Lektion über Amerika zu hören bekommen würde. »Kennst du das denn nicht? Das ist *Schnee!* Gefrorenes Wasser!«

Ed machte sich also wieder einmal über mich lustig, denn gefrorenes Wasser, das waren Eiswürfel. Niemand würde sich die Mühe machen, erst Wasser einzufrieren, es dann zu zermahlen und meilenweit zu verstreuen, noch dazu in unbewohnten Gegenden.

Ed sah meine skeptische Miene und fuhr auf die Seite. Er packte Jimmy wie einen Sack Kartoffeln und ließ ihn in die nächste weiße Stelle plumpsen. Jimmy begann zu lachen, dann zu weinen, dann wieder zu lachen. Ich kniete mich hin und legte die Hand in den Schnee. Er knirschte wie Zuckerwatte und war sehr, sehr kalt.

»Au!« Ich zog die Hand zurück. »Das brennt! Wo kommt das her?«

»Vom Himmel«, erwiderte Ed geheimnisvoll.

Wieder ein amerikanischer Zaubertrick. Ich blickte nach oben, rechnete fast damit, eine Ladung Eiswürfel aus der Tiefkühltruhe auf den Kopf zu bekommen. Eine merkwürdige Sache, in einem grünen Wald zu frieren – noch ein amerikanischer Widerspruch: ein eisiger Dschungel.

Wir parkten ein Stück weiter unten. Eingemummt wie ein Eskimo ging ich mit Ed und Jimmy bis zum Rand eines brodelnden, dampfenden Teiches. Ich schrie auf und sprang zurück.

Ed, in Hemdsärmeln, Jimmy an der Hand, fragte: »Was ist denn los?«

»Mein Gott! Das ist die Hölle! Ich sehe Bilder!«

Buddhisten glauben ebenso wie Christen an Himmel und Hölle, die man ihnen als Kinder anschaulich erklärt. Im Gegensatz zu den Christen sind wir Buddhisten aber der festen Überzeugung, daß so gut wie niemand in den Himmel gelangt. Wir müssen für die Sünden aus vielen früheren Leben, nicht nur die in unserer gegenwärtigen Inkarnation büßen. Mit einer einfachen Beichte auf dem Totenbett ist es also nicht getan. Aus Scham über viele meiner Handlungen in Vietnam und weil ich jetzt meine neue Ehe in Amerika in Frage stellte, schwankte ich am Rand dieses siedenden Teiches hin und her, wie von bösen Geistern bedrängt.

»Sei vorsichtig!« Eds Hand stützte mich. »Hier hat's schon tödliche Stürze gegeben.«

»Ich will das nicht sehen«, stieß ich schaudernd hervor und lief verstört zum Wagen zurück.

Ich hörte Ed, der Jimmy väterlich tröstete: »Kein Grund zur Aufregung. Mama ist bloß müde. Wir gehen uns jetzt was Lustigeres anschauen.«

Wir fuhren weiter in die Berge hinein, mir zuliebe mit voll aufgedrehter Heizung – vorbei an schrägen Schneewänden, mit denen die kurvenreiche Straße gesäumt war. Nach einer Weile kamen wir zu einem weiteren dampfenden See, von dem Ed sich eine aufheiternde Wirkung auf mich versprach. Doch als wir an diesem brodelnden Gewässer hielten, das, von Nebelschwaden und dunklen Schatten umgeben, stark an den Wohnsitz der buddhistischen Schlange *Mang Xa* – ein feuerspeiendes Ungeheuer – erinnerte, weigerte ich mich, auszusteigen. »Geh du nur«, sagte ich zu Ed. »Zeig Jimmy die Sehenswürdigkeiten. Mir ist zu kalt zum Herumlaufen.«

»Okay.« Ed nickte. »Wir klettern nur rasch auf die Brücke und sind im Handumdrehen wieder da.«

Ich wußte zwar nicht, was das genau hieß, aber zum ausgiebigen Grübeln reichte die Zeit allemal. Als sie meinem Blick durch die beschlagene Windschutzscheibe gerade entschwinden wollten, sah ich etwas, das meine Mutmaßungen über die Vereinigten Staaten bestätigte.

Ein einsamer Hirsch schritt vom Waldrand auf den See zu, das Geweih auf seinen Schultern schwankte leicht hin und her. Im Angesicht des Schreckens – unmittelbar vor den Toren zur Hölle – blieb er ganz ruhig, stolz und stark. Da wußte ich, daß Amerika tatsächlich so wunderbar war, wie ich gehört hatte – daß die mystischen Dinge, die man mich in meiner Kindheit gelehrt hatte, der Wahrheit entsprachen. Für Buddhisten ist der Hirsch ein Symbol für Güte, Reinheit und Frieden. Eine unserer Geschichten handelt sogar von einem großen, dampfenden See, wo Buddha selbst über eine Brücke schritt und mit der Schlange zusammenstieß. Anstatt wie andere schreiend das Weite zu suchen, streckte Buddha die Hand aus und löschte die Flammen mit seinem Mitgefühl. Jetzt hatte ich hier, inmitten dieser Hölle auf Erden, mit meinen eigenen Augen gesehen, wie das Symbol der Reinheit nahte, um seinen Durst am See des Bösen zu stillen. Das war kein Zufall – und möglicherweise ein Omen für mich. In einem Land, wo Seen kochen und Eis vom Himmel fällt, war mein Sohn am See *Mang Xa* entlanggegangen und vom Hirsch des Buddha berührt worden. Gut und Böse ruhen nebeneinander, und Frieden erblüht wie die Sprossen verzauberter Geweihe. Das war der Grund, weshalb die Amerikaner diese heilige Stätte verehrten. Darum geht es in Amerika!

Als Ed und Jimmy mit rosigen Wangen und dampfendem Atem zurückkamen, umarmte ich beide ganz fest und erkundigte mich bei Ed, wann wir essen wollten. Ich hatte jetzt einen Mordshunger und war aufnahmebereit für alles, was die großartige Festtafel Amerikas bieten mochte.

Wir fuhren nach San Diego zurück, und es verstrichen vier Monate, bis Eds Boß in Utah sich wieder an ihn erinnerte. Unser Leben wurde in der Zwischenzeit nicht viel besser, denn wir waren ja nur vorübergehend in San Diego, und Eds festes Vertrauen in seine alte Firma hinderte ihn an jeder anderweitigen Stellungssuche und damit auch am Umzug in unsere eigenen vier Wände.

Angesichts dieser ungewissen Zukunft begann Ed zu stark zu rauchen. Als pflichtbewußte Ehefrau drängte ich ihn, den Tabakkonsum einzuschränken, und schmollte wie ein Kind, wenn er mich anblaffte. In der allerbesten Absicht sagte ich bei solchen Auseinandersetzungen: »Alte Männer sollten nicht so viel rauchen!« Für einen Vietnamesen wäre das ein Kompliment, keine Beleidigung, doch Ed traf es jedesmal mitten ins Herz. Nach einem dieser Wortwechsel zog mich Leatha beiseite und sagte, ich sollte meinen Mann – ihren fehlerlosen Sohn – *nie* wieder anschreien. Ich sah mich mehr wie eine amerikanische Ehefrau denn eine vietnamesische Schwiegertochter reagieren: finstere Blicke und Murren anstelle von demütigem Schweigen.

Unser Eheleben verschlechterte sich zusehends, zumindest für mich. Nach Tommys Geburt hatte Ed eine Vasektomie vornehmen lassen. Dem lieben Gott ins Handwerk zu pfuschen, wirkte sich anscheinend auch in anderer Weise aus. Ed wurde unersättlich. Zu allem Überfluß nahm er jetzt auch bei Einbruch der Dunkelheit sein falsches Gebiß heraus (was er in Vietnam nie getan hatte). Das machte diesen keuchenden alten Riesen, der sich zweimal täglich auf mich stürzte, auch nicht gerade reizvoller.

Für uns beide war es ein Glück, daß Ed wieder Arbeit hatte, denn das linderte unsere Frustrationen: meine durch Sex bedingt, Eds durch die Angst vor dem Alter. Jeder hatte ihm gesagt, er sei zu alt für die Arbeit als Bauingenieur. Er lachte nur darüber, drückte seine jugendliche Frau fest an sich oder ließ seinen lebhaften Sohn auf den Knien wippen, um das Gegenteil zu beweisen. Sein alter Boß hatte ihm jetzt die Bestätigung für den Mythos geliefert, dessen Aufrechterhaltung seine ständigen Bemühungen im Bett galten, und das verschaffte mir etwas Ruhe. Unsere Fahrt nach Norden, diesmal mit beiden Jungen, verlief viel fröhlicher als die erste.

Wir kamen an einem heißen Augustabend in Orem, Utah, an und machten uns tags darauf auf die Wohnungssuche. Für immer wollten wir uns beide nicht in Utah niederlassen, zumal Eds Projekt zeitlich begrenzt war. Sein Beruf erforderte Mobilität, und ich hatte kaum je mehr als zwei Zimmer bewohnt, so daß wir beide den Erwerb eines Wohnwagens sinnvoll fanden. Wir landeten bei einem wahren Palast: vollständig möbliert, drei Schlafzimmer, zwei Bäder, Wohnzimmer und Küche – genau wie Leathas Haus! –, fließendes heißes und kaltes Wasser, Küche mit einem auf Knopfdruck heizbarem Herd und einem WC, so daß man sich nicht in die Büsche schlagen mußte. Am besten daran war zweierlei: rote Teppiche und Mobiliar – in Asien eine Glücksfarbe. Und es gehörte *mir* – weit und breit keine Angehörigen, die mich mit Besuchen überfallen konnten. Leider hatte Ed eine tiefe Abneigung gegen Rot, obwohl er den Wohnwagen mir zuliebe kaufte – ein Verhaltensmuster, das in unserer asiatisch-amerikanischen Ehe immer häufiger wiederkehrte.

Ich zeigte ihm meine Dankbarkeit auf die einzige Art, die ich kannte: mit meinem Körper, meinen Händen und harter Arbeit. Im Bett verhielt ich mich behutsamer, brachte ihn nicht mehr so schnell zum Orgasmus. Küsse und Liebkosungen gab es nach wie vor nicht zwischen uns, aber ich zeigte ihm mehr Entgegenkommen. Zu Hause behandelte ich ihn wie eins meiner Kinder, massierte ihm Rücken und Nacken, reinigte Haut und Poren, beseitige Haare in Ohren und Nase. Jetzt, da ich meinen eigenen Bereich – mein erstes richtiges Heim – hatte, ließ ich mich durch nichts daran hindern, die gute Ehefrau zu sein, die meine Mutter geschult hatte.

Während Ed die Anschlüsse legte, kundschaftete ich die umliegenden Märkte aus und füllte den Schrank mit guten amerikanischen Waren. Alles, was ich brauchte, war ein paar Schritte von meinem Haus zu finden, wie in Ky La: Lebensmittel, ein Spielplatz für die Kinder und freundliche, wenn auch neugierige Nachbarn – darunter gleich nebenan ein Ehepaar im Ruhestand, das ich schließlich Mom und Pop titulierte. Wie jedes kleine Dorf hatte Orem seine Feste und Fehden, gutartigen Klatsch und bösartige Gefühle, fromme Geister und verwundete Seelen. Zumindest für kurze Zeit befand ich mich wieder in einer Welt, die ich verstand.

Das schenkte mir auch den inneren Frieden, etwas zu tun, woran ich seit meiner Ankunft in den Vereinigten Staaten nicht einmal gedacht hatte – meiner Mutter zu schreiben, die ich in Da Nang verlassen hatte ohne ein Wort der Erklärung für mein ›Überlaufen‹ nach Amerika. Es war kein leichter Brief, besonders schwer fiel mir der Teil, in dem ich – aufrichtig und vollständig – über meine Vergewaltigung durch die zwei Vietcong-Wachen berichtete, die man beauftragt hatte, mich zu töten. Bisher hatte meine Mutter nie die Wahrheit erfahren. Und das war wichtig, nicht nur, um mein Gewissen zu erleichtern, sondern um für Jimmy ein besseres Karma vorzubereiten. Sollten meine Mutter und Anh, Jimmys Vater, durch Schicksalsfügungen oder was auch immer wieder zusammentreffen, dann mußte sie wissen, daß nicht er mir die Unschuld geraubt hatte, sondern daß sie dem Krieg zum Opfer gefallen war.

Ich schrieb auch an meine Schwester Lan, die mir in fernen Tagen als erste geraten hatte, mir einen amerikanischen Ehemann zu suchen. Da ich wußte, wie dringend auch sie sich einen wünschte, revanchierte ich mich mit ein paar kleinen schwesterlichen Ratschlägen.

»Opfere Deine Freiheit nicht vorschnell«, schrieb ich in großen Buchstaben. »Das Leben in Amerika ist gemischt: zwei Drittel Regen, ein Drittel Sonnenschein.« Ich übertrieb ein wenig. Ist das Leben denn wirklich so schlimm, wenn man in einem hübschen Haus wohnt, gut zu essen hat und einem keine Bomben auf den Kopf fallen? Dennoch wollte ich etwas klarstellen. »Heirate keinen GI. Die Wunden, die Dir der Krieg geschlagen hat, werden schwer genug heilen, auch ohne daß Du Dich einem ebenfalls verletzten Arzt anvertraust. Heirate auch keinen alten Mann. Du kannst nur einen Vater haben, und der hat nichts in Deinem Bett zu suchen.«

Zur Feier von Eds erstem Arbeitstag beschloß ich, ihm sein Lieblingsgericht zu kochen – Schweinefleisch und dicke Bohnen. Also kaufte ich Bohnen im Supermarkt und weichte sie über Nacht ein, wie ich es bei Leatha in San Diego gesehen hatte. Nachdem Ed gegangen war, setzte ich die eingeweichten Bohnen auf, gab den Kindern ihr Frühstück und startete dann ihr Vormittagsprogramm: Jimmy vor dem Fernseher und Tommy mitsamt Spielzeug im Laufstall. Bei der Vorbereitung der perfekten Mahlzeit für meinen Mann wollte ich ganz ungestört bleiben.

Nach zweistündigem Kochen nahm ich die Bohnen vom Herd und goß sie ab. Als ich in eine hineinstach, merkte ich, daß sie immer noch hart war – nicht butterweich wie bei Leatha –, und dachte, daran sei die Haut schuld. *Kein Problem.* Ich hatte ja den ganzen Tag Zeit, schüttete also die Bohnen in eine große Schüssel um und enthäutete jede einzelne mit einem Schälmesser – vor dem Fernseher sitzend, wie ich es bei den meisten meiner amerikanischen Nachbarinnen beobachtet hatte.

Nachdem sämtliche Bohnen geschält waren, beförderte ich sie in den Topf zurück, gab das Schweinefleisch und etwas Wasser hinzu und stellte alles wieder auf den Herd zum Kochen. Inzwischen war es Mittag geworden, und zwei kleine Mädchen aus der Nachbarschaft, Sara und Mary, erschienen, um zu fragen, ob Jimmy mit ihnen spielen dürfe. *So jung, und schon sind die Mädchen hinter ihm her!* Mit der neuen Sprache kam Jimmy erstaunlich rasch zurecht, er kannte sämtliche Sprüche aus den Zeichentrickfilmen auswendig. Die Erinnerung an seine Muttersprache aber wurde im Laufe der Zeit immer schwächer.

Ich machte den Kindern ein paar Sandwiches zurecht, und sie zogen nach draußen ab zum Spielen. Sara war blond, lutschte mit Begeisterung am Daumen und hatte immer dasselbe blaue Kleid an. Mary war dunkelhaarig und hatte traurige Augen. Beide lebten im Wohnwagenpark, wo genau, wußte ich allerdings nicht.

Während des Nachmittagsprogramms im Fernsehen wischte ich Staub, deckte den Tisch mit unserem besten Geschirr und machte auch mich ein bißchen zurecht. Wenn Ed von seiner Zehnstundenschicht zurückkam, sollte er merken, wie festlich er empfangen wurde.

Als er dann endlich durch die Tür trat, erschrak ich. Er war von Kopf bis Fuß verdreckt, wie ein Landstreicher. Zum Glück war er bereits so gut erzogen, daß er die Schuhe draußen stehen ließ, wie es in Vietnam der Brauch ist. Sein Anblick bestürzte mich. In Vietnam, als leitender Angestellter, trug er eine Krawatte und gab allen Anweisungen. Hier, als kleines Rädchen im Getriebe, schuftete er wie jeder andere. Ich sah ihm an, daß auch er etwas geschockt war – nicht nur von seinem Statusverlust, sondern ebenso von seiner Erschöpfung und der Erkenntnis, daß er trotz seiner jungen Frau und seines flachshaarigen Sohnes kein Jüngling mehr war. Er tat mir wirklich leid, ich gab ihm einen Kuß und bat ihn, sich fix zu waschen, ich hätte eine große Überraschung für ihn. So groß war die nun auch wieder nicht, denn natürlich konnte er die Bohnen riechen, aber immerhin hatte ich sie gekocht, und nicht seine Mutter – mein erster Sieg im Kampf der Generationen. Ich brachte den Topf, hob den Deckel, wollte ihm eine große Portion schmackhafter Bohnen auf den Teller häufen – doch der Löffel rutschte glatt durch bis zum Boden.

Mein Lächeln erstarrte. Ich fischte etwas von der breiigen Masse heraus und sah zu, wie sie zurücktropfte. Tränen stiegen mir in die Augen, und ich erzählte Ed, was passiert war.

Er lachte herzlich – »du bist wirklich ein Dummerchen, aber mach dir nichts draus« –, ging an den Kühlschrank und machte sich ein Sandwich.

»Daß du dran gedacht hast, das zählt«, sagte er matt, dann duschte er und legte sich zu Bett.

Am nächsten Morgen stand ich vor Sonnenaufgang auf, fest entschlossen, entweder bessere Eierkuchen zustande zu bringen als Leatha oder bei dem Versuch zu sterben – ein selbstmörderischer vietnamesischer Angriff auf eine Küche voll tödlicher amerikanischer Utensilien. Mit den Angaben auf der Packung konnte ich wenig anfangen, und an Leathas Zutaten erinnerte ich mich nur dunkel; ich kämpfte gegen einen tückischen Widersacher, den ich nicht unterschätzen durfte. Zwischen zu wenig Eiern, zu viel Milch und einer lauwarmen Bratpfanne blieb Ed bedauerlicherweise keine andere Wahl: entweder trank er seinen Eierkuchen-Milkshake, oder er schüttete ihn zusammen mit den Bohnen weg. Diesmal konnte ich indes in sein Lachen einstimmen und weinte erst, als er weg war. In Orem gab es keinen asiatischen Markt, auf dem ich mir vertraute Zutaten kaufen konnte, und so wurde jedes amerikanische Gericht, an dem ich mich versuchte, ein Reinfall. Allmählich glaubte ich, als amerikanische Ehefrau ließe mich mein Karma im Stich. Wie lange konnte mein Mann bei seiner schweren Arbeit es durchhalten, geschweige denn überleben, wenn er sich von kalten Getreideflocken und Toast ernähren mußte?

Um diese Zeit begann ich mich auch unbehaglich zu fühlen, wenn ich allein aus dem Haus ging. Ed hatte anscheinend keinerlei Bedenken, mir Fahrunterricht zu geben, so entwickelte ich mich zum amerikanischen Pendant eines beinamputierten Chinesen. Mobilität war mir dabei nicht so wichtig wie die gute Meinung meiner Umgebung. In der Stadt begegnete man mir durchaus freundlich, und unsere Nachbarn, Mom und Pop, luden mich oft zum Kaffee ein – doch aus dörflichen Hemmungen und einem ausgeprägten Pflichtgefühl Ed gegenüber fürchtete ich, Klatsch zu provozieren: eine junge Frau sollte nicht allein herumlaufen, auch nicht mit zwei kleinen Kindern. Deshalb lehnte ich Pops Einladungen stets ab, wenn Mom gerade Besorgungen machte – nicht weil ich Angst vor Eds Eifersucht hatte, sondern vor bösen Zungen. In Vietnam hatten meine Familie und ich erfahren, wie gefährlich Nachbarn sein konnten.

Zwei Menschen bewahrten mich davor, Depressionen zu bekommen.

Einmal meine Nachbarin Mom, die sah, daß ich immer bekümmerter wurde, und mit einer Eheberatung begann und mich über die Probleme aufklärte, die ein großer Altersunterschied mit sich brachte. Als ich nach und nach die Einzelheiten meiner Beziehung zu Ed offenlegte, schlug sie sich lachend aufs Knie (und gelegentlich auch auf meins) und erläuterte den Unterschied zwischen einer ›amerikanischen Ehefrau‹ und einer ›vietnamesischen Sklavin‹ – der mir erst jetzt klar wurde. Wenn sonst nichts, so lehrte mich Mom, auf wie viele Arten eine amerikanische Ehefrau nein sagt.

Meine zweite Retterin war die Mutter von Mary und Sara. Eines Nachmittags stand sie vor der Tür und fragte nach ihren Töchtern. Judy war etwa zehn Jahre älter als ich, klein und rundlich, rotes Haar kräuselte sich über dem ehemals hübschen Gesicht. Ihre abgetragenen Kleider rochen nach Zigaretten (eine hing ihr ständig im Mundwinkel), was zumindest den Whiskeydunst überdeckte, wenn sie rülpste – oft genug zum Entzücken der Kinder. Trotzdem war sie die erste amerikanische Nachbarin, mit der ich mich anfreundete, und halbwegs in meinem Alter.

»Mein Name ist Le Ly«, stellte ich mich vor und verneigte mich höflich. »Würden Sie bitte eintreten?«

»Na, ich kann nur einen Moment bleiben.« Sie keuchte die Stufen hoch und ließ sich in Eds Lieblingssessel fallen.

Ich bot ihr Tee an und stellte fest, daß sie Bier bevorzugte. Sie erkundigte sich, wo ich herkäme, und ich sagte es ihr.

»Na ja«, meinte sie mit einem tiefen Blick in die Bierdose. »Unsere Eltern können wir uns ja nicht selber aussuchen.«

Wir plauderten lange, über unsere Lieblingsprogramme im Fernsehen, über »die verdammte Geldschneiderei im Waschraum«, dann fingen die Kinder an, sich zu raufen, und Judy brach auf. Sie bedankte sich nochmals, daß ich mich so um ihre Töchter kümmerte, und lud mich am nächsten Tag zum Lunch in ihrem Wohnwagen ein, zwei Reihen hinter dem unseren. Ich nahm gern an.

Abends bekam Ed ein erstklassiges Dinner vorgesetzt – ein Fertiggericht aus Nudeln, an dem »nicht mal ein Vollidiot was vermurksen kann«, wie Judy mir versicherte. Ich mochte es, weil es tatsächlich an vietnamesische Nudeln erinnerte, schnell kochte und zu vielen amerikanischen Leibspeisen von Ed paßte.

Tags darauf machte ich mich zurecht und ging in meinem roten *ao dai* zu meiner Lunch-Einladung. Judys Wohnwagen war durchgerostet wie eine alte Blechdose; ein Fenster war mit Pappe vernagelt. Der Boden unter der zerfetzten Markise war mit Abfällen übersät, und drinnen sah es noch schlimmer aus.

»Eigentlich wollt ich ja gründlich aufräumen«, erklärte Judy und schob einen Stapel Schmutzwäsche beiseite, um Platz für acht altbackene Brotscheiben zu machen. Sie war noch im Nachthemd, darüber ein fleckiger Bademantel aus Chenille, offen bis zur Taille, der Kopf voller Lockenwickel, umkräuselt vom Rauch aus ihrer obligaten Zigarette. »Aber Sie kennen das ja: die verdammten Gören fangen zu schreien an, und so kommt eins zum andern. Schnappen Sie sich irgendwo 'ne Sitzgelegenheit. Die Glotze ist wieder mal kaputt, da spielt's keine Rolle. Ich hab 'nen alten Thunfischsalat im Kühlschrank – oder möchten Sie Erdnußbutter?«

»O ja, Erdnußbutter klingt verlockend«, antwortete ich, denn mir wurde mir klar, daß die pikante Duftnote im Wohnwagen von dem angegammelten Thunfischsalat herrührte. Nirgends konnte ich ein Plätzchen entdecken, an dem nicht irgend etwas herumlag: Spielsachen, Kleidungsstücke, halbvolle Trinkbecher oder schmutzige Aschenbecher, und so schaufelte ich mir ein Eckchen auf der Couch frei. Sie servierte mein Sandwich auf einem Pappteller und bot mir von ihrem schaumigen Bier an, was ich ablehnte.

»Nein, danke«, bedauerte ich liebenswürdig, »ich hab ein Magengeschwür.« Dabei bohrte ich meine langen, lackierten Fingernägel in meinen schlanken, festen Bauch. Sie fixierte mich wie ein Ochsenfrosch eine Eintagsfliege, zuckte dann die Achseln.

»Wie Sie wollen.« Sie spülte ihr restliches Bier hinunter, nahm dann einen Schluck von meinem. »Bloß nichts umkommen lassen.« Sie rülpste geräuschvoll, zerdrückte die leere Dose und warf sie in den Ausguß. »Wie wär's mit 'nem Schluck Milch?«

Wir verzehrten unsere Sandwiches, Judy schüttete ihr Bier in sich hinein, und ich sah zu, wie meine Milch auf dem sonnigen Fensterbrett gerann. Vom Essen verstand sie allerdings eine Menge und versorgte mich mit wertvollen Ratschlägen, welche Sorte Kartoffelchips ich kaufen und wie ich Soßen schmackhaft eindicken sollte. Da ich aus einer Großfamilie stammte, revanchierte ich mich mit Tips, wie sie ihren beiden Töchtern helfen könnte, es im Leben zu etwas zu bringen. Ich begriff, daß diese komische rundliche Person ein Herz wie Gold hatte, und hörte aus ihren Worten heraus, daß sie sich keine Illusionen über sich und ihre Lage machte.

»Ich weiß es wirklich zu schätzen, wie Sie auf die Mädchen aufpassen«, wiederholte sie zum vierten oder fünften Mal.

»Manche Leute verstehen sich eben auf den ganzen Mist – Nähen und Kuchenbacken. Nichts für mich. Abends bin ich meistens schon glücklich, wenn ich die Gören ins Bett kriege!«

Sie lachte, nicht besonders heiter, und starrte aus dem schmutzigen Fenster. Damit verbrachte sie viel Zeit, wenn sie sich nicht gerade über sich selbst lustig machte. Während einer solchen Gesprächspause betrachtete ich die gerahmten Familienbilder – Babyfotos von Sara und Mary und eine weißhaarige Großmama, die Ähnlichkeit mit Leatha hatte. Es gab auch ein Foto von einem Mann in Uniform – ein zäher Typ, Henkelohren, sehniger Hals. Sie bemerkte meinen interessierten Blick.

»Was halten Sie von 'nem Verdauungsschnäpschen?« fragte sie und erhob sich. »Ach nein – falsch, Sie haben ein Magengeschwür. Hab ich ganz vergessen.«

Sie ging in die Küche, goß etwas Bourbon in einen Kaffeebecher und erschien wieder. Sie setzte sich, zündete sich eine neue Zigarette an, blies das Streichholz aus.

»Männer sind Arschlöcher«, sagte sie schließlich; es klang wie ein Kommentar zum Wetter.

»Hm – manche vermutlich«, entgegnete ich fast unhörbar und schaute hinunter auf den gewellten Linoleumbelag.

»Sie fragen sich wahrscheinlich, wieso Sie hier weit und breit kein Mannsbild sehen, stimmt's?«

Wenn ich mir anschaute, wie sie lebte, war das allerdings kein Wunder.

»Der Mann auf dem Foto«, fuhr sie fort und nahm einen kräftigen Schluck. »Das ist mein Ehemann. Ein schöner Scheißkerl, oder?«

»Er ist sehr nett – sieht sehr gut aus.« Ich räusperte mich. Ich wußte, die Biere und der Bourbon waren nicht ihre ersten gewesen, und daß man am besten mit Betrunkenen fertig wird, wenn man ihnen das Reden überläßt, das hatte ich seinerzeit von GI-Freunden gelernt.

»Klar, das ist 'n uraltes Bild. *Vietnam*«, erklärte sie feierlich, drückte ihre Zigarette aus, als sei damit alles gesagt.

»Das tut mir leid.« Ich nahm an, er sei gefallen oder in Gefangenschaft.

»*Ihnen* tut's leid!« Sie lachte – rauh wie Ed, zu viele Zigaretten. »Der Scheißkerl hat mir vor sechs Monaten 'nen Brief geschrieben, wie er diese vietnamesische Schlampe kennengelernt hat. Will das kleine Luder heiraten, schreibt er, können Sie sich das vorstellen? Verlangt 'ne Scheidung, so'n gottverdammter Mist!«

Draußen brüllte ein Kind, dann allgemeines Gelächter.

»Ich schau besser mal nach den Kindern«, schlug ich vor. Dieses Gespräch führte meiner Meinung nach auch nicht weiter.

»Quatsch, denen geht's prima, Le Ly«, erklärte Judy munter und steckte sich die nächste Zigarette an. Ihre Wut auf die Vietnamesin aus dem Brief übertrug sie offenbar nicht auf mich. Ich bekam sogar allmählich das Gefühl, daß sie mir unbedingt die ganze Geschichte erzählten wollte.

»Natürlich schickt er immer noch Geld für die Mädchen rüber«, fügte sie hinzu. »Das Schwein *muß* Geld schicken. Dafür sorgt die Army. Und Mom und Dad springen auch ein, aber wie weit uns das bringt, sehen Sie ja.« Sie unterstrich das mit einer hoffnungslosen Geste. Nach einem weiteren langen Blick aus dem Fenster fixierte sie mich. »Der Kleinen in Vietnam geb ich eigentlich gar keine Schuld. Meine Güte, die will doch bloß über die Runden kommen. Und ich hab mich doch schließlich auch in den Mistkerl verknallt, wie kann ich ihr's dann krummnehmen?« Sie schlug den Bademantel über dem Schoß zusammen. »Ich laß mich ja auch 'n bißchen gehen, klar – für wen soll ich mich hier draußen auch in Schale werfen? Nein, Schuld geb ich der beschissenen Army. Der verfluchte Krieg hat meine Familie kaputtgemacht, nicht die Kleine in Vietnam.«

Judy in ihrem trübseligen kleinen Wohnwagen zuzuhören, öffnete mir die Augen. Sie gab mir keine Schuld. Sie zählte mich zu den ›guten‹ Vietnamesinnen, die genau den Amerikanerinnen glichen. Doch ich hätte sehr wohl das Mädchen sein *können*, das ihr den Mann wegnahm. Ich hatte versucht, Red, den Labortechniker der US-Navy, in mich verliebt zu machen, dann Jim, den zivilen Subunternehmer, dann Paul, den Lieutenant der Air Force – um meine Lebensgeister etwas zu heben und mich mit meinem kleinen Jungen vor dem Krieg zu retten. Als ich Vietnam verließ, hatte ich viel durchgemacht und genug von Töten und Betrügen und Grausamkeit, dieses sogenannte normale Leben in einem Kriegsgebiet. Es war Sache unserer GI-Freunde, sich wegen ihrer Frauen und Freundinnen drüben Gedanken zu machen, und ging uns nichts an. Wir behandelten unsere Männer wie Könige, weil man uns dazu erzogen hatte. Wir waren lediglich bemüht, unsere Verpflichtungen mit Anstand zu erfüllen und zu überleben. Mit etwas Glück konnten ein paar von uns sogar aus der stinkenden Kloake, zu der unser Land geworden war, Hals über Kopf entkommen.

Häufiger allerdings stieg unser GI-Liebhaber am Ende seiner Dienstzeit einfach in ein Flugzeug, und das war's dann. Selbst wenn wir ihm Kinder geboren hatten, bekamen wir kein Eheversprechen, keine ›Unterhaltsbeihilfe‹, nicht mal einen Abschiedskuß. Bestenfalls konnten wir darauf hoffen, daß uns ein anderer GI zuzwinkerte und das Ganze von vorn begann – bis wir zu alt waren, zu ausgehöhlt von Whiskey oder Drogen, oder tot. All diese Dinge, die ich im Land der Supermärkte und blitzenden Straßenkreuzer und Fernseher vergessen hatte, ergriffen jetzt wieder Besitz von meinem Innern, als Judy blaue Rauchkringel und schlimme Erinnerungen ausstieß wie ein Granatwerfer seine Geschosse. Was ich fühlte, konnte ich ihr nicht ins Gesicht sagen, aber ich wußte, sie sah mir an, was ich dachte.

»Tja, wir haben alle unser Päckchen zu tragen, stimmt's, Schätzchen?« Mit tapferem, tränenfeuchtem Blick schenkte sie mir ihr liebevollstes Lächeln – ihr letzter Reichtum, mit dem sie überaus sparsam umging. »Ich wette, *du* könntest auch allerhand Geschichten erzählen, stimmt's? Über den Krieg und so?«

»Sehr freundlich von Ihnen, danach zu fragen«, sagte ich und wischte mir rasch eine Träne weg. »Ach herrje, es ist schon so spät. Ich bin eine miserable Köchin, da muß ich mit dem Abendessen für Ed rechtzeitig anfangen, dann kann ich's noch wegwerfen, bevor er nach Hause kommt. Vielleicht schaut er mal bei Ihnen rein, wie wär's? Auf der Suche nach 'ner Frau, die ihm guten Kartoffelbrei kocht. Dann kann die Amerikanerin der Vietnamesin den Mann wegnehmen. Wär das nicht – wie sagt man doch gleich? Wär das nicht ein Hammer?«

Wir lachten beide, und Judy schloß mich in die Arme wie eine Schwester.

»Okay, Kinder.« Ich klatschte auf ihrer Schwelle in die Hände wie ein Bauer, der die Enten zusammentreibt. »Wir müssen gehen. Verabschiedet euch von Sara und Mary. Und von Judy. Wiedersehen.« Ich drehte mich um und winkte.

»Was soll's.« Judy hob ihren Becher mit Whiskey, als wir uns langsam in Bewegung setzten. »Wenn der Alte 'nen Fernseher reparieren kann, dann schick den Mistkerl rüber!«

2

DER RACHEN DES TIGERS

Ed fand keine Gelegenheit mehr, Judys kaputten Fernseher oder unsere Eheschwierigkeiten in Ordnung zu bringen. Kurz vor seinem fünfundfünfzigsten Geburtstag, als in Utah gerade die kalte Witterung einsetzte, bekam er die Kündigung. Die schwere Außenarbeit, die zahlreichen Enttäuschungen und zu viele Zigaretten ließen ihn bei der Rückkehr nach Kalifornien um zehn Jahre älter aussehen. Natürlich schoben die beiden Frauen das auf meine mangelnde Fürsorge, und ich war geneigt, ihnen zu glauben. Als amerikanische Ehefrau konnte ich weder in der Küche noch im Schlafzimmer eine Erfolgsstory vorweisen.

Wenigstens wurde Ed von seinem Boß in Utah anerkannt, der ihm rasch einen neuen Job in San Diego verschaffte. Der feste Gehaltsscheck und das unangetastete Darlehen für Veteranen aus dem Zweiten Weltkrieg – plus ›ein Dollar in bar‹ – ermöglichten uns den Kauf eines einfachen Fünfzimmerhauses, das für mich die Ausmaße eines Hotels hatte.

Zuerst konnte ich es gar nicht fassen, wie großzügig sich Amerika seinen Veteranen gegenüber zeigte. Ich fragte mich, wieso die Wehrpflichtigen, die sich allabendlich auf dem Bildschirm zusammenrotteten, derart lautstark gegen den Dienst in einer Armee protestierten, die sie reich machte. In Vietnam wurden alte Vietminh- und Vietcong-Kämpfer lediglich mit Dankbarkeit entlohnt. Auch die regulären Militärs im Norden erhielten nach der Entlassung nur eine lächerlich geringe monatliche Pension. Die Gelegenheit, Eds damaligen Kriegsdienst in materiellen Wohlstand umzumünzen, erschien zu schön, um wahr zu sein. Außerdem wurden dadurch Instinkte aus meinen alten Zeiten wieder wach, als ich mich auf dem Schwarzmarkt in Da Nang betätigt hatte.

»Ein Haus für einen Dollar!« wiederholte ich unentwegt, nachdem Ed mir das Geschäft erklärt hatte. »Warum kaufen wir nicht tausend Häuser und vermieten sie weiter?«

»So funktioniert das nicht«, erwiderte Ed lächelnd. »Die Monatszahlungen müssen trotzdem geleistet werden, und wenn ich das bei unserm schaffe, kann ich von Glück sagen.«

Jemand lag da schief, aber ich bohrte nicht weiter nach. Wir zogen in unser kleines Haus, kauften neue Möbel, die wir ebenfalls nicht bar bezahlten. Für Menschen mit einer solchen Liebe zum Geld, gaben sich die Amerikaner wirklich jede erdenkliche Mühe, nicht direkt damit in Berührung zu kommen. Wer es am wenigsten brauchte, lebte am meisten auf Pump; und wer nicht viel hatte, mußte stets sofort bezahlen. Wieder eine dieser sinnwidrigen westlichen Einrichtungen. Aber wer war ich, daran Kritik zu üben? Ich richtete mich ein und faßte wieder einmal den festen Vorsatz, die beste aller Hausfrauen zu werden.

Tagtäglich putzte ich mich heraus wie die Frauen im Werbefernsehen, machte sauber und kochte unsere Mahlzeiten, wobei ich sämtliche Küchengeräte benutzte, die ich besaß. Jimmy, mittlerweile knapp vierjährig, hatte jetzt ein eigenes Zimmer und erkundigte sich, wann er denn mit seinen Freunden zur Schule gehen dürfe. Ich beobachtete ihn oft, wenn er spielte oder in ein Bilderbuch vertieft an seinem zu großen Schreibtisch saß und mit den Beinen baumelte. Bei meinen Abendgebeten an dem behelfsmäßigen buddhistischen Altar, den ich aufgebaut hatte, begann ich, dem Christengott zu danken (halb auf englisch, halb auf vietnamesisch – wer wußte denn schon, welche Sprache der westliche Gott verstand?), daß meinen beiden Jungen das Unglück ihres Volkes erspart geblieben war.

Wenige Wochen später fragte ich mich freilich, ob ich mit meinem Eindringen in die geistige Welt Amerikas nicht eine Brutstätte von Dämonen aufgestört hatte.

Wenn Mom Munro und Erma zu Besuch kamen, brachten sie stets Süßigkeiten mit und lobten meine Kochkünste, was ihnen beiden einen Vorwand lieferte, mich allein in der Küche hantieren zu lassen (ein Gast, der etwas Eßbares mitbringt, braucht nicht im Haushalt zu helfen, und gute Köchinnen brauchen sowieso keine Hilfe), und das war mir nur recht. An einem Oktoberabend nun brachten sie einen ganzen Kübel Bonbons mit.

Ich schrie auf. »Den Jungen wird ja schlecht, wenn sie das alles essen!«

»Das ist nicht für die Jungen, sondern für Halloween«, erklärte Erma.

»Aha.« Ich nickte verständnisvoll, fest entschlossen, mir keine Blöße zu geben. Dann verstaute ich die Süßigkeiten außer Reichweite, widmete mich wieder den Vorbereitungen für das Dinner. Während des Abends war nicht mehr von Halloween die Rede, und ich nahm an, es handle sich um einen der typischen amerikanischen Feiertage mit Musik, Festschmaus und Feuerwerk. Ich merkte rasch, wie sehr ich mich da irrte.

Als Ed und ich am folgenden Tag vom Einkaufen zurückkamen, starrten uns von allen Veranden in der Nachbarschaft glühende Teufel mit finsteren Blicken an. Ich umklammerte Eds Arm und fragte, was das zu bedeuten hätte.

Er kicherte, wurde dann sehr ernst. »Gespenster«, sagte er feierlich. »Und Kobolde.«

Ich verbrachte eine unruhige Nacht und einen noch schlimmeren Morgen mit brüllenden Kindern und rätselhaften Anweisungen Eds, »die verdammten Süßigkeiten schleunigst loszuwerden«. Gleichzeitig schreckte mich ein mysteriöses Hämmern auf dem Nachbargrundstück auf. Ich ging nach draußen und sah Tony, einen freundlichen Teenager, Nägel in einen Sarg schlagen.

»Tag, Tony. Was machst du denn da?« brachte ich mühsam heraus.

»Hallo, Mrs. Munro.« Er strich sich das Haar aus der verschwitzten Stirn. »Wie gefällt Ihnen mein Sarg?«

Mir rieselte es eiskalt den Rücken hinunter. »Meine Güte – wer ist gestorben?«

Tony grinste. »Keiner – bis jetzt.« Er zwinkerte mir verschwörerisch zu – wie Erma, als sie mir die Süßigkeiten gab. »Der ist für meinen Bruder, Joey.« Er schwang den Hammer drohend durch die Luft und lachte irre.

Ich rannte ins Haus, warf die Tür zu, mein Herz klopfte. Den Rest des Tages blieb ich drinnen, spähte gelegentlich durch die zugezogenen Vorhänge und versuchte, meine zappeligen Jungen mit Spielen zu beschäftigen. Kurz vor Anbruch der Dämmerung hielt ich nervös nach Eds Wagen Ausschau und sah Tony, der gerade den Sarg die Stufen hinunterzerrte. Als er ihn an die Veranda lehnte, gewahrte ich eine gräßliche bleiche Fratze, blutbespritzt, leere Augenhöhlen. Greueltaten hatte ich zur Genüge während des Krieges erlebt, deshalb stürzte ich in die Küche, um *chao* – Reissuppe – und *banh keo* – süße Reiskugeln – zu holen, mit denen wir in Vietnam Rachegeister zu besänftigen pflegen. Jetzt wußte ich auch, wofür der große Kübel mit Süßigkeiten bestimmt war und warum Ed und Erma sich nicht trauten, offen über diese Dinge zu sprechen. Mit zitternden Händen angelte ich die Bonbons aus dem Schrank.

»Rasch, Jimmy!« blaffte ich und verstreute Bonbons über den Fußboden. »Wenn irgendwer – oder irgendwas – an die Tür kommt, gib ihm davon! Und mach den Fernseher aus!« Eine Riesenechse verschlang gerade Tokio, und mein Bedarf an Monstern war mehr als gedeckt.

Als ich die erste Opfergabe an Reiskugeln auf den Familienaltar stellte, klingelte es an der Haustür. Jimmy, beide Wangen prall mit Süßigkeiten gefüllt, öffnete. Draußen drängte sich ein Dutzend Ungeheuer – Geister in Leichentücher gehüllt, Piraten mit Augenklappe, zerlumpte Bettler.

»*Spaß oder Speis!*« grölte der Geisterchor.

Ich sprang dazwischen und warf ihnen eine Handvoll Bonbons ins Gesicht.

»Da!« brüllte ich. »Nehmt euch alles, was ihr wollt! Aber laßt uns in Frieden!«

Die bösen Geister wurden ganz still, klaubten die Süßigkeiten auf und sausten davon. Der letzte zog sich die Haut vom Gesicht – die Totenmaske einer längst verblichenen Prinzessin – und sagte: »Vielen Dank, Mrs. Munro.« Der Geist war ein Vorfahre des sechsjährigen Mädchens von gegenüber, das wochentags nach der Schule immer mit den Jungen spielte – die Ähnlichkeit war verblüffend. »Vielleicht kann Jimmy nächstes Jahr mitkommen.«

Großer Gott – nein! Ich warf die Tür zu und sperrte ab. Zum Glück kam Ed kurz darauf, um sich mit den umherziehenden Geistern zu befassen. Ich verbrachte den Rest des Abends im Bett.

Ein paar Wochen später machten wir uns alle fein und fuhren zu Mom Munro, um *Thanksgiving* zu feiern. Ed gab mir eine umfassende Erklärung, was es mit diesem Feiertag auf sich hatte: »Du bedankst dich, daß du einen Truthahn kriegst, und dann verputzt du ihn.« Bei diesem Fest war mir wohler zumute, weil wir unsere schönsten Sachen trugen und alle Verwandten von Ed kommen würden (seine Brüder, Schwestern und Neffen aus dem Staat Washington sowie Vettern und Neffen aus dem Mittelwesten), genau wie eine vietnamesische Familie. Die Dankbarkeit der Munros bezog sich in erster Linie darauf, daß Ed heil und gesund aus Vietnam zurückgekommen war, wofür ich volles Verständnis hatte. Auch sonst gab es zwischen Thanksgiving und den Erntedankfesten in Vietnam, an die ich mich aus meiner Kindheit erinnerte, viele Unterschiede.

Sofort nach der Ankunft hatten sich die Männer entweder im Wohnzimmer herumgedrückt oder draußen mit den größeren Kindern Fußball gespielt. Von den Frauen waren nur zwei Erma und Leatha in der Küche behilflich, was mir als der Gipfel der Unhöflichkeit erschien.

Als jeder notgedrungen placiert war – Junge neben Alten, Männer neben Frauen, ein Verstoß gegen sämtliche Regeln des Anstands –, forderte Erma alle auf, die Köpfe zu senken, für mich eine Haltung der Scham, nicht des Betens. Also kreuzte ich die Arme über der Brust, wie wir Ehrfurcht zu zeigen pflegen, und zog prompt rüde Blicke auf mich. Ich denke, in den Augen von Ermas Gästen war dies eine verärgerte, reservierte Geste, kein Ausdruck der Frömmigkeit, aber was sollte ich denn sonst tun? Nach ein paar gereimten Worten, auf die von keinem eine Wiederholung folgte, nur ein »Amen«, begann Larry, ihr Ehemann, den großen amerikanischen Vogel zu tranchieren.

»Hoffentlich magst du Truthahn, Le Ly«, sagte er freundlich, während er mir Berge auf den Teller häufte. »Du brauchst 'ne doppelte Portion, dünn, wie du bist!«

»Gib ihr nur eine Keule, Larry«, sagte Ed ruhig. »Den Rest nehme ich.«

Alles lachte, aber ich wußte nicht, warum. Ed scherzte nicht. In Vietnam überließen junge Leute die Füllung der älteren Generation und nahmen sich selbst die Geflügelteile, das geschah nicht nur aus Höflichkeit, sondern war in einem Land, wo die über Vierzigjährigen meist keine eigenen Zähne mehr hatten, lebensnotwendig. Solange ich Ed kannte, hatte ich immer mit meinen kräftigen Zähnen die Knochen abgenagt. An jenem Abend erwies sich der Truthahn selbst für mich als zu trocken und zäh, so daß ich die Keule größtenteils liegenlassen mußte.

Als Erma das bemerkte, redete sie mir gut zu: »Komm schon Ly, denk doch an die vielen hungernden Kinder in Vietnam!« Sie lächelte, und die Hälfte der Gäste lachte mit.

»Laß das arme Mädchen in Ruhe, Erma!« schaltete sich Leatha ein. »Sie ißt doch immer wie ein Spatz.«

Ich hätte ihnen gern erzählt, daß ich mehr als genug über hungernde Kinder wußte, aber dafür reichte mein Englisch nicht aus. Die betretene Stille, die ich durch mein Schweigen ausgelöst hatte, dauerte nicht lange. Bald plauderte man munter über Truthahnpreise und über die günstigen Einkaufsmöglichkeiten, die Larry bei der Navy hatte, *Amerikanisches* Geschwätz.

Inzwischen häufte Erma mir noch einmal Kartoffelbrei auf den Teller. »Gönn ihr doch 'ne Pause, Erma«, sagte Ed gereizt. »Schließlich kann sie nicht für ihr ganzes verdammtes Land essen!«

»Ich will ihr ja bloß zeigen, daß wir großzügig sind. Ich möchte nur, daß sie dankbar ist für das, was sie hat.«

»Dankbar!« Ed warf seine Serviette auf den Tisch. »Ich werd dir mal was über Dankbarkeit erzählen! In Da Nang wohnten wir neben dem Bezirkskrankenhaus. Wenn ich zum Lunch nach Hause fuhr, bin ich jeden Tag an einer Menschenmasse vorbeigekommen, alles Bauern aus der ländlichen Umgebung – verwundet, übermüdet von pausenlosem Beschuß, stinkend von Ruhr und Gott weiß was für anderen Krankheiten. Die Hälfte konnte nicht aufrecht stehen...«

»Na, immerhin ein Segen, daß sie ein Krankenhaus hatten«, bemerkte Larry, schwach lächelnd.

»Zum Teufel, die Hälfte von ihnen hatte keine Beine!« Eds Gesicht war röter als der Wein in seinem Glas. »Ich rede von Menschen, die in Stücke zerfetzt wurden, von Kranken, Hungernden und weißt du was? Das war noch nicht mal das Schlimmste. Wirklich fertiggemacht hat's mich, wenn ich mit meinem schicken amerikanischen Transporter vorbeibrauste, haben diese Menschen mir lächelnd zugewinkt, als wär ich so'n gottverdammter Tourist auf dem Weg zum Strand! Genau so war's! Sie waren glücklich, dort zu sein, glücklich, mich zu sehen und wer weiß wie dankbar, noch am Leben zu sein! Also halt du gefälligst Ly keine Vorträge über Dankbarkeit. Erwarte von ihr nicht, daß sie wegen deinem Truthahn Purzelbäume schlägt. Sie weiß genau, was sie gekriegt und was sie zurückgelassen hat.«

Betretenes Schweigen, bis einer von Eds jungen Neffen fragte: »Hast du dort tatsächlich mal 'nen VC gesehen?«

»Tja, Onkel Ed, ich hab gehört, da drüben steht's ziemlich mies«, sagte ein anderer. »Es gehen 'ne Menge von unseren Jungen drauf.«

Ed zuckte die Achseln. »Da drüben gehen jeden Tag 'ne Menge Menschen drauf, nicht nur unsere Soldaten und Charlie. Für jeden umgekommenen Amerikaner müssen ein Dutzend – zwei Dutzend –Dorfbewohner, Bauern, Babys, Großmütter ...« Er sah Leatha an und schüttelte den Kopf. »Zum Teufel, von den Kindern in Quang Nam ist die Hälfte verwundet oder zusammengeschlagen worden oder läuft bandagiert rum ...« Er unterbrach sich und nahm einen Schluck Wein. »Ich weiß nicht, was wir da tun könnten. Das Land war von Anfang an arm, und der Krieg macht da garantiert nichts besser. Hoffen wir, daß die Pariser Friedensverhandlungen Erfolg haben. Vielleicht hat der ganze Alptraum mal ein Ende.«

»Willst du damit sagen, wir sollten nicht dort sein?« fragte der gleiche Neffe.

»Also ich gehe einfach dorthin, wo's mir gesagt wird. Soweit ich's beurteilen kann, tun wir das, was wir für richtig halten. Ob das dann auch richtig ist, ich meine, wer weiß das schon sicher?«

Der Neffe, ein junger Mann in wehrpflichtigem Alter, der den Krieg offenbar nur aus dem Fernsehen, aus Filmen und Comicheften kannte, schnitt eine Grimasse und schien Eds Ansichten nicht zu billigen. Ich hingegen streichelte unter dem Tisch heimlich Eds Bein mit festem Druck und war so stolz auf ihn, wie ich nur sein konnte.

Winter in Kalifornien ist die Jahreszeit des Monsunregens. Die kalten Regentage, in denen zeitweise der Sommerhimmel durchbrach, erweckten in mir Sehnsucht nach der Zentralküste von Vietnam. Meine asiatischen Knochen sagten mir, daß Tet – der größte Feiertag in Vietnam – bevorstand.

In Amerika kündigten sich Feste zuerst in den Schaufenstern an. Jetzt waren sämtliche Warenhäuser gleich dekoriert mit einem vergnügten Mann im roten Kittel – wie ein dicker, bärtiger Onkel Ho – in einem Schlitten, den Buddha-Hirsche zogen. Weil einem der dicke Mann überall begegnete, in jedem Geschäft, auf jeder Verpackung, war mir klar, daß ein großes Ereignis bevorstand – das Weihnachtsfest.

Schließlich faßte ich mir ein Herz und fragte unsere Nachbarin Rose, die Mutter von Tony und Joey: »Was ist eigentlich Weihnachten?«

»Das schönste Fest des Jahres!« schwärmte sie wie ein kleines Mädchen. Ich hatte allmählich erkannt, daß alle amerikanischen Feiertage irgendwie auf Kinder und Geldausgeben eingestellt waren.

Während wir unseren grünen Tee schlürften, erklärte mir Rose, daß der eigentliche Kern dieses großartigen Weihnachtsfestes darin bestehe, Unmengen von Spielsachen zu kaufen – und daß der Betrag, den man dafür aufwendet, ein Zeichen göttlicher Gnade sei und ein Signal an die Familie, wie sehr man sie liebte.

»Aber Jimmy und Tommy haben massenhaft Spielsachen«, protestierte ich. »Und sie wissen schon, daß Mom und Dad sie liebhaben. Jedenfalls wird Ed wütend auf mich sein, wenn ich zuviel ausgebe.«

»Nein, das wird er nicht«, beruhigte sie mich. »Es ist doch Weihnachten, nur darum geht's. Sauer wird er, wenn du *kein* Geld ausgibst. Komm schon, ich zeig dir, wie das läuft, im Einkaufen bin ich Spitze.«

Ich ließ Tony als Babysitter bei meinen beiden Jungen zurück, und wir pilgerten den Rest des Tages von einem Spielzeugtempel zum nächsten. Da ich Ed immer im voraus um Geld oder einen Scheck bitten mußte, lieh Rose mir den jeweils erforderlichen Betrag. Trotzdem wirkten die paar Sachen, mit denen ich mich zur Kasse wagte, ausgesprochen kümmerlich im Vergleich zu den Wagenladungen von Gummi, Plastik und Pappe, die sie für ihre beiden Kinder kaufte. Zu Hause packten wir die Geschenke wie zwei Verschwörer ein.

Ed machte nicht die befürchteten Schwierigkeiten. Eine Woche vor dem großen Ereignis brachte er einen kleinen Baum an, die Sorte, die wir im Yellowstone Park gesehen hatten.

»Wie hübsch!« rief ich, in der Annahme, er habe eine Zimmerpflanze gekauft. »Aber ohne Wurzeln wird er sich nicht lange halten!«

»Soll er auch nicht«, entgegnete er, der jetzt aufs Haar dem Santa Claus in den Kaufhäusern glich – weißhaarig und rotwangig. »Nach Weihnachten werfen wir ihn weg.«

Diese Mitteilung verstörte mich. Bäume waren heilig. Zum Tet-Fest schnitten wir lediglich einen kleinen Zweig der *bong mai*-Pflanze ab und warteten auf die Blüte. Wenn sie kam, bedeutete das für uns Glück im nächsten Jahr. Natürlich wurde diese Pflanze gewählt, weil bei ihren abgeschnittenen Zweigen mit Blüten zu rechnen war – ein Symbol dafür, wie unser Leben aus dem unserer Vorfahren erblüht. Erst später erkannte ich, daß immergrüne Gewächse für Christen eine ähnliche Botschaft enthielten und in gewisser Weise auch besser zur christlichen Verkündigung vom Weiterleben nach dem Tode paßten.

Das Fest selber verlief wie die meisten anderen bei den Munros, obwohl ich am Heiligen Abend um einen Teil meines Schlafes gebracht wurde, da ich auf einen dicken Einbrecher im roten Kittel wartete. Wirklich seltsam daran war freilich, daß Erwachsene den Santa Claus offen als Schwindel bezeichneten. Es erschien zynisch, wenn nicht sogar scheinheilig, den Kindern etwas zu erzählen, woran man selber nicht glaubte. Und so wurde ich nur fassungslos angestarrt, wenn ich den Leuten versicherte, mir bereite es keinerlei Schwierigkeiten, daran zu glauben, daß der Geist von Sankt Nikolaus am Heiligen Abend in allen Häusern der Welt einkehre. Arme Ly, dachten sie dann wohl, das einfältige Kind glaubt wirklich an den Weihnachtsmann! Und warum nicht? Darin lag der höchste geistige Gehalt, dem ich bisher in Amerika begegnet war.

Jedenfalls absolvierte die Familie das weihnachtliche ›Zeremoniell‹ so rasch wie irgend möglich. Kinder und Erwachsene rissen die sorgfältig verpackten Geschenke auf. Inmitten all dieses zur Schau gestellten Frohsinns vermochte ich nichts als Traurigkeit zu empfinden.

Abends fuhren wir zu Leatha, und mein Magen revoltierte vor Angst vor einem neuerlichen Thanksgiving Dinner. Statt dessen sprach alles nur darüber, wer wieviel für welche Geschenke ausgegeben hatte, und mir wurde meine Unwissenheit huldvoll verziehen. Ich konnte ja nicht ahnen, daß ich nicht nur für die Kinder, sondern auch für sämtliche Erwachsenen Geschenke hätte kaufen müssen. Im Schoß von Eds großer Familie vermißte ich die meine mehr denn je. An dem einzigen Tag des Jahres, an dem sich die Amerikaner zusammenfinden, um das ewige Leben zu feiern, fühlte ich mich dem Tode nahe. Selbst ein immergrüner Baum kann nicht leben, wenn man ihm die Wurzeln abgeschnitten hat.

Zu Hause, nachdem die erschöpften und überdrehten Jungen zwischen Bergen von Styropor, Kunststoffen und buntem Geschenkpapier und feuerfesten Stofftieren eingeschlafen waren, teilte ich Ed mit, daß ich nach Vietnam zurückkehren müsse.

Es war zum Leitmotiv unserer Ehe geworden und konnte Ed gar nicht hoch genug angerechnet werden: Ed schien immer schon vor mir zu wissen, wie es in meinem Innern aussah. Seit einem Monat hatte er insgeheim nach neuen Kontraktangeboten im Kriegsgebiet Ausschau gehalten – zum Teil, weil seine Ersparnisse schneller aufgebraucht waren, als er gehofft hatte (ein letzter, hochdotierter Auftrag in Vietnam würde ihn auf Jahre hinaus sanieren), vor allem aber, weil er gesehen hatte, wie schwer es für seine Angehörigen war, seine exotische junge Frau als Familienmitglied zu akzeptieren. Außerdem würde er in Vietnam billig leben und Aufsicht über andere führen, während er sich in Amerika wie ein Pferd abrackern und teuer für die Ehre bezahlen mußte, im reichsten Land der Welt zu leben.

Zu Silvester war die Idee einer Rückkehr nach Vietnam vom reinen Wunschdenken zum Plan gediehen. So feierten wir die Jahreswende durchaus passend mit einem jungen Paar von der Navy, das in Kürze nach Da Nang versetzt werden sollte. Zum erstenmal seit meiner Ankunft war mir wirklich nach Feiern zumute.

Mitte Januar 1971 bekam Ed einen Zweijahresvertrag für ein Bauprojekt bei An Khe: ein strategischer Punkt im Distrikt An Tuc, eine befestigte Anlage auf einem Berg, welche die Schnellstraße 19 bis hin zur laotischen Grenze beherrschte.

Da die Übereignung des Hauses noch nicht stattgefunden hatte, konnten wir ohne allzu hohe Verluste vom Kauf zurücktreten. Unsere ganze hübsche neue Einrichtung lagerten wir ein, für mich kein Opfer, während sich die beiden Frauen offenbar heftig darüber aufregten. Ed flog Ende des Monats ab, ich sollte eine Woche später mit den Jungen nachkommen, sobald der ganze komplizierte Papierkram erledigt war. Wenn ich an die Kosten und Mühen beim Verlassen meines Landes zurückdachte, wunderte es mich nicht, daß Onkel Sam einer Vietnamesin bei der Rückkehr ebenfalls ein paar Steine in den Weg legte. Doch ich konnte schon die salzige Luft von Da Nang riechen. Kein Hindernis würde mich von meinem Kurs abbringen.

Die Woche vor dem Abflug, die ich bei Leatha verbrachte, zählte zu den längsten meines Lebens. Natürlich war es für Eds Angehörige schmerzlich, daß er in die Unsicherheit zurückging, nur um für ›seine kleine vietnamesische Blutsaugerin‹ mehr Geld zu verdienen. Ich machte einen großen Bogen um sie, sooft ich konnte, wurde aber unweigerlich aufgegabelt und mußte mir ihre Standpauken anhören.

»Du weißt, wie sehr ich meinen Bruder liebe«, sagte Erma unter Tränen. »Es tut mir weh, wenn ich sehe, daß er sein Leben unnötig aufs Spiel setzt – nur deinetwegen.«

»Ed will selber zurückgehen!« antwortete ich fröhlich. »Er möchte mehr Geld verdienen.«

»Ist das alles, woran du denkst, Le Ly?« Sie schüttelte angewidert den Kopf. »Es gibt im Leben Wichtigeres als Geld, junge Frau. Willst du, daß er vom Vietcong getötet wird?«

Jetzt waren wir bei einem Thema gelandet, von dem ich etwas verstand. »Ihm passiert nichts. Ich kümmere mich um ihn. Ed ist die Nummer eins.«

»Du kümmerst dich um ihn, solange das Geld reicht!« brummte Erma.

Was Leatha betrifft, so hatten sich ihre fröhlichen amerikanischen Großmutteraugen über Nacht in die einer alten Vietnamesin verwandelt. »Ich werde nicht ewig leben, Ly«, sagte sie und rieb sich die Augen hinter den Brillengläsern. »Ich möchte meinen Sohn bei mir haben. Ich weiß, wie du an deiner Mutter hängst. Du kannst mir das bestimmt nachfühlen.«

Ich wollte erwidern: »Ja, ich weiß genau, wie einem da zumute ist, und eben deshalb muß ich heimkehren!« Doch ich unterließ es und hörte mir statt dessen auf dem ganzen Weg zum Flughafen die Vorwürfe und Klagelieder von Erma und Leatha an.

Mein Herz flog dem großen Jetliner weit voraus. Die Pariser Waffenstillstandsverhandlungen verliefen gut, und ich war sicher, daß dieser endlose, unsinnige Krieg schließlich doch beendet würde.

Sobald wir auf unseren Plätzen saßen, begann ich einen Brief an Mom Munro und Erma, in dem ich meine schöne neue Einrichtung, die amerikanischen Spielsachen der Jungen sowie alles, was wir außerdem zurückgelassen hatten, ihrer Familie ›vermachte‹. Ich dankte ihnen für ihre Freundlichkeit und die Versuche, mich zu verstehen, und wünschte ihnen alles Gute. Ich schwor bei den Gebeinen meiner Ahnen, daß sie Ed – wohlbehalten und munter – nach zwei Jahren wiedersehen würden, daß aber danach unsere Zukunft in Vietnam läge, wo Baufachleute wie Ed zum Wiederaufbau unseres Landes dringend benötigt würden. Sollte er sich zum Bleiben entschließen, schrieb ich, dann würde er in seinen letzten Jahren die Kinder, die er liebe, eine treusorgende Frau und ein dankbares Volk um sich haben. Konnten sie ihm in El Cajo Besseres bieten?

Als wir endlich in Saigon landeten, preßte Jimmy die Nase ans Fenster und bestaunte den Dschungel und die Reisfelder, aus denen er stammte. Den vielbefahrenen Mekong hatte ich vor fünf Jahren zum erstenmal aus der Luft gesehen, als die überfüllte Propellermaschine aus Da Nang meine Mutter und mich auf der von der Sonne ausgedörrten Piste absetzte. Damit begann unser Exil. Es endete ein Jahr später mit meiner schmachvollen Rückkehr nach Da Nang, der unehelichen Geburt des kleinen Jimmy und dem Start in meine neue Karriere als Schwarzhändlerin. Jetzt, da die Aussichten auf Frieden greifbar nahegerückt waren, wirkte die samtgrüne Landschaft einladend wie ein Reiseplakat; der Fluß mit seinen Windungen wie das Silberhalsband einer Braut, anstatt wie eine Sklavenkette. Meine vom Stadtleben verweichlichten Füße gelüstete es nach dem Lehmboden von China Beach und den letzten paar Schritten auf diesem endlosen Weg: vom Pflaster im rundäugigen Amerika zum Fußboden aus fest gestampfter Erde in meinem Geburtshaus.

Doch als ich dem Flugzeug entstieg, blies mir die Wirklichkeit – und die drückende tropische Hitze – ins Gesicht. Schon nach einem kurzen Jahr hatte ich die sengenden Temperaturen in Saigon vergessen. Mein dickes amerikanisches Make-up begann sofort zu schmelzen. Jimmy, der meine Tasche trug, während ich Tommy auf dem Arm hatte, schrie lauthals auf, als er die erste vietnamesische Uniform sah.

»Ich hasse diesen Ort, Mama Du!« brüllte er und verblüffte mich mit dem ersten vietnamesischen Wort, das ich seit Monaten von ihm hörte. »Ich hasse diese Leute!« Er versteckte sich hinter meinen Beinen, bis der republikanische Soldat vorbeigegangen war. Ich beugte mich herunter, um ihn zu trösten, als vier getarnte amerikanische Düsenjäger im Tiefflug über die Rollbahn fegten. Wir flitzten in den Terminal wie Mäuse bei Gewitter.

Jetzt war Tommy in Tränen aufgelöst, und ich setzte alles daran, um nicht ebenfalls zu weinen. Wir schlängelten uns durch die Menge zur Zollabfertigung. Die vietnamesischen Wortfetzen ringsum klangen in meinen Ohren wie Musik, als ich meinen Söhnen die Tränen abwischte und in meiner Tasche nach unseren Papieren wühlte. Schmerzhaft wurde ich mir jetzt des grausamen Konflikts bewußt, der im Innern jeder Ehefrau und Mutter schlummert. Als Phung Thi Le Ly hatte ich mein Recht auf Unabhängigkeit über die Pflicht gestellt, mich nach meinem Mann zu richten, was auch geschehen mochte. Ich wußte genau, daß ich in diesem Land bleiben wollte, selbst wenn Ed sich zur Rückkehr in die Staaten entschließen und die Pariser Konferenz letztendlich doch scheitern sollte. Als Le Ly Munro hingegen rangierte für mich das Wohlergehen meiner Söhne an erster Stelle. Und gerade sie hatte ich in tödliche Gefahr gebracht, als ich sie an den einzigen Ort auf der Welt mitnahm, wo ich meinte, glücklich sein zu können. Doch hatte meine Mutter mir nicht gesagt: »Gute Saat gedeiht in jedem Boden«? Weshalb sollte die von Bombenhagel durchpflügte Heimaterde für meine beiden guten Söhne weniger nahrhaft sein als das harte Straßenpflaster Amerikas? Das alles erschien so klar, doch gleichzeitig undurchsichtiger als die trüben Sümpfe um Ky La.

Wir kamen mühelos durch den Zoll (die Einreise nach Vietnam ging während des Krieges immer schneller vonstatten als die Ausreise!) und fanden ein Taxi, das uns in zehn Minuten zu dem Hotel brachte, wo ich mich mit Ed in Verbindung setzen und den nächsten Abschnitt unserer Reise planen konnte. Unser zerlumpter Fahrer redete ausschließlich über Amerika – wie er sich danach sehnte, das ›Land der unbegrenzten Möglichkeiten‹ zu besuchen, und wieviel leichter eine solche Reise sich verwirklichen ließe, wenn der erhoffte Vertrag zwischen dem Norden und dem Süden unterzeichnet wäre. Obwohl ich immer noch aufgeregt war und die Gedanken an Recht und

Unrecht, an Pflicht und Neigung sich in meinem Kopf jagten, hörte ich beglückt den ländlichen Singsang, freute mich an den listig blickenden Bauernaugen, die mich im Rückspiegel beobachteten. Nach einem endlos langen Jahr erwarteten mich hier Gefühle, die ich verstand, Situationen, mit denen ich umgehen konnte. Ich spürte, wie meine Kraft mit jedem Kilometer auf der staubigen, holprigen Straße wuchs.

Unser Hotel, ein siebenstöckiger Betonblock, war zwar verhältnismäßig neu und das größte Haus in der Straße, bot aber bereits das für Saigon typische schäbige, verwahrloste Bild – insbesondere nach den Wolkenkratzern aus Stahl und Glas in San Diego. Was mich noch vor wenigen Jahren als Saigons mondänes Flair beeindruckt hatte, war jetzt armselige Dritte Welt, nichts weiter. Wände und Böden im Innern waren sauber geschrubbt (wie nicht anders zu erwarten; dafür gab es billige Arbeitskräfte im Überfluß, und Hotelbedienstete in Uniform waren bemerkenswert schweigsam und tüchtig) und die Zimmer zum Glück klimatisiert.

Nachdem ich Tommy versorgt und mich umgezogen hatte, betrachtete ich meinen ersten Sonnenuntergang auf heimatlichem Boden: ein roter Fußball versank langsam hinter purpurfarbenen Palmen, über der Schaufensterfront des Warenhauses zuckte die Neonreklame. Durch die hermetisch abgedichteten Fenster beobachtete ich die belebte Straße – Autos, Busse, Motorräder, Militärtransporter, dreirädrige *siclos* mit Verdeck, Fahrräder und Fußgänger bewegten sich geräuschlos wie in einem Traum: ein Stummfilm zu meiner Vergangenheit.

Nach einem erholsamen Schlaf standen wir auf und zogen los, um unsere Flugtickets nach Da Nang zu kaufen. »Wir besuchen Ba Ngoai – deine richtige Großmama«, erklärte ich Jimmy; sein Ohr sollte sich wieder an die vietnamesischen Wörter gewöhnen, um sein Gedächtnis aufzufrischen.

Ich schickte Ed ein Telegramm mit den Angaben über unseren Flug, den Rest des Tages wanderten wir in der Stadt umher – zumindest in den mühelos zu erreichenden Teilen –, nahmen die vielfältigen Eindrücke, nach denen ich in Amerika gedürstet hatte, mit all unseren Sinnen auf: den erdhaften Geruch des Fischmarktes; die Gemüseberge, die wie Soldaten in glänzenden Uniformen in der Mittagssonne eintrockneten; die Straßenkinder, die, spärlich bekleidet, dafür um so freigebiger lächelnd, um uns herumsprangen. Allmählich gewöhnten wir uns an die glühende Hitze. Als wir erschöpft im Hotel landeten, legten sich die Jungen ohne das übliche Protestgeschrei schlafen. Ich bürstete mir das Haar, ließ es offen über die Schultern fallen, zog meinen roten *ao dai* an und die Schuhe aus. Feierlich packte ich meine amerikanischen Kleider weg und strich sie aus dem Gedächtnis, konzentrierte mich ganz auf den morgigen Tag.

Als ich vor einem Jahr Vietnam verlassen hatte, um Ed zu folgen, schämte ich mich zu sehr – daß ich einen Amerikaner geheiratet hatte, einen so viel älteren Mann, und nun beim Feind zu leben gedachte –, um es meiner Mutter zu sagen. Jetzt war mir zumute wie einer stolzen Katze, die aus dem Regen hereinkommt – *meo mat mua*. Und wie stand es mit meiner Schwester Lan, die mich nicht einmal in guten Zeiten freundlich als kleine Schwester behandelt hat? Wie würde sie mich jetzt empfangen? Und Han, meine älteste Schwester, die einzige Betreuerin meiner Mutter in unserem ausgebombten, fast menschenleeren Dorf? Würde sie mich willkommen heißen, wie sie es bei unserer Flucht nach Saigon getan, mir alle Sünden vergeben hatte, oder würde sie meine arme Mutter vor weiterem Kummer bewahren und ihr ›Schwester Ly, das schwarze Schaf‹ vom Leibe halten? Ich konnte es nicht wissen. Außer Lan hatte mir niemand nach Amerika geschrieben. Ich konnte nur meinem Gewissen folgen, meinem besseren Ich, und gerade jetzt hatte diese kleine innere Stimme zahlreiche Entschuldigungen parat.

Am nächsten Morgen ließen wir Saigon, nicht jedoch meine Zweifel, weit hinter uns. Bei meinem gestörten seelischen Gleichgewicht erschien mir der Flug nach Da Nang länger als unsere Ozeanüberquerung.

Da Nang mit seinem großen Luftstützpunkt war zwar kühler als Saigon, aber genauso turbulent, wie ich es in Erinnerung hatte. Bei dem ständigen ohrenbetäubenden Lärm der Düsenjäger, den laut ratternden Lastwagen und rasselnden Panzern und dem fernen Geschützdonner waren meine heimwehkranken Augen mehr darauf bedacht, einen Bunker auszumachen als Pagoden oder malerische Bauern. Durch die verstopften Straßen zu unserem Hotel zu gelangen, entwickelte sich zu einem stundenlangen Alptraum. Dieselbe Strecke hatte ich auf meinem alten Motorrad in zwanzig Minuten zurückgelegt. Das Hotel französischen Typs hatte keine Klimaanlage, jedoch in einigen Zimmern Ventilatoren. Unser altmodisches Bett war mit Moskitonetzen beflaggt wie ein Segelschiff.

Ich machte die Jungen unverzüglich ausgehfertig und nahm ein *siclo* zu Lans Haus, das sich inzwischen kaum verändert hatte. Die einzige Ausnahme bildete ihr neuer Freund, ein amerikanischer Baufachmann namens Peter Bailey. Lan hatte kein Telefon, und so kam ich unangemeldet und auch unerwartet. Ihre Augen leuchteten auf, als sie mich sah.

»Bay Ly!« Sie benutzte den im Familienkreis gebräuchlichen Namen – ›Kind Nummer sechs‹. »*Ong cha oi* – o mein Gott – komm rein! Du hast es also geschafft!« Sie schien sich wirklich zu freuen – ein guter Anfang. Hochschwanger war sie offensichtlich auch, vielleicht ein Geschenk ihres amerikanischen Freundes. Ein zweites Mischlingskind, ähnlich dem ersten, das sie von einem anderen GI hatte. Auch in dieser Beziehung waren Lan und ich Schwestern – wir schufen Leben aus der Saat des Todes.

»Wo ist Ed?« Lan blickte suchend an uns vorbei.

»In An Khe. Wir fahren hin, sobald ich alle gesehen habe.«

Wir folgten Lan in das schäbige kleine Haus. Bis auf die für Amerikaner unentbehrlichen Einrichtungsgegenstände – Ventilator, Stereoanlage und ein kleiner Fernseher – könnte es jedem beliebigen ›Teemädchen‹ gehören. Es gab selbstgemachte Vorhänge und als Wandschmuck fromme Kalender, rissigen Putz und Geckos.

»Du wirst Mutter sehen wollen«, sagte Lan über die Schulter und ging auf die Hintertür zu.

»Mom ist hier?« Ich bekam Herzklopfen, setzte Tommy neben Lans kleinen Jungen, Eddy, ab, der, nur mit einem zerrissenen T-Shirt bekleidet, meine beiden Söhne argwöhnisch beäugte, als sie das Haus zu erkunden begannen.

»Natürlich. Sie wäscht gerade. Sie kommt regelmäßig vorbei und hilft im Haus. Ich bin eine berufstätige Frau, Bay Ly. Und wenn du dir einbildest, für dich wird hier ein roter Teppich ausgerollt und ...«

Sie holte zu einem Vortrag aus, ich sei immer noch ihre kleine Schwester, ihr in jeder Weise untergeordnet, doch ich schaltete einfach ab und konzentrierte mich ausschließlich auf eine kleine graue Gestalt, gut zehn Meter entfernt, ebenso fadenscheinig und naß wie die Kleidungsstücke, die sie durchs Wasser zog.

»Mama *Du*«, sagte Lan tonlos, »schau mal, wer hier ist.«

Meine Mutter blinzelte in die Sonne, hielt sich die Hand schützend über die Augen. Ihr Gesicht war verrunzelt und dunkel wie eine verschimmelte Quitte – für mich dennoch viel schöner als das von Leatha mit dem ganzen Make-up.

»Ich bin's, Mama *Du*«, piepste ich. »Bay Ly!«

»Ach«, entgegnete sie gleichgültig, als habe ihr jemand die Uhrzeit genannt, »Wann bist du zurückgekommen?«

Ich verlor den Mut. »Heut vormittag.«

»Na ja, du siehst gesund aus.« Sie wischte sich den Schweiß aus der Stirn und wandte sich nach einem kurzen Blick auf die Sonne wieder ihrer Wäsche zu.

Wie vom Donner gerührt starrte ich meine Schwester an. Sie streckte schweigend den Arm aus und winkte mich ins Haus zurück.

»Was ist los mit ihr, Chi Lan?« fragte ich. »Ich bin ein ganzes Jahr weggewesen!«

»Was erwartest du denn? Du hast sie im Stich gelassen, nach allem, was sie für dich getan hat, und bist nach Saigon gegangen.«

»Nach *Amerika!*«

»Daran hat sie nie geglaubt. Ich hab ihr die Briefmarken und Poststempel auf deinen Briefen gezeigt, aber die konnte sie ja nicht lesen, und selbst dann hätte sie's nicht geglaubt. Und jetzt erst recht nicht. Wer würde schon nach Amerika gehen und wieder zurückkommen?«

Mir traten Tränen in die Augen, doch ich beherrschte mich. Als Kind hatte mich meine große Schwester manchmal vor unserer Mutter zum Weinen gebracht. Diese Genugtuung wollte ich ihr jetzt nicht gönnen.

»Na – habt ihr schon gegessen?« Lan erinnerte sich schließlich doch noch an ihre gute Erziehung.

Die unter allen Bauern übliche Antwort darauf wäre ein Ja gewesen, aber wir hatten das Hotel ohne Lunch verlassen. Auch wenn ich jetzt keinen Bissen herunterkriegen würde, so waren die Jungen stets hungrig.

»Nein, die beiden Kinder hätten bestimmt gern einen Teller *bun ca* (eine altmodische Fischsuppe mit Nudeln).«

»Okay, dann geh ich rasch auf den Markt.« Lan band sich ein Kopftuch um und streckte die offene Hand hin.

Das nannte man familiäre Gastfreundschaft! Ich musterte sie eisig und nahm die paar Münzen aus meiner Tasche, die sie für die Zutaten brauchen würde.

Als Lan ging, kam meine Mutter herein mit einem Korb voll säuberlich gefalteter trockener Wäsche. Sie stellte ihn ab, sobald sie die Jungen sah, breitete die Arme aus und grinste über das ganze Gesicht.

»Hung! Chau!« Sie nannte Jimmy und Tommy immer bei ihren vietnamesischen Namen. »Kommt zu Ba Ngoai!«

Jimmy lief kreischend zu der kleinen alten Frau, an die er sich so liebevoll erinnerte, Tommy wackelte hinterher, unsicher und wachsam – empfehlenswerte Reflexe für ein Leben im Kriegsgebiet. Sie führte sie durch die Hintertür nach draußen zum Spielen; als sie gegangen waren, strömten meine Tränen wie ein sommerlicher Wolkenbruch.

Während unsere Mutter sich um die Kinder kümmerte, erzählte mir Lan an jenem Abend, was sich seit meiner Abreise ereignet hatte. Als die US-Streitkräfte mit der Abriegelung des Nordens und der Verminung des Hafens von Haiphong den Nachschub von Kriegsmaterial aus China und der Sowjetunion unterbanden und die Friedensgespräche Fortschritte machten, stiegen die Hoffnungen auf eine baldige Beendigung der Kämpfe. Die amerikanischen Soldaten hatten sich kontinuierlich zurückgezogen, für Barmädchen wie Lan verschlechterte sich das Geschäft rapide, wie es die Kaufleute und Schwarzhändler in jeder Stadt bereits erleben mußten. Auch für Lans amerikanischen Partner waren die Tage mit Sicherheit gezählt, bis er sich von ihr verabschiedete. Ich hatte nicht den Eindruck, daß sie darauf brannte, aufs Land zurückzugehen. Aber das war ihr Problem, nicht meines.

Wir kamen zu dem Schluß, daß ich mit den Jungen in Lans altem Einzimmerapartment wohnen könnte, bis Ed uns in Da Nang abholte. Das ramponierte Mobiliar und der widerspenstige Kühlschrank waren um vier Jahre gealtert, seitdem ich sie das letzte Mal benutzt hatte, und etwas hinfälliger geworden, genau wie ich. Doch ich durfte mich nicht beklagen. Ich war froh, daß ich Lan nur für eine Wochenmiete Provision zahlen mußte, bevor Ed in seiner staubbedeckten amerikanischen Limousine erschien, um mich abzuholen.

Da er in den Baracken auf der Baustelle logiert und noch keine Unterkunft für uns gefunden hatte, beschlossen wir, die Jungen bei Lan und meiner Mutter zu lassen – zusammen mit Thanh, der treuen, verläßlichen Haushälterin, die vor unserer Abreise bei Ed und mir gearbeitet hatte und jetzt bei Lan beschäftigt war. Thanh war ausersehen worden, meiner Mutter von meinem Abflug nach Amerika zu erzählen, eine schwierige Aufgabe, die sie besser als jede Schwester meisterte. Die Loyalität, die sie bewiesen hatte, war unbezahlbar.

Die Tagesfahrt nach An Khe mit Ed war, zumindest für mich, wie das Durchblättern eines Fotoalbums aus Kindertagen. Nach Amerika mit seinen weiten Panoramen, den schroffen Bergen und den kahlen Ebenen hatte ich ganz vergessen, wie dicht und grün unser kleiner Winkel der Erde tatsächlich war. Wir fuhren an Mädchen in schwarzen Pyjamas vorbei, die Wasserbüffel mit einem Stock antrieben; an alten Frauen mit Schulterjoch, das im Westen die kräftigsten Arbeiter gebeugt hätte; und an Schreinen, die am Straßenrand von unserer geistigen Verbundenheit mit Bäumen, Reisfeldern und dem Himmel über uns kündeten. Meine alten Reflexe, die in Amerika so peinlich unangebracht gewesen waren, wirkten jetzt vollkommen natürlich – sogar nützlich. Ich ermahnte Ed, in der Mitte der Straße zu fahren, zwecks Vermeidung von Landminen, und nach Möglichkeit neue, im Bau befindliche Straßen zu nehmen, da der Vietcong die ländlichen Arbeitskolonnen nur selten angriff. Wir begegneten mehreren Gruppen trampender Regierungssoldaten, doch ich veranlaßte Ed, einfach vorbeizufahren – es hätten ebenso auch Cowboys sein können. Diesmal tat er *genau*, was ihm gesagt wurde.

Wir kamen bei Anbruch der Dunkelheit in An Khe an. Die einzige freie Unterkunft hatte eine schmierige Bar zu vermieten; diese hinter dem Lokal gelegenen kleinen Zimmer wurden von den örtlichen Prostituierten benutzt. Unser ›Bungalow‹ war ausgestattet mit einer verrotteten Strohmatratze und verfleckten Laken, doch wir waren erschöpft und legten uns einfach in Kleidern hin. Kaum hatten wir die Augen geschlossen, begann das Kopfbrett des Bettes im Nebenzimmer gegen die Wand zu donnern, Ed fuhr hoch, fluchte und zündete sich eine Zigarette an. Es dauerte nicht lange, bis aus den anderen Räumen das gleiche Getöse erschallte – das Paarungssignal von An Khe! –, und wir mußten lachen, ob wir wollten oder nicht.

Tags darauf besichtigten wir ein möbliertes Haus auf dem Land, das ein Kollege von Ed vermietete. Es war wunderschön. Als Nachbarn hätten wir einen amerikanischen Krankenwagenfahrer, einen Arzt und eine vietnamesische Mittelstandsfamilie mit drei Kindern. Das Haus war umgeben von Feldern und Bäumen, von einer Wohnanlage der US MACV

(Military Assistance Command, Vietnam), einem kleinen Krankenhaus und einer vietnamesischen High School auf der gegenüberliegenden Straßenseite. In der entgegengesetzten Richtung befand sich ein paar Kilometer entfernt der Stützpunkt Qoc Lo 19, das strategische Zentrum von An Tuc, das jetzt wegen des Abzugs der Amerikaner zumeist von republikanischen Streitkräften verteidigt wurde. Das Haus hatte einen eigenen Brunnen und ein überaus sauberes Gemeinschaftsbad, doch am meisten gefiel mir der kleine Fischteich neben einem Kokospalmenhain, was mich an das Haus meines Vaters in Ky La erinnerte. Ed sah mir meine spontane Begeisterung an und mietete das Anwesen sofort.

Wir fuhren zurück nach Da Nang, um die Kinder zu holen. Die kleine Thanh, die etwa meine Größe, aber ein flacheres, nahezu chinesisches Gesicht hatte, entschied sich, zu uns als Hausmädchen zu kommen. Es war wie in alten Zeiten, doch unter verheißungsvollen Vorzeichen, wenn der Krieg an Heftigkeit nachließ und meine Familie mit dem Auto in einem knappen Tag zu erreichen war. Außerdem würden meine Pflichten als Ehefrau sich auf ein Minimum beschränken bei Eds langer Arbeitszeit und einem Kasinoraum auf der Baustelle. Auch als Mutter hatte ich Urlaub, da Jimmy in die katholische Schule kam und Tommy die meiste Zeit mit Thanh verbrachte. Ich hatte reichlich Muße zum Lesen und konnte meinen Nachholbedarf an vietnamesischen Zeitschriften decken. Ich erneuerte meine Bekanntschaft mit den buddhistischen Mönchen, deren Trost und Anleitung ich vermißte, und unternahm lange Spaziergänge um den Teich mit dem Geist meines Vaters. Es war in jeder Beziehung das Paradies, das ich mir in Amerika erträumt, aber nie gefunden hatte.

Doch innerhalb von wenigen Monaten wurde dieses Paradies zur Hölle, und mein Leben veränderte sich für immer.

Kurz nach unserer Ankunft veranstaltete eine meiner Freundinnen im Speisesaal von MACV eine Party für ihren Mann. Ed und ich nahmen unter vielen anderen daran teil. Diesmal

86

trug ich meine amerikanischen Kleider; natürlich Ed zu Ehren, aber auch aus Eitelkeit – um die anderen vietnamesischen Mädchen zu beeindrucken, von denen die meisten für ihr Leben gern nach Amerika gehen würden.

Anfangs verlief die Party angenehm, aber ein wenig langweilig. Die meisten Gäste kannten wir bereits und sahen sie täglich, so daß wir keinen neuen Gesprächsstoff hatten. Später erschienen jedoch viele interessante Leute aus der Basis in An Khe. Einer davon, ein Major der US-Army namens Dante (Dan) DeParma und militärischer Berater, hatte bereits einige Vorkenntnisse im Vietnamesischen und lernte bei seiner Aufgabe sehr viel dazu. Er hatte Eds Statur (ich reichte ihm gerade bis zum Kinn) und war etwas älter als Anh, Jimmys Vater. Er wirkte reifer als die amerikanischen Soldaten, die ich vor Ed kennengelernt hatte, war aber attraktiv genug, um die Aufmerksamkeit einer jungen Frau zu erwecken und zu fesseln. Er trug eine Brille, wie Ed, ohne daß er damit ältlich oder wie ein Bücherwurm wirkte, sondern vielmehr scharfsichtig, sensitiv – wie ein Arzt. Ich lauschte hingerissen, als seine weiche, melodische Stimme vom Englischen ins Vietnamesische glitt, und umgekehrt. Mit seinem jungenhaften Grinsen und den funkelnden Augen war er charmanter als alle Soldaten in Uniform, denen ich bisher begegnet war. Nach zehn Minuten mit diesem wunderbaren Neuankömmling fühlte ich mich wie berauscht. Mein Gesicht erglühte, das Herz schlug mir bis in den Hals. Mein Atem ging so rasch und flach, daß ich meinte, ohnmächtig zu werden. Ich wußte auch, daß ich in einer furchtbaren Klemme steckte.

Den Rest des Abends wurde ich zwischen Himmel und Hölle hin- und hergerissen. Während Ed und ich mit anderen Ehepaaren plauderten, wanderten meine Augen immer wieder zu Dan. Ein paarmal ertappte ich ihn, als er meinen Blick erwiderte; das unergründliche Lächeln, das auf seinem Gesicht lag, steigerte nur meine innere Unruhe. Zu Ende der Party war ich ein Nervenbündel, und später mußte ich dann

Übelkeit vortäuschen, um Eds Annäherungsversuche abzuwehren. Erst mußte ich mir über meine Gefühle für Dan klarwerden. Ich war schließlich eine Frau mit zwei Kindern, die ›in Amerika gewesen war‹, kein verzweifelter Flüchtling.

Als ich am folgenden Tag vom Markt zurückkam, teilte mir Thanh mit, ein amerikanischer, vietnamesisch sprechender Offizier habe nach mir gefragt.

»Wer war das?« Mir hüpfte das Herz vor Angst und Aufregung.

»Hat er nicht gesagt. Er will noch mal vorbeikommen.«

Tags darauf war ich in der Küche, als Thanh die Tür öffnete.

»*Co Ly dau?*« hörte ich eine männliche Stimme fragen. »Ist Ly zu Hause?«

Strahlend eilte ich hinaus. »Hallo, ich bin Ly.« Ich erkannte Dan sofort. »Was kann ich für Sie tun?«

Er antwortete nicht sofort, sondern musterte mich eingehend, als wolle er sich vergewissern, ob ich tatsächlich die Person sei, an die er sich erinnerte. Ich betete, daß er nicht aus Enttäuschung auf dem Absatz kehrtmachen möge.

»Ich bin Dan«, erklärte er schließlich. »Wir haben uns vorgestern auf der Party kennengelernt.«

»O ja.« Ich reichte ihm die Hand. »Ich erinnere mich. Wie geht es Ihnen?«

»Sehr gut, danke. Hören Sie zu, Ly. Ich bin momentan etwas in Eile, aber ich frage mich, ob Sie mir einen Gefallen tun könnten?«

»Einen Gefallen? Selbstverständlich.«

»Ich bin neu hier und kenne keinen Menschen, außer den GIs, mit denen ich arbeite. Ich suche jemand, der mich über An Khe informieren kann – die Einwohner, was die Leute wirklich vom Krieg denken und all das. Sie kamen mir neulich wie eine der wenigen Vietnamesinnen vor, die Verständnis für Amerikaner haben. Vielleicht könnten wir mal nachmittags zusammen Tee trinken – und reden. Und vielleicht können Sie meinem Vietnamesisch etwas auf die Sprünge helfen. Ich weiß, das ist nicht so toll.«

»Ihr Vietnamesisch ist sehr gut, viel besser als mein Englisch. Ich bin Ihnen gern behilflich.«

»Wunderbar! Wie wär's morgen? Um die gleiche Zeit?«

»Ausgezeichnet.«

Am nächsten Tag – und danach eine Woche lang an jedem Nachmittag – tranken Dan und ich Tee auf unserer Veranda. Während Thanh uns bediente und dabei mütterlich die Stirn runzelte, erzählte Dan von seiner Kindheit und der Einwanderung aus Norditalien (was seine europäischen Manieren erklärte), von seiner Frau, die keine Kinder bekommen konnte, und den amerikanischen Söhnen, die sie adoptiert hatten. Aus seinen Worten hörte ich keine Verbitterung heraus über seine Kriegserfahrungen oder über die Natur, die ihm einen eigenen Sohn verweigert hatte, nur Mitgefühl für seine Frau und Lebensbejahung. Ich erzählte ihm wenig über die Zeit vor Ed, jedoch viel über meine Nöte in Amerika und wie ich mich nach einem Leben in Frieden im Land meiner Vorfahren sehnte. Wir waren uns einig, daß eine Fortsetzung des Krieges heller Wahnsinn wäre und keine Seite gewinnen würde, wenn neue Kämpfe ausbrächen. Am Ende dieser Woche gehörte mein Herz ihm, und ich wußte, daß er das gleiche empfand, aber dabei wollten wir es beide belassen.

Ich schämte mich meiner Gefühle für Dan nicht – im Gegenteil, sie erhellten mein Leben –, aber stolz war ich darauf ebensowenig. Immerhin zwangen sie mich, meiner liebeleeren Ehe ins Gesicht zu sehen. Ich hatte mich in Amerika kreuzunglücklich gefühlt und kein Verlangen nach Rückkehr. In gewisser Weise war es ein Kriegsgebiet und für meine Seele ebenso tödlich wie die Schlachtfelder bei Ky La.

Nun war Dan erschienen und nahm mich, wie ich war, und nicht, wie ich sein sollte, aber nicht werden konnte. Unsere gegenseitige Anziehungskraft war so stark und sublimiert, feite uns gegen sinnliche Leidenschaft, ließ den Ehebruch als läßliche Sünde erscheinen, die Abkehr von einem Seelenfreund dagegen als Verbrechen. Wäre es, in Erwartung eines baldigen Friedens, anerkennenswerter, mit meinen Kindern zu meinem ›Krieg‹ in Amerika zurückzukehren oder mein Schicksal mit Dan in dem Land zu teilen, in dem das Grab meines Vaters war? Eine Frage, die sich selbst beantwortete.

Um die Mitte der zweiten Woche waren all meine Zweifel verschwunden. Wenn Thanhs mißbilligende Blicke uns aus dem Haus trieben, unternahmen wir ausgedehnte Spaziergänge im Palmenhain oder saßen am Teich – plauderten, lachten oder schwiegen gemeinsam. Ende der Woche gingen wir Hand in Hand, und Dan küßte mich beim Abschied.

Anfang der dritten Woche sagte er: »Das ist reine Tortur. Irgendwann gehst du in die Staaten zurück, und ich werde Gott weiß wohin geschickt. Worauf können wir hoffen?«

»Falls dich das tröstet – ich gehe nicht zurück mit Ed«, sagte ich. »Dazu hab ich mich vorige Woche entschlossen. Wenn er in Vietnam bleiben will, okay, aber in den Vereinigten Staaten kann ich ihn nicht glücklich machen, weil ich dort selber nicht glücklich sein kann. Und wie können Jimmy und Tommy glücklich sein, wenn ihre *mama du* so unglücklich ist?«

»Willst du Ed um die Scheidung bitten?«

»Ehrlich gesagt, Dan, ich weiß es nicht. Ed ist ein guter Mensch. Ich verdanke ihm mein Leben. Aber er wird nicht festhalten wollen, was ihm nicht gehört.«

Damit führten wir unser Leben weiter, setzten aber unsere unschuldige kleine Affäre fort. Dan konnte wunderbar mit den Jungen umgehen und kam häufig zum Dinner, manchmal zusammen mit Freunden aus dem Stützpunkt. Auch Ed freute sich an seiner Gesellschaft und betrachtete ihn als einen Freund der Familie. Selbst der Hauseigentümer, der sich manchmal tagsüber in den Grünanlagen betätigte, begrüßte Dan lächelnd und winkte uns zu, wenn wir Hand in Hand flanierten. Nur er und Thanh kannten unser kleines Geheimnis, und sie ließ uns unsere Ruhe, solange sie sicher sein konnte, daß keine Gelübde gebrochen wurden. Mit der Zeit freute sie sich auf die Teebesuche von Dan – dem ›Major‹, wie wir ihn respektvoll nannten – fast genau so wie ich.

Im Frühjahr 1972 begann sich die Atmosphäre in Vietnam – insbesondere in der Nähe von An Khe – zu verändern. Obwohl die Pariser Verhandlungen beim Rest der Welt Illusionen von Frieden erweckt hatten, ließ sich keiner meiner Landsleute davon täuschen. Je schneller die Amerikaner sich zurückzogen und das Land vor Ablauf der vereinbarten Frist mit Waffen und Ausrüstung überschwemmten, desto verwegener wurden die nordvietnamesischen Soldaten und die örtlichen Vietcong-Kader. Trotz verheerender B-52-Angriffe auf Hanoi und Haiphong eroberten Regimenter aus dem Norden Quang Tri, knapp innerhalb der entmilitarisierten Zone, und schienen allgegenwärtig zu sein. Zwar vermieden sie generell die großen militärischen Konfrontationen, wodurch die Amerikaner wieder aktiv in den Krieg verwickelt worden wären, aber dafür machten sich die Kommunisten ihre Überlegenheit in örtlichen Gefechten, Sabotage und Terroranschlägen zunutze, die alle in Atem hielten.

Im März, nach unserem ersten Jahr in Vietnam, bekam Ed plötzlich die Mitteilung, daß er demnächst versetzt würde – wahrscheinlich nach Saigon oder Da Nang, den letzten Bastionen der einst übermächtigen amerikanischen Präsenz –, weil der Feind zu starken Druck ausübte.

»Sie können von Glück sagen«, meinte unser vietnamesischer Hauseigentümer, als ich ihm die Neuigkeit am Brunnen mitteilte. »Wir haben Gerüchte gehört, daß irgendwas in der Luft liegt. Hier ist es nicht so sicher, wie es den Anschein hat.«

Alarmiert stellte ich meinen Eimer hin und dachte an Dan. »Was meinen Sie damit? Und was ist mit dem großen Militärlager? Die Kommunisten würden doch keinen Angriff auf die wagen!«

»Hier sind nicht mehr so viele Soldaten stationiert wie früher. Ohne amerikanische Unterstützung sind unsere Truppen gar nicht scharf aufs Kämpfen. Die Lage könnte sich sehr schnell verschlechtern.«

An dem Abend steigerte Eds sorgenvolle Miene nur noch meine Angst.

»Was ist denn los?« fragte ich in der Hoffnung, von ihm etwas über die Verhältnisse im amerikanischen Stützpunkt zu erfahren, und damit indirekt auch über mögliche Konsequenzen für Dan. »Hast du etwa auch schlechte Nachrichten?«

»Ja – ich werde nach Saigon zurückgerufen. Es heißt, sie wollen die ausländischen Arbeitskräfte loswerden. Und mein Vertrag läuft noch ein Jahr!«

»Na – dann gehst du eben irgendwoanders hin. Oder sie zahlen dich aus, stimmt's?«

»So läuft das nicht. Das Kleingedruckte besagt, sie können den Vertrag annullieren, wenn die widrigen Umstände überhandnehmen. Was noch schlimmer ist, ich verliere meine Steuervergünstigungen, auch auf den bisherigen Verdienst, wenn ich in die Staaten zurückgehe. Ich muß so oder so einen Weg finden, wie ich meinen Vertrag bis zum Ende erfüllen kann.«

Beim Dinner erörterten wir mögliche Alternativen, versuchten uns gegenseitig aufzuheitern, doch meine Gedanken weilten bei Dan und den Gefahren, die ihm drohen könnten, so daß ich für Eds Steuerprobleme nicht viel Mitgefühl aufbrachte. Als sich später der Straßenverkehr legte, begannen die Grillen und Zikaden mit ihrem Abendkonzert, und ich schaute hinauf zu dem hellen Vollmond. Es war eine stille, feuchte Nacht von einer so unbeschreiblichen Schönheit, daß ich mir gar nicht vorzustellen vermochte, es könnte irgendwo auf der Welt irgend etwas Schlimmes passieren. In der Nachbarschaft bellte ein Hund, und Ed wetterte. Dann brach, völlig unerwartet, die Hölle los.

Explosionen ertönten aus Richtung der Basis – danach eine ohrenbetäubende Detonation von dem MACV-Gebäude gegenüber. Geschirr wurde hinuntergefegt, aus den Regalen purzelten die Nippsachen. Bilder fielen von den Wänden, zerbrachen auf dem Boden. Das ganze Zimmer war plötzlich voller Staub.

Ich packte Tommy und verkroch mich mit ihm unter dem Tisch, schützte ihn mit meinem Körper. Jimmy kam schreiend aus dem Bett angelaufen und kauerte sich unter meinem ausgestreckten Arm zusammen, gefolgt von Thanh. Die Lampen flackerten und gingen aus. Ed starrte aus dem Fenster, über sein Gesicht zuckten weiße Blitze, Widerschein der Explosionen. Nach einer kurzen, gespannten Pause begann das Getöse von neuem, noch lauter als zuvor.

Zitternd und hilflos lagen wir da – es schien eine Ewigkeit anzudauern. Ich haderte im stillen mit mir, daß ich nicht für einen Familienbunker gesorgt hatte – selbst ein Zufallstreffer in der Nähe konnte unser Haus zertrümmern.

Nach zwanzig Minuten hörten die Explosionen schließlich auf. Wir packten rasch die Sachen zusammen, die wir tragen konnten – vor allem Lebensmittel und Wasser, verbarrikadierten Türen und Fenster (als ob das jemand aufgehalten hätte) und warteten auf die Morgendämmerung.

Eine Stunde nach dem Angriff begannen die Grillen wieder zu zirpen. Wir gingen zu Bett und versuchten zu schlafen, doch jedes Hundegebell, jedes Knarren scheuchte uns wieder unter den Tisch.

Im grauen Morgenlicht schlich Ed durch die unheimliche Stille zum Krankenhaus, wo er erfuhr, daß der große Militärstützpunkt zwar standgehalten hatte, aber trotzdem sämtliche Zivilisten, Vietnamesen wie Amerikaner, möglichst bald evakuiert würden. Kurz darauf kamen ein paar Lastwagen mit Militärpolizisten und fuhren uns zu einem kleinen Behelfsflugplatz, wo eine bereits wartende zweimotorige Transportmaschine ungefähr zwei Dutzend von uns nach Saigon brachte – immer noch benommen und verständnislos, hatten wir kaum mehr mit als die Kleider am Leibe.

Die unvorhergesehene kommunistische Offensive brachte einen Flüchtlingsstrom in Vietnams Hauptstadt, das Sündenbabel Saigon; Unterkünfte wurden knapp und alles übrige noch teurer.

Wir mieteten eine kleine Wohnung, Ed ging täglich ins Büro seines Arbeitgebers und versuchte, seine vertragliche Situation zu klären. Eines Tages kehrte er sehr entmutigt zurück.

»Also es ist vorbei«, erklärte er und lächelte tapfer.

»Was ist vorbei? Der Krieg? Die Kämpfe?« Mein Herz hüpfte vor Freude. Jetzt, da wir in Sicherheit waren, zumindest vorübergehend, konnte ich nur an ein Wiedersehen mit Dan denken.

»Nein, natürlich nicht«, entgegnete er von oben herab. »Mein Job. Der Vertrag wurde annulliert.«

»Und was wirst du jetzt machen?« Ich rechnete fest damit, daß er nach Amerika zurückgehen wollte und wir den Schlußkampf um unsere Ehe ausfechten würden und ich endlich frei für Dan wäre.

Ed zuckte die Achseln. »Ich hab auf dem Heimweg darüber nachgedacht. Wie würde es dir gefallen, in Kanada zu leben?«

Ich runzelte die Stirn. »Kanada? Zu kalt! Zuviel Ähnlichkeit mit Yellowstone.«

»Wir bleiben nur sechs Monate dort. Dann gehen wir nach San Diego zurück und fangen was Neues an.«

Dazu hatte ich nichts zu sagen. Ed konnte sehen, daß ich von seinem Plan nicht gerade begeistert war.

»Du gehst voraus nach Kanada, genau wie voriges Jahr hierher. Du suchst eine hübsche Bleibe für uns, dann komme ich mit den Jungen nach.«

Ed krauste die Stirn. »Das gefällt mir nicht. Ihr seid in Vietnam nicht sicher.«

»Eben deshalb muß ich bleiben. Ich muß meine Familie noch einmal sehen. Da Nang ist eine Großstadt. Da passiert mir schon nichts, Jimmy und Tommy auch nicht. Du gehst nach Kanada. Wir kommen später nach.«

Ed wußte, daß er keine andere Wahl hatte. Seine Firma

würde die Übersiedlungskosten übernehmen, verlangte aber eine baldige Entscheidung. Nach ein paar Tagen übergab er mir einen Umschlag, der das Fahrgeld bis Da Nang (auch für Thanh) und zurück nach Saigon enthielt sowie für den Flug nach Vancouver. Wir umarmten und küßten uns vor unserem Haus, und er stieg dann zu seinen Kollegen in den blitzenden Lastwagen und fuhr davon zum Flugplatz. Obwohl er mir und den Jungen so viel Gutes getan hatte und obwohl mir sein Wohl wirklich am Herzen lag und ich ihm Glück wünschte, flehte ich inständig darum, ihn nie wiederzusehen.

Jimmy, der wesentlich mehr begriff, als er in Worte fassen konnte, erkundigte sich, wann wir Ba Ngoai besuchen würden – seine geliebte Großmutter.

»Bald«, erwiderte ich und scheuchte die beiden nach oben. Mir brummte bereits der Schädel vor lauter Plänen. »Aber zuerst besuchen wir deinen Freund, den Major, in An Khe.«

Damals gab es zwei Möglichkeiten, nach An Khe zu gelangen: entweder im Konvoi von Qui Nhon aus oder mit dem Bus nach einem Flug von Fleuku. Da die meisten Zivilisten abgereist waren, hatte man die Straße von Qui Nhon gesperrt. Also landeten wir nach einem einstündigen Flug in Fleuku und gesellten uns zu der Menschenmenge am Busbahnhof. Ich erkundigte mich, wann der nächste Bus nach An Khe ginge. Ein verschwitzter Gepäckträger lachte nur über meine Frage.

»Sie sind wohl nicht ganz bei Trost. Kein Mensch fährt nach An Khe. Da wimmelt's überall von VC.«

»Aber ich muß zurück, nach Hause zu meinem Mann.«

»Dann schlagen Sie mal mit den Flügeln. Nach An Khe kommen nur noch die Vögel rein.«

Vögel!

Ich nahm Jimmy bei der Hand, Thanh schnappte sich Tommy, und wir schleppten uns zurück zu dem Behelfsflugplatz, wo kleine Militärtransporter sowie Hubschrauber und Artilleriebeobachter wie Bienen herumschwirrten.

»Ich muß unbedingt nach An Khe«, erklärte ich einem vietnamesischen Captain. »Mein Mann ist dort. Ich muß zu ihm.«

»Ausgeschlossen«, schrie er zurück, um den Krach zu übertönen. »Auch wenn ich 'nen Helicopter hätte, wär da nichts zu machen. Dort wimmelt's überall von VC. Außerdem könnten Sie ja 'ne VC-Agentin sein!«

Entrüstet präsentierte ich meine Papiere, aus denen hervorging, daß ich gerade aus Amerika gekommen und mit einem US-Bürger verheiratet war. Ich ließ ihn Eds Foto sehen, hielt aber den Daumen über den Namen. Der Offizier begann merklich zu schwanken.

»Name und Rang?«

»Er ist Major – ein amerikanischer Major. Sein Name ist …« Es war furchtbar, ich konnte mich nicht an Dans fremdartigen italienischen Nachnamen erinnern, mir nicht einmal das Namensschild an seiner Uniform vergegenwärtigen, das er bei jedem Besuch getragen hatte. »Demara«, stieß ich schließlich hervor. »Major Daniel Demara.«

Der Captain brachte mich in die Zentrale, wo er ein Telefon abhob, vermutlich, um in An Khe anzurufen.

»Fehlanzeige«, sagte der Captain und legte die Hand über die Sprechmuschel. Er hing nicht ein, der Blick, mit dem er mich musterte, behagte mir gar nicht.

Ich winkte, brüllte »Vielen Dank!« und machte, daß ich rauskam. Neben dem Eingangstor entdeckte ich einen Mann in weiten Hosen und geblümtem T-Shirt, der rauchend und zeitunglesend an einem staubigen roten Wagen lehnte. Wie ein Taxifahrer sah er nicht gerade aus, doch in diesen Zeiten war jeder, der eine Blechkiste hatte, Unternehmer.

»*Bac Oi!*« schrie ich. »Entschuldigen Sie, Onkel! Was kostet 'ne Fahrt nach An Khe?«

»Hundert Dollar – amerikanische.«

»Ich hab bloß Piaster.« Ich kramte in meiner Tasche. Natürlich hatte ich reichlich amerikanische Dollar, aber das wollte ich ihm nicht auf die Nase binden. Wenn er mich nicht umbrachte und sich bediente, dann würden es garantiert die

Umstehenden tun. Ich gab ihm den Gegenwert von hundert Dollar – die zum Teil für unseren Flug nach Kanada bestimmt waren.

»Und wir müssen sofort losfahren«, fügte der Mann hinzu. »Die Regierungstruppen haben gerade nach Minen gesucht.«

»Okay, wir sind soweit.«

Er schaute sich um. »Kein Gepäck?«

»Nein, nur wir!« Ich lächelte matt.

Er war fast ebenso mißtrauisch wie der Captain, doch die hundert Dollar wirkten sehr überzeugend.

Nach einem Halt am Busbahnhof zwecks Erkundung der Straßenverhältnisse fuhren wir langsam und immer genau auf der Mittellinie in Richtung An Khe. Der Fahrer blieb in der ersten halben Stunde ziemlich wortkarg und beobachtete nervös das Gelände. Als nichts passierte, entspannte er sich und fischte in der Tasche nach einer Zigarette.

»Das eigentliche Problem sind ja gar nicht die Kommunisten«, erklärte er, den Arm auf das Fenster gestützt. »An den verdammten amerikanischen Spähtrupps liegt's. Die pusten alles weg, was sich bewegt. Erst schießen und dann Gott den Rest überlassen, das sagen sie immer.«

Wenn uns gelegentlich Bauern entgegenkamen, hielten wir an und befragten sie nach den Verhältnissen auf der vor uns liegenden Strecke. Sie rieten uns dringend, umzukehren, und der Fahrer ließ mir immer die Gelegenheit, das zu befolgen, doch ich forderte ihn auf, weiterzufahren. Die einst verkehrsreiche Straße war beängstigend leer, aber das wirkte nicht annähernd so gespenstisch wie An Khe, wo wir am Nachmittag eintrafen. Die stattlichen Häuser der paar begüterten Einwohner waren mit Brettern vernagelt, die einst belebten Straßen wie ausgestorben, bis auf pickende Hühner, streunende Hunde und vereinzelte Soldaten in Kampfausrüstung.

Ich dirigierte den Fahrer direkt zu unserem Haus, das, zumindest von außen, unverändert schien. Wir stiegen aus, ich gab ihm ein reichliches Trinkgeld, und er brauste ab. Ich winkte dem einsamen vietnamesischen Militärpolizisten –

QC –, der vor dem Eingang zum MACV-Gebäude gegenüber Wache hielt. Er reagierte nicht.

Auch im Haus hatte sich anscheinend nichts verändert, bis auf eine Kleinigkeit. Die Jungen stürzten sich auf ihre Spielsachen, Thanh und ich kontrollierten in der Küche die zuvor gepackten Vorräte – Reis, Plätzchen und ein Krug frisches Wasser. Eine kühle Brise wehte durch das Fenster. Ich begann klarer zu denken.

Natürlich – das stimmte nicht: die Fenster waren offen!

»Kinder, kommt schnell her!« schrie ich. Thanh stopfte sich Lebensmittel in die Bluse, ich packte ein Küchenmesser und versteckte es hinter dem Rücken.

Die Jungen kamen angesaust, gefolgt von einer vertrauten Stimme, die draußen ertönte: »Heda – stehenbleiben!«

Unser Hauseigentümer in einem verschwitzten, halb offenen Arbeitshemd, im Gürtel eine Pistole und auf dem Gesicht ein Ausdruck der Erleichterung – fast ebenso wie bei uns.

»Was machen Sie denn hier? Es soll doch alles die Stadt verlassen!«

»Dasselbe könnte ich von Ihnen sagen!« Ich war jetzt auf der Hut. Sobald die Kommunisten die Oberhand gewannen, mußten die Grundbesitzer gewöhnlich als erste verschwinden – in unterirdische Gefängnisse, in Dschungellager oder einfach ins Gebüsch zu einem schnellen Kopfschuß. Es war höchst unwahrscheinlich, daß jemand, der zur vermögenden Klasse von Saigon gehörte, ohne guten Grund dablieb. Könnte unser vertrauenswürdiger Hauseigentümer in Wirklichkeit ein Vietcong-Spitzel sein?

»Na, mir gehört doch das alles hier, oder? Meinen Sie, ich überlasse das den Plünderern? Die sind im Augenblick ein größeres Problem als der VC. Natürlich brauche ich nur einen Schuß abzugeben, und die QCs kommen angerannt. Aber was ist mit Ihnen? Warum sind Sie zurückgekommen?«

»Alles, was ich auf der Welt habe, ist hier.« Das war nicht einmal stark übertrieben.

»Aha, ich verstehe. Der Major?« Er zog eine Augenbraue hoch und lächelte.

»Ja. Haben Sie ihn gesehen?«

»Er hat vor ein paar Tagen nach Ihnen gesucht...«

Mir schlug das Herz bis zum Hals.

»...aber seitdem hab ich ihn nicht mehr gesehen. Er hat keine Nachricht hinterlassen.«

»Wie kann ich ihn erreichen und ihn wissen lassen, daß ich zurückgekommen bin?«

Der Hauseigentümer strich sich übers Kinn. »Vielleicht können wir ihn beim MACV über Funk anrufen. Die waren sehr hilfsbereit gegenüber Zivilisten.«

Ich schickte Jimmy mit dem Hauseigentümer hinüber – vor allem, um ihn aus dem Weg zu haben, während Thanh und ich Ordnung zu schaffen versuchten, aber auch, damit Dan seine Stimme über Funk hören konnte und wußte, daß wir es wirklich waren. Innerhalb von Minuten hielt ein Jeep vor dem Haus.

»Mommy – der Major!« rief Jimmy. »Der Major ist wieder da!«

Ich eilte in Dans Arme und küßte ihn ausgiebig.

»Ly – tinh yeu tren tran chien«, seufzte Dan und drückte mich fest an sich. »Liebe im Kampfgebiet, wie?«

»Ich konnte dich nicht zurücklassen«, schluchzte ich. Unsere Tränen strömten unaufhaltsam.

Wir gingen ins Haus, und Tommy – der den Zuspruch seines Vaters vermißte, sich um seine Mutter ängstigte und durch die Ereignisse völlig durcheinander war – sprudelte heraus: »Daddy!« und packte Dan am Bein. Wir lachten unter Tränen, Dan hob ihn hoch und drückte ihn fest an sich. Der Spitzname blieb ihm natürlich. Von nun an war Dan ›Major Daddy‹.

Ganz unerwartet wurden die folgenden sieben Tage zu den besten meines Lebens. Unsere Fahrt nach An Khe war ohne Zwischenfälle verlaufen, weil die Kommunisten in ganz Vietnam die Feindseligkeiten bewußt eingestellt hatten, um keine Reaktion der Amerikaner zu provozieren. Sie wollten die Amerikaner für immer aus dem Land haben und den richtigen Augenblick dafür abwarten. Obwohl die südvietnamesischen Truppen und die restlichen amerikanischen Streitkräfte in höchster Alarmbereitschaft blieben, verstrich ein warmer, ruhiger Tag nach dem anderen ohne das geringste Anzeichen, daß der Krieg im Ernst wieder aufgenommen würde. Meine neue ›Familie‹ in An Khe nutzte das weidlich aus.

Ich teilte dem Hauseigentümer mit, daß Ed und ich uns getrennt hätten, und Dan zog ein. Unsere ›Hochzeitsnacht‹ bescherte mir all das Glück, das ich mir als junges Mädchen erträumt hatte. Doch Glück dauert nicht ewig.

Als Dan einzog, ließ er ein Feldtelefon installieren, damit er sich im Notfall direkt mit dem Stützpunkt in Verbindung setzen konnte. In der ersten Nacht unserer zweiten Woche schrillte der Apparat und zerriß die tiefe Stille.

»DeParma«, meldete sich Dan schlaftrunken. Ich sah selbst in der Dunkelheit, wie sich seine Augen weiteten. »Scheißkerl!« Er knallte den Hörer auf die Gabel.

»Was ist los?« Ich stützte mich auf die Ellbogen.

»Reguläre Truppen. Rücken vor von…«

In dem Augenblick begannen die Explosionen, weiter entfernt als beim ersten Angriff, aber immer noch zu nah.

Dan sprang buchstäblich in seine Hosen und war schon fast aus der Tür, als Thanh und die Jungen vor unserem Bett standen.

»Bleibt, wo ihr seid. Macht ja kein Licht. Ich komme zurück, sobald ich kann.«

Für den Rest der Nacht kuschelten wir uns aneinander und lauschten dem fernen Sperrfeuer. Anders als beim ersten Angriff brausten jetzt südvietnamesische Flugzeuge über die Häuser hinweg, und wir wußten, daß etwas Gewaltiges im Gange war. Ich sang ein kleines Lied, um meine Söhne zu beruhigen – und mich selbst.

Die Jungen – und ebenso Thanh – nickten schließlich ein,

ich dagegen konnte nicht schlafen. Mich hielt nicht nur die Sorge um Dan und die Angst vor den Kämpfen wach, sondern auch mein schlechtes Gewissen. Ich hatte Ehebruch begangen, eine Sünde, wenn schon nicht für mich, so doch zumindest in den Augen Gottes, meines Vaters und unserer Vorfahren. Ich hatte meine schönen Kinder und ein unschuldiges junges Mädchen zurückgebracht in diese vom Tod überschattete Gegend, um mein Verlangen nach einem erträumten Glück zu stillen.

Nun schnappte der Rachen des Tigers zu. Durch die Zähne sah ich nur noch – die Nacht.

3

GESTRANDET

Die Schlacht um An Khe dauerte bis zur Morgendämmerung – südvietnamesische Soldaten und die verbliebenen amerikanischen Hilfstruppen gegen eine riesige nordvietnamesische Streitmacht.

Kurz nach Sonnenaufgang aßen wir eine Kleinigkeit zum Frühstück. Jimmy hängte sich Eds Tonbandgerät um den Hals und spielte sich einige von Eds Tonbändern zum Trost ab. Bald darauf landete ein Hubschrauber auf dem Grasland hinter der High School, und wir liefen alle ans Fenster. ›Major Daddy‹ kletterte heraus, die Kinder stürzten ihm entgegen. Ich schnappte mir meine Handtasche (darin befand sich immer noch der Rest von Eds Geld) und folgte. Dan war am Leben und unversehrt!

Doch der Mann, der uns gegenübertrat, war ein Dutzend Jahre älter als der Dan, der letzte Nacht in Windeseile das Haus verlassen hatte. Seine Augen waren rotgerändert und müde; sein Gesicht schmutzig und unrasiert. Seine Stimme klang schlimmer als eine Kreissäge.

»Los, beeilt euch!« brüllte er. »Steigt ein!«

»Ich hol rasch unsere Sachen.« Wir waren zwar angezogen, aber nicht reisefertig.

»Vergiß es. Keine Zeit.« Mit starker Hand umklammerte er meine Schulter und drängte mich hinter Thanh und den Kindern über die Straße.

Mit gesenkten Köpfen krochen wir unter den sirrenden Rotoren durch. Bevor ich in den Helicopter gehievt wurde, stopfte er einen Zettel in meine Handtasche.

»Hier, nimm das!« schrie er.

Der Metallboden war heiß, und innen stank es nach Kordit und Schweiß. Der Bordschütze half den Jungen beim Anschnallen; sie hockten auf ihren Sitzen, stumm, weit aufgerissene Augen, während ich mich umdrehte, um Dan die Hand hinzustrecken. Zu meinem Schrecken stand er bereits ein Stück von den Drehflügeln entfernt und gab dem Piloten ein Signal mit dem Zeigefinger. Die Motoren dröhnten.

»Dan!« Mein Aufschrei verlor sich in dem aufgewirbelten Gras und Staub. Ich tat alles, um ihn noch einmal zu sehen, als wir abhoben, aber unser Haus war im Nu zu einem silbernen Punkt zusammengeschrumpft. Der behelmte Bordschütze drängte mich auf meinen Sitz zurück und brachte sein riesiges Maschinengewehr in Stellung. Das versetzte mich mehr als alles andere in Panik, denn die Hubschrauber hatten ihre Geschütze normalerweise nach oben gerichtet, es sei denn, sie rechneten mit Zwischenfällen. (Der Vietcong bemühte sich immer, in Deckung zu bleiben, deshalb schossen sie selten auf ein Flugzeug, das nicht den Anschein erweckte, als würde es das Feuer auf sie eröffnen.) Jedenfalls wußte ich, daß Helicopter beim Start aufs höchste gefährdet waren, also setzte ich mich einfach zurück, umklammerte meine Söhne mit festem Griff, während mir die Tränen über die Wangen liefen.

Nach etlichen Minuten lag das Kampfgebiet hinter uns, der Hubschrauber hatte an Geschwindigkeit und Höhe gewonnen. Ich lockerte meinen Griff und schaute mir das zerknüllte Stück Papier an, das Dan mir in die Tasche geschoben hatte. Darauf stand: *An alle, die es angeht. Helfen Sie dieser Familie, aus Vietnam herauszukommen. Danke. Major Dante DeParma, USA.*

Einige Minuten später gingen wir nieder, kreisten einmal um ein kahles Feld, wohl um die Lage zu peilen, setzten dann neben der Schnellstraße in Qui Nhon auf.

»Okay, Missus DeParma«, brüllte der Bordschütze. »Endstation!«

Er befreite sich von seinen Sicherheitsgurten und sprang

vor uns hinaus, half zuerst mir, dann Thanh und den Kindern beim Ausstieg.

»Aber Sie sollen uns doch nach Saigon bringen!« schrie ich und hörte meine eigene Stimme kaum.

Der Bordschütze schüttelte nur den Kopf und kletterte an Bord. Der Pilot warf den Motor an, so daß uns nichts anderes übrigblieb, als uns schleunigst auf der Straße in Sicherheit zu bringen.

Die Schnellstraße war überfüllt mit Flüchtlingen in Richtung Süden. Wie Wanderameisen schleppten sie alles mit, was sie tragen konnten: Koffer, Bündel, Weidenkörbe, Tontöpfe – sogar ein paar Möbel und andere nutzlose Gegenstände, von denen sie wußten, daß sie sie schließlich wegwerfen oder für Unterkunft und Verpflegung verschachern mußten. Als erstes entschloß ich mich für einen Kurs gegen den Strom, auf die vage Möglichkeit hin, daß die Busse immer noch verkehrten. Mein Geld reichte für Plätze.

Der Busbahnhof war ein Tollhaus, wie nicht anders zu erwarten. Sobald ein vollbesetzter Bus abfuhr, drängten sich noch mehr Passagiere auf das Verdeck, warfen Koffer und Bündel herunter, um sich Platz zu schaffen. Als der nächste Bus eintraf, kletterten die Leute wieder hinein, ohne sich um das Fahrtziel zu scheren, also ließen wir uns einfach mittreiben.

Wir ergatterten noch zwei Plätze. Wenn wir wegen des Verkehrs das Tempo drosseln mußten, versuchten Passanten aufzuspringen, wurden jedoch meistens von den anderen, die sich am Verdeck oder an den Kotflügeln festklammerten, mit Fußtritten zurückgestoßen.

Zwanzig Minuten vor der Stadt fuhr der Bus immer langsamer. Wir waren zu einem Kontrollpunkt der republikanischen Armee gelangt, und das bedeutete gewöhnlich Scherereien. Die politische Einstellung der Passagiere fiel dabei nicht ins Gewicht. Bestenfalls hatten wir eine langwierige Suche nach eingeschleusten VC, Waffen und Konterbande zu gewärtigen. Schlimmstenfalls – nun, jeder wußte, was das bedeutete.

Meine größte Sorge galt Thanh. Ich war kein Küken (und

sah nach den letzten paar Jahren älter aus, als ich war), zerzaust und mit plärrenden Kindern behaftet. Thanh und mehrere andere Mädchen im Bus dagegen befanden sich in der Jugendblüte – ein unwiderstehlicher Anblick. Rasch kramte ich ein Schraubglas mit Aspirin aus der Tasche und instruierte Thanh, eine Handvoll zu schlucken. Sie verstand und gehorchte prompt. Nach ein paar Minuten sah sie blaß und kränklich aus. Ich schob Jimmys Tonbandgerät unter unseren Sitz und hoffte, daß es niemand merkte. Auch ohne Papier und Bleistift könnte ich immer eine Nachricht auf Band sprechen, falls wir in Schwierigkeiten gerieten.

Die Tür öffnete sich, und der erste republikanische Soldat kletterte in den Wagen. Ein Sergeant, sehr mager, aber offenbar zäh wie eine Mangrovenwurzel. Der Fahrer beschwerte sich – er müsse seinen Fahrplan einhalten, es sei gefährlich, zu lange zu halten, der Bus habe ein störanfälliges Getriebe –, doch der Sergeant ignorierte ihn und ging langsam nach hinten. Seine Augen wanderten prüfend von links nach rechts. Zwei weitere Soldaten stiegen nach ihm ein, als Rückendeckung für den Notfall.

Der Sergeant blieb ein paar Plätze vor uns stehen und sprach mit einer älteren Frau. Schmuck wechselte den Besitzer. Mitten in einer unheildrohenden Stille stellte der Soldat hinter ihm ein Transistorradio an. Volle Lautstärke, der Sergeant wirbelte herum, die Passagiere schreckten hoch. Der Soldat schaltete das Gerät sofort aus. Der Sergeant beschimpfte ihn, wandte sich wieder uns zu und ging weiter. Der Soldat behielt das Radio.

Als er zu unserer Sitzreihe kam, bedachte der Sergeant Thanh mit einem kurzen Blick – bleich wie der Tod, schwitzend wie ein Pferd, würgend – und ging weiter. Raschelnd stöberte er hinter uns in einer Tüte herum. Ein Mann hob die Stimme – klatschender Faustschlag. Die zur Rückendeckung bestimmten Soldaten stürzten nach vorn, und im Bus wurde es still. Eine Frau, vermutlich die Gefährtin des widerspenstigen Passagiers, schluchzte leise.

Jetzt begann ich um die beiden hübschen Mädchen zu fürchten – ungefähr in Thanhs Alter, sechzehn oder siebzehn –, die ich hinten im Bus gesehen hatte. Ich drehte mich verstohlen um. Die Soldaten hatten sich vor ihnen aufgepflanzt, begannen mit Witzeleien (»Was macht ihr denn in diesem Bus? Weiß eure Mutter, wo ihr seid? Woher hast du das hübsche Kleid?«), dann folgte Einschüchterung (»Hab ich dich nicht schon mal gesehen? Vergangene Woche haben wir eine wie dich verhaftet. Du bist doch keine Prostituierte, oder? Du weißt, was wir mit der Sorte machen?«), Ich dachte, sie wollten den beiden nur einen Schreck einjagen und sie dann in Ruhe lassen, doch dann hörten wir das denkbar fürchterlichste Geräusch, das es in einer solchen Situation geben kann.

Der Sergeant führte Patronen in den Lauf seines Gewehrs ein.

»Okay, steh auf«, befahl er. »Du kommst mit nach draußen.«

Ein junges Mädchen – fast so bleich wie Thanh – kletterte vor den Soldaten aus dem Bus. Sie brachten sie auf die gegenüberliegende Straßenseite, so daß ich nicht sehen konnte, was passierte. Wir warteten auf die Schüsse.

Nach einer Ewigkeit – fünfzehn bis zwanzig Minuten – stieg das Mädchen wieder ein. Ihre Kleider waren zerknittert und schmutzig, ihr Haar voller Zweige. Über ihre verschwollenen Wangen zogen sich schlammverkrustete Spuren – getrocknete Tränen. Sie humpelte zu ihren Platz.

Noch ehe sie sich hinsetzen konnte, blaffte ein Soldat den Fahrer an: »Hau bloß ab mit diesem Schrotthaufen!« Der Motor sprang an, der Bus setzte sich mit einem Ruck in Bewegung. Ein allgemeiner Seufzer der Erleichterung. Ich hoffte nur, daß Thanh sich nicht ausgerechnet jetzt erbrechen mußte. In sicherer Entfernung vom Kontrollpunkt versorgten ein paar ältere Frauen das Mädchen. Ihre leisen Schluchzer – die Hymne meines Landes – klangen uns in den nächsten zwei Stunden in den Ohren.

Wir kamen nur langsam voran, und der Sonnenuntergang erwischte uns früher als erwartet. An eine Nachtfahrt war natürlich nicht zu denken. Wir hielten an einem ›Flüchtlingslager‹, das nichts weiter war als ein offener Platz, wo sich ein paar Straßenhändler versammelten, um aus der Not ihrer Mitmenschen Profit zu schlagen. Ich wollte die Nacht im Bus verbringen, wie festgeklebt an unsere kostbaren Sitze, doch Soldaten beorderten alles nach draußen. Ich kaufte eine Zeitung zum vierfachen Preis und breitete sie auf dem Boden aus, damit wir wenigstens auf einer trockenen Unterlage schlafen konnten. Die Passagiere aus den vor uns eingetroffenen Bussen hatten nichts Eßbares übriggelassen, so mußten wir uns hungrig hinlegen, und obendrein erschöpft und verstört.

Am nächsten Morgen kamen die Händler wieder, und wir kauften *banh mi sua* – Baguette und Kondensmilch. Nach diesem Muster verlief es weitere zweiundsiebzig Stunden, die ganze Strecke bis Saigon. Tagsüber pferchten wir uns in die Busse, hangelten uns von einem Kontrollpunkt zum anderen. Nachts schliefen wir, eng aneinandergekuschelt, unter freiem Himmel, und unseren einzigen Imbiß ergatterten wir im Laufschritt. Zu allem Überfluß hatte mich auch noch irgendein Langfinger um meine Handtasche erleichtert – nun blieb uns lediglich der Notgroschen, den ich in den Rocksaum eingenäht hatte. Mit dem restlichen Geld konnten wir in der Hauptstadt eine Bleibe bezahlen, aber nicht den Flug nach Kanada. Für uns hieß das – Endstation.

Selbst in den kurzen paar Wochen seit unserem letzten Aufenthalt war Saigon unansehnlicher geworden. Nach dem Abzug der meisten Amerikaner tobte ein heftiger Konkurrenzkampf zwischen Bars, Prostituierten und Drogenhändlern. Die Kriminalität stieg an, und nach Anbruch der Dunkelheit wagte sich niemand mehr auf die Straße. Es kam häufig zu Zusammenstößen zwischen QCs, städtischer Polizei und vielfach paramilitärischen Gangsterbanden. Unter diesen Umständen fragten wir uns, was eigentlich die kommunistischen Verbände – die auf dem Land anscheinend nach Belieben umherstreiften – davon abhielt, geradewegs zum Präsidentenpalast zu spazieren.

Mit etwas Glück und großem Energieaufwand fand ich in einem koreanischen Haus eine freie Wohnung; wir zogen ein, um dann alles weitere zu planen. Jeden Tag studierte ich die Verlustlisten in den Zeitungen, die nach Rängen geordnet waren und immer beim Major begannen. Und jeden Tag dankte ich dem Schicksal, daß Dans Name nicht dabei war.

Die anderen Nachrichten waren weniger erfreulich. Sämtliche Schlagzeilen drehten sich um den Abzug der amerikanischen Truppen, um erhöhte Waffenlieferungen als Gegenleistung, um die Weigerung von Präsident Thieu, eine Eskorte für Kissinger und Haig zum Flugplatz zu entsenden. Und die für mich inhaltsschwerste, die von über 600 000 durch die Amerikaner getöteten vietnamesischen Zivilisten sprach.

Nach einer weiteren Woche kam die kommunistische Offensive zum Stillstand, und eine neuerliche Ruhepause begann. Dabei wußte jeder, daß es ohne die Amerikaner unweigerlich mit einem Sieg Nordvietnams enden würde, und das vermutlich sehr bald. Von meinem Traum, in Vietnam zu bleiben, mußte ich mich wohl oder übel verabschieden. Wenn die Kommunisten die Regierung übernahmen, würden zuerst diejenigen ausgeschaltet, die in engen Beziehungen zu den Amerikanern oder dem alten Regime standen; als nächste alle, die den VC oder die nordvietnamesische Armee auf irgendeine Weise verraten hatten; und schließlich jeder Kriegsgewinnler. Unter diesen Gesichtspunkten war ich bereits eine dreifache Verliererin. Auch mit neuen Personalausweisen, die mühelos auf dem einschlägigen Markt in Saigon zu kaufen waren, würde ich irgendwann von Freunden und Nachbarn erkannt werden. Ich mußte das Land verlassen – und zwar, solange ich noch die Möglichkeit dazu hatte. Es blieben nur zwei Fragen: Wie viele Angehörige könnte ich überreden, mit mir zu gehen; und wie würde ich das Ganze bezahlen?

Thanh und ich beschlossen, getrennt zu operieren. Ich fühlte mich vor allem verpflichtet, mit meiner Mutter Kontakt aufzunehmen. Da ja die Kämpfe jetzt aufgehört hatten, sagte ich Thanh, ich würde nach Da Nang gehen, wenn sie nach An Khe fliegen, unsere Sachen holen und sich mit Dan in Verbindung setzen würde. In ein paar Tagen würden wir uns dann wieder in unserer Wohnung in Saigon treffen und mitbringen, wen und was immer wir konnten.

Ich saß in Lans Küche, sah mir gegenüber in das versteinerte Gesicht meiner Mutter. Ich erzählte ihr von Ed – was für ein guter Mensch er sei, daß aber unsere Ehe an dem allzu großen Altersunterschied und der Unvereinbarkeit unserer Lebensauffassung scheiterte. Das verwunderte sie keineswegs, doch sie war schockiert und zutiefst getroffen, daß ich mich wieder mit einem amerikanischen Militär eingelassen hatte. Dabei war doch zumindest Ed Zivilist! Ich erklärte ihr, daß ich mich nicht mit Dan in Verbindung setzen könne, daß er höchstwahrscheinlich umgekommen sei.

»Jedenfalls müssen wir jetzt an die Familie denken, Mama Du«, sagte ich. »Für sie ist dort draußen die Welt zu Ende. Bald werden genau die Leute, die uns vor ein paar Jahren zu töten versuchten, an der Macht sein. Glaubst du, die vergessen den Groll, den sie über zwanzig Jahre gehegt haben?«

»Du kannst doch jederzeit in der Stadt leben«, entgegnete meine Mutter »Da Nang oder Saigon – du weißt sehr gut, wie man in solchen Orten zurechtkommt.«

»Nein, nicht mehr. Die Dinge haben sich geändert. Ich habe jetzt zwei Söhne. Du hattest ja schon früher eine schlechte Meinung von den Großstädten, da solltest du sie erst mal jetzt sehen. Auch auf dem Land ist alles aus den Fugen geraten. Kennst du irgendwo noch einen Bauer, der seine Familie von seinem Grund und Boden ernähren kann?«

»Was wirst du in Amerika tun, wenn alles dort so schlecht ist?« Meine Mutter hörte sich aufrichtig besorgt an.

Ich seufzte tief bei dem Gedanken, was eine Rückkehr

tatsächlich bedeuten würde. »Ich werde es zähneknirschend ertragen, Mama Du – für meine Kinder, genau wie du's für deine getan hast. Die erste Demütigung habe ich schon hinter mir – ein Telegramm an Mom Munro, Eds Mutter, die einzige von seinen Angehörigen, die mich versteht, mit der Bitte, Ed zu sagen, daß ich mehr Geld brauche – daß das, was er mir gegeben hat, gestohlen wurde. Ohne das sitzen wir in der Falle. Ich bin sicher, er schickt genug für uns alle. Du mußt bloß ja sagen, Mama Du, und alles wird gut. Wenn die ganze Familie zusammen ist, können wir bestimmt in Amerika glücklich sein.«

Doch meine Mutter hatte zu oft in ihrem Leben nein gesagt, als daß sie jetzt zu einem Ja an ›den Feind‹ bereit gewesen wäre, selbst wenn das die Rettung bedeutete.

»Meine Gebeine gehören hierher, neben die deines Vaters«, erklärte sie. »Frag Hai oder Lan und Ba, ob sie gehen wollen, aber mich laß in Ruhe. Es kommt alles, wie es kommen muß.«

Ich fragte meine Schwestern und erhielt, mit Ausnahme von Lan, dieselbe Antwort: »Wir können Mama Du nicht im Stich lassen.« Lan jedoch lachte nur. »Was? Du machst wohl Witze! Seit einem Monat herrscht Ruhe. Der Krieg ist so gut wie vorbei, der Vertrag unterschriftsreif. Ich weiß wirklich nicht, worüber du dir Sorgen machst. Warst du es nicht, die mich vor Amerika gewarnt hat – *zwei Drittel Regen, ein Drittel Sonnenschein?* Sind das nicht deine Worte? Vergiß es!«

Mit leeren Händen und schwerem Herzen kehrte ich nach Saigon zurück. Zum Glück war es Thanh besser ergangen. Dan war gesund und wohlauf und würde zu einem zweiwöchigen Urlaub nach Saigon kommen – Thanh hatte ihm unsere Adresse gegeben. Ich wußte nicht, ob ich lachen oder weinen sollte. Wollte ich Dan wirklich wiedersehen, bloß um ihm ade zu sagen?

Natürlich wollte ich irgendwo in meinem kindlichen Gemüt glauben, daß Dan sich von seiner Frau scheiden lassen und meine Scheidung von Ed arrangieren und mich dann heiraten würde, um mit mir auf einer amerikanischen Farm zu leben – in einer Umgebung, die mir vertraut war, wo meine Jungen und unsere späteren gemeinsamen Kinder aufwachsen und ebenso groß, stark, gescheit und wunderbar werden konnten wie Major Daddy. Trotz allem, was ich durchgemacht hatte – oder vielleicht gerade deswegen –, wollte ich immer noch gerettet werden.

Als Dan kam, machte er meine Jungmädchenträume allerdings schnell zunichte. Nach einem tränenreichen, leidenschaftlichen Wiedersehen fanden wir einen ruhigen Augenblick, um über die Zukunft zu reden.

»Ich kann jetzt nicht weggehen, Ly«, sagte er mit der Stimme meines Vaters. »Meine Dienstzeit hier dauert noch ein Jahr. Du kannst auch nicht bleiben, das weißt du selber. Höchste Zeit, auf Nummer Sicher zu gehen. Höchste Zeit, an dich und an deine prächtigen Jungen zu denken. Geh zurück zu Ed. Mach das Beste aus deinem Leben. Ich werde dich nicht vergessen. Eines Tages hole ich dich, wenn wir beide frei sind. Der Krieg wird nicht ewig dauern.«

Der Krieg wird nicht ewig dauern. Wann war er nicht Teil meines Lebens?

Dan blieb bei uns, solange er konnte, was nicht annähernd lang genug war, und benutzte seinen Einfluß, um die Bearbeitung unserer schriftlichen Anträge zu beschleunigen. Inzwischen hatte Ed Leathas Nachricht erhalten; er schrieb, daß er seine Steuerprobleme gelöst habe und daß wir nach San Diego zurückkommen könnten anstatt nach Kanada. Er überwies telegrafisch etwas Geld, doch das reichte nicht für die gesamten Flugkosten, in Anbetracht unserer atemberaubenden Miete und der unvorhergesehenen Aufenthaltsdauer. Zum Glück kam Dan für die fehlende Summe auf, so daß ich Ed nicht abermals kniefällig bitten mußte. Dafür war ich ihm – unter vielen, vielen anderen Dingen – ewig dankbar.

Dan kehrte nach An Khe zurück, nach mehreren Wochen gefolgt von Thanh. Mit dem Gedanken, in Amerika zu leben, konnte sie sich nie befreunden, vor allem nicht nach all meinen Geschichten, und die idyllische Welt von An Khe, wo der

Waffenstillstand immer noch hielt, hatte für sie großen Reiz. Als Dan ihr eine Stellung als Haushälterin anbot, willigte sie dankbar ein. Und dann kam, am Vorabend unserer Abreise, wieder etwas dazwischen.

In letzter Minute wurde die Erteilung unserer Ausreisevisa um etwa sechsunddreißig Stunden verschoben, aus ›technischen Gründen‹ – was hieß, es wurden mehr ›Spenden‹ für ›Teekassen‹ in verschiedenen Büros benötigt. Während die betreffenden Hände geschmiert wurden, blieb mir jedoch gerade genügend Zeit für einen letzten Besuch in An Khe. Ich eilte ins Büro der Air Vietnam, buchte einen Flug und kam später nochmals zurück, um unsere Tickets abzuholen.

»Ich versteh das nicht«, sagte der Angestellte und suchte überall herum, »vor einer Minute war das verdammte Ding doch noch da.«

»Was meinen Sie damit?«

»Ich meine, ich weiß nicht, wo Ihr Ticket ist«, entgegnete er verschlagen lächelnd. »Sie werden mir helfen müssen bei der Suche.«

Aha, darauf willst du also hinaus! Ich hatte noch etwas Schmiergeld übrig, allerdings nicht viel. »Werden zehn amerikanische Dollar Ihnen bei der Suche helfen?«

»Das ist nicht mal genug, um mich zu beleidigen!« brummte er, grinste dann geil, wie ich es schon hundertmal gesehen hatte. »Es gibt ja schließlich noch andere Mittel und Wege, wie Sie helfen können.«

»Nein. *Nein!*«

»Machen Sie doch keine Szene. Es muß ja nicht gleich sein. In einer Stunde habe ich Dienstschluß …«

»Nein, *nein!*« Ich schrie jetzt und machte solchen Krawall, daß er das Fenster schloß und ein Schild vor die Tür hängte. Ich dachte daran, einen amerikanischen Militärpolizisten zu suchen, doch es waren nur noch wenige da, und bis ich dann meine Beschwerde durchgebracht hätte, wäre das Flugzeug längst fort und mit ihm meine letzte Chance, Dan zu sehen.

Ich ging in die Wohnung zurück und brach auf dem Bett

zusammen, teils schlief ich, teils starrte ich bloß an die Decke, bis es Zeit wurde, unsere Visa abzuholen und zum Flugplatz zu fahren. Als ich Vietnam das erste Mal verließ, war ich angewidert von meinem Land und mit mir selbst zerfallen. Meine zweite Abreise vollzog sich fast ohne jedes Gefühl – vielleicht bis auf das der Erleichterung, die man empfindet, wenn man sich nach einem verdorbenen Essen übergeben hat. Ich war krank an Leib und Seele – angeekelt von Korruption, Gewalttätigkeit, Sorge, Risiko. Am allermeisten widerte ich mich selbst an: weil ich meine Söhne wieder der Gefahr ausgesetzt hatte; weil ich dem Geist meines Vaters Schande gemacht hatte, als ich meine eigenen selbstsüchtigen Wünsche über alles stellte, wofür er ein Leben lang eingetreten war. Ich war weggelaufen in dem Glauben, den Weg zu einem besseren Leben gefunden zu haben. Jetzt war ich zurückgekommen und mußte feststellen, daß meine Schwierigkeiten mir folgten, wohin ich auch immer gehen mochte. Glück ist kein Ort namens Amerika oder Vietnam. Es ist ein Zustand der Gnade. Jemand mag dich retten; doch erretten kannst nur du dich selbst.

Am 17. Juli 1972 holte uns Ed, über beide Ohren grinsend, am Flugplatz ab. Jimmy rannte ihm entgegen, dankbar für ein bekanntes Gesicht, während Tommy, sein leiblicher Sohn, sich heulend an meinen Rock klammerte. Große Menschenmengen erinnerten ihn an Flüchtlinge, und von denen hatte er für sein ganzes Leben genug gesehen. Für mich war es an der Zeit, Buße zu tun.

»Jetzt hast du uns das zweite Mal gerettet!« scherzte ich, fühlte mich dabei jedoch nur töricht und schuldbewußt.

»Was blieb mir denn anderes übrig?« Ed grinste. »Ihr seid schließlich meine Familie, und ich liebe euch!« Mir war zum Heulen zumute.

Die Fahrt nach El Cajon schien noch länger zu dauern als die gräßliche Busreise von An Khe nach Saigon. Ed und ich unterhielten uns über die sich verschlechternde Kriegslage, und er versuchte, mich mit dem Hinweis auf den ›feierlichen Empfang‹ aufzuheitern, den seine beiden Frauen vorbereiteten.

»Ja, das kann ich mir vorstellen«, erwiderte ich und starrte verdrossen aus dem Fenster.

Die ersten paar Tage in Kalifornien waren die reine Hölle, freilich aus anderen Gründen, als ich erwartete. Mom Munro, deren zwei Gästezimmer wir bewohnten, bis Ed einen neuen Job gefunden hatte, war wie immer freundlich und verständnisvoll. Auch Erma war viel zu glücklich, Ed wiederzuhaben, um Schadenfreude zu äußern, und zeigte sich als großmütige Siegerin. Nein, mein Fegefeuer – wie es die Mönche nannten – hatte ich mir selber geschaffen. Die Jungen und ich hatten uns daran gewöhnt, zusammen zu schlafen und taten das auch weiterhin, teils weil der achtzehn Monate alte Tommy sich immer noch an mich klammerte wie ein Affenbaby an seine Mutter, vor allem aber, weil ich jeden Vorwand suchte, ein Alleinsein mit Ed zu vermeiden – und das nicht nur, um meinen Pflichten als Ehefrau zu entkommen. In seiner Nähe fühlte ich mich schuldig, minderwertig und krank. Seine Toleranz sowie die Geduld und Nachsicht seiner Angehörigen machten das bloß noch schlimmer. Natürlich war er ein Mann, kein Heiliger, und auch seine Geduld hatte einmal ein Ende.

»Lassen die Kinder dich denn niemals allein?« fragte er etliche Tage nach unserer Ankunft. »Das ist doch unnatürlich. Du solltest sie nicht so verzärteln, besonders Tommy.«

»*Ba bao di ngu mot minh em thoi!*« blaffte Jimmy unversehens seinen Bruder an, genau wie ein Kaderführer. »Marsch ab in dein eigenes Bett, du Balg!«

»*Khong! Em ngu voi ma! Bieu ong di-di!*« antwortete Tommy trotzig. »Nein! Ich schlafe bei meiner Mutter! Sag dem Mann, er soll abhauen!«

»Daddy will bei Mommy schlafen«, erklärte Jimmy auf vietnamesisch.

»Daddy ist in Vietnam!« antwortete Tommy in Gedanken an Major Daddy.

Ed verstand natürlich kein Wort, mir aber wurde dadurch bewußt, wie sehr ich meine heißgeliebten Kleinen verwirrt hatte. »Haben sie denn ihr Englisch ganz vergessen?« fragte Ed verärgert.

»Nur wenn sie aufgeregt sind«, schwindelte ich. Jimmy hatte Ed aufrichtig gern. »Hör zu, Jimmy schläft bei dir und Tommy bei mir. Tommy wird dann sehr bald bei seinem Bruder sein wollen, und dann schlafen wir beide zusammen, okay?« Ich küßte Ed flüchtig auf die Wange, wie eine Schwester.

»Wenn du hübsch artig bist, du kleiner Schwachkopf, kauft Daddy dir Spielsachen!« teilte Jimmy seinem Bruder auf vietnamesisch mit, während Ed ihn auf seine Schultern hievte.

Sobald sie verschwunden waren, umarmte ich Tommy und bedankte mich bei ›meinem kleinen Beschützer‹, was ihn völlig durcheinandergebracht haben muß. Mit Ed schlafen konnte ich von jeher nur aus Pflichtgefühl, aber jetzt, nach Dan, erschien es mir schlimmer als Untreue – es wäre ein Sakrileg.

Allein mit Tommy, sprach ich leise Briefe an Dan auf Tonband – manche auf englisch, manche auf vietnamesisch, denn viele Gedanken konnte ich nach wie vor nur in meiner Muttersprache formulieren, und wenn Dan damit Schwierigkeiten hatte, konnte ja Thanh es ihm übersetzen. Mit einem ausgeklügelten Täuschungsmanöver bat ich Ed oder Erma oder Leatha, die Tonbänder für mich zu verschicken, die ja immer an Thanh adressiert waren, meine treue Haushälterin, Freundin und ›kleine Schwester‹, die Ed kannte und der er voll vertraute.

Nach einer Weile ging der heikle ›Waffenstillstand‹ zwischen mir und den beiden Frauen in die Brüche, genau wie der Pariser Vertrag, der den Krieg ›beendete‹. Erma und Leatha begannen wieder an meiner Ehe herumzunörgeln. Ed, der bei der Stellenjagd wegen seines vorgeschrittenen Alters wenig Erfolge hatte, suchte neuerlich Trost im gesteigerten Zigarettenkonsum. Schließlich begleitete ich ihn zu seinen Vorstellungsgesprächen (die manchmal Übernachtungen in anderen Städten erforderten), bloß um aus dem Haus zu kommen und ihn aufzuheitern nach einer weiteren Absage. Wenn wir bei diesen seltenen Gelegenheiten miteinander schliefen, verwandte ich mehr Zeit darauf, ihn bei seinen endlosen Hustenanfällen mit Fieber und Schüttelfrost zu pflegen, die ihn jede Nacht quälten.

Mein einziges Glück bestand jetzt, außer meinen Jungen, in den Päckchen, die ich wöchentlich von Thanh erhielt, mit vietnamesischen Zeitungen, Zeitschriften und Dans Liebesbriefen, die sie zwischen den Seiten versteckte. Er adressierte sie an *minh oi* – mein Kosename – und schrieb, wie sehr er mich liebte und vermißte und gar nicht begreifen könne, warum eine wunderbare Frau wie ich sich ausgerechnet in einen ›blöden Itaker‹ wie ihn verliebt hatte. Er schwelgte in Erinnerungen an unsere manchmal idyllischen, manchmal furchterregenden gemeinsamen Erlebnisse und schloß mit feurigen Versprechungen für die Zukunft – wie er sich von seiner Frau Carmine scheiden lassen würde und wir dann für immer zusammensein könnten. Ich las die Briefe so oft, bis das von Tränen aufgeweichte Papier mir schließlich zwischen den Händen zerbröselte.

Eines Tages verlor selbst Leatha die Geduld mit dem jammervollen Paar, das unter ihrem Dach wohnte. Wir zogen um in die Nachbargemeinde Santee, unweit von Kathy und ihrem Mann, wo Ed ein Veteranen-Darlehen auf ein Haus mit drei Schlafzimmern in einer brandneuen Wohnsiedlung aufgenommen hatte.

Jimmy war jetzt fünf und wegen des Vorschulunterrichts in Vietnam reif für die erste Grundschulklasse. Auch ich fing mit einem Englischkurs für Einwanderer an, der in den Nissenhütten eines nahegelegenen College stattfand. Jeden Morgen brachte ich Jimmy zur Schule auf einem Fahrrad, das Ed mir gekauft hatte. Ich muß meinen Sohn schwer in Verlegenheit gebracht haben in meinem traditionellen vietnamesischen Kleid und dem Bauernhut, eine Erinnerung an die ›alten schlechten Zeiten‹, wo es doch jetzt seine größte Sorge war, sich ganz den amerikanischen Kindern anzupassen. Während meiner Abwesenheit betätigte sich Ed als Babysitter für Tommy und nahm ihn sogar zu Einstellungsgesprächen mit, die immer erfolglos verliefen, so daß beide bei meiner Heimkehr schlecht gelaunt waren.

Auf der Erwachsenenschule begann ich einiges über den ›Schmelztiegel Amerika‹ zu lernen. Außer Einwanderern und gelangweilten Hausfrauen lernte ich mehrere Veteranen der Army kennen, die mir erzählten, daß die Regierung sie auf jede gewünschte Schule schickte, nur weil sie ihre patriotische Pflicht erfüllt hatten. Ich freute mich für sie und war wieder beeindruckt, wie besorgt die amerikanische Regierung offenbar um das Wohl ihrer ehemaligen Soldaten war. Die Lehrer waren insgesamt ebenfalls freundlich und geduldig, nicht grob und reizbar wie die meisten vietnamesischen.

Nach ein paar Wochen stellte ich bei der Rückkehr vom Unterricht fest, daß Ed von Leatha ein Päckchen mitgebracht hatte. Und dann sah ich, daß es geöffnet worden war.

»Also das habt ihr zwei in all den Monaten getrieben!« Er warf mir die Briefe ins Gesicht, bevor ich noch meine Lehrbücher hinlegen konnte.

»Was meinst du damit? Wovon redet du eigentlich?« Mein Herz raste. Ich wußte sehr wohl, was er meinte.

»Wenn du ihn so sehr liebst – warum gehst du dann nicht nach Vietnam zurück?«

Ich hob die zerknitterten Briefe auf. Vermutlich war einer aus einer Zeitschrift herausgefallen, oder vielleicht hatte Ed das Ganze auch beim Durchblättern entdeckt. Wie dem auch sei, das Spiel war aus. Ich konnte Ed nicht ins Gesicht sehen. Meine niedergeschlagenen Augen ließen meine Gefühle irgendwie billig und gemein erscheinen, so sehr mich andererseits meine Liebe zu Dan mit Stolz erfüllte. Der plötzliche heftige Aufruhr, in dem sich mein Inneres befand, suchte sich ein Ventil – Tränen.

Ed schnappte sich die Briefe und schlich hinaus. Ich hörte ihn in der Küche weinen. Die Jungen standen mit weit aufge-

117

rissenen Augen sprachlos da. Krach zwischen Mom und Dad hatten sie schon früher erlebt, aber nie so wie jetzt. Zu allem Überfluß hatte Ed den Brief vermutlich bei Leatha geöffnet, vielleicht schaute ihm Erma dabei über die Schulter. Der tödliche Schmerz, den ich Ed zugefügt hatte, war durch ihre kopfschüttelnden Kommentare zweifellos noch vergrößert worden. Ich hielt die Jungen fest im Arm, als Ed ins Zimmer zurückkam.

»Ich wünsche, daß du und Jimmy eure Sachen packt«, sagte er mit dumpfer Stimme und rieb sich die roten Augen. »Ich schicke euch zurück nach Vietnam.«

Ich wußte, ich sollte jetzt Angst empfinden – vielleicht um Gnade flehen –, aber ich fühlte nur Erleichterung.

»In Ordnung«, sagte ich von oben herab und setzte mit erstaunlich kräftiger Stimme hinzu: »Aber ich möchte meine beiden Jungen mitnehmen.«

»Ausgeschlossen. Tommy ist mein Sohn. Den gebe ich nicht her. Schreib deinem Liebhaber. Sag ihm, er soll euch zwei Tickets schicken. Ende des Monats wünsche ich euch nicht mehr hier zu sehen.«

Ich nahm die Briefe, ging in Tommys Zimmer, überließ Ed seinem Schmerz. Ich hockte auf Tommys Bett, sann anscheinend stundenlang über mein Leben nach und dachte an Dan. Schließlich kam Ed herein und legte mir die Hand auf die Schulter. Kein Polizistengriff, sondern der eines strengen, verwundeten Vaters. Er gab mir Block und Bleistift.

»Was soll ich damit?« fragte ich.

»Schreib, was ich dir sage. ›Lieber Dan. Bitte schicke für mich und Jimmy ein einfaches Ticket nach Saigon. Ed hat deine Briefe gefunden und schickt uns fort...‹«

»Was ist mit Tommy?« Mein Hals war wie zugeschnürt.

»Er bleibt hier. Schreib weiter.«

Er diktierte weiter und weiter – ein Gefühlsausbruch, den mitzuschreiben mir das Herz brach. Wenn er sich in einem Satz bemühte, fair und objektiv zu sein (›Mein Mann ist sich über den großen Altersunterschied zwischen uns im klaren‹), so äußerte er sich dafür im Nachsatz voller Rachsucht (›aber ich habe ihm seine Güte mit Betrug vergolten‹) und so weiter. Als er endlich merkte, daß er sich damit selber mehr strafte als mich, hörte er auf. Danach sprach er zwei Wochen lang kein Wort mehr mit mir.

Er schickte den Brief ab, ich packte gehorsam – hielt Tommys Sachen griffbereit – und wartete auf die Tickets. In der Zwischenzeit kamen laufend Päckchen an, die Ed sorgfältig nach geschmuggelten Liebesbriefen durchforstete. Wenn er einen fand – und es gab etliche –, konfiszierte er ihn feierlich, las ihn schweigend, fluchte, schüttelte den Kopf, steckte ihn dann in die Tasche. Er quälte sich, indem er die Briefe las, und mich, indem er mich dabei zuschauen ließ.

Ungefähr zehn Tage nach unserem Krach kam die Antwort auf Eds Brief. Sie enthielt kein Ticket. Ed reichte mir das Blatt. Neben Worten voller Zärtlichkeit, Bedauern, Mitleid und aufmunternden Ratschlägen stand da: »Du mußt Dir einen Anwalt nehmen und Dich von Ed scheiden lassen. Ed ist ein alter Mann und hat Dich geheiratet, um ein junges, verzweifeltes Mädchen auszunutzen. Komm nicht zurück nach Vietnam. Ich werde Dich holen, sobald meine Dienstzeit beendet ist. Warte auf mich.«

Jetzt wußte ich wirklich nicht mehr, was ich denken sollte. Allmählich kam ich mir wie ein Spielzeug vor, das zwei eigenwillige Jungen pausenlos hin- und herschieben und darüber längst vergessen haben, worum es bei dem Spiel eigentlich ging. Ed hatte mich nicht ausgenutzt, sondern ich ihn. Er hatte Verständnis, Rücksicht und Fürsorge bewiesen – für mich und mein vaterloses Kind, das er genauso liebevoll behandelte wie sein eigenes. *Ich* hatte es ihm mit Untreue und Betrug vergolten. Dan hatte einem anderen die Frau gestohlen – dessen Vertrauen mißbraucht –, doch erst, nachdem diese Frau versichert hatte, ihre Ehe sei in die Brüche gegangen, es fehle nur noch die amtliche Bestätigung. Jeder von uns tat, was er tun mußte, und alles im Namen der Liebe. Wir wollten das Beste, und hätten doch nicht schlimmer handeln können. Wir kämpften für die Liebe und ernteten das gleiche schlechte Karma wie Soldaten im Krieg. Ich konnte es einfach nicht fassen!

»Ich hab mich furchtbar zu dir benommen, Ed«, sagte ich und putzte mir die Nase. »Es tut mir sehr, sehr leid. Ich hoffe nur, du kannst mir verzeihen.«

»Ich ... ich hab mich bemüht, gut zu dir zu sein.« Ed hörte sich immer noch an wie betäubt von einem Bombenangriff. »Ich hab versucht, gut zu den Jungen zu sein.«

»Du bist ein guter Mensch.« Ich drückte seine Hand. »Aber ich kann dich nicht so lieben, wie ich Dan liebe. Ich werde dich immer gern haben, wie einen Vater.«

»Meine zweite Frau hat mich betrogen«, fuhr Ed fort, als ob ich nicht da wäre. »Deshalb bin ich nach Vietnam gegangen. Ich dachte, wenn ich eine nette Vietnamesin finden könnte, wäre alles klar. Asiatinnen sollten treu sein, oder? Ich kann's einfach nicht glauben!«

Ich trocknete mir die Augen. »Eins ist trotzdem wahr. Wenn's um Liebe geht, bin ich immer noch ein kleines Mädchen. Falls du uns bleiben läßt, damit Jimmy zur Schule gehen und ich mich um Tommy kümmern kann, bis Dan uns holen kommt, wäre ich sehr dankbar und würde es gern irgendwie wiedergutmachen. Aber wenn du möchtest, daß Jimmy und ich ausziehen – ich habe eine Freundin in L.A. Du mußt dir dann keine Gedanken wegen Dan machen und ...«

»Ach«, Ed wischte Dan beiseite, als ginge es gar nicht um ihn. »Ich bin Dan nicht böse. Ich bin tatsächlich zu alt für dich, ich weiß das. Das Ganze war ein Fehler. Du siehst, die Liebe spielt uns alten Eseln genauso seltsam mit wie euch hübschen jungen Dingern!«

Danach kamen Ed und ich gut miteinander zurecht. Als wir schließlich erkannt hatten, wie weit wir innerlich voneinander entfernt waren, standen wir uns näher als je zuvor.

Ich schrieb an Dan und bat ihn, mir mit Rücksicht auf Eds Gefühle keine Liebesbriefe mehr zu schicken. Auch die beiden Ferngespräche mit ihm führte ich, als Ed nicht in der Stadt war. Eds einzige Freude im Leben war jetzt Tommy, der den armen alten Mann wieder als seinen Vater zu akzeptieren begann. Leatha, Erma und Kathy liebten Tommy ebenfalls nach wie vor, trotz der nichtswürdigen Mutter, die er nun einmal mitbekommen hatte, und so bildeten sie zusammen eine richtige Großfamilie.

Eines Abends sollten Kathy und ihr Mann, Mike, zum Pokern mit Ed herüberkommen, sagten aber in letzter Minute ab, weil Kathy sich nicht wohl fühlte. Das machte nichts weiter, denn Ed ging es ebenfalls schlecht – er hustete sich die Seele aus dem Leib. Ich steckte ihn sofort ins Bett, doch der Husten hörte nicht wie sonst auf, sobald er sich hingelegt hatte.

»Wir sollten unbedingt zum Arzt gehen – sofort«, erklärte ich, streng wie meine Mutter.

»Mir fehlt nichts«, hustete Ed. »Ich muß bloß wieder Luft kriegen.«

»Komm schon, wir gehen zum Arzt!« versuchte ich ihn zu ermuntern.

»Vergiß es! Wir haben keine Krankenversicherung, und Ärzte sind teuer. Ich schaff's schon.«

Doch er wälzte sich die ganze Nacht hustend und keuchend im Bett herum. Morgens rief ich Erma an und erklärte ihr die Lage. Sie und Larry kamen sofort herüber und brachten Ed in die nächstgelegene Notaufnahme. Das Krankenhaus entließ ihn nach ein paar Stunden, und Ed sah bei der Heimkehr noch schlechter aus als vorher: blaß, elend, schwindlig.

»Der Arzt sagt, er hat eine schwere Erkältung«, erklärte Erma. »In ein paar Tagen wird's ihm besser gehen.«

Doch es verstrich ein Tag nach dem anderen, ohne daß eine Besserung bei Ed eintrat. In Vietnam hätten wir Weihrauch verbrannt und einen Schamanen nach den Ursachen befragt, aber in Amerika wurde ich nur ausgelacht, wenn ich diese Möglichkeit erwähnte und erzählte, wie mein Vater von einem Schamanen auf wundersame Weise von einer schweren Krankheit geheilt wurde.

Ich überlegte nun, ob ich die Dinge selber in die Hand nehmen und nach einem ähnlichen Weg für Ed suchen sollte, doch ich kannte in Amerika keine solchen Wunderheiler. Hilflos und voll düsterer Vorahnungen beobachtete ich, wie Eds Haut sich blau verfärbte, wie in seinen hervorquellenden Augen die Äderchen platzten, als er immer vergeblicher nach Luft rang. Schließlich konnte ich es nicht mehr mit ansehen und rief einen Krankenwagen. Während Ed in der Notaufnahme untersucht wurde, verständigte ich Erma telefonisch. Sie kam sofort angeeilt und fiel gleich mit Vorwürfen über mich her, daß ich mich über den Rat des Arztes hinweggesetzt hätte; dann erschien eine Schwester und teilte uns mit, der behandelnde Arzt habe einen operativen Eingriff vornehmen müssen, um Ed durch Einführung eines Tubus in die Lunge am Leben zu erhalten. Erma verstummte, und ich ebenfalls.

Ed blieb im Krankenhaus, angeschlossen an ein Beatmungsgerät, während Erma mich nach Hause brachte, damit ich mich um die Jungen kümmern konnte. In den nächsten paar Tagen holten Erma oder Larry jr. mich ab und fuhren mich in die Klinik. Da ich keinen Führerschein hatte, war ich völlig auf sie angewiesen, und ihnen lag weit weniger an meiner Gegenwart als mir daran, Ed zu trösten. So verbrachte ich die meiste Zeit damit, mich auf meinen Unterricht zu konzentrieren oder sauberzumachen oder neue Blumen zu pflanzen, für mich inzwischen eine Art läuterndes Ritual.

Eines Nachmittags bekam ich einen Anruf von Eds Schwester Kathleen, einer staatlich geprüften Krankenschwester, die aus Oregon herbeigeeilt war. Wir hatten ein gutes Verhältnis zueinander, und sie versorgte mich mit vielen Informationen, die ich weder von der übrigen Familie noch vom Klinikpersonal erhalten konnte.

»Ich denke, du solltest herkommen, Le Ly«, sagte sie. »Heute nacht könnte es zu Ende gehen.«

Ich brachte die Kinder bei Nachbarn unter und rief Larry jr.

an, der mit dem Transport an der Reihe war. Ich kam gegen siebzehn Uhr an; als auf dem blankgebohnerten Fußboden bereits lange Schatten lagen. Der arme Ed in seinem Bett erinnerte an einen alten Wagen beim Test in der Werkstatt: angeschlossen an eine Vielzahl von Schläuchen, Mund, Arme, Beine; seine eingesunkenen Augen leuchteten schwach wie Scheinwerfer bei einer fast leeren Batterie. Hinter ihm zischte ein Atemgerät wie ein rastloser Dämon, der nur darauf wartete, seine Seele einzufordern.

Ich blickte in das hoffnungslose, hilflose Gesicht und erzählte ihm, wie sehr die Jungen ihn vermißten. Ich sprach von all den Dingen, die wir unternehmen würden, wenn er herauskäme, alles Lügen, denn wir wußten beide, daß er das Krankenhaus nicht mehr verlassen würde. Ich merkte, daß der Gedanke an Dan ihm immer noch mehr quälte als seine Atembeschwerden. Er befand sich in dem Stadium des Sterbens, das wir in Vietnam als *tran troi* bezeichnen – die Zeit, seine Seele zu erleuchten. In dieser Phase ist die Seele noch zu sehr belastet, um den Körper ohne Kraftanstrengung zu verlassen. Der Sterbende hat viel Leiden zu erwarten, wenn er sich nicht mit alten Feinden versöhnt und sorgsam gehütete Geheimnisse preisgibt und all die wesentlichen Dinge ausspricht, die sonst ungesagt bleiben würden, damit die Seele ebenso rein aus dem Leben scheidet, wie sie es zu Anfang war.

Der Tod war mir in meiner Heimat sehr vertraut geworden, und so kannte ich all diese Abläufe genau, wußte allerdings nicht, was für eine Wirkung die gräßlichen amerikanischen Maschinen auf solche Rituale ausüben könnten. Ein Teil von Ed war offensichtlich bereits tot, während ein anderer noch lebte. Ich wollte ihm gerade das herkömmliche rote Tuch über das Gesicht breiten, um seinen Geist rechtzeitig abzufangen, als die eintretende Schwester meine Geste möglicherweise mißverstand und erklärte, es sei Zeit zu gehen. Ich kehrte zurück in den Warteraum, wo Erma, Kathleen und Kathy zu schlafen versuchten und Kathleen ganz plötzlich aufstand, mich umarmte, und ich wußte, Ed war tot. Nach ein paar Minuten kam ein Arzt, weckte die anderen und teilte uns mit, daß Ed verschieden sei. Alles begann zu schluchzen. Auch ich, ihr Schmerz wirkte ansteckend, wenngleich mein vorzeitig gealterter Geist weit entfernt von Trauer war. Im Gegensatz zu den drei Frauen wußte ich, daß seine Seele lediglich heimgekehrt war zu ihren Ursprüngen und in diesem Augenblick das strahlende Licht der Ewigkeit auskostete – das Labsal unaussprechlicher Freude, das ihm gebührte, jedoch nur selten im Leben zuteil geworden war. *Song goi thac ve* – Leben ist nur ein kurzer Besuch, Tod ist Heimkehr.

Eds trauernde Freunde und Verwandte versammelten sich bei Erma. Larry jr. und ich waren unter den letzten, im Wohnzimmer wurde es bei unserem Eintritt still.

»Hier, Schätzchen«, sagte Erma und gab mir zwei Pillen. »Nimm die und leg dich hin. Du mußt ja völlig erledigt sein.«

Ich war müde, aber nicht erschöpft und bestimmt nicht zu müde, meine Pflicht Ed gegenüber zu versäumen. Ich wollte einen Imbiß beiseite schaffen als Trost für seine Seele, wollte den Hinterbliebenen versichern, daß ich Eds Geist ehren und ihm einen Platz bewahren würde auf meinem *tho chong*, unserem Familienschrein. Diese Rolle fand jedoch anscheinend keinen Beifall bei Eds ›richtigen‹ Angehörigen. Ich nahm die Pillen, schluckte sie indes nicht, sondern legte mich in Ermas Gästezimmer zu Bett und lauschte, wie sich alle mit dem Versprechen verabschiedeten, die Zusammenkunft bei Leatha fortzusetzen, wo sie sich nicht mit dem ganzen Unsinn von Ly befassen müßten.

Trotzdem gelobte ich, mein möglichstes zu tun für Eds friedlichen Heimgang. Das ließ sich durchaus bewerkstelligen, auch nach dem Tod, da seine unruhige Seele auf der Erde herumirren würde, bis sie *sieu do* war – hinreichend erleuchtet, um sie zu verlassen. Ich schloß die Augen und stellte ihn mir vor, wie er vor mir dahinschwebte in seinem an ein Leichenhemd gemahnenden Krankenhauskittel, wobei

Schläuche und Drähte wie Seetang von seinen Armen herabhingen. Ich versuchte, seine Geisterstimme zum Sprechen zu bringen, aber sie artikulierte sich einsilbig und wütend, genau wie er es zu seinen Lebzeiten getan hatte. Dies war nicht der Weg zu einem friedlichen Heimgang, doch sehr wohl geeignet, eine treulose junge Frau zu quälen!

Ich riß die Augen auf. Das Nachbild blieb noch ein bis zwei Sekunden haften und jagte mir eisige Schauer über den Rücken. Ich ging zu Leatha hinüber und bat, ob jemand bei mir bleiben könnte, während ich einzuschlafen versuchte. Das Los traf wiederum Larry jr. Ich hoffte, das würde nicht zum Schema, nach dem Eds Geist seinen Groll gegen mich abreagierte, auch wenn ich das alles verdiente – und noch mehr.

Eds Beerdigung fand im Staat Washington statt. Er wurde in einem Blumenmeer neben seinem Vater aufgebahrt. Eine dritte Grabstelle war für Leatha reserviert, erfuhr ich. Ich kann mir keine schlimmere Strafe für eine Mutter vorstellen, als einen Sohn sterben zu sehen, daher erschien mir Mom Munro nun in einem neuen Licht: eine Seele wie die meine, deren Karma viel Leid aus einem früheren Leben enthalten mußte. Sie schien diese Last zu spüren, denn nach der Beisetzung behandelte sie mich noch mehr als früher wie ein Kind. Die Pillen, mit denen sie und Erma mich traktierten, schluckte ich nach wie vor nicht, denn sie brachten mein Denken durcheinander, und obwohl Eds Geist mich weiterhin in Schrecken versetzte, wollte ich einen klaren Kopf behalten für den Fall, daß er sich entschloß, mir eine Botschaft zu übermitteln. Mein größter Wunsch war, einen buddhistischen Mönch ins Haus zu holen, der dem neuen Geist Trost zusprechen würde, doch die Chancen dafür waren minimal. Meine quälenden Gedanken, der Schlafmangel und das Schuldbewußtsein machten mich allmählich zum Wrack.

Schließlich fragte mich Kathleen während der langen Rückfahrt nach San Diego, was mit mir los sei.

»Ich hab Ed auf dem Gewissen«, gestand ich kleinlaut. »Er

hat mich und die Jungen gerettet, und ich hab ihm dafür seine letzten paar Jahre zur Hölle gemacht. Er verliert seinen Job, er wird krank, und ich streite mich mit ihm um seine Zigaretten. Ich betrüge ihn mit einem jüngeren Mann. Ich tue all diese schrecklichen Dinge...«

»Jetzt hör mal gut zu, junge Frau«, sagte Leatha streng, »du hast Ed nicht umgebracht, da kannst du sagen, was du willst. Er war ein erwachsener Mensch. Er wußte, was er tat. Er hatte eine schöne Kindheit – er hat ein ordentliches Leben geführt. Er hat ehrenhaft für sein Land gekämpft und zwei wunderbare Söhne mit seiner ersten Frau Millar. Du hast ihm einen dritten geschenkt, und ich weiß, er war dankbar dafür. Er hat Jimmy adoptiert und euch nach Amerika gebracht, weil er es so wollte – nicht, weil du ihn dazu veranlaßt hast. Wenn du bei einem anderen Trost gesucht hast – was ich keineswegs entschuldigen möchte –, dann deshalb, weil Ed für dich mehr Vater als Ehemann war. Welche Frau könnte das nicht verstehen?«

Ich streckte ihr meine Hand hin, und Leatha nahm sie. Wir betupften uns beide die Augen. Ihre Güte war echt, und ich akzeptierte sie dankbar. Vielleicht war dies der Racheplan von Eds Geist über das Grab hinaus: mich so lange in einem matten, verwirrten, hilflosen Dauerzustand zu halten, bis ich schließlich verrückt würde. Eds Geist könnte die Quintessenz aus seinem gesamten schlechten Karma sein. Mit einem solchen Wesen in meinem Haus müßte ich sehr behutsam verfahren – aber ich hatte wirklich keine andere Wahl.

Die Frauen unterhielten sich weiter über meine Zukunft, als wäre ich gar nicht vorhanden. Nach Kathleens Meinung sollte ich einen Job annehmen und sofort auf die Suche nach einem neuen Vater für Jimmy und Tommy gehen. Leatha behagte der Gedanke gar nicht, daß ich mit anderen Männern herumlief, während das Grab ihres Sohnes noch frisch war. Drei Jahre, die traditionelle vietnamesische Zeitspanne zwischen zwei Ehen, fand sie dagegen ebenfalls zu lang.

Niemand im Wagen fragte nach Dan, dem Mann meiner

Wahl, und seinem Versprechen, mich zu holen, sobald seine Dienstzeit in Vietnam beendet war. Vielleicht gaben sie nicht viel auf solche Versprechungen von amerikanischen Soldaten. Mit denen hatte ich natürlich auch keine besseren Erfahrungen vorzuweisen. Aufschluß über Dan konnte nur die Zeit bringen. Bis dahin mußte ich versuchen weiterzuleben.

Eds Sohn Ron und seine Frau Kim, die wir in Las Vegas besucht hatten, kamen, um nach mir zu sehen. Ich antwortete, es ginge mir gut, was auch größtenteils stimmte. An meinen Schwierigkeiten mit Eds Geist konnten sie nichts ändern, deshalb erwähnte ich davon nichts. Bis sie sich dann nach Eds Testament und seinen übrigen Dokumenten erkundigten, was dem Gespräch eine andere Wendung gab.

»Ich hab versucht, an die Akten meines Vaters zu kommen, aber Erma will sie nicht rausrücken«, sagte Ron. »Ich möchte feststellen, ob er unserer Seite etwas hinterlassen hat – und mich vergewissern, daß du kriegst, was dir zusteht.«

»Mach dir um mich keine Sorgen«, erwiderte ich. »Ich hab zwei Arme und zwei Beine. Die Jungen und ich werden das schon schaffen. Ed hat zu seinen Lebzeiten genug für mich getan. Von seiner Familie verlange ich nichts.«

»Aber du verstehst das falsch. Wenn Dad wollte, daß du was bekommst, dann solltest du's auch kriegen. Wir alle sollten seinen letzten Willen respektieren.«

Daß Ron um uns besorgt sein könnte, freute mich, doch ich spürte, daß es ihm um sich selbst und auch um seinen Bruder ging. In einen Familienstreit über Eds Nachlaß hineingezogen zu werden, war nun wirklich das letzte, was ich wollte.

»Jeder denkt, ich hab Ed wegen seines Vermögens geheiratet«, sagte ich. »Aber wir hatten während unserer Ehe sehr wenig Geld. Die Zahlungen für unser Haus erledigt jetzt Mom Munro, und ich hab ihr gesagt, ich geb's ihr zurück, sobald ich kann. Ich schulde ihr schon drei Monate.«

»Da siehst du's doch, Ly.« Ron ließ nicht locker. »Du soll-test dir einen Anwalt nehmen. Als Dads Witwe bist du dazu verpflichtet.«

»Bitte – laß deinen armen Vater in Frieden ruhen!« sagte ich. »Die Jungen und ich werden auch ohne Anwalt gut zu-rechtkommen. In Vietnam kennt man es nicht anders.«

»Du gedenkst also von Sozialfürsorge und Lebensmittel-gutscheinen zu existieren?« Ron wußte, daß Leatha bereits vorgeschlagen hatte, wir sollten uns anmelden für ›unsere Beihilfen, unsere Ansprüche‹.

»Vielleicht. Und ich werde einen Job kriegen.«

»Du träumst ja.« Ron lachte verbittert. »Was für Kenntnisse hast du? Was für eine Ausbildung? Du bist hier nicht in Viet-nam. Du kannst dich nicht mit Radfahren und Straßenhandel durchbringen. Und weißt du, was Haushälterinnen verdie-nen? Davon kann nicht mal eine Person leben, geschweige denn drei.«

Natürlich hatte Ron recht, und ich begann mich zu fragen, ob die gleichen Überlebensstrategien, die mich bis hierher ge-bracht hatten, mir auch weiterhin helfen könnten. Trotzdem blieb das, was richtig war, unberührt davon, ob ich mir mei-nen Lebensunterhalt in Amerika verdienen konnte oder nicht. Ich habe Erma nie wegen Eds Dokumenten belästigt. Ich habe nie erfahren, was in seinem Testament stand.

In jener Nacht, als die Kinder neben mir eingeschlafen waren und ich gerade einnicken wollte, erschien Eds Geist zum erstenmal seit Wochen wieder. Er trug immer noch das Krankenhausgewand, aber wenigstens ohne Drähte und Schläuche. Er streckte die Arme nach mir aus.

»Nein! Geh weg!« schrie ich und zog mir die Bettdecke über den Kopf. »Bitte – du machst mir Angst. Komm bloß nicht näher!«

Er deutete mit einem langen, geisterhaften Finger auf sei-nen Hals, als ob ihm etwas in der Kehle stecke.

»Was ist los?« fragte ich. »Wieder ein Erstickungsanfall? Sitzt was fest? Willst du mir etwas sagen?«

Die traurigen alten Augen leuchteten auf. Er zeigte auf die Jungen, dann wieder auf seine Kehle.

»Tut mir leid«, sagte ich ernst. »Ich weiß wirklich nicht, was du willst.«

Diesmal wurde der Geist nicht wütend, sondern verschwand, unwillig. Am nächsten Tag erzählte ich Mom Munro davon, denn sie schien mich am besten zu verstehen, und in Vietnam läßt es einer Mutter keine Ruhe, solange der Geist eines verstorbenen Sohnes noch umherirrt.

»Das hat sich alles in deinem Kopf abgespielt, Ly«, sagte sie. »Menschen in unserer Lage leiden oft unter Sinnestäuschungen.«

»Ich schwöre bei Gott, es ist die Wahrheit!« Ich konnte es nicht fassen, daß diese sonst spirituelle alte Frau die Tatsachen nicht zu akzeptieren vermochte.

»Das bleibt ganz unter uns, okay?« Sie tätschelte mein Knie. »Wenn sich's rumspricht, daß du Gespenster siehst, nimmt man dir womöglich die Kinder weg, und wem wäre damit gedient? Ed hat übrigens nie an den Hokuspokus geglaubt. Du hast selber gesagt, er wollte nicht, daß nach seinem Tod viel Aufhebens um ihn gemacht wird – auf die Art, wie du deinem Vater Essen und Geld darbringst. Höchste Zeit, vernünftig zu sein und das ganze Zeug hinter dir zu lassen.«

Seltsamerweise verhalf mir Leathas Rat genau zu der notwendigen Erkenntnis. Es war tatsächlich an der Zeit, mit dem Unsinn aufzuhören und einfach das zu tun, was getan werden mußte. Sobald ich von ihr zurückkam, stellte ich ein gerahmtes Bild von Ed auf den Schrein meines Vaters, verbrannte etwas Weihrauch, brachte ihm eine Kleinigkeit zu essen dar und ein wenig Spielgeld für Geister – die ersten Opfergaben seit seiner Beerdigung.

In jener Nacht schliefen wir drei – oder vier? – fest und ruhig.

Obwohl Eds Geist besänftigt war, verliefen diese ersten Monate der Selbständigkeit für mich und die Jungen sehr hart. Zwar hatten der fünfjährige Jimmy und der zweijährige

Tommy schon viel Schreckliches erlebt, doch die ganze Bedeutung von Tod konnten sie noch nicht erfassen. Sie vermißten Ed außerordentlich und fragten dauernd, wo er sei.

Bei Sonnenuntergang fühlten wir uns am einsamsten, und um nicht allein in einem leeren Geisterhaus herumzusitzen, machte ich mit den beiden Spaziergänge in der Umgebung, bis wir nicht mehr weiter konnten. Dann liefen wir mit letzter Kraft nach Hause, waren mit einem Satz im Bett, kuschelten uns eng aneinander, bis wir einschliefen.

Nach einer Weile brachten wir den Mut auf, bei den nächstgelegenen Häusern zu klingeln und uns bekannt zu machen. Wir seien Nachbarn, erklärte ich, und wollten nur kurz vorbeikommen, doch gewöhnlich wurden wir mit sonderbaren Blicken und lahmen Ausreden empfangen oder gleich als Vertreter, Sektenmitglieder oder Bettler hinauskomplimentiert.

Um diese Zeit begann ich mich nach einer Tätigkeit als Haushälterin umzusehen, die einzige Sparte, in der ich Sachkenntnisse zu bieten hatte. Wie in den meisten amerikanischen Vororten gab es auch in Santee so gut wie gar keine öffentlichen Verkehrsmittel. Mir wurde bald klar, daß ich Auto fahren lernen mußte, um zur Arbeit zu kommen. Die schriftliche Prüfung bestand ich mit Glanz, es haperte jedoch an einem Wagen, mit dem ich für die Fahrprüfung üben konnte. Zum Glück erkundigte sich Erma kurz darauf, ob ich ihnen eventuell Eds Transporter verkaufen würde, den ich wegen seiner Größe nicht handhaben konnte.

»Natürlich«, erwiderte ich. »Ich brauche das Geld für einen kleineren Wagen.«

»Tja, die ganze Summe können wir dir nicht auf einmal bezahlen. Und wenn wir einen Kredit aufnehmen, verdienen daran bloß die Banken. Wie wär's, wenn wir den Laster in den nächsten paar Jahren mit kleinen Monatsraten abstotterten?«

»Aber dann habe ich ja nicht genug Geld für einen kleinen Wagen!« protestierte ich.

Erma krauste die Nase. »Na, überleg's dir. Es ist immerhin besser als gar nichts. Außerdem bleibt dann der Laster in der Familie.«

Erma wußte mittlerweile genau, welche Register sie bei mir ziehen mußte, und so platzte ich ohne weiter nachzudenken heraus: »Okay, wenn er dann in der Familie bleibt.«

Ihr Mann Larry erbot sich, den Kleinlaster zur Schätzung zu einem Autohändler am Ort zu fahren, und ich willigte ein. Nachdem Larry erklärt hatte, was wir wollten, sagte der Schätzer nach flüchtiger Überprüfung: »Wenn sie ihn in Zahlung geben wollen, zahle ich Ihnen viertausend auf die Hand. Aber wenn Sie Bargeld wollen, kann ich Ihnen maximal zweitausendsechshundert bieten.«

Warum der Händler zwei Preise genannt hatte, begriff ich erst, als Larry es mir auf der Heimfahrt erklärte. Und als Larry dann später Leatha erzählte, wir hätten uns auf $ 2.600 als einen fairen Preis geeinigt, war ich enttäuscht. Hätten wir dagegen den Transporter dem Händler verkauft, wäre meiner Meinung nach für mich eine hübsche gebrauchte Limousine herausgesprungen und vielleicht sogar noch ein kleiner Überschuß. Natürlich wäre der Laster dann nicht ›in der Familie geblieben‹, also schied dieser Plan aus. Was ich nicht durchschaute, war, daß Larry und Erma nicht nur versuchten, Eds Transporter zu günstigen Bedingungen und einem niedrigen Preis zu bekommen, sondern daß sie mir auch mit Geld nicht trauten. Sie sahen lediglich, wie ich von irgendeinem Verkäufer übers Ohr gehauen würde und beides verlor – den Laster und das Geld, das ich für meine Kinder brauchte, besonders für Tommy.

Zum Glück verbesserte sich auch die finanzielle Situation.

Larry und Erma zahlten ihre Raten pünktlich, außerdem kamen jetzt die Schecks von Eds Sozialversicherung, so daß ich meine Familie nicht mehr mit Lebensmittelgutscheinen ernähren mußte und kleine Ersparnisse beiseite legen konnte. Nach sechs Monaten war ich nicht nur in der Lage, Mom Munro meine Schulden für die Hypothek zurückzuzahlen, sondern auch einen gebrauchten Chevy Vega zu kaufen. Es war ein armseliger kleiner Wagen – lindgrün und ein bißchen verrostet –, gemessen an den anderen Familienautos, aber ich fand ihn bildschön. Jimmy, Tommy und ich kutschierten in San Diego herum wie die kleinen Kinder, die wir ja auch waren, besuchten Autokinos und Parks und den großen Zoo in Escondido oder trieben uns in den Ladenstraßen herum, wenn keine Hausarbeit zu erledigen war.

Meine erste richtige Anstellung bekam ich als Pflegerin für einen zweiundzwanzigjährigen Querschnittsgelähmten namens Don, das Opfer eines Verkehrsunfalls. Meine Erste-Hilfe-Ausbildung beim Vietcong und die Krankenhausschulung bei der US-Navy in Da Nang kamen mir dabei gut zustatten. Nach einem ausführlichen Gespräch mit seinen Eltern (die meinten, ein hübsches Mädchen wäre ebenso imstande, seine körperliche und seelische Verfassung zu bessern, wie eine gewissenhafte Krankenschwester) bekam ich den Job.

Die Bezahlung war gut – zweieinhalb Dollar die Stunde, bisher mein Rekord –, also gab ich die Schule auf und arbeitete ganztägig für Don, mit möglichst viel Überstunden. Don war überaus verständnisvoll, ich durfte Tommy mitbringen – und in den Sommerferien auch Jimmy. Nachdem Don morgens gebadet und gefrühstückt hatte, verbrachten wir den Tag häufig im Park oder am Strand. Er freundete sich sehr mit den beiden Jungen an, und wir unterhielten uns stundenlang über alles mögliche, klammerten deprimierende Themen wie Sport und Autos aus und konzentrierten uns auf andere, die ihn fröhlich stimmten, wie Musik und Natur. Rückblickend war es in vielfacher Hinsicht mehr wert als jeder Lohnscheck, wenn man miterlebte, wie Don seelisch aufblühte. Nach drei Monaten sagte er im Scherz, wenn sein Unterkörper jemals wieder voll funktionsfähig werden sollte, würde er mich heiraten. Als ich das seinen Eltern erzählte, um sie aufzumuntern, schüttelten sie nur den Kopf. Zusätzlich zu seiner Lähmung war Don offenbar todkrank. Seine Lebenserwartung betrug bestenfalls noch einige Monate.

Einen weiteren Tod konnte ich so bald nach dem von Ed unmöglich verkraften, deshalb kündigte ich – ungeachtet der guten Bezahlung und der freundschaftlichen Beziehung – und arbeitete wieder als Hausmädchen.

Ende des Sommers 1973 bekam ich einen Brief von Dan. Major Daddy wurde endlich in die Staaten beordert. In ein paar Wochen würde er in San Diego eintreffen.

Dans Maschine landete im August um drei Uhr früh, aber das spielte keine Rolle. Ich konnte seit Tagen nicht mehr schlafen. Ich war zeitig am Flugplatz, was sich als weise Voraussicht erwies. Ich konnte nicht herauskriegen, wie sich die Schranke am Parkplatz öffnen ließ (ich wußte nicht, daß man eine Karte lösen mußte), also kurvte ich in der Annahme, der Flugplatz sei geschlossen, weinend durch die Gegend. Schließlich hielt mich ein Polizist an, überzeugte sich erst, daß ich einwandfrei geradeaus gehen und meine Nasenspitze mit den Fingern berühren konnte, und begleitete mich dann zum richtigen Terminal.

Dan sah etwas ramponiert und müde aus, aber für mich war er der schönste Anblick in ganz Kalifornien. Wir fuhren nach Hause (die Jungen übernachteten bei Nachbarn) und gingen ins Bett, wo Liebende nach langer Trennung am besten aufgehoben sind. Seine Küsse waren wie Wasser auf Wüstensand – ich konnte nicht genug davon kriegen. Die Erinnerung an seine Umarmung war die einzige Kraft, die meine kleine Welt zusammengehalten hatte. Als wir endlich einschliefen, geschah es zum erstenmal ohne Angst vor Bomben und Patronen.

Morgens führte ich Dan stolz durch mein kleines Reich: unser blitzblankes Haus, der neue Gebrauchtwagen und der mit Gemüse, Blumen und Kräutern bepflanzte Hof (der eher an den Garten meiner Mutter in Ky La erinnerte). Von Eds Tod und den Ganztags- und Teilzeitjobs, mit denen ich unsere Sozialversicherung aufgebessert hatte, wußte Dan bereits und lobte mich für meine Leistung. In den drei Tagen, die er bei uns war, gab er uns wieder das Gefühl, eine Familie zu sein: Menschen, die eine Zukunft und auch eine Vergangenheit hatten. Dann, am Morgen seiner Abreise, platzte schließlich die Bombe.

»Ich muß mich noch von meiner Frau scheiden lassen, bevor wir zusammensein können«, erklärte Dan feierlich, wenngleich nicht so ernst, wie ich seine Worte nahm.

»Hast du ihr denn nicht geschrieben? Ihr von uns erzählt?« fragte ich.

»Dazu hatte ich nicht das Herz. Vergiß nicht – ich hab sie über zwei Jahre nicht gesehen. Ich hielt es für besser, ihr das persönlich zu sagen. Diese Dinge brauchen Zeit, Ly. Sie sind auch nie einfach. Das kann viel kosten – nicht bloß Geld, sondern meinen Ruf. Wenn ich etwas Zeit habe, kann ich die Schwierigkeiten auf ein Minimum reduzieren. In der Zwischenzeit möchte ich, daß du diese schrecklichen Jobs aufgibst und deine Zeit der Schule widmest. Ich möchte, daß du dein Englisch verbesserst und amerikanische Staatsbürgerin wirst. Vietnam ist am Ende, das weißt du. Die Kommunisten werden bald an die Macht kommen, und du wirst nie mehr zurückkehren können. Hier ist dein neues Zuhause – unser neues Zuhause. Ich möchte, daß du daraus den größten Nutzen ziehst.«

Er ging an Bord mit dem Versprechen, zurückzukommen, sobald seine Scheidung geregelt wäre. Mit solchen Versprechungen hatte ich zwar schlechte Erfahrungen gemacht, aber Dan war die Liebe meines Lebens. Ich schob meinen Kummer beiseite und tat, was mir gesagt wurde.

Jimmy war jetzt sieben geworden und verlangte stürmisch, als Wölfling bei den Pfadfindern einzutreten wie die anderen Jungen in seiner Klasse. Ich war nicht entzückt, die kleinen Kerle in ihren Uniformen herummarschieren zu sehen, aber was sie in ihren ›Lagern‹ lernten, ähnelte dem, was Dorfjungen in Vietnam lernen – handwerkliche Fertigkeiten und Achtung vor Mutter Erde –, und die Freunde, die er aus der

Schule mit nach Hause brachte, waren sauber und höflich. Ich war einverstanden mit dem ganzen Vorhaben. Jimmy, der sein Englisch fast vollständig vergessen hatte, während wir in Vietnam lebten, gehörte jetzt in Lesen und Rechnen zu den Besten in seiner Klasse. Das und die Art, wie er sich um seinen kleinen Bruder kümmerte, erinnerte mich stark an meinen Bruder Sau Ban.

Diese Fürsorge des älteren Kindes für das jüngere ist in Vietnam allgemein üblich, in den Vereinigten Staaten aber offenbar nicht. Weil Jimmy so zuverlässig war, hatte ich keine Bedenken, ihm die Aufsicht über Tommy zu überlassen, während ich rasch meine Einkäufe erledigte. Eines Tages traf ich jedoch bei der Rückkehr auf einen Polizeibeamten, der gerade aus seinem Wagen stieg.

»Was ist denn los?« erkundigte ich mich aufgeregt, obwohl ich meine Jungen friedlich auf dem Hof spielen sah.

»Eine Frau hat sich telefonisch beschwert, daß an dieser Adresse Kindesmißbrauch stattfindet.« Er schob seinen Gummiknüppel drohend in den Gürtel.

»Ich … ich verstehe nicht.« Ich reckte mich, achtete auf meinen Akzent, bemüht, sehr amerikanisch zu wirken.

»Die Beschwerdeführerin sagte, Sie lassen Ihre Kinder allein zu Hause – den ganzen Tag unbeaufsichtigt. Ist das richtig?«

»Du lieber Himmel, nein! Ich hab nur eben Milch und Huhn fürs Dinner geholt!« Ich öffnete meine Einkaufstasche. »Hier, sehen Sie selbst! Möchten Sie vielleicht zum Essen bleiben?«

Der Polizist warf einen Blick auf das Haus, sah, daß die Kinder wohlauf – waren – offensichtlich sauber, ordentlich gekleidet und gut genährt –, und schüttelte den Kopf.

»Nein, vielen Dank. Es scheint sich um eine Fehlinformation zu handeln.« Er setzte sich in seinen Streifenwagen und fuhr ab. Ich blickte ihm nach und dann erbost zum Nachbarhaus hinüber.

Die Frau nebenan hatte eine halbwüchsige Tochter. Viel-

leicht ärgerte es sie, daß ich die nicht als Babysitter engagierte – aber für diese kurzen Fahrten zum Supermarkt konnte ich wirklich kein ›Schutzgeld‹ erübrigen.

Natürlich nahm ich Babysitter, vor allem bei den Fahrten
ins örtliche College, wo ich jetzt viel mehr Zeit verbrachte.
Dort lernte ich auch die ersten Vorläuferinnen des späteren
vietnamesischen Flüchtlingsstroms kennen. Zwei von ihnen
luden mich ein, tanzen zu gehen und die ›Single-Szene‹ von
San Diego zu erkunden.

»Komm schon, Ly«, redete mir Huong, ein hübsches, wohl-
habendes Mädchen, nach dem Unterricht zu. »Du benimmst
dich wie eine alte Jungfer! Laß dich doch von den beiden Kindern nicht bremsen. Amüsier dich, solange du jung bist. Darauf kommt's an im Leben!«

Nun, davon verstand ich nichts, aber ich räumte ein, daß
ich Jahre meines Lebens damit zugebracht hatte, eine lange
Reihe von anderen Menschen zu betreuen: Männer, kleine
Kinder, alte Frauen, Krüppel, begüterte Hauseigentümer. Wie
die meisten meiner neuen vietnamesischen Freundinnen war
Huong mit einem Mann verheiratet, der für ihren Unterhalt
aufkam, und hatte nur ein Kind zu versorgen. Sie verwendete
ihre Zeit hauptsächlich darauf, Karten zu spielen, Kurse zu
besuchen und ihre Schönheit zu pflegen. Trotzdem fand ich
amerikanische Rockmusik zu laut und die verrückten, entfes-
selten Tänze erinnerten an Bars in Da Nang, die ich gern vergessen hätte. Außerdem sehnte ich mich unverändert nach
Dan, an den ich mich gebunden fühlte.

»Was bist du nur für ein Idiot, Ly!« rief meine Freundin, sobald ich seinen Namen erwähnte. »Auf einen Soldaten kannst
du bis in alle Ewigkeit warten. Und selbst wenn er geschieden wird, woher weißt du, daß er zu dir zurückkommt? Wie
kannst du mit all den anderen Frauen in Amerika konkurrie-
ren? Vergiß nicht, wenn ein Mann die Scheidung erreicht, besonders nach einer unglücklichen Ehe, dann ist das wie 'ne
Entlassung aus dem Gefängnis. Glaubst du, der hat's eilig,
sich wieder Handschellen anlegen zu lassen?«

Obwohl ich um unsere besondere Beziehung wußte, mußte ich die Tatsachen berücksichtigen. Unsere Liebe war intensiv, doch ebenso intensiv ging der Krieg um uns weiter, bei jeder Begegnung. Ebenso war ich mir sehr wohl bewußt, daß Menschen im Kriegsgebiet eine Menge Dinge sagten und taten, die sie oft später bereuten. Und was war ich schließlich in Amerika – oder auch in Vietnam – anderes als ein unwissendes Bauernmädchen, eine Witwe mit zwei Söhnen? Hatte nicht Dan selber vorgeschlagen, ich sollte wieder auf die Schule gehen? War das ein Wink, daß ich für ihn nicht mehr gut genug sein könnte? Ich erinnerte mich, wie Ed mit den flotten Amerikanerinnen in den Einkaufsstraßen geliebäugelt hatte, und folgerte, daß kein gutaussehender junger Amerikaner bei vollem Verstand sich mit einer schwächlichen, kleinen, schwarzhaarigen, dunkelhäutigen ›ausländischen Kopie‹ des amerikanischen Originals zufriedengeben würde.

Also ging ich tanzen. Anfangs scheiterten meine Versuche, mir gesellschaftlich ›den amerikanischen Stil‹ anzueignen, kläglich. In San Diego waren die männlichen Gäste der Clubs, die wir besuchten, meistens Matrosen, genau wie in den Bars in Vietnam, nur daß ich hier für das Gedeck bezahlen und meine Drinks selber kaufen mußte, anstatt sie den Kunden zu verkaufen. Manche Männer benahmen sich rüpelhaft, manche wiederum höflich. Ein gewisser Floyd – den ich an mehreren Samstagen hintereinander traf – suchte sogar Erma auf, um ihr mitzuteilen, daß er mich heiraten wolle. Dazu hatte ich leider nicht die geringste Neigung, obwohl er ein netter Kerl war, und selbst wenn kein Dan im Wege stehen würde. Erma jedoch war über seinen Antrag begeistert, denn das kam ihrem Wunsch entgegen, mich so bald als möglich wieder an den Mann zu bringen und damit vom Halse zu haben.

»Aber er ist doch so ein reizender Mensch, Ly«, sagte sie beim Kaffee, zu dem sie und Leatha mich eigens eingeladen hatten. »Ich verstehe wirklich nicht, weshalb du noch länger wartest.«

»Ich warte auf den Mann, den ich liebe!« antwortete ich, fassungslos, daß sie nach dem Debakel mit Ed nicht einmal eine Frage stellte. Floyd war zwar kein Großvater, aber immerhin ein Mittvierziger – näher an Eds Generation als an meiner.

»Was bist du für eine Traumtänzerin, Ly!« Sie gebärdete sich wie eine Glucke. »Hör mir zu – der Major war bloß ein weiterer Amerikaner, der sich einsam fühlte in einem fremden Land und deswegen ein Techtelmechtel mit einer Einheimischen anfing. Jetzt, wo der Krieg vorbei ist – wenigstens für ihn –, braucht er dich nicht mehr. Er hat dich abserviert, Ly! Wach endlich auf, und sieh die Dinge, wie sie sind! Er kommt nicht zurück!«

Natürlich war mir das gleiche auch schon eingefallen, aber so etwas zu denken und auszusprechen, stand auf einem anderen Blatt.

»Übrigens gondelst du zu viel durch die Gegend«, fügte Leatha hinzu und schlug mir aufs Knie. »Diese neue Clique, mit der du rumziehst – das ist nicht das Richtige. Kein geeigneter Umgang für dich. Du mußt einen Mann finden und zur Ruhe kommen. Denk an Eds Sohn. Denk an deine Jungen.«

Ich wollte höflich bleiben, sah aber keinen Grund, ergeben alles zu schlucken, was sie sagten. Wenn man als Amerikaner die Verantwortung für sich selbst zu übernehmen hatte, dann bedeutete das auch, daß man andere dies wissen lassen konnte.

»Okay, ich denke an die Jungen. Ich denke jeden Tag an sie. Ich denke mehr an sie als ihr, okay? Ich bin ihre Mutter. Ich warte auf Dan, aber ich treffe mich auch mit anderen Männern. Ich suche mir aus, wen ich heirate.«

Sie murmelten zustimmend und begleiteten mich zu meinem Wagen, in dem Glauben, eine Art Sieg errungen zu haben; und vielleicht hatten sie das auch. Dan hatte lange nichts von sich hören lassen und zwar versprochen, eines Tages zurückzukommen, aber dieser Tag schien ferner denn je.

Ich fand weitere Arbeit als Haushälterin, beschloß aber, daß weder die Schule noch mein geselliges Leben darunter leiden sollten. Damit kamen die Jungen zu kurz, die ihre Mutter immer seltener sahen, so daß ich mich schuldig zu fühlen begann. Ich plante, sie mit einem Superfest – Weihnachten und Tet in einem – zu entschädigen. Tommy war immer noch zu klein, um das alles zu begreifen, und Jimmy bemühte sich tapfer, seinen normalen amerikanischen Mitschülern die chaotischen häuslichen Verhältnisse zu erläutern.

Zwei Wochen vor Weihnachten 1973 lud Linda, eine andere vietnamesische Freundin, sechs ihrer Freundinnen, darunter mich, ein, ihren Geburtstag in einer Bar zu feiern, in der Countrymusic und Western-Atmosphäre gepflegt wurden. Im Laufe des Abends betrat ein gutaussehender, grauhaariger Mann – etwas jünger als Dan und nicht so mager – allein das Lokal, und Linda tippte mir an die Schulter.

»Das ist er, Ly.« Sie zeigte auf ihn. »Dort ist der Mann für dich!«

»Er sieht sehr gut aus«, stimmte ich zu. »Das ist dein Geburtstag, Linda. Du wirst mit ihm tanzen.«

Linda ging an die Bar, und im Nu hatten die beiden ein Gespräch angefangen. Fein, dachte ich, jetzt amüsiert sie sich und denkt nicht mehr daran, sich als Heiratsvermittlerin für die alte Jungfer Ly zu betätigen!

Der Neuankömmling erschien mit Linda an unserem Tisch. »Hallo, Ly«, begrüßte er mich liebenswürdig. Er hatte also meinen Namen erfahren und wer weiß was sonst noch! »Ich heiße Dennis – Dennis Hayslip. Ihre Freundin sagt, Sie haben schon den ganzen Abend nach dem richtigen Tanzpartner gesucht. Werde ich für tauglich befunden?«

Meine Freundinnen lachten, ich lächelte matt und bedachte Linda mit einem vernichtenden Blick.

»Nett, Sie kennenzulernen, Dan, aber ich tanze nicht.«

»Ach, kommen Sie schon«, drängte er. »Da ist doch nichts dabei. Sogar Cowboys können tanzen!«

Er war sehr überzeugend und sehr nett – wie ein süßer, beschützender Teddybär. Die Hand, die mich vom Stuhl hochzog, war sehr kräftig. Gleich darauf tanzten wir langsam und versuchten, uns über die Musik hinweg verständlich zu machen.

»Woher kommen Sie?« erkundigte ich mich, wohl wissend, daß niemand in Kalifornien geboren ist. Alle stammen aus irgendwelchen anderen Gegenden.

»Ich bin gerade aus Cleveland eingetroffen.« Er lächelte strahlend. »Ohio, verstehen Sie. Ein Staat, der sich sehen lassen kann!« Er war nicht Dan, oder auch nur eine überzeugende Kopie, sondern etwas ganz anderes.

»Aha. Sind Sie auf Dauer hier? Oder nur besuchsweise?«

»Dies ist mein neuer Wohnsitz«, erklärte er mit Nachdruck. »Aber ich habe weder Freunde noch Familie. Ich weiß, anständige Mädchen wie Sie sind vorsichtig bei der Weitergabe ihrer Telefonnummer, aber hier ist meine.« Er lieh sich von einer Kellnerin den Bleistift und kritzelte seine Nummer auf einen Streichholzbrief. »Rufen Sie mich an, wenn Sie können. Ich würde mir gern die Stadt von Ihnen zeigen lassen.«

»Tja, ich weiß nicht recht. Ich hab zwei kleine Jungen ...«

»In Ordnung. Ich liebe Kinder – ehrlich. Hoffentlich kann ich die beiden kennenlernen.« Die Musik hörte auf, alle klatschten und schlurften an die Tische zurück. Er hielt meine Hand länger fest als angemessen, ließ mich aber gerade noch rechtzeitig los, bevor ich Einwände erheben konnte. Wie ein Gentleman rückte er mir den Stuhl zurecht. »Ich hoffe, Sie rufen bald an. Ich würde Sie wirklich gern wiedersehen.«

Dennis ging, und meine Freundinnen drängten sich um mich, um zu hören, wie er war: ob er angenehm roch oder einen schlechten Atem hatte, womit er seinen Lebensunterhalt verdiente, und ob ich ihn wiedersehen würde?

»Nein, ich glaube nicht. Ich möchte wirklich auf Dan warten«, antwortete ich. Alle mokierten sich über mich, Linda nahm den Streichholzbrief und steckte ihn in meine Handtasche, so daß ich ihn nicht ›zufällig‹ liegenlassen konnte.

Am nächsten Morgen teilte mir Huong telefonisch mit, sie wolle am Sonntag in ihrem Haus ihre eigene Geburtstagsparty für Linda veranstalten. Da wäre doch eine einmalige Gelegenheit, Dennis besser kennenzulernen – und ihn den

Kindern vorzuführen –, ohne ›ein regelrechtes Rendezvous‹ zu riskieren.

Ich stotterte herum, erkannte indes bald, daß ich keinen Grund hatte für ein Nein und daß alles für ein Ja sprach – und sei es auch nur, um mir diese Amateurinnen vom Halse zu schaffen.

An jenem Nachmittag rief ich Dennis an, und er nahm meine Einladung an: Er holte uns an einem örtlichen Supermarkt ab (nach der Episode mit Floyd war ich sehr viel vorsichtiger, neuen Männerbekanntschaften zu zeigen, wo ich wohnte), und wir verbrachten den Nachmittag wie ein altes Ehepaar: Er widmete sich mir und den Kindern, ohne viel Aufhebens zu machen; ich behandelte ihn aufmerksam und rücksichtsvoll, ohne das ganze sonst übliche alberne Getue beim ersten Rendezvous. Die Jungen fanden Gefallen an dem Zusammensein, und ich gebe zu, daß ich gern wieder einen attraktiven Mann um mich hatte, der mich wie etwas Besonderes behandelte.

Nach der Party versicherten mir alle überschwenglich, wie fabelhaft Dennis und ich zusammenpaßten, und erkundigten sich angelegentlich, wann ich ihn wiederzusehen gedachte.

»Das ist der Mann für dich«, wiederholte Linda die Losung des Tages. »Laß ihn ja nicht von der Angel.«

»Davon versteh ich nichts.« Ich bemühte mich jetzt angestrengt, den Mann von der Atmosphäre zu trennen, die er in mein Leben brachte. Zwischen beiden bestand ein Unterschied. »Er ist sehr nett, aber mein Herz gehört immer noch Dan.«

»O Gott!« rief Huong. »Schon wieder Dan! Wann wirst du diesen Verlierer endlich laufenlassen?«

»*Duong dai ngua chay biet tam, nguoi co nghia tram nam cung ve*«, antwortete ich. »Auf einem langen Weg laufen selbst gute Pferde davon, doch ein treuer Liebhaber kommt zurück, auch wenn es hundert Jahre dauert.«

Alles stöhnte.

Am folgenden Samstag traf ich mich mit Dennis in der

Stadt, und wir unternahmen mit meinem Wagen eine Rundfahrt, von der wir erst spätabends zurückkehrten. Um seinen Wagen zu holen, hätten wir noch einmal die ganze Stadt durchqueren müssen, was für die Kinder viel zu anstrengend gewesen wäre. Also gab ich ihm ein paar Decken und lud ihn ein, in unserem Gästezimmer zu übernachten.

»Dafür bin ich Ihnen wirklich dankbar«, sagte Dennis. Er machte keinerlei Annäherungsversuche. »Das war ein herrlicher Tag für mich. Ihre beiden Jungen sind wirklich fabelhaft. Sie haben eben auch eine fabelhafte Mutter!«

Am nächsten Morgen brachte ich Jimmy zur Schule. Danach unterhielt ich mich beim Kaffee stundenlang mit Dennis. Seine Familie war aus England in die Vereinigten Staaten eingewandert – genau wie die Munros. Als er sechs war, kam sein Vater bei einem Autounfall ums Leben. Obwohl sie mit fünf Kindern zurückblieb – Dennis, seine zwei Brüder und zwei Schwestern –, heiratete seine Mutter nicht noch einmal, sondern verdiente den Unterhalt für sie als Kellnerin in einem Straßenlokal. Er erwähnte auch, daß er aus einer tiefreligiösen Familie stamme, eine wahre Wohltat, das in einem Land zu hören, wo der Sinn von Feiertagen hauptsächlich in reichlichem Essen, Fußball und Herumtrödeln bestand. In Ohio hatte er als Hilfssheriff amtiert, auch das gab mir ein sichereres Gefühl. Ich erkundigte mich, weshalb er nach San Diego gekommen sei.

»Ich bin gerade geschieden worden«, erwiderte er und machte ein unwirsches Gesicht. »Meine Exfrau und ich haben um unseren Jungen gekämpft. Er ist zehn – ein prima Kerl. Er erinnert mich stark an Jimmy. Jedenfalls hat sie das Sorgerecht gekriegt, und das konnte ich einfach nicht ertragen, deshalb bin ich nach Kalifornien gekommen, um hier ein neues Leben anzufangen. Ich mache eine Ausbildung als Computer-Fachmann. Südkalifornien soll ja angeblich *das* Entwicklungszentrum werden, und da bin ich. Und Sie auch.«

Er nahm meine Hand – wie ein schüchterner Bewerber vom Dorf. Nach unserem Schwatz wusch ich ab und fuhr ihn zu seinem Wagen zurück.

Als ich ihn absetzte, sagte ich: »Meine Schwägerin hat die Jungen und mich zum Weihnachtsdinner eingeladen. Hätten Sie Lust, mitzukommen?«

Dennis strahlte – das Gespräch über Scheidung, erfolglose Stellensuche und die bevorstehenden Feiertage hatte ihn irgendwie deprimiert. Natürlich war er für die Munros die Riesenattraktion; er brachte für jeden ein kleines Geschenk mit, Berge von Spielsachen für die Jungen und beeindruckte Erma und Leatha mit seinem guten Aussehen und den ausgezeichneten Manieren.

»Er hat meine volle Zustimmung!« verkündete Erma freudestrahlend, als sei sie gefragt worden.

»Er ist so lieb mit den Kindern«, ergänzte Leatha die Beurteilung meines Begleiters. »Laß den ja nicht entwischen!«

Nach Weihnachten verbrachte Dennis viel Zeit bei uns. Er hatte keine Verwandten in der Gegend und tat mir leid, weil er so allein war. Außerdem hielten meine Freunde, dank seiner Anwesenheit endlich den Mund, was jede Unbequemlichkeit wert war – nicht etwa, daß Dennis mir zur Last gefallen wäre. Er stürzte sich in die Hausarbeit, paßte auf die Jungen auf, wenn ich unterwegs war. Überdies brauchten Jimmy und Tommy eine Vaterfigur und profitierten dabei ebenso wie er, der in ihnen eine Art Sohnersatz sah: Er ermunterte sie sogar, ihn Daddy zu nennen, was mich überraschte und sie entzückte. Unter jedem Gesichtspunkt war es eine perfekte Freundschaft – aber keine Romanze.

Eines Tages, nach einem Picknick mit den Kindern im Balboa Park, nahm er meine Hand und eröffnete mir: »Ly, mit mir geht's jetzt wirklich aufwärts. Ich liebe dich und die Kinder aufrichtig. Ich hab Aussicht auf einen prima Job in der Stadt. In Kürze kann ich für deinen Lebensunterhalt sorgen und dir und den Jungen alles geben, was ihr verdient. Willst du meine Frau werden?«

Seit Wochen hatte ich halb und halb mit seinem Antrag gerechnet, mußte ihn aber trotzdem auf schonende Weise ablehnen – ohne dabei Dennis zurückzustoßen.

»Ich bin glücklich und auch überrascht, daß du so viel von mir hältst. Aber ich kenne dich noch nicht so gut. Und du weißt vieles nicht über mich. Ich liebe einen anderen, was ich dir schon früher gesagt habe. Ich mag dich sehr, Dennis, wirklich – aber ich glaube nicht, daß wir heiraten können.«

»Du denkst also immer noch an diesen Kerl von der Army?« Dennis lächelte nicht mehr verträumt und lehnte sich zurück. Es mußte wohl hinter meinem Rücken über Dan geredet worden sein.

»Ja«, bestätigte ich und kam mir dabei ein bißchen albern vor. Ich wußte im voraus, was er über Freunde beim Militär sagen würde. »Er läßt sich von seiner Frau scheiden.«

»Aha. Und er ruft dich ständig an, stimmt's? Schreibt dir täglich Briefe? Unterstützt dich und die Jungen mit Geld?«

Tatsächlich hatte mich mein Geliebter lange vor Weihnachten das letzte Mal angerufen, und seine Briefe waren noch seltener.

»Er denkt an mich. Ihm liegt viel an mir. Er hat nicht viel Geld. Wie ich sage, er lebt in Scheidung.«

»Aha. Also hat dieser Mann, der nie schreibt oder anruft und nichts für die Kinder tut, der vielleicht geschieden wird oder vielleicht auch nicht, dich immer noch fest am Gängelband – hält dich davon ab, dein Leben weiterzuleben, läuft's ungefähr darauf hinaus?«

»Dan liebt mich.« Ich bekam feuchte Augen. »Er wird zurückkommen.«

»Richtig. Ich wette, du glaubst auch an den Weihnachtsmann! Ich kann's nicht fassen, daß du auf einen Mann hörst, der bereits bewiesen hat, daß man ihm nicht trauen darf! Hat er nicht letztlich seine Frau betrogen, als er sich mit dir einließ?«

Seine Worte trafen mich wie ein Kugelhagel. Dan war kein Heiliger, aber er hatte sich nichts zuschulden kommen lassen, was ich nicht ebenfalls getan hätte. Dennis schien eine Menge über Zorn zu wissen, doch im Studium der Liebe war er noch schlechter als ich. Als sich seine Anklagen gegen Dan immer weiter anhäuften, begann ich mehr als Eifersucht in seiner Stimme wahrzunehmen. Er sprach mit einer erschreckenden *Selbstgerechtigkeit* – sein Gegeifer machte mich nervös.

»Du kannst diesen Kerlen von der Army nicht trauen, Ly. Keinem von denen.« Endlich mußte er eine Verschnaufpause einlegen. »Ich muß es wissen. Ich war ja auch dabei.«

»Du warst in Vietnam?«

»Nein, in Korea. Aber glaub mir, wir haben die gleichen Spielchen mit den armen Koreanerinnen getrieben. Sie bedeuteten uns gar nichts. Wir benutzten sie und machten uns dann einfach aus dem Staub. Kein Mensch gibt auch nur das geringste auf Versprechungen, die in einem Kriegsgebiet gemacht wurden. Nur Einfaltspinsel glauben an den Weihnachtsmann!«

Ich brauchte Bedenkzeit, erklärte ich Dennis. Ich stand auf und machte einen Spaziergang über die Wiese, während er sich abregte und auf die Kinder aufpaßte. Mit allem, was er oder Erma oder Leatha oder Linda über wankelmütige amerikanische Soldaten und ihre herzlosen Affären mit Asiatinnen gesagt hatten, konnte ich nicht rechten. Doch ebensowenig konnte ich verleugnen, was ich innerlich empfand. Ich kam zurück, entschlossen, meine Karte auszuspielen.

»Ich weiß, was du über Soldaten sagst, aber ich muß dem Schicksal seinen Lauf lassen. Ich liebe Dan, doch du bist mein bester Freund. Die Jungen und ich sind sehr gern mit dir zusammen. Ich möchte nicht, daß du aus meinem Leben verschwindest, auch wenn ich dich nicht heiraten kann. Wenn du damit nicht leben kannst, verstehe ich das, dann wäre es besser für dich zu gehen. Besser für mich, besser für dich, besser für die Jungen.«

Zu meiner gelinden Überraschung zuckte Dennis nur die Achseln. Er war offensichtlich unglücklich, doch ich erkannte, daß er ebenso hartnäckig wie ich alles daransetzen würde, das zu bekommen, wonach sein Herz verlangte.

»Na ja«, antwortete er und schlug sich auf die Schenkel, »du könntest mir helfen, in deinem Leben zu verbleiben, wenn du mir dein Gästezimmer leihweise überläßt, bis ich meinen Job fest habe. Meine Miete ist bis Mitte Januar bezahlt, aber danach muß ich ausziehen. Ich bin natürlich bereit zu helfen – bei der Hausarbeit und als Babysitter. Das heißt, wenn du mich aufnehmen willst.«

»Selbstverständlich kannst du bleiben.« Ich fühlte mich so erleichtert, nicht mehr über Heirat reden zu müssen, daß ich ihm alles zugestanden hätte. Ich schenkte ihm ein strahlendes Lächeln und trocknete meine Tränen. »Du bist ein guter Mensch, Dennis. Dafür wirst du sicher belohnt. Ich tue alles, was ich kann, um zu helfen.«

Dennis zog am 15. Januar ein, und ich muß zugeben, es war gut, ihn im Haus zu wissen. Ich fühlte mich nachts sicherer, und da wir nicht miteinander schliefen, brauchte ich auch die Rückkehr von Eds Geist nicht zu fürchten.

Doch eines Morgens brachte der Briefträger eine Krise ins Haus.

»Das ist von Dan«, sagte Dennis und hielt den Umschlag hoch wie eine tote Ratte, als er die Post brachte. Er war bemüht, munter zu klingen, aber ich sah ihm die wachsende Anspannung an. Ich war natürlich aufgeregt, wollte jedoch das Ganze auf Sparflamme halten. Ich drehte mich um und riß den Umschlag auf – Balsam für eine ausgehungerte Frauenseele! Der Brief war kurz und liebevoll, ich las ihn rasch. Da ich wußte, daß Dennis sich über den Inhalt Gedanken machte, forderte ich ihn auf, sich mit mir an den Tisch zu setzen und darüber zu reden.

»Also – Major Wunderbar kommt zu Besuch?« Er grinste, doch seine Augen blickten zornig. »Ist das nicht toll?«

»Ja, ich finde schon. Ich hab gehofft, du würdest dich für mich freuen.«

»Ich bin nicht dein Bruder, Ly!« entgegnete Dennis verbittert. Er stand auf und wanderte in der Küche umher. »Und ich bin auch nicht bloß irgendein Faktotum oder Babysitter...« Er war so frustriert, daß er kaum sprechen konnte. »Ich... ich will ihn nicht hier haben. Ich will ihn nicht im Haus haben!«

*Du willst ihn nicht im Haus haben? Wessen Haus ist das denn,
deiner Meinung nach?*

Ich lächelte gezwungen. Zwei in der gleichen Verfassung –
erregt, enttäuscht, wütend – machten die Dinge nicht besser.
»Es tut mir leid, daß du so darüber denkst. Ich habe seit langem darauf gewartet, daß Dan mich besuchen kommt…«

»Na, dann mußt du eben noch etwas länger warten! Glaub
mir, Ly – es gibt Ärger, wenn er kommt. Mächtigen Ärger.«

»Was meinst du damit?«

»Ich meine, ich *liebe* dich, Ly! Ich liebe die Jungen. Ich will
nicht, daß er zwischen uns tritt!«

»Aber ich liebe Dan. Das weißt du. Ich hab dir das ins Gesicht gesagt. Es ist kein Geheimnis. Wovon redest du jetzt eigentlich – es gibt Ärger? Das versteh ich nicht!«

»Ich meine bloß, es wird Ärger geben, wenn er herkommt.«
Dennis wanderte nun auf und ab, wie ein Tiger im Käfig,
rang die Hände, rieb sich den Nacken. Diese Symptome hatte
ich hundertmal in GI-Bars gesehen, kurz ehe die Prügelei losging. »Ruf ihn doch einfach an und sag ihm, er soll nicht
kommen, dann ist alles in bester Ordnung.«

Zuallererst mußte ich Dennis beruhigen. Ich versprach ihm,
gründlich über alles nachzudenken. Abends rief ich Linda
an – nicht nur, weil sie von meinen Freundinnen die vernünftigste war, sondern auch, weil sie als ehemaliges Barmädchen
mein Dilemma vermutlich verstehen würde. Außerdem war
sie meiner Meinung nach zum Teil dafür verantwortlich, daß
Dennis in mein Leben getreten war. Wenn vereinte Kräfte ihn
zur Tür hereingebracht hatten, könnten ihn vereinte Kräfte
auch zum Fenster hinausschmeißen.

»Wo liegt nun das Problem?« fragte Linda, nachdem sie
mir zugehört hatte. »Du hast zwei Kerle, die verrückt nach
dir sind – das Glück müßte jede Frau haben!«

»Das ist kein Witz. Dennis benimmt sich wirklich sonderbar. Ich denke, er könnte tatsächlich Ärger machen.«

»Wie meinst du das – Dan vermöbeln? Dich zu schlagen
versuchen? Den Jungen was antun?«

»Keine Ahnung. Vielleicht nichts dergleichen. Vielleicht das alles. Ich möchte einfach kein Risiko eingehen.«

»Dann vergiß Dan, okay? Der kommt doch nur wegen Sex zurück.«

»Das ist nicht wahr. Er schreibt, wir wollen über die Zukunft reden.«

»Aber sicher. Wo war er dann während der Feiertage – bei seiner Frau und den Kindern, richtig? Dennis ist zumindest *hier*, Ly. Er liebt dich und möchte für dich und die Jungen sorgen. Und attraktiv ist er auch – was willst du denn noch mehr?«

Am meisten wollte ich meinen Seelenfrieden – keine Probleme wegen Liebe oder Scheidung oder Gewalt oder Krieg oder sonst irgend etwas. Dennis sollte keinesfalls denken, er hätte mir seinen Willen aufgezwungen, deshalb rief ich Dan am folgenden Nachmittag an, während Dennis Besorgungen machte. Ich schmolz fast dahin, als ich seine Stimme hörte, doch ich rüstete mich für das, was ich tun mußte.

Nachdem wir eine Weile munter geplaudert hatten – als ob er nie weggegangen wäre, die ganze Zeit geschrieben und all seine Versprechungen erfüllt hätte –, sagte ich: »Hör zu, Dan, ich hab ein großes Problem. Ein Mann – ein guter Freund – hat sich in mich verliebt. Er wohnt im Haus – nein, nicht was du denkst. Er ist bloß ein sehr, sehr guter Freund für mich und Tommy und Jimmy. Aber er spielt verrückt, wenn ich ihm von dir erzähle. Ich glaube im Ernst, er tut irgendwem was an, wenn du auftauchst.«

Dan erkundigte sich etwas näher nach ›diesem Kerl‹, wie wir wirklich zueinander stünden und wen genau er bedroht hätte. Nach einer Weile seufzte er nur und sagte: »Tu, was du willst, Ly. Es ist dein Leben. Aber das Eigentum von diesem Dennis bist du auch nicht. Wenn du möchtest, könnte ich kommen und mich mit ihm auseinandersetzen, aber ich denke nicht, daß sich dadurch etwas ändert.«

»Wie meinst du das? Was ist mit deiner Scheidung?«

»Ich hab dir doch gesagt, so einfach ist das nicht. Das ist

nicht so, als wenn man einen Wagen oder ein Haus verkauft, die man nicht mehr haben will. Da spielen die Gerichte und Geld und menschliche Gefühle eine Rolle. Ich muß dabei auch an meine Karriere denken – Offizierslehrgänge, die Beförderung zum Colonel und all das. Es wird etwas Zeit kosten. Wenn du damit nicht fertig werden kannst, verstehe ich das. Deine vordringliche Aufgabe ist es, deine Interessen und die der Kinder wahrzunehmen. Wenn du nicht willst, daß ich komme, dann komme ich auch nicht. So einfach ist das.«

Eine Zeitlang verstummten wir beide, dann sagte ich: »Okay. Dann ist's wahrscheinlich am besten, du kommst nicht. Zumindest nicht, solange Dennis noch im Haus ist. Er ist ein guter Mensch, aber ich möchte nicht, daß er verrückt spielt. Ich möchte nicht, daß dir was passiert. Wenn ich dich verliere, dann hab ich niemand mehr, stimmt's? Dann war alles umsonst, richtig?«

Dan antwortete nicht. Schließlich sagte er: »Ly, auf meinem anderen Apparat ist ein Anruf. Ich muß rangehen. Wir bleiben in Verbindung, okay? Ich möchte immer erfahren, wie's dir so ergeht.«

»Okay. Ich liebe dich.« Ich kam mir vor, als treibe ich, über Bord geworfen, allein auf hoher See.

»Okay, ich dich auch«, sagte Dan und legte den Hörer auf.

Tags darauf erschienen Mom Munro und Erma unangemeldet. Vielleicht hatten sich meine geheimen Hilfstruppen ans Werk gemacht, aufgescheucht durch meinen Anruf bei Linda. Vielleicht hatten die beiden etwas anderes im Sinn.

Sie schlenderten herein, ein angewiderter Blick streifte die Indizien männlicher Gegenwart – voluminöse Tennisschuhe neben der Tür, Rasierapparat im Badezimmer, Bier und Schnaps in der Küche (ich trank überhaupt nicht, Ed kaum, Dennis dagegen für zwei). Ich bot an, Tee zu kochen, doch sie erklärten, sie könnten nicht lange bleiben. Erma starrte auf meinen kleinen buddhistischen Schrein in der Ecke.

»Daß du Eds Bild auf diesen Heidenaltar gestellt hast,

schmeckt mir nicht recht«, verkündete sie naserümpfend. »Ich hab ja volles Verständnis dafür, daß deine Leute an so was glauben. Es steht euch frei, wie ihr eure Andacht gestalten wollt. Es ist bloß so – na ja, Ed war Katholik. Wir alle sind gute Katholiken. Und vor dem Foto eines Katholiken Weihrauch zu verbrennen, das paßt eben einfach nicht zusammen. Und das ist auch der Anlaß für unseren Besuch. Wir hätten gern sämtliche Familienfotos zurück, wenn's nicht zuviel Umstände macht.«

»Ihr wollt seine Bilder zurückhaben?« Ich war erschüttert. Gewissermaßen das Gegenteil von Weihnachten – sehr merkwürdig bei solch guten Christinnen.

»Ja. Wir haben uns unserer Meinung nach unzulässig in dein neues Leben eingedrängt. Du hast jetzt einen Mann im Haus und brauchst uns – die Familie – gewiß nicht mehr.«

Es schnürte mir die Kehle zu. »Mom Munro«, stammelte ich, »möchtest du Eds Fotos auch zurückhaben?«

Sie schneuzte sich. »Ich halte das für das Beste, Schatz. Du hast doch jetzt Dennis – eine neue Familie –, der sich um dich kümmert.«

»Ja, die Verantwortung für dich hat jetzt Dennis.« Erma lächelte gezwungen. »Natürlich liegt uns immer noch was an dir und den Jungen. Ich hab dran gedacht, das Geld, das wir dir für den Laster zahlen, auf ein Treuhandkonto für Tommy zu überweisen. Auf diese Weise können wir sicher sein, daß Eds Sohn einmal alles hat, was er braucht – Geld für ein Studium zum Beispiel. Aber das haben wir noch nicht endgültig entschieden. Für Jimmy trägst natürlich du nach wie vor die Verantwortung.«

Verstört raffte ich so viele von Eds Sachen zusammen, wie ich finden konnte – darunter auch Jimmys Lieblingstonbandrecorder – und stopfte sie in eine Schachtel. »Hier, nimm das mit, Erma.« Ich bemühte mich nach Kräften, keine Bitterkeit durchklingen zu lassen, nur Mitgefühl. »Ich hoffe aufrichtig, es macht dich glücklich.«

Sie steuerten zur Tür. »Natürlich brauchst du uns nicht

mehr anzurufen, wenn du Probleme hast. Ich bin sicher, du und Dennis, ihr könnt von jetzt ab alles unter euch ausmachen. Leb wohl, Tommy.« Erma warf ihm eine Kußhand zu und winkte. »Wir sehen uns bald wieder. Leb wohl, Ly. Viel Glück für dein neues Leben!«

Chong chech ra nguoi dung, dachte ich. Die Schwiegertochter wird nach dem Tod ihres Mannes zur Fremden. Das schien nicht nur für Vietnam zu gelten, sondern weltweit.

Mom Munro sagte kein Wort, drückte mich aber fest an sich und betupfte die Augen mit einem Taschentuch, bevor sie ihrer Tochter zum Wagen folgte. Es ergab sich, daß Larrys Schecks für den Transporter weiterhin eintrafen und Erma sich später telefonisch entschuldigte, falls sie meine Gefühle verletzt haben sollte. Sicher würde ich gern hören, meinte sie, daß Eds Bilder Leatha sehr glücklich gemacht hatten. Alles in allem war es vermutlich ein gutes Geschäft.

An jenem Abend berichtete ich Dennis alles, was sich ereignet hatte – mein Anruf bei Dan, die Streichung seiner Reise, der Besuch von Erma und Leatha, die ein Jahr nach Eds Tod seine Habseligkeiten zurückforderten. Dennis schenkte sich einen Scotch ein und schmunzelte.

»Siehst du? Ich hab dir doch gesagt, dieser Waschlappen ist nicht Manns genug zu kämpfen! Jetzt dürftest du wohl erkennen, wer dich wirklich liebt und wer der verlogene Scheißkerl ist!« Unflätige Ausdrücke hatte Dennis bisher nie gebraucht – zumindest nicht hier vor den Kindern. Wenn er sich als ›Sieger‹ so benahm, würde ich ihn höchst ungern wirklich in Rage geraten sehen. Trotzdem hatte ich ihm noch etwas zu sagen. Vielleicht würden ihm die guten Nachrichten im Fall Dan helfen, die schlechten etwas besser zu verkraften.

»Vermutlich hast du recht.« Ich schluckte schwer. »Irgendwie hat mich heute die Frage nicht losgelassen, wie's eigentlich mit deiner Jobsuche vorangeht. Ich hoffe, du kriegst bald gute Nachrichten. Es muß dir doch zuwider sein, dich mit all meinen lächerlichen Dingen rumzuplagen und dauernd kleine Kinder zu hüten. Meinst du, daß du in Kürze eine neue Bleibe finden kannst?«

Dennis sah mich ausdruckslos an. »Du hast kein Wort von dem gehört, was ich zu dir gesagt habe, stimmt's, Ly? Ich liebe dich! Ich will mit dir leben! Verdammt noch mal!« Er haute auf den Tisch, nahm seine Flasche und ging in sein Zimmer.

Es tat mir sofort leid, daß ich zu grob gewesen sein und ihn gekränkt haben könnte. Im Grunde genommen war Dennis weder für Dan noch für meine Schwierigkeiten mit den beiden Frauen verantwortlich, nicht einmal für die Unternehmer, die anscheinend jeden anderen ihm vorzogen. Sein einziges ›Verbrechen‹ bestand darin, daß er sich zu angestrengt bemühte und mich zu sehr liebte. Und deswegen verurteilte ich ihn?

Ich hastete über den Korridor und klopfte an seine Tür. Ich hörte, daß er drinnen Selbstgespräche hielt, außerdem ein leichtes Klicken, als ob er Schubladen öffnete oder schloß oder einen Koffer zuklinkte. Vielleicht dachte er, ich wollte ihn sofort rausschmeißen – was nicht stimmte. Ich konnte es nicht fassen, wie grausam ich gewesen war!

Ich klopfte abermals, lauter, hämmerte dann gegen die Tür. »Dennis?«

Seine Koffer standen noch im Wandschrank. Sämtliche Schubladen waren geschlossen. Er hockte auf der Bettkante, das Whiskeyglas auf dem Nachttisch, drehte mit flinken Fingern an der Trommel eines blankgeputzten Revolvers.

4

DER TAG, AN DEM
DER HIMMEL EINSTÜRZTE

Ich schlug die Tür zu, packte Jimmy und lief in Tommys Zimmer, schob den Riegel vor und überlegte, was ich als nächstes tun sollte.

Die Polizei zu rufen, kam mir gar nicht in den Sinn, denn in Vietnam waren häusliche Auseinandersetzungen ausschließlich Sache der Beteiligten und gewalttätige Ehemänner gewissermaßen die Norm. Ferner konnte ich mir nicht vorstellen, daß die Polizei den Angaben einer jämmerlichen Immigrantin über einen waschechten Amerikaner, der eine Vorliebe für Waffen hatte und überdies früher selber bei der Polizei gewesen war, Glauben schenken würde. Bis jetzt hatte ich nicht einmal gewußt, daß er überhaupt einen Revolver besaß.

Die Zeit verstrich quälend langsam, während wir drei, wie schon so oft, uns eng zusammenkuschelten. Irgendwann mußte ich eingedöst sein, denn plötzlich war es draußen hell geworden.

Ich rüttelte Jimmy wach und sagte ihm, er solle sich für die Schule fertig machen. Ich schlich in die Diele. Die Tür zu Dennis' Zimmer stand offen. Alles war an seinem Platz, das Bett allerdings unbenutzt. Auf dem Kopfkissen fand ich eine handschriftliche Mitteilung. Darin wiederholte er sämtliche Argumente gegen Dan, gegen die unfaire Behandlung durch mich und das Leben im allgemeinen; deshalb habe er sich endlich zu einem Schritt entschlossen, der alle zufriedenstellen würde, weil sie sich dann nie wieder mit ihm befassen müßten. Ein Blick aus dem Küchenfenster zeigte mir, daß sein Wagen verschwunden war.

Ich stürzte zum Telefon, rief Linda, Huong und selbst Erma an, ob sie etwas von ihm gehört hätten.

»Siehst du, was du angerichtet hast?« rügte Linda. »Er war so nett zu dir und den Jungen, und wie hast du's ihm vergolten!«

»Du solltest dankbar dafür sein, daß er dich so sehr liebt«, meinte Huong. »Bete darum, daß du ihn nicht umgebracht hast!«

»Ich weiß nicht, wie du das machst, Ly«, sagte Erma vorwurfsvoll. »Ich finde, du solltest die Polizei verständigen und alles weitere ihr überlassen.«

Ich brachte Jimmy zur Schule und fuhr mit dem brüllenden Tommy durch die Gegend, um Dennis zu suchen. Zuerst nahm ich mir alle Stellen vor, die ihm für einen Selbstmord attraktiv erscheinen könnten: Brücken, Parks, die Cowboy-Bar, wo wir uns kennengelernt hatten. Plätze, die für uns beide Bedeutung besaßen. Dann hielt ich beim örtlichen Polizeirevier (ich konnte mich von jeher mit Amerikanern besser persönlich als telefonisch verständigen) und schilderte die Situation. Der diensthabende Sergeant zeigte sich durchaus teilnehmend, erklärte aber, sie könnten nichts unternehmen, solange keine strafbare Handlung vorliege. Hatte Dan mich mit der Waffe bedroht? Nein. Besagte seine schriftliche Mitteilung tatsächlich, daß Dennis Selbstmord begehen wollte? Nein, nur daß er ›etwas tun‹ würde, damit wir bereuten, wie wir ihn behandelt hatten. Damit könne alles mögliche gemeint sein, befand der Sergeant, auch daß er nur eine Weile von der Bildfläche verschwinden wolle, um uns Angst einzujagen.

Für den Rest des Tages kurvten Tommy und ich weiter herum, nach Schulschluß gemeinsam mit Jimmy. Als wir spätabends zurückkamen, fanden wir den Wagen von Dennis in der Zufahrt vor. Der Mann des Tages lag ohnmächtig, mit dem Gesicht nach unten, hinten auf dem Rasen. Den Alkohol roch ich bereits auf zehn Schritte Entfernung, daher beschloß ich, ihn seinen Rausch ausschlafen zu lassen. Ich brachte die

Kinder zu Bett und durchsuchte dann geschwind sein Zimmer und den Wagen, um den Revolver sicherzustellen, jedoch ohne Erfolg.

Als ich am späteren Abend lesend im Wohnzimmer saß, kam Dennis herein. Er blickte zerknirscht drein wie ein geprügelter Hund, so daß ich mir die wütende Bemerkung verkniff, die ich machen wollte, sondern nur fragte, ob er sich besser fühle, was er lächelnd bejahte. Er entschuldigte sich, daß er ›ein bißchen verrückt gespielt‹ hatte, aber den Gedanken, mich zu verlieren, könne er einfach nicht ertragen. Um meine Liebe zu verlieren, müßte er sie doch zuerst einmal besitzen, wollte ich antworten, hielt es dann jedoch für klüger, die Situation zunächst abkühlen zu lassen. Unser Gespräch über den Stand seiner Stellensuche und seinen Auszug könnten wir ja später wiederaufnehmen. Dieses Gespräch fand leider nie statt.

Oktober 1974 bekam Dennis auf Grund einer Empfehlung von Huongs Ehemann ein Angebot der Stadt San Diego. Dennis war natürlich begeistert, und die gute Nachricht wurde eine Woche lang gefeiert. In Gesellschaft trank er zwar immer noch, aber mit Maßen, und bereitete sich eifrig auf seinen neuen Job vor. Er war wie ausgewechselt, ich brachte es einfach nicht fertig, alles kaputtzumachen, indem ich ihn vor die Tür setzte, zumal der Grund dafür so weit entfernt erschien – wie ein böser Traum. Das lieferte meinen Freundinnen nur neue Munition für ihre Kampagne, Dennis und mich zu verkuppeln.

Dabei übersahen sie freilich die Tatsache, daß ich Dennis nach wie vor nicht liebte. Auch wenn ich durch die Umstände gezwungen war, Dan aus meinem Leben, zumindest vorerst, zu streichen, so brachte ich doch nicht die Kraft auf, mir Major Daddy aus dem Kopf zu schlagen. Genau wie bei Ed erschien eine sexuelle Beziehung mit Dennis – mit oder ohne Ehe – geradezu als Frevel.

So ging das Leben weiter. Fernsehen und Zeitungen waren voll von Watergate. Ich schenkte dem keine große Beachtung – in der südvietnamesischen Politik gab es eine solche Fülle von Skandalen und Korruption, daß ich einfach nicht begreifen konnte, was diese lautstarke Empörung eigentlich sollte. Fast alle Bodentruppen der Vereinigten Staaten waren aus Vietnam abgezogen. Der Pariser Vertrag wurde 1973 endlich unterzeichnet. Im Jahr darauf trat Präsident Nixon zurück, und sein Nachfolger, Vizepräsident Ford, beantragte für die amerikanischen Deserteure im Vietnamkrieg und für Drückeberger eine Amnestie. Während Dennis das für eine schreckliche Idee hielt, stimmte ich insgeheim voll zu und sprach ein Gebet für diesen vorurteilsfreien Präsidenten der USA.

Nun, da meine beiden Welten dem Frieden und der ersehnten Ruhe einen Schritt nähergekommen waren, ließ ich Dennis mein Bett teilen. Zum einen tat ich es aus Einsamkeit, um festzustellen, ob ich die Erinnerung an Dan für immer auslöschen konnte. Vor allem aber wollte ich damit die sexuelle Spannung beseitigen, die spürbar über dem Haus zu lasten begann. Solange er sich selbst als Versager empfunden hatte, war es Dennis nicht schwergefallen, die von mir aufgestellten Regeln einzuhalten. Jetzt, mit einem eigenen Gehaltsscheck, fühlte er sich mehr und mehr als ›Herr des Hauses‹ mit allen Rechten und Privilegien, die seines Erachtens zu dieser Rolle gehörten.

Sex mit Dennis fiel zwar leichter als mit Ed, blieb aber für mich trotzdem eine Pflichtübung, die nichts mit Liebe oder auch nur mit Vergnügen zu tun hatte. Ich wußte, mit Dennis zu schlafen und so eine wichtige Schwelle zu überschreiten, war nicht gerade die klügste Lösung, erschien jedoch als das geringste Übel. Ich konnte Dennis fortschicken, aber nachdem ich ihn so lange akzeptiert hatte, wäre das Risiko von neuerlichen alkoholischen Exzessen und Gewalttätigkeiten einfach zu groß. Ich schreckte auch davor zurück, den Jungen die dringend benötigte Vaterfigur wegzunehmen – er liebte die Kinder wirklich. Jedenfalls ermöglichte es mir sein Beitrag zu unserer Haushaltskasse, etwas von meinem Verdienst abzuzweigen und als Notgroschen beiseitezulegen. Ich war fest entschlossen, nie wieder in eine Krise zu geraten, ohne das erforderliche Geld, mich daraus freizukaufen.

Das Unglück wollte es, daß eine solche Krise bereits am Horizont auftauchte, die kein Geld der Welt zum Verschwinden bringen konnte.

Im Frühjahr 1975 begann das Fernsehen Bilder vom qualvollen Untergang meines Heimatlandes zu zeigen: brennende Städte, Busse mit Flüchtlingen, die über verschmutzte Straßen schwankten, Interviews mit trübsinnigen Südvietnamesen und amerikanischen Beamten, die versuchten, dem Zusammenbruch der Republik eine positive Seite abzugewinnen. Ein Teil von mir wollte ihren Lügen Glauben schenken – nicht weil eine Fortsetzung des Krieges gut für Vietnam wäre, sondern weil das zumindest eine Situation war, mit der meine Familie umzugehen gelernt hatte. Doch als ich die nordvietnamesischen Panzer sowjetischen Typs bei China Beach rollen sah, einst eine Hochburg amerikanischer Präsenz, und die zerlumpten, unterernährten gefangenen Vietcong, die nach jahrelanger Haft im Süden freigelassen wurden – da wußte ich, der Krieg war keineswegs vorbei. Eine Seite hatte sich in einem Kampf von unmenschlichen Ausmaßen als die überlegene erwiesen, und der Gedanke, wie die Sieger es den Verlierern heimzahlen würden, ließ mich das Schlimmste befürchten.

»Ein paar von diesen Menschen kenne ich garantiert«, sagte ich beim Anblick der zahllosen Bauern, Kinder und alten Leute, die sich an den Straßen südlich von Da Nang drängten, um den vorrückenden nordvietnamesischen Panzern zuzujubeln (oder sie nur finster zu mustern). »Wenn die Kamera bloß nicht so schnell fahren würde!«

Dennis antwortete wie ein guter Amerikaner. »Wenn die Kommunisten Da Nang einnehmen, dann dauert's für deine Freunde nicht mehr lange. Erinnerst du dich an die Massaker nach der Tet-Offensive von '68? Selbst wenn die Kommunisten sie nicht killen, sollten wir das ganze gottverdammte Land mit Atombomben bepflastern. Lieber tot als rot!«

Dennis war so in Rage geraten, daß ich es für sinnlos hielt, ihn daran zu erinnern, daß meine Mutter und meine Schwestern dann ebenfalls zu den Opfern eines solchen Angriffs gehören würden. Er war sich nicht im klaren darüber, daß der Vietcong mit den Dorfbewohnern an der Zentralküste häufig barmherzig verfuhr – seinen Blutsverwandten, von denen viele insgeheim den Norden favorisierten, obwohl niemand wußte, was Hanois reguläre Truppen tun würden. *Dinh chien, dinh chien*, sang ich fast unhörbar, wie die Mütter in den Nachrichten – »Der Krieg ist vorbei, der Krieg ist vorbei«. Ich wußte, der Jubel der Menschen am Straßenrand galt nicht den Soldaten, sondern nur der Tatsache, daß die Kämpfe aufgehört hatten. Wenn auch der Terror des Polizeistaats noch bevorstand, so wurden sie zumindest nicht mehr unaufhörlich vom Kriegsgeschehen heimgesucht.

Meine Mutter und meine älteste Schwester, Hai, waren vermutlich von allen Familienmitgliedern – wenigstens im Augenblick – am sichersten. Ky La war ein armes Dorf, vom Krieg dezimiert, und niemand würde sie nennenswert belästigen, bis die alten Rechnungen in den Städten beglichen waren. Meine Mutter hätte jetzt zumindest Gelegenheit, etwas über das Schicksal ihrer Angehörigen zu erfahren, einschließlich meines ältesten Bruders, Bon Nghe, der die Rolle meines Vaters als Familienoberhaupt übernehmen würde. Seitdem er 1954 von Hanoi eingezogen wurde, hatte keiner mehr etwas von ihm gesehen oder gehört.

Akuter war die Sorge um meine Schwester Ba, deren Ehemann im Dorf ebenfalls eingezogen und nach Norden verfrachtet worden war. Einige Jahre später sah sich Ba gezwungen, einen südvietnamesischen Polizisten namens Chinh zu heiraten, um ihn davon abzuhalten, meinen Vater in ein republikanisches Gefängnis zu schicken. Gedanken machte ich mir auch um meine Nichte Thinh, die etwas jünger als ich und eine gute Freundin war. Ihr Mann, Bien, war bei der südvietnamesischen Marine, was zumindest eine Chance zur Flucht bot, denn Da Nang war ein großer Kriegshafen, und Bien hatte Zugang zu den Schiffen.

Das Schicksal von Anh, Jimmys Vater, und seiner aristokratischen Frau Lien stand auf einem anderen Blatt. Als reicher Industrieller würde er ganz oben auf der Liste der Staatsfeinde rangieren. Ich hatte ein paar Briefe von Lien erhalten, die mir dankbar war, daß ich Anh wegen meiner Schwangerschaft nie irgendwelche juristischen Scherereien gemacht hatte. Sie teilte mir mit, daß Anh einen Bruder in Minnesota habe, und ich merkte, daß sie an ein Exil in den Staaten dachten.

Die größte Angst hatte ich allerdings um Lan, die Schwester, die ich am besten kannte, da ich die letzten paar Jahre, bevor ich Ed kennenlernte, in ihrer Gesellschaft verbracht und von ihr die Tricks des Schwarzmarkts und des Barmädchenmetiers gelernt hatte. *Ban than cho de quoc My*, würden die kommunistischen Inquisitoren sie nennen: »Die sich an das amerikanische Imperium verkauft.« Zu allem Überfluß hatte sie auch noch zwei halbamerikanische Kinder – *mau ngoai xam*, »mit dem Blut des fremden Aggressors in den Adern«. Der Vietcong und die nordvietnamesischen Kommunisten haßten Menschen wie sie – und mich – zutiefst, da wir unsere Landsleute verrieten und unseren Körper amerikanischen Soldaten hingaben. Bei den überaus puritanischen, selbstgerechten sozialistischen Führern, den zukünftigen Machthabern, würden die vom Krieg diktierten Notwendigkeiten des nackten Überlebens in Vergessenheit geraten zugunsten eines so strikten Moralismus, den normale Menschen nicht einmal im Frieden hätten einhalten können. Beim besten Willen vermochte ich mir für Lan keine Zukunft in Vietnam vorzustellen, die anders als qualvoll, trist und von kurzer Dauer wäre.

Am 28. März 1975 zeigten die Fernsehnachrichten, wie eine rote Flagge mit einem gelben Stern über den ›White Elephant Club‹ in Da Nang gehißt wurde. Ich amüsierte mich im stillen, daß die nordvietnamesische Armee sich ausgerechnet diesen allen Einheimischen bestens bekannten Ort für ihr Zeremoniell auserkoren hatten. Das jedermann vertraute Regierungsgebäude war überdies ein nobler Treffpunkt für hochkarätige südvietnamesische und amerikanische Geschäftsleute und Beamte. Der Vietcong hatte ein Jahrzehnt hindurch Infiltrationsversuche unternommen – Prominente zu ermorden oder das Gebäude in die Luft zu jagen –, die indes jedesmal fehlgeschlagen waren. Als dieses Symbol für raffgierigen Kapitalismus und ›US-Imperialismus‹ sowie südvietnamesische Regierungsgewalt vom Sockel gestürzt wurde, dürfte das örtlichen Kadern besondere Genugtuung verschafft haben.

Diese für den Vietcong typische Fixierung auf politische wie militärische Komplexe bereitete mir die meisten Sorgen. Aus Gerüchten und offiziellen Unterlagen ließ sich ersehen, daß ich zu den Amerikanern ›übergelaufen‹ war, und die örtlichen Kader (die bereits einen Groll gegen meine Mutter hegten und meine Familie aus zahlreichen anderen Gründen im Visier hatten) könnten meine Handlungen sehr wohl als entscheidenden Faktor betrachten, um das Boot zum Kentern zu bringen. Das erforderte lediglich die Anschuldigung eines neidischen Nachbarn – daß meine Angehörigen für mich spionierten und Informationen über Vietnam in die Vereinigten Staaten schickten –, um ihnen das Genick zu brechen. Auch als ich noch dort lebte, hatte ich meiner Familie größte Schwierigkeiten verursacht, und jetzt schien es, als könnte ich, obzwar Tausende von Meilen entfernt, an ihrem Tod schuldig werden.

Natürlich betete ich oft, daß all dies nicht eintreten möge, doch mit Gebeten war es offenbar nicht getan. Es mußte mehr geschehen, um meinen Angehörigen zu helfen, irgendein mutiger, entschlossener Schritt, aber alle Wege schienen versperrt.

Bis auf einen.

Am 19. April 1975 erhielt ich das folgende Telegramm von

Lan, auf vietnamesisch: ERBITTE HILFE: MAN WIRD UNS DREI UMBRINGEN WEGEN CONG LAI (meiner amerikanischen Kinder).

Ich fing an zu weinen – vor Angst und zugleich vor Erleichterung: Angst und Entsetzen angesichts der Gefahr, die ihr drohte; Erleichterung, weil ich endlich wußte, daß sie am Leben war. Obendrein kam das Telegramm aus Saigon, wo bis zum Einrücken von Hanois Truppen noch mehrere Wochen, wenn nicht Monate vergehen würden. Mit dem Telegramm hatte ich auch die erforderliche Begründung und schriftliche Unterlage, um eine Rettungsaktion zu starten.

Ich las es Dennis vor, der in die Luft ging. Er hatte zwar nicht in Vietnam gedient, aber sein Haß richtete sich global gegen alle Kommunisten, und Lans Telegramm und der Exodus der Vietnamesen bewiesen ja nur, was er schon immer gesagt hatte: daß der Vietcong und die nordvietnamesische Armee keinerlei Unterstützung in der Bevölkerung fanden. Dennoch erbot er sich in einem schwachen Moment, alles zu tun, was er konnte, um meine Familie herauszuholen. Ich bat ihn, im State Department anzurufen (immerhin war er Regierungsangestellter und würde als Mann bestimmt mehr Kooperation vorfinden als ich) und sich erkundigen, wie wir Lan und ihren Söhnen die Ausreise ermöglichen könnten. Doch der Apparat, der Amerika so tief in den Krieg hineingezogen hatte – das State Department, das Militär, die CIA –, sie wichen jetzt wie verängstigte Kinder vor dem Brand zurück, den sie entfacht hatten. Sie müßten Lans Anfrage an den Immigration and Naturalization Service weiterleiten, erklärte man, genau wie bei jedem anderen ausländischen Asylsuchenden. Daß jeder Tag Verzögerung für einen Flüchtling die Ewigkeit bedeutet, spielte keine Rolle. Wir müßten den regulären Amtsweg gehen.

Und diese Amtswege waren bereits verstopft. Zehntausende von anderen Vietnamesen versuchten über amerikanische Sponsoren herauszukommen, und während wir uns mit dem Wust von Papierkram und fruchtlosen Telefonaten herumschlugen, bekam ich weitere herzzerreißende Telegramme von Lan, die immer drängender wurden. Eines erfuhren wir dabei wenigstens definitiv: Da ich keine amerikanische Staatsbürgerin war, gab es für mich keine Rückkehrgarantie, wenn ich die Vereinigten Staaten verließ, um Lan zum Verlassen des Landes zu verhelfen. Das teilte ich Lan telegrafisch mit, und sie kabelte zurück: BEI PETEY BAILEY IN NEW JERSEY VERSUCHEN.

Peter T. Bailey (von seinen Freunden ›P.T.‹ oder Petey genannt) war einer von Lans Freunden in Vietnam gewesen und hatte ihren Sohn Eddie stets freundlich behandelt. Wenn es für einen Außenstehenden einen Grund gab zu helfen, dann für Pete. Er hatte ihre Briefe und Telegramme nicht beantwortet, aber der Versuch mit einem Inlandsgespräch war noch nie gemacht worden.

»Hallo, spreche ich mit Mr. Bailey?« fragte ich, als sich eine männliche Stimme meldete. Die Nummer hatte ich von der Auskunft erhalten.

»Ja. Wer ist da?«

»Der Petey Bailey, der bei der Marine in Da Nang gearbeitet hat? Der eine vietnamesische Freundin namens Lan hatte?«

Petey rang hörbar nach Luft. Vielleicht hielt er mich für Lan.

»Ich war in Vietnam, stimmt. Wer spricht denn?«

»Le Ly, Lans Schwester. Sie werden sich nicht mehr an mich erinnern ...«

»O doch.« Das sollte munter klingen. »Wie geht's Ihnen? *Wo* stecken Sie?«

»In Südkalifornien. Ich lebe seit 1972 hier. Sie fragen sich vermutlich, warum ich Sie anrufe, stimmt's, Petey?«

Nach einer Pause: »Wahrscheinlich wegen Ihrer Schwester. Es soll ja ziemlich übel aussehen da drüben.«

»Sie möchte in die Vereinigten Staaten, Petey. Sie hat Angst vor dem Vietcong – um sich und ihre Söhne. Haben Sie ihre Briefe bekommen? Ihre Telegramme?«

»Ja, aber ich kann da nichts tun, Ich kann nicht zurückgehen – meine Existenz ist jetzt hier. Und auch wenn ich's könnte, ich hab dafür nicht das Geld.«

»Kein Problem.« Ich bemühte mich, optimistisch zu klingen. »Mein Mann ist gestorben, ich hab etwas …«

»Ich kann trotzdem nicht.«

»Aber was wird dann aus Lans Söhnen? Der Vietcong wird sie umbringen, wenn die Kommunisten an die Macht kommen.«

»Der Gedanke ist mir schrecklich, Ly. Was da in Ihrem Land passiert, setzt mir schwer zu. Aber ich kann nichts daran ändern. Ich wünschte, ich könnte es. Ich wünsche euch beiden viel Glück und hoffe nur, es geht für Sie und Lan alles gut aus. Aber rufen Sie bitte nicht mehr hier an.«

Er hängte auf, ließ mich mit schwerem Herzen und ohne Plan zurück. Wir waren wieder am Anfang angelangt.

Nach weiteren Tagen mit vergeblichen Anrufen bekam ich ein verzweifeltes Telegramm von Lan, ihr letztes, wie sie mitteilte. Ihr gehe Zeit und Geld aus, und sie müsse noch etwas aufsparen für einen allerletzten Fluchtversuch.

Ich zerknüllte das Telegramm und heulte wie ein kleines Kind. Ich konnte es nicht ertragen, sie zu verlieren. Nicht auf diese Weise! In den vergangenen zwei Monaten hatte sich mein Leben fast ausschließlich um Telefon, Fernseher und Lans Telegramme gedreht, ich konnte weder essen noch schlafen, und selbst meine Periode war ausgeblieben. Wenn meine Familie den Krieg nicht überleben sollte, dann würde es mir offenbar auch nicht gelingen.

Dennis legte mir den Arm um die Schulter. »Keine Bange, Ly«, tröstete er. »Wenn's gar keine andere Möglichkeit gibt, fahre ich eben.«

Zuerst traute ich meinen Ohren nicht. »Wie meinst du das?«

»Daß dann eben ich nach Vietnam fahren und deine Schwester Lan und ihre Söhne in die Vereinigten Staaten bringen werde – wenn's das ist, was dich glücklich macht.«

»Mich glücklich macht! Du rettest mir das Leben! Rettest Lan das Leben! Wie könnte ich dir das jemals vergelten?«

Er lächelte. »Fällt dir dazu nichts ein? Mir schon.«

Ich war verwirrt. Ich hatte ihm doch bereits alles gegeben – meinen Körper, mein Haus, die Liebe meiner Jungen –, was konnte er sich sonst noch wünschen?

»Ich möchte, daß du nach meiner Rückkehr meine Frau wirst«, erklärte er. »Das ist meine einzige Bedingung.«

»Also das verschlägt mir den Atem.« Das war keine Übertreibung. Mir war, als hätte ich einen Schlag in die Magengrube erhalten. »Dafür werd ich wohl etwas Bedenkzeit brauchen.«

»Klar. Aber nicht zu lange. Es dauert 'ne Weile, bis man das Visum kriegt, und wer weiß; wie lang dein Land noch durchhält.«

»Okay«, sagte ich schließlich. »Das ist ein fairer Preis.«

»Kein Preis, Ly.« Er küßte mich. »Es handelt sich um deine Zukunft. Dan hat nichts mehr in deinem Leben verloren. Höchste Zeit, daß du und die Jungen dieses Leben jetzt mit mir teilt – offiziell.«

Dennis wirkte wie beflügelt. Seit Januar war er beim U.S. Customs Service angestellt. Die Bezahlung war nicht toll, aber er hatte dort den Vorteil, seine Paßverlängerung und die Einreisegenehmigung für Vietnam zu beschleunigen. Mit der gleichen Entschlossenheit nahm ich meine gesamten Ersparnisse – knapp zehntausend Dollar, die ich für mein Alter und die Ausbildung der Jungen beiseite gelegt hatte – und gab sie Dennis.

Als das Visum für Dennis aufgrund seiner ›lebensrettenden Mission‹ erteilt wurde, rief ich alle meine vietnamesischen Freundinnen an und fragte, ob sie ihre Männer und/oder Geld mitschicken wollten, um ihre eigenen Angehörigen herauszuholen. Sie lehnten durchweg ab.

»Er ist verrückt, da hinzufahren«, meinte Huong, obwohl ihre eigenen Verwandten ebenfalls gefährdet waren. »Und du bist noch verrückter, dieses Risiko einzugehen und ihn womöglich zu verlieren.«

Schließlich bangte ich um Dennis fast ebenso wie um meine

Familie. Da begab er sich in eine vom Krieg zerrissene Hauptstadt, die am Rande des Zusammenbruchs stand – in ein Land, das er nicht kannte und dessen Sprache er nicht beherrschte –, und das alles, um eine Frau, die er nie gesehen hatte, herauszubringen, samt Kindern, die nicht seine eigenen waren. Sein Lohn dafür war der Ehebund mit einer Frau, die ihn nicht liebte, weder jetzt noch in Zukunft – aber was scherte das alles Dennis? Dennis mit seiner blinden, hoffnungslosen Liebe. Hatte ich nicht ähnliche törichte Risiken in Kauf genommen, um mit Dan zusammenzusein?

Sobald er unterwegs war, teilte ich Lan telegrafisch mit, daß ein Mann namens Dennis Hayslip sich in zwei Tagen im Embassy Hotel in Saigon mit ihr treffen würde. Ich erwähnte nicht, daß er Geld bei sich hatte, falls die Nachricht abgefangen würde und in die falschen Hände geriet.

Dieser Gedanke erweckte meinen alten Verfolgungswahn aus Kriegstagen. Ich konnte mir Dennis vorstellen, wie er mit der Zukunftssicherung für meine Söhne einfach ›verduftete‹. Ich stellte mir auch vor, wie er beim Aussteigen aus dem Flugzeug in die Luft gejagt oder von Straßenräubern in einen Hinterhalt gelockt wurde. Er könnte auch von einer Meute aufgebrachter Bürger massakriert werden, nur weil er Amerikaner war. Der Film, der in meinem Kopf ablief, war wesentlich blutrünstiger als die Nachrichtensendung im Fernsehen.

Die Verpflichtung, die ich Dennis' Familie gegenüber hatte, sollte das Schlimmste eintreten und er nicht zurückkommen, machte mir ebenfalls zu schaffen. Wie würde ich seiner Mutter, einer gediegenen Frau aus dem Mittelwesten, wie Leatha, erklären, ihr Sohn sei bei einer Mission für eine unstete Vietnamesin getötet worden, die bereits einen Ehemann beerdigt hatte? Wie wäre mir zumute, wenn Jimmy später einmal eine ähnliche ›Mission‹ für eine Frau übernehmen würde, mit der er nicht verheiratet war und die seine Liebe nicht erwiderte? Die ganze Situation war gräßlich, schreckenerregend und doch unvermeidlich. Wie der Krieg selbst.

Natürlich suchte sich mein empfindlicher Magen ausgerechnet diesen Augenblick aus, um zu zeigen, wie sehr auch ihm das alles zusetzte. Ich konnte nichts bei mir behalten und konnte oft vor Schmerzen nicht aufrecht stehen. Ich versuchte, die Wege von Dennis und den tatsächlichen Verlauf des Krieges zu verfolgen und zu koordinieren. Die Fernsehnachrichten glichen einem Countdown – es war nur mehr eine Frage der Zeit, bis Saigon restlos vernichtet war!

Zu allem Überfluß fragten der vierjährige Tommy und der siebenjährige Jimmy regelmäßig: »Wo ist Daddy?« Worauf ich nur auf den Bildschirm zeigen und antworten konnte: »Bei Ba Ngoai – der Großmama.« Wer konnte wissen, ob das nicht sogar stimmte?

Die Lage in Vietnam spitzte sich schließlich so zu, daß das State Department eine Telefonnummer einblenden ließ, unter der Angehörige von Militärpersonal und vietnamesische Bürger genaue Auskünfte bekommen konnten. Als ich endlich Anschluß hatte, hörte ich lediglich eine Stimme auf Tonband mit der Ansage, sämtliche Verbindungen zwischen den Vereinigten Staaten und der Republik Vietnam seien unterbrochen, auch der Flugverkehr.

Ich knallte den Hörer auf – stieß den Apparat vom Tisch – und fluchte unter Tränen. Falls Lan und ihre Jungen noch lebten, hätte sie das ausschließlich ihrem Mumm und ihrer Gewitztheit zu verdanken – nicht meinen kläglichen Bemühungen. Dennis würde nie mehr zurückkommen. Zum erstenmal verspürte ich Mitleid mit dem Offizierscorps der Vereinigten Staaten, das gezwungen war, junge, unerfahrene Soldaten in den Kampf zu schicken – eine Aufgabe für Männer, nicht für halbe Kinder – um irgendeines höheren Zieles willen. Es gab kein höheres Ziel als Überleben, und eben das schien jetzt für jeden, an dem mir lag, in weite Ferne gerückt.

Ich stellte Bilder von Dennis und Lan und ihren zwei Jungen auf meinen kleinen Schrein, entzündete Weihrauch, kochte süßen Reis, verbrannte Papiergeld und Papierkleider und betete inständig einmal stündlich für ihre Seelen, solange ich wach war.

Schließlich wurden die Magenkrämpfe unerträglich. Ich konnte mich nicht mehr erheben, ging in die Knie und legte mich auf den Boden, sah die Schatten kommen und gehen – betend, fluchend, nachdenkend, trauernd. Meine Jungen weinten vor Hunger und lagen neben mir wie kleine junge Hunde bei einer verendenden Hündin. Ich konnte mich nicht erinnern, wann ich ihnen das letzte Mal zu essen gegeben hatte. Wie betäubt – in einem Traum befangen – kroch ich zum Telefon und wählte Lindas Nummer. *Hier ist Ly. Du mußt herkommen.* Sekunden oder Stunden oder Tage später erschien sie in meinem rauchigen Wohnzimmer, neben meinem rotglühenden Altar, dem plärrenden Fernseher und verschreckten kleinen Kindern. Sie brachte Jimmy und Tommy zu Nachbarn und fuhr mich schleunigst ins Krankenhaus.

In dem sterilen grünen Raum berichtete ich dem rundäugigen Arzt alles, was mich beunruhigte – mich niederdrückte –, halb Englisch, halb Vietnamesisch, genau wie mein Leben. Meine Geschichte war teils medizinischer, teils familiärer Natur und zum Teil auch Beichte auf dem Sterbebett. Ich hatte keine Ahnung, wieviel er, wenn überhaupt, davon verstand, und es kümmerte mich auch gar nicht. Er untersuchte mich gründlich und gab mir eine Beruhigungsspritze. Ich sollte zumindest im Krankenhaus übernachten, meinte er, um auszuschlafen – zum erstenmal seit der Abreise ›meines Mannes‹. Als die Spritze dann zu wirken begann, lächelte er und teilte mir etwas mit, von dem er sich angenehme Träume für mich erhoffte.

»Schlafen Sie gut, Mrs. Munro. Sie und das Kind, das Sie erwarten, können es brauchen!«

Ein drittes Kind – das hatte mir gerade noch gefehlt! Und obendrein ein demnächst vaterloses!

Während der Schwangerschaftstests hatte das Krankenhauspersonal große Mühe, mich ruhigzustellen, um eine Fehlgeburt zu verhindern. Fernsehen erlaubten sie mir nicht, so daß ich Gelegenheit hatte, gründlich über alles nachzudenken und mit mir Zwiesprache zu halten. Ich war wieder einmal als Refugium für eine Seele auf Wanderschaft ausersehen. In einer Weise bedeutete das eine weitere Last auf den schmalen Schultern einer Frau, die sich bereits als unwürdig erwiesen hatte. Aus einer anderen Perspektive erinnerte es mich jedoch daran, wer ich war: Phung Thi Le Ly. Es bestätigte für mich meine Rolle im Leben – zumindest, wie ich sie verstand. Das gab mir, vielleicht, eine letzte Gelegenheit, die Macht der Liebe über den Haß zu demonstrieren.

Gegen den Rat meines Arztes schaltete ich nach meiner Heimkehr am 23. April als erstes den Fernseher ein. Präsident Ford hielt eine Rede in New Orleans, in der er den Krieg als ›beendet‹ erklärte – weder gewonnen noch verloren, sondern eingestellt wie ein hoffnungsloser Streit. Zwei Tage später verließ Präsident Thieu Saigon, und vier Tage darauf übernahm General ›Big‹ Minh die Regierung. Die meisten Bilder kamen jetzt von den amerikanischen Kriegsschiffen vor der Küste: entsetzliche Aufnahmen von Rettungshubschraubern, die auf dem Wasser notlandeten (es gab für sie keinen Landeplatz) oder von leeren Helicoptern, die von überfüllten Decks heruntergestoßen wurden, um Platz für Neuankömmlinge zu schaffen. Ich sah mir diese Bilder genau an in der letzten Hoffnung, Lan oder Dennis auszumachen, doch nach einer Weile boten alle Flüchtlinge das gleiche, einförmige Bild: verschmutzt, verängstigt, *Vu lan* – Geister.

Die paar Fernsehbilder, die wir vom Festland bekamen, waren noch schlimmer: Menschen, die auf den Zaun der US-Botschaft in der Thong-Nat-Straße kletterten, der Militärpolizei mit ihren Gummiknüppeln und Gewehren die Stirn boten, während der ›Ausleger‹ des Hubschraubers die wenigen Auserwählten vom Dach emporhob.

Am 30. April bahnte sich ein nordvietnamesischer Panzer krachend den Weg durch die Tore des republikanischen Präsidentenpalastes und parkte ungeniert auf dem Rasen. Der Panzerkommandant wedelte mit den Armen und grinste wie ein trotziger Teenager, der er vermutlich auch war. Wenn der

Krieg vor einer Woche von den Politikern ›beendet‹ worden war, so war er jetzt endlich auch für die Bevölkerung vorbei. Ich seufzte tief auf – der eisige Hauch des Leichenberges, zu dem mein Heimatland geworden war, streifte mich.

Ich holte mein Adreßbuch.

Ich rief jeden an, den ich kannte: um an meiner Erleichterung teilzuhaben, an meinen Tränen, um Neues zu erfahren, um wieder zum Mitglied der menschlichen Gesellschaft zu werden.

Die wenigen Nachrichten, die sie mitzuteilen hatten, waren leider schlecht. Keiner wußte etwas, das nicht schon im Fernsehen gemeldet worden war. Die Verbindungen waren immer noch unterbrochen und alle Flüge in beiden Richtungen bis auf weiteres gestrichen. Vietnam war verschlossen wie ein Grab.

Und dann begann das amerikanische Fernsehen auch noch, sich anderweitig zu orientieren, um sein wankelmütiges Publikum bei Laune zu halten. Wenn Vietnam überhaupt noch erwähnt wurde, dann von Politikern und Kommentatoren. Amerikaner mögen keine Verlierer, und Vietnam war ein Thema, über das die Leute mehr als genug gehört hatten. Zum Glück konnten die lokalen Nachrichtensendungen die Tausenden von Flüchtlingen nicht übersehen, die tagtäglich in den Häfen und auf den Flugplätzen Südkaliforniens eintrafen – vor allem in Camp Pendleton, an der Küste nördlich von San Diego. Der Anblick, wie sie durch die Brandung hereindrängten, im Hintergrund die US-Truppentransporter, glich einer gespenstischen Wiederholung der Szene, als die ersten Marineinfanteristen vor zehn Jahren in China Beach landeten – freilich mit genau umgekehrter Rollenverteilung. Es war ihnen nicht gelungen, Vietnam den Frieden zu bringen, und nun brachten sie Vietnam mit seiner ungestillten Friedenssehnsucht nach Amerika. Im Hinblick auf die Aufnahme – oder das Leben –, die diese Flüchtlinge vorfinden würden, war ich nicht eben optimistisch, doch daß es besser war als alles, was sie hinter sich gelassen hatten, das wußte ich.

Etwa drei Wochen nach der Abreise von Dennis und eine Woche nach dem Zusammenbruch Südvietnams hatte ich mich damit abgefunden, das Leben künftig allein meistern zu müssen. Und als es dann spätabends an der Haustür klingelte, nahm ich folgerichtig an, jetzt käme *das* Telegramm – eine Benachrichtigung vom State Department, Militär, Roten Kreuz oder von Dennis' Kirche, eine endgültige Bestätigung seines Schicksals.

»Wer ist da?« fragte ich durch die Tür.

Als Antwort ertönte das Gekicher eines Kindes.

Als ich öffnete, stand meine Schwester vor mir. Lan sah erschöpft und so alt wie unsere Mutter aus, aber wunderbar lebendig. Ihre beiden kleinen Jungen verkrochen sich hinter ihr.

»*Troi oi!* – mein Gott, du bist's wirklich, ich kann's nicht fassen!« Wir fielen uns in die Arme und fingen unter Tränen zu lachen an.

»Wo ist Dennis?« Ich umarmte die Jungen und spähte nach hinten. In der Dunkelheit lud der Mann der Stunde pflichtgetreu ihre Taschen aus dem Taxi, das sie vom Flugplatz hergefahren hatte. Ich lief nach draußen – unschicklicherweise im Nachthemd – und umarmte ihn, so fest ich konnte. Sein Gesicht war unrasiert und grau, er hatte in diesen letzten zehn Tagen das Ende einer Tragödie eines Jahrzehnts gesehen. Wir gingen ins Haus, wo ich die Jungen weckte und sie mit dem siebenjährigen Eddie – dem vietnamesischen Kusin, an den sie sich kaum erinnerten – und dem vierjährigen Robert bekannt machte. Die beiden wirkten verwahrlost und unterernährt, was durchaus verständlich war, sich aber in Amerika ohne weiteres beheben ließ. Beunruhigender war die Angst, die sich in jeder Bewegung ausdrückte. Von Dennis sprachen sie respektvoll – ehrfürchtig – als *Ong My,* ›Mr. Amerikaner‹, selbst wenn er nicht im Zimmer war.

Während die Kinder sich mit amerikanischen Spielsachen und Badezimmern anfreundeten, machte ich mit Lan eine rasche Besichtigungstour durch mein amerikanisches Schloß. In ihrem Gesicht spiegelte sich das gleiche Staunen wider, mit dem ich damals auf den alltäglichen amerikanischen Luxus reagiert hatte.

»Alles ist so hübsch – so wundervoll!« flüsterte Lan auf vietnamesisch. Sie traute sich nicht einmal, die Lichtschalter zu berühren. »Dennis muß sehr vermögend sein. Er behandelt dich wie eine Königin!«

»O nein – das gehört alles mir. Dennis arbeitet und beteiligt sich an den Kosten für Hypothek und Haushalt, aber ich bezahle alles. Für Amerikaner ist all das sowieso nichts Besonderes. Ich bin besser dran als manche, aber nicht so reich wie viele.«

Ich merkte, daß Lan mir zwar nicht recht glauben wollte, sich aber wenigstens mit einem Urteil über dieses fremde Land zurückhalten würde, in dem alles – auch die Beziehung zwischen großer und kleiner Schwester – umgekehrt war. Ich hätte vor Aufregung sowieso nicht schlafen können und bat sie, sich an den Tisch zu setzen und mir von ihrer Flucht zu berichten. Ich schilderte ihnen, wie furchtbar die Bilder vom Zusammenbruch Saigons im Fernsehen gewirkt hatten.

»Die Bilder waren gar nichts.« Mit diesen Worten tat Lan meine qualvollen drei Wochen ab. »Ende März türmte jeder, der 'ne Machtposition hatte. Präsident Nguyen Van Thieu haute mit sechs Tonnen Gold ab und hinterließ eine Aufzeichnung für die Truppen, sie sollten standhalten und an seiner Seite kämpfen. Hältst du so was für möglich? Ich hätte sehr oft einen Monatsverdienst dafür gegeben, einen echten Polizisten zu sehen – selbst einen korrupten –, aber jeder, der für die Amerikaner gearbeitet hatte, suchte das Weite. In den letzten paar Wochen waren Taxichauffeure, *siclo*-Fahrer, Arbeiter, Ladenbesitzer, die rabiatesten Flüchtlinge Herren in der Stadt – sie hatten das Sagen. Sie haben sich die Anarchie zunutze gemacht, um es den Menschen heimzuzahlen, die das Land verloren hatten – Regierungssoldaten, Bürokraten und allen Amerikanern, die dumm genug waren zu bleiben. Dennis ist mit Müh und Not lebendig rausgekommen.«

»Hast du Lan gleich im Hotel vorgefunden?« Die Frage schien für sie der Schnee von gestern zu sein.

»Aber ja«, erwiderte Dennis. »Der Taxifahrer wollte mich übers Ohr hauen, und da sind wir uns in die Haare geraten. Ein kleiner Kerl, aber er hatte ein Messer.«

»Jetzt bist du doch in Ordnung?« Ich betrachtete ihn prüfend.

Dennis lachte. »He – ich war schließlich früher mal 'n Bulle! Also Lan hat jedenfalls einen windigen Anwalt breitgeschlagen, 'ne falsche Heiratsurkunde auszufertigen. Es wäre die einzige Möglichkeit, wie 'ne vietnamesische Staatsangehörige aus dem Land kommen könnte, hat er gesagt. Der Haken dabei war nur, daß auch dieser Halunke versucht hat, uns aufs Kreuz zu legen. Nachdem wir bezahlt hatten, wedelte er mit den Dokumenten und verlangte mehr Geld. Ich sagte ihm, er soll sich verpissen, und ging, aber Lan blieb, um weiter zu verhandeln. Das Arschloch hat sie schließlich dazu gekriegt, ihr gesamtes Bankkonto auf seinen Namen zu überschreiben. Viel war's ja nicht, aber immerhin alles, was sie hatte.«

»Nicht ganz. Ich hab trotzdem etwas Gold aus dem Land geschafft«, verkündete Lan stolz. Wie andere vietnamesische Flüchtlinge setzte natürlich auch Lan auf Gold als sichere Anlage für die Zukunft. Später erfuhr ich, daß chinesische Geschäftsleute in jenem Frühjahr ihren Schnitt machten, indem sie die Flüchtlingsflugzeuge und -schiffe abfingen und das herausgeschmuggelte Gold zum halben Marktpreis kauften.

»Wieviel?« Ich versuchte beeindruckt zu klingen, war aber wirklich ziemlich wütend auf beide. Immerhin hatte Dennis noch über die Hälfte von meinen für die Flucht bestimmten zehntausend Dollar. Nach allem, was er riskiert hatte, erschien es mir als der Gipfel von Habgier und Irrsinn, sich womöglich beim Schmuggeln erwischen zu lassen und festgehalten zu werden.

Lan strahlte. »Ungefähr ein halbes Dutzend vierundzwanzigkarätige Blattgoldfolien. Dennis hatte sie in den Stiefeln versteckt.«

»Und dann habt ihr eure Visa für die Staaten gekriegt?« fragte ich.

»Ja, mit der Heiratsurkunde gab's da keine Schwierigkeiten«, erklärte Dennis. »Die Kommunisten waren inzwischen so nahe, daß nach Auffassung des State Department sie kein Amerikaner zurücktreiben würde. Die hatten's genauso eilig wie ich mit dem Abtransport. Lan und die Jungen waren bloß Gepäckstücke.«

»Wann habt ihr dann tatsächlich das Land verlassen?«

»Am 28. April.«

»Mein Gott – zwei Tage vor der Eroberung der Stadt.«

»Das hat man mir auch gesagt.« Dennis zuckte die Achseln. »Du weißt wahrscheinlich mehr von dem, was danach passiert ist, als wir«, meinte Dennis. »Wir wurden nach Guam verschifft, kriegten dann endlich einen Flug nach Pendleton. Wieder genau der gleiche Zauber wie bei der gottverdammten Army.«

»Warum hast du denn nicht angerufen?«

Dennis und Lan starrten sich verblüfft an. »Um die Wahrheit zu sagen, in den ersten paar Tagen ist mir das überhaupt nicht eingefallen. Ich meine, wir waren okay – wir hatten's geschafft. Jetzt ging's nur noch darum, nach Hause zu kommen. Als ich endlich ans Anrufen dachte, gab's entweder keine Telefone oder zu lange Warteschlangen oder 'nen anderen Mist. Jetzt sind wir jedenfalls hier, und das ist das einzig Wichtige.«

»Ihr zwei seid also verheiratet?« Dieses Manöver gehörte nicht zum Plan. Ich hatte angenommen, Dennis würde sie einfach durch Bestechung rausschaffen oder gefälschte Missionsunterlagen kaufen oder etwas in der Art. Ich gratulierte lächelnd, erwartete halb und halb die Mitteilung, die Ehe sei vollzogen worden, das junge Paar finde Gefallen an dieser Regelung, und ich müßte meinen Teil des Abkommens nicht einhalten.

»Nur nach Ansicht des State Department«, erklärte Dennis. »Das heißt, wir müssen eine Annullierung vorlegen. Im allerschlimmsten Fall können wir immer noch nach Mexiko fahren und uns dort rasch scheiden lassen.«

»Na, das ist ja alles 'ne ganz schöne Überraschung.« Ich lächelte krampfhaft, atmete einmal tief aus und wieder ein. »Und jetzt hab ich eine Überraschung für dich!«

Dennis war hingerissen, als er erfuhr, daß er Vater wurde; nicht nur, weil er Kinder liebte, sondern weil er glaubte, ein Kind würde uns einander näherbringen – vielleicht sogar bewirken, daß ich ihn ebenso liebte wie er mich.

Das tägliche Leben ging weiter. Lan bekam ihre Green Card, doch als sie versuchte, mit der Forderung nach Annullierung ohne Beweise ihre Namensänderung zu erreichen, wurde sie ihr wieder entzogen. Dennis traf Vorbereitungen für eine mexikanische Scheidung.

Auch Lan mußte lernen, sich umzustellen. Ich zeigte ihr, wie sie die Geschirrspülmaschine, die Waschmaschine nebst Wäschetrockner, den Abfallbeseitiger und all die anderen unverzichtbaren amerikanischen Haushaltsgeräte handhaben sollte. Sie bekam ein eigenes Schlafzimmer, in unserem Land ein schierer Luxus. Das zweite Schlafzimmer teilten sich die vier Jungen (obwohl Robert meistens bei seiner Mutter schlief), das dritte Dennis und ich. Eddie, wenngleich in Jimmys Alter, wurde immer noch von den Schreckensszenen aus dem Krieg verfolgt und schrie häufig nachts, entweder aus Angst oder nach seiner Mutter. Alle Vietnamesinnen behandelten Erstgeborene wie Könige; Lan und ich bildeten da keine Ausnahme. Jimmy hatte sich freilich die typisch amerikanische Unabhängigkeit so rasch zu eigen gemacht, was die typisch vietnamesische Verzärtelung archaisch und ziemlich sinnlos erscheinen ließ. Dies war der erste Fall von vielen weiteren, in dem meine eigene Amerikanisierung – wesentlich fortgeschrittener, als ich geahnt hatte – durch das Beispiel meiner Schwester gefördert wurde. Diese Erkenntnis regte mich indes nicht auf; ganz im Gegenteil. Denn da ich alle wichtigen vietnamesischen Feiertage und Traditionen einhielt, machten mich diese Veränderungen meiner Meinung nach lediglich zu einem besseren Menschen – zu einer Frau mit zwei Kulturen anstatt einer. Darüber gab es geteilte Auffassungen.

Als Eddie sich nach etwa einem Monat in der Schule eingelebt hatte (wo er zu lernen begann, wie man sich nicht als Prinz gebärdete), fuhren wir nach Tijuana und stellten uns vor der amerikanischen ›Scheidungsfabrik‹ an. Bis zum allerletzten Moment erzählte ich Dennis und Lan, was für ein fabelhaftes Paar sie abgäben, und fragte Lan leise, ob sie sich mit einem legal angetrauten Ehemann in Amerika nicht wohler fühlen würde. Doch Dennis blieb hart, und Lan schwebte immer noch eine Rückkehr, gemeinsam mit Petey Bailey, vor. Die Scheidung wurde vollzogen.

Am gleichen Tag, dem 21. Juli 1975, mußte ich mein Versprechen einlösen. Bevor die Tinte auf ihrem Scheidungsurteil trocken war, erhielten Dennis und ich unsere Heiratsurkunde. Wie sich später herausstellte, wurde unsere mexikanische Eheschließung von keiner honorigen amerikanischen Institution anerkannt, so daß wir ein Jahr später das Ganze in Las Vegas wiederholten. Ich sprach die fremdartig klingenden christlichen Gelübde, und die angeheuerten Trauzeugen klatschten, doch es waren keine Freudentränen, die mir in die Augen stiegen.

Während die Monate verstrichen, schlug unser Familienzuwachs allmählich Wurzeln in Amerika. Die Jungen wurden die besten Freunde und erzählten aller Welt mit Begeisterung, jeder von ihnen habe drei Brüder, zwei Mütter und einen Vater. Jimmy und Tommy halfen den beiden anderen bei ihrem Englisch, dafür zeigten ihnen Eddie und Robert, wie man Musikinstrumente aus Aluminiumdosen und andrem Schrott macht, eine Kunstfertigkeit, die sie in den Straßen von Saigon und Da Nang erlernt hatten.

Dieser kulturelle Mischmasch war nicht nach jedermanns Geschmack. Jimmy und Tommy hatten sich daran gewöhnt, bei Pfeifkonzerten und Buhrufen wie ›Schlitzauge‹ oder ›Japs‹ und ähnlichem einfach den Rücken zu kehren – Eddie und Robert jedoch nicht. Mehr als einmal kamen sie vom ›Spielen‹ in der Nachbarschaft mit einem blauen Auge und blutender Nase zurück.

Schließlich griffen alle vier zu Maßnahmen, ihre wahre Herkunft zu verbergen: daß sie aus dem ›Feindesland‹ stammten, gegen das die Väter und älteren Brüder ihrer Freunde gekämpft hatten. Manchmal ließ sich das einfach bewerkstelligen, indem sie sich als Hawaiianer oder Mexikaner ausgaben. Manchmal aber erforderte die Erfindung mehr Nachdenken und mußte teurer bezahlt werden. So ließ Jimmys Lehrerin die Klasse einen kurzen ›autobiographischen‹ Hausaufsatz schreiben. Er ›interviewte‹ mich und bat mich, ihm alles zu erzählen, woran ich mich aus seiner frühen Kindheit erinnern konnte. Er las mir dann den fertigen Aufsatz vor, und ich war zu Tränen gerührt.

Ein paar Wochen danach unterhielt ich mich bei einem Elternabend mit seiner Lehrerin und stellte ihr viele Fragen. Sie zeigte mir stolz eine Wand, an die lauter Lebensläufe von Schülern gepinnt waren. Ich suchte vergeblich nach Jimmys. Als ich mich bei der Lehrerin danach erkundigte, schüttelte sie den Kopf. »Das war die einzige Hausaufgabe, die Jimmy nie abgeliefert hat!«

Lan redete weiter unentwegt von P.T. Bailey. Anfangs riet ich ihr, ihn zu vergessen, genau wie es meine Freundinnen im Fall Dan getan hatten. Petey war wie Ed ein älterer Mann, Bauingenieur, Zivilist, kein Soldat. Doch im Gegensatz zu Ed gab er gern Geld aus, mit ein Grund, weshalb Lan ihn nie allzu heftig wegen Heirat gedrängt hatte – es war unklar, wer dann wen ernähren würde. Jetzt redete sich Lan in ihrer Einsamkeit ein, daß Petey sich in den Vereinigten Staaten ganz anders verhalten würde – vor allem, wenn sie verheiratet wären. Je mehr Lan sich von der amerikanischen Gesellschaft abkapselte, desto romantischer verklärte sie Petey. Da sie keinen Job hatte und sich auch gar nicht bemühte, einen zu finden, hielt ich es allmählich für keine so schlechte Idee, wenn ein Mann mir die Sorge für sie und die beiden Jungen abnähme.

Aber *nicht* P.T. Bailey!

Meine Schwester sollte sich den Neuanfang nicht genauso verpfuschen, wie ich es getan hatte. Ich sprach ein Machtwort, und Lan lud Petey zu einem Besuch ein. Er entsprach durchaus dem Bild, das ich in Erinnerung hatte, nur natürlich viel älter. Er war groß, sehr dünn, redete nicht viel und rauchte sogar noch mehr als Ed. Falls er überhaupt Geld hatte, so war davon nichts zu merken. Er war schlecht gekleidet und bot nur selten an, irgendwelche Unkosten zu übernehmen, nicht einmal für ›seine Frau‹, wenn wir ausgingen, was nicht oft vorkam, und dann höchstens zu McDonald's.

Da Petey seit seiner Rückkehr aus Vietnam arbeitslos war, hatte er es auch nicht eilig, seinen Besuch zu beenden. Nach einem Monat glich unser Haus einem Flüchtlingslager. Gehalt und Zuschüsse von Dennis waren schon eine gewisse Hilfe, aber was davon nach Abzug der Steuern und diversen Barrechnungen übrigblieb, reichte kaum für das Nötigste. Den Lebensunterhalt von sieben Personen mit dem Einkommen einer ungelernten vietnamesischen Haushälterin, etwas Sozialversicherung und einem bis über beide Ohren verschuldeten Beamten zu bestreiten, das konnten wir auf die Dauer nicht durchhalten.

So versuchte ich, eines Tages mit Lan zu reden, eine heikle Aufgabe. Mir war klar, daß wir offen sprechen mußten – über Petey und daß sie sich nach einem Job und einer Bleibe umsehen mußte. Ich wollte sie nicht wütend machen und keine Handgreiflichkeiten riskieren, was nicht völlig auszuschließen war. Daher wartete ich, bis Dennis seinen freien Tag hatte, und beschwatzte ihn, in Hörweite zu bleiben, während Lan und ich beim Kaffee die Lage klärten.

»Weißt du, Nam Lan«, begann ich auf vietnamesisch, wobei ich ihren Zahlennamen (Schwester ›Nummer fünf‹) benutzte und mich bemühte, einen sehr respektvollen Ton anzuschlagen, »du hast wirklich großes Glück. Ich hatte bei meiner Ankunft kein Blattgold als Startkapital. Ich war wie Eds Tochter und für seine Angehörigen ein Nichts. Mit deinem Geld, dem guten Englisch und deiner Erfahrung als Hilfsschwester kannst du einen prima Job bekommen und dir eine nette Wohnung mieten. Du kannst dein Gold verkaufen und den Erlös auf die Bank bringen und Zinsen kriegen und ein bißchen davon verwenden, um deinen Jungen hübsche Sachen für die Schule zu kaufen, damit sie nicht immer das geliehene Zeug von Jimmy und Tommy tragen müssen...«

»Okay, ich hab's kapiert.« Lan stand auf, ging in ihr Zimmer und kam mit zwei Goldfolien aus dem Versteck unter ihrer Matratze zurück. Sie warf sie mir hin. »Ich hab nicht gewußt, daß du so arm bist. Wenn du so arm bist, hättest du mich nicht aus Vietnam rausholen dürfen – weißt du, warum? Weil du jetzt für mich verantwortlich bist. Das stimmt! Du und die Amerikaner. Ihr Amerikaner habt mich zu einem Flüchtling gemacht, dafür könnt ihr jetzt auch zahlen, verdammt noch mal! Das ist meine Meinung. Aber ich bin kein Geizhals. Wenn du mein Gold haben willst – hier ist's, alles, was ich habe. Kauf dir dafür Kleider und Hamburger, von mir aus.«

»Bitte – ich will dein Gold nicht. Es geht doch nur darum, daß Pete...«

»Das ist doch der Gipfel! Jetzt willst du dich also über Pete beschweren, ja? Und was ist mit Dennis? Den hast du aufgenommen, wie er erledigt war. Wieso gibst du Pete nicht die gleiche Chance? Mein Gott, Bay Ly, Dennis verdient doch nicht mal genug für deinen Unterhalt, und der hat 'nen Job! Wie kannst du dich da über Petey beklagen? Jedenfalls hat Dennis in Vietnam Papiere unterschrieben, daß er in den Vereinigten Staaten die Verantwortung für mich übernehmen würde. Vielleicht solltest du mal mit ihm reden und ihn veranlassen, daß er sein Versprechen einhält.«

Unsere ›Diskussion‹ wurde nicht besser, aber wenigstens

nicht handgreiflich. Dennis schaute kurz herein, winkte, schlenderte dann zu seiner Stammkneipe. Lan stolzierte in ihr Zimmer, und ich weinte den restlichen Vormittag, bis ich zur Arbeit mußte.

Natürlich drehte sich nicht jedes Gespräch mit Lan um Geld oder unsere akuten Probleme. Oft tauschten wir Kindheits- und Jugenderinnerungen aus, die im Lauf des Gesprächs immer lebendiger wurden und uns Tränen entlockten; unser Schwesternzwist geriet darüber in Vergessenheit.

Bei solchen Reminiszenzen zeigte sich Lan von der anderen Seite – als liebevolle große Schwester, die uns Kleinere betreute. Im Alter stand ihr Bon Nghe am nächsten, aber er war ein Junge und obendrein der älteste Sohn. Unsere Eltern hatten ihm all ihre Liebe und Fürsorge geschenkt, so daß für Lan nicht viel übrigblieb; sie mußte zu Hause uns Kinder hüten oder in den Reisfeldern arbeiten, oft gegen Bezahlung auf denen unserer Nachbarn.

Einmal waren Lan und Bon Nghe bei unseren Kühen auf der Weide, als französische Granaten einzuschlagen begannen. Die Kühe stoben auseinander, Bon Nghe rannte in die eine Richtung, Lan in die andere. Er gelangte heil nach Hause und berichtete, was passiert war, Lan aber blieb verschwunden. Unsere Eltern machten sich mehrere Tage hindurch nicht auf die Suche nach ihr, bis sie dann schließlich von allein wieder auftauchte. Meine Mutter begründete dieses Versäumnis immer damit, daß sie angenommen hätten, Lan sei umgekommen, doch Lan maß dem meiner Meinung nach keine große Bedeutung bei. Als sie fünfzehn war, schickte unsere Mutter sie nach Da Nang, wo sie zum Unterhalt der Familie beitragen sollte. Natürlich fand sie als unwissendes Bauernmädchen nur Stellungen, wo sie die niedrigsten, schmutzigsten Arbeiten verrichten mußte, und wurde ständig von ihren Dienstherren ausgenutzt. Sie beteuerte zwar, die Beweggründe unserer Mutter zu verstehen, empfand es aber vermutlich als Hinausschmiß – als ob ihr Wert als Tochter nur danach bemessen würde, wieviel Geld sie nach Hause schicken konnte. Wir haben nie darüber gesprochen, ich hingegen sah darin einen Grund, aus dem Lan zur Einzelgängerin geworden war – das schwarze Schaf der Familie –, zumindest in den Jahren, bevor ich Anspruch auf diesen Titel erheben konnte. Ich bemühte mich immer, mir das ins Gedächtnis zu rufen, ehe ich ihren Äußerungen und Handlungen gegenüber allzu selbstgerecht wurde.

Mitte November 1975 hatte die Zeit einige Wunden geheilt – andere jedoch verschlimmert.

Pete Bailey bekam einen Einjahresvertrag in Grönland und versprach, monatlich Schecks zu schicken, die Lan und den Jungen helfen sollten, sich in Amerika zu etablieren. Ich verschaffte Lan einen Job als Hilfsschwester in einem nicht allzu weit entfernten Krankenhaus. Auf der negativen Seite begann meine Schwangerschaft sich bemerkbar zu machen, und es war nur noch eine Frage der Zeit, bis wir Lans eigenen Schlafraum in ein Kinderzimmer umwandeln mußten. Diesmal nahm ich jedoch die Dinge in die Hand, um Lans besserem Ich einen sanften Anstoß zu geben.

»Schau mal, was ich hier für dich habe!« sagte ich und zeigte ihr einen brandneuen Schlüsselbund.

»Du hast die Schlösser ausgewechselt?« brummte Lan. »Du schmeißt Dennis raus? Prima.«

»Nein – sei nicht albern. Das sind die Schlüssel für eine neue Wohnung, die ich für dich und die beiden Jungen gemietet habe. Sie liegt nur ein paar Kilometer entfernt, ist das nicht schön? Wir können uns jederzeit besuchen. Und zu deinem Krankenhaus ist es auch bloß ein kurzer Fußweg – du brauchst nicht mal mit dem Bus zu fahren. Sie wird dir gefallen. Lebensmittelvorräte für einen Monat hab ich auch schon im Schrank untergebracht.«

»Dann verhungern wir also nach einem Monat. Ich kann's nicht fassen, daß wir das alles wiederkäuen, Bay Ly. Willst du noch mehr Gold, um meine Jungen ihrer Zukunft zu berauben? Nur zu, nimm dir, was du willst!«

Jeder Versuch, vernünftig mit ihr zu reden, war zwecklos; sie hatte ihre unverrückbaren, irrationalen Argumente und ließ keinen abweichenden Standpunkt zu. Wenn gar nichts mehr verfing, verwies sie darauf, daß sie, als meine ältere Schwester, in allen Familienangelegenheiten zu entscheiden habe. Da zweifelhaft war, ob unsere übrigen Angehörigen den Zusammenbruch Südvietnams überlebt hatten, reichte allein diese Tatsache meist für einen Punktsieg.

Diesmal allerdings gedachten Dennis und ich Nägel mit Köpfen zu machen. Lan holte oft gemeinsam mit mir die Jungen von der Schule ab. An diesem Tag nun fuhr ich mit den dreien nicht nach Hause, sondern zu der neuen Wohnung. Es war ein älteres Haus in einer älteren Gegend (nicht so hübsch wie unsere in Santee, aber alles, was ich erschwingen konnte) und trotzdem weitaus attraktiver als ihre schönste Wohnung in Vietnam. Ich hatte Dennis hinbestellt – teils als Schutz, falls Lan eine Szene machte, teils sollte es zeigen, daß wir es ernst meinten, daß es tatsächlich eine Entscheidung war, die meine neue amerikanische Familie getroffen hatte.

Lan stieg aus, entgeistert und wie betäubt, als ginge sie zu ihrer eigenen Hinrichtung. Ich führte sie durch die zwei Zimmer mit Kochnische. Das Mobiliar war alt und ramponiert, aber das konnte Lan mühelos nach ein paar Monaten Arbeit oder mit einigen Schecks von Petey erneuern. Wir überließen sie der neuen Umgebung und versprachen, ihnen ihre Sachen vorbeizubringen, was wir noch am gleichen Nachmittag taten.

Zum Glück dauerte das Fegefeuer für Lan nicht lange. Petey kehrte, wie versprochen, nach einem Jahr zurück, und die beiden heirateten. Ich sah die Chancen für diese Ehe nicht gerade rosig, aber stand ausgerechnet mir da ein Urteil zu? Lan war glücklich, und deswegen war ich es auch.

Als nächster sorgte Dennis für Wirbel.

Er war tief religiös, und ich hatte den Fehler begangen, ihm mehr als einmal von meinen mystischen Begegnungen mit Eds Geist zu erzählen. Zunächst tat er das als Hirngespinste ab, als Ausgeburten meiner heidnischen Fantasie.

»Wenn du diesen dämlichen Schrein wegwirfst, hören auch diese albernen Halluzinationen auf«, bemerkte Dennis. Er hatte natürlich recht, räumte aber trotzdem ein, daß in unserem Haus ›komische Dinge‹ vor sich gingen, Dinge, für die auch seine westliche Erziehung und seine baptistische Herkunft keine Erklärung liefern konnten.

Eines Nachmittags, als ich das Geschirr in den hohen amerikanischen Wandschrank stellen wollte und Jimmy gerade am Küchentisch ein Sandwich aß, öffnete ich eine Tür und wurde sofort von einem Lichtstrahl geblendet. Er schoß von links nach rechts und verschwand dann.

»Toll, Mom!« schrie Jimmy, während er seine Milch trank. »Wie hast du das hingekriegt, daß sich das Licht so schlängelt?» Er war in diesem Land der technischen Wunder so an seltsame Dinge gewöhnt, daß er gar nicht auf den Gedanken kam, sich zu fürchten.

»Du hast es auch gesehen?« Mit schlug das Herz bis zum Hals.

»Klar. Wie hast du das gemacht?«

Später erzählte ich Dennis von unserem ›Zaubertrick‹, den er so ernst nahm, daß er Jimmy ausfragte. Er kam verwirrt, jedoch nicht überzeugt zurück.

»Etwas hat Jimmy gesehen.« Dennis schüttelte den Kopf. »Es war mehr als eine Lichtspiegelung oder was in der Preislage. Der Teufel soll mich holen, wenn ich's dir sagen kann. Vielleicht statische Elektrizität.«

Als ich nicht lange danach im Bett las und auf Dennis wartete, erschien er in der Tür, bleich und schwitzend.

»Saukerl!« keuchte er – nicht wütend, sondern verwundert.

»Was ist denn los?« Ich stand auf. »Bist du krank? Möchtest du ein Glas Wasser?«

Er wischte sich das Gesicht mit einem Tuch ab. »Du wirst's nicht glauben – oder vielleicht doch. Ich hab eben Ed gesehen!«

»Natürlich. Ich seh ihn dauernd.«

»Du verstehst nicht. *Ich* hab Ed gesehen – er stand drei

Meter vor mir! Wie ein Diaprojektor: klick, da war er, klick, da war er wieder weg. Himmel, ich hab den Kerl doch nie gesehen, nur auf einem Foto! Aber da stand er. Ich sag dir eins, wir ziehen hier aus!« Dennis schloß die Tür, als ob das eine Barriere für Geister in der Diele wäre …

Am 19. Dezember 1975, nicht lange, nachdem Dennis seine Erscheinung gehabt hatte, brachte ich Alan zur Welt – meinen dritten Sohn. Dennis war so stolz auf dieses neue kleine Wesen, das seinen Namen trug, daß auch meine beiden anderen Jungen sich so nennen durften, auch wenn er sie niemals formell adoptierte. Es ist mehr als ein Name erforderlich, um eine Familie zu bilden, aber wenigstens hatten wir einen Anfang gemacht.

Wenn Dennis sich zu etwas entschlossen hatte, war er nicht zu bremsen; so auch diesmal. Er verliebte sich in ein zweistöckiges Haus mit fünf Schlafzimmern in einer Sackgasse von San Diego, das er im März 1976 käuflich erwarb. Als Anzahlung benutzte er den Verrechnungsbetrag aus meinem Haus in Santee und sein Darlehen von der Veterans' Administration. Ich bezweifelte, ob wir die weiteren Zahlungen aufbringen könnten, die weit höher waren als die für Eds Haus, aber Dennis wollte ja nicht bloß ein Dach über dem Kopf, sondern sich damit seinen Seelenfrieden erkaufen. Und da spielte der Preis keine Rolle.

Für Dennis bedeutete das neue Haus einen Aufschwung, für uns dagegen einen Rückschritt. Santee war eine Marine-Gemeinde mit vielen Arbeiterfamilien. In unserer neuen Nachbarschaft wohnten indes hauptsächlich gehobene Angestellte, die sich viel reservierter verhielten und kein großes Interesse an diesem ehemaligen GI und seiner asiatischen Ehefrau bekundeten. In Eds Umgebung war ich wenigstens eine exotische Verzierung. In Dennis' neuem Viertel wurde ich ebenso gleichgültig aufgenommen wie ein neuer asiatischer Gärtner.

Eins machten wir allerdings richtig. Ich engagierte einen

vietnamesischen Fachmann für Geomantie zur Begutachtung des Hauses. Er inspizierte es gründlich, nahm Maß, überprüfte alles mit dem Kompaß.

»Die Küche ist okay«, erklärte er und musterte die Wände wie ein Kammerjäger, »aber mit der Haustür werden Sie Schwierigkeiten haben. Ich schlage vor, Sie lassen sie so bald als möglich verlegen, damit sie sich nach Osten, zum Sonnenaufgang, öffnet.«

»Das ist beim besten Willen nicht möglich«, entgegnete Dennis, mit dem Lachen kämpfend. »Das Haus ist schon teuer genug. Wir können uns keine großen Umbauten leisten.«

»Wie Sie wollen. Wir sprechen über Ihr Glück, nicht über meins.«

Er machte noch einige weitere Anmerkungen – alles Dinge, an denen wir nicht viel ändern konnten, und nannte mir dann einen nicht allzu weit entfernten buddhistischen Tempel für den Fall, daß ich im Gebet Frieden suchen wollte.

Mein Herz hüpfte vor Freude. Seit langem hatte ich nach einem geeigneten Ort Ausschau gehalten, wo ich an hohen Feiertagen beten und mir vor allem bei Priestern und Mönchen Rat holen konnte in Fragen, die mich beunruhigten. Und jetzt hatte mir dieser komische kleine Mann genau das offeriert. Daß ich das vereinbarte Honorar so großzügig aufrundete, überraschte ihn, doch das war noch immer viel billiger als eine neue Haustür.

Der kleine buddhistische Tempel war von ausgebürgerten Vietnamesen gegründet worden, die ein Optimum an Spenden aufbrachten, um sich in diesem fremden neuen Land einen spirituellen Halt zu schaffen. Obwohl die meisten Gelder von wohlhabenderen Einwanderern stammten, war der Tempel kärglich: weniger ein Zeichen für die Knausrigkeit reicher Leute als für die traditionelle buddhistische Askese. An dem einen Ende des leeren Saales war ein Sims mit einem in Kontemplation versunkenen steinernen Buddha. Rundherum waren Weihrauch und Teller mit Opfergaben aufgebaut – meist vertrocknete Früchte und altbackene Kekse. Die Mönche hätten von jeder beliebigen Straßenecke in Saigon kommen können: barfüßig, safrangelb gewandet, kahlgeschoren begrüßten sie jeden stets lächelnd und mit einer frommen Verneigung. Weil sie kein Englisch sprachen, waren sie gänzlich von ihren Gönnern abhängig, was Nachrichten von der Außenwelt betraf, Speisen oder Geld, das ehrerbietig in ihren *binh bat*, kleinen Bettelschalen, deponiert wurde. Im Verlauf der folgenden Monate gehörte ich zum lebenden Inventar.

Es gab viel zu erledigen, um uns in unserer neuen Umgebung zu etablieren – die Umschulung der Kinder; die an den Nachbarn ausgerichtete Bepflanzung des Vorgartens; die Ausgestaltung des Hinterhofs im Farmcharakter (mit Bananen, Guavenbäumen, Bambus, Zitronenmelisse, Minze und vielerlei Gemüse); und die Kontaktaufnahme mit unseren Nachbarn, Pat (eine blonde Surferin) und ihr Mann Mike, ein verständnisvoller Vietnam-Veteran.

Jede freie Minute verbrachte ich im Tempel. Die Mönche (die ich *su* oder ›Meister‹ nannte) schätzten meine Kenntnis der alten Traditionen und meinen Lerneifer. Zu Hause konnte ich sogar eines unserer zusätzlichen Zimmer als ›Tempelraum‹ für meinen Schrein der Vorfahren und ein Bücherregal benutzen, das bald überquoll von Literatur über Religion und Philosophie, östliche wie westliche. Die Spannung zwischen meinem instinktiven Bestreben, einerseits meine Familientraditionen zu wahren und mir andererseits neue Gedankenwelten zu erschließen, und Dennis mit seiner mangelnden Toleranz gegenüber allem außerhalb der christlichen Lehre führte schnell zu Schwierigkeiten.

Zunächst bemühten wir uns um einen fairen Ausgleich. Dennis kam ein paarmal in meinen Tempel, nur um sich ein Bild zu machen. Ich drängte ihm meine religiösen Überzeugungen ebensowenig auf, wie ich es bei Jimmy und Tommy getan hatte. Wie mein Vater wollte auch ich meinen Kindern ein Beispiel geben, an dem sie sich orientieren konnten. Wenn sie neugierig wurden und Fragen stellten, beantwortete ich sie bereitwillig. Taten sie das nicht, war auch nichts einzuwenden. So ging spirituelle Erziehung im Osten von jeher vonstatten: Neulinge fragten den Lehrer, der seinerseits keine Antworten einforderte.

Ganz anders die Einstellung von Dennis und seiner Kirche. Da die Gemeinde zur Hälfte aus Asiaten bestand, wurden die Gottesdienste sowohl auf englisch wie auf mandarinisch abgehalten, und die angegliederte Schule hatte einen Spielplatz, der die ganze Woche für die Kinder geöffnet war. Das war auch der Grund, weshalb Jimmy und Tommy der Kirche den Vorzug gaben – selbst wenn es um Religion ging, verstanden sich die Amerikaner besser auf die Vermarktung ihres Produkts! Doch an die Stelle von Buddhas Botschaft der Transzendenz und Reinkarnation trat eine unabweisbare Forderung, daß wir Sünder dem Teufel entsagen und das Werk Christi weiterbringen. Eine besonders eifrige Streiterin für den Glauben war eine hübsche junge College-Studentin namens Janet, mit chinesischer Abstammung. Sie fragte mich nach dem Essen in der Kirche, ob ich am folgenden Donnerstag mit ihr gemeinsam die Bibel studieren wolle. Ich sagte begeistert zu und lud sie zum Lunch ein.

Ich wußte nicht, was ich für eine gute Baptistin kochen sollte. Dennis und ich hatten bereits westliche und asiatische Gemeindemitglieder zu Gast gehabt und über jedes Gericht lange diskutiert. Meine westliche Küche hatte immer einen Beigeschmack von Soja und Ingwer und die vietnamesische galt häufig als ungenießbar und manchmal als giftig.

»Außerdem mißfällt unseren Freunden der Gedanke, die gleichen Speisen zu sich zu nehmen, die du dem Teufel anbietest«, sagte Dennis einmal.

»Dem Teufel anbieten! Was redest du da? Buddha ist doch nicht der Teufel!«

»Na ja, er ist ein Götzenbild – ein goldenes Kalb –, lies die Bibel, dann siehst du's. Jedenfalls bereitet es ihnen Unbehagen, die Gastfreundschaft einer Heidin zu akzeptieren – eines Menschen, der nicht an Gott glaubt.«

»Aber ich glaube doch an Gott!«

»Nicht an ihren – an *unseren* Gott und Herrn im Himmel. Und außerdem war Buddha nur ein Mensch. Den darf man doch nicht anbeten.«

»Ich bete ihn ja auch gar nicht an, ich bringe nur Gebete und Achtung dar. Und es gibt viele Buddhas, nicht bloß einen...«

»Und was ist mit deinen Brandopfern? Ist das kein Götzendienst, Anbetung der Toten?«

»Wie steht's dann mit euren Blumen und Kränzen bei Beerdigungen? Huldigt ihr damit nicht den Toten?«

»Das ist was anderes. Du verstehst das nicht. Du mußt wirklich die Bibel studieren.«

Ich wußte nicht, wie unterschiedlich unsere Bräuche tatsächlich waren, aber zumindest stimmten wir darin überein, daß ich ihn nicht über seine eigene Religion belehren konnte. Ich wollte von Janet lernen, nicht mit ihr diskutieren. Ich beschloß, einen ausgiebigen Lunch vorzubereiten, vorwiegend mit amerikanischen abgepackten Zutaten, damit Janet nicht übel wurde, doch ich mochte auch ein paar vietnamesische Gerichte. Sie erschien pünktlich mit einer großen, in Leder gebundenen Bibel, in der viele Seiten durch Lesezeichen markiert waren.

»Hallo, Janet, schön, Sie zu sehen«, begrüßte ich sie.

In der Diele zog sie die Schuhe aus und warf dann einen Blick in die Küche.

»So viel zu essen! Ich hoffe, das ist nicht alles für uns.«

»Keine Sorge, was übrigbleibt, verputzen die Jungen.«

»Es geht mir auch um die Zeit.« Sie schaute auf die Uhr an ihrem zarten Handgelenk. »Haben Sie etwas dagegen, wenn wir beim Lunch mit unserer Lektion anfangen?«

Ich hatte eine Zwiesprache erwartet – Fragen und Antworten –, wie ich sie mit den Mönchen führte. Im Gemeindecollege hatte ich gelernt, daß amerikanische ›Lektionen‹ zu einem Monolog des allwissenden Lehrers vor den dummen kleinen Schülern tendierten. Mir erschien das nicht als der angemessene Weg, über den Schöpfer des Universums zu sprechen, doch ich wollte auch nicht unhöflich sein und antwortete deshalb: »Ja, natürlich. Warum nicht?«

»Ich möchte mit einigen Erklärungen über Gott anfangen«, sagte Janet beim Lunch. »Er ist unser aller Vater und hat uns erschaffen, daß wir einander lieben, und ihn am allermeisten. Er ist nun aber so vollkommen, daß er keinerlei Sünde um sich dulden kann.«

»Aber Pastor Chun sagt, wir sind alle Sünder«, unterbrach ich sie. »Heißt das, Baptisten kommen nicht in den Himmel?«

»Aber nein.« Janet lachte. »Eben deshalb hat er Jesus Christus, seinen eingeborenen Sohn, zur Erde geschickt, um uns zu zeigen, wie man ein schuldloses Leben führt. Dann veranlaßte er, daß Jesus gekreuzigt wurde, um uns zu erlösen. Verstehen Sie das soweit?«

Ich schüttelte den Kopf. Sie sprach noch weiter von Gott, der mir offenbar nicht direkt vergeben konnte, sondern nur, wenn ich meinen Glauben an seinen Sohn bekannte. Das alles erschien so kompliziert – als müsse man erst einen Paß beantragen, um Zutritt zum Himmel zu erhalten. Nach einer Weile stellte sie ihren theologischen Diskurs ein und erzählte mir von ihrer buddhistischen Familie im ländlichen China und warum sie sich zum Christentum bekehrt hatte.

»Meine Eltern und etliche andere Dorfbewohner waren Buddhisten wie Sie, Le Ly, und legten oft Speiseopfer draußen an den Schreinen ihrer Vorfahren nieder. Als ich noch ein kleines Mädchen war, hatten wir einmal eine schreckliche Dürre in den Bergen. Tiger kamen ins Dorf und fielen Menschen an, aber nur die, vor deren Häusern Eßbares lag. Alle christlichen Familien blieben verschont. Die Missionare sagten, das sei ein Zeichen von Gott, und ich glaubte ihnen. Danach bekehrten sich alle Dorfbewohner.«

Obwohl mich Janets Aufrichtigkeit rührte, wußte ich nicht, ob ich über ihre Geschichte lachen oder weinen sollte. Ich hielt es für unwahrscheinlich, daß der Schöpfer Tiger entsandte, um seine eigene Existenz zu widerlegen. Dieser in-

nere Widerspruch in einer so bedeutsamen Familienlegende
störte sie offenbar nicht.

Wir unterhielten uns dann über andere merkwürdige Unterschiede zwischen Asien und Amerika, wenn auch weltliche.

»Treffen wir uns nächste Woche wieder?« fragte Janet beim
Abschied.

Ich war mir nicht sicher, wohin diese Sitzungen führen
würden, aber Dennis schien darüber glücklich zu sein, also
erwiderte ich: »Ja, sicher. Warum nicht?«

Um die gleiche Zeit lernte ich im Tempel eine Vietnamesin
namens Huyen kennen. Sie war ebenfalls mit einem Amerikaner verheiratet, hatte jedoch genügend Zeit, die sie wohltätigen Zwecken widmen konnte. Als ich sie zum erstenmal
in ihrem Haus aufsuchte, war ich überrascht von der armseli-
gen Umgebung mit Höfen voller Unkraut, Autos ohne Räder
in den Zufahrten und Rädern ohne Autos, die an Ästen hin-
gen, als Spielgeräte für die Kinder in der Nachbarschaft. Ich
klopfte an die dünne Aluminiumtür mit dem Fliegengitter
und hatte Angst, viel zu fein angezogen zu sein, doch sie begrüßte mich herzlich.

»*Khoe khong Chi Ly* – wie geht es Ihnen, Schwester Ly?«
Dabei neigte sie den kurzgeschnittenen Kopf höflich. »Sie fragen sich wahrscheinlich, warum ich Sie hergebeten habe?«

»Keineswegs.« Im Haus war es dunkel wie in einem Kino,
und ich setzte die Sonnenbrille ab. Sie hatte keine Kühlvor-
richtung, und so waren alle Jalousien heruntergelassen, um
die Sommerhitze abzuhalten. »Ich freue mich immer über
unser Zusammensein.«

»Tja, diesmal gibt's einen ganz besonderen Anlaß.« Sie rief
nach drei Jungen, elf, dreizehn und fünfzehn, die sich der
Größe nach aufstellten. Ich wußte, es waren nicht ihre Söhne,
denn ihre einzige Tochter Rose – ebenso hübsch wie ihr
Name – hatte ich bereits kennengelernt. Sie ging die Reihe
entlang. »Das sind Anh, An und Hiep – der Familienvater.
Die Kinder meiner verstorbenen Schwester. Mein Schwager
kann sie nicht großziehen, deshalb sind sie jetzt bei mir.«

Es waren gutaussehende Jungen, die allerdings noch nicht gelernt hatten zu lächeln, wie so viele der noch immer in die Vereinigten Staaten strömenden Flüchtlinge. Ich sagte das im Scherz zu Huyen, um die Atmosphäre etwas aufzulockern, aber sie pflichtete mir bei.

»Sie sind hier sehr unglücklich«, klagte sie. »Schauen Sie sich doch das Haus an – es ist so klein! Wie das Leben auf dem schrecklichen Boot, mit dem sie aus Vietnam geflüchtet sind! Und ich hab nur die eine kleine Tochter, mit wem sollen sie spielen? Sie brauchen eine bessere Bleibe, wo sie etwas über Amerika lernen können.«

Ich ahnte, worauf das Gespräch hinauslief, hatte aber nichts dagegen. Unser neues Haus war zu groß für uns fünf, und Dennis betonte immer seine Vorliebe für umfangreiche Familien. Ich erbot mich, die Jungen regelmäßig zu übernehmen, einschließlich mehrerer Übernachtungen je Woche – unter der Voraussetzung, daß sie mit meinen Kindern auskamen, was sich beim ersten Treffen als problemlos erwies. Jimmy und Tommy hatten zwar auch weiße Freunde in der Schule, fühlten sich aber immer noch wohler bei den asiatischen Kindern in der Kirche. Der dortige Spielplatz war jetzt in unseren Hof verlegt, seitdem Huyens Neffen bei uns wohnten!

Anfangs redeten die Jungen kaum, auch wenn ich sie auf vietnamesisch ansprach, stürzten sich jedoch eifrig in die verschiedenen Hausarbeiten, ein Beweis, daß sie aus einer umsichtigen, disziplinierten Familie stammten. Sie bevorzugten die vietnamesische Küche, was wesentlich billiger war als schwere amerikanische Fleischgerichte. Das gefiel sogar Dennis, der erklärte, sie könnten bleiben, solange sie wollten. Das war der entscheidende Punkt für Huyens nächste Bitte.

»Die Jungen mögen Ihre Familie – gut!« sagte sie. »Vielleicht haben sie eine Zukunft. Ich kann keine Sozialfürsorge beantragen, weil's die Kinder meiner Schwester sind. Das heißt, bei uns hätten sie ein armseliges Leben. Es gibt nur eine einzige Möglichkeit, ihnen einen guten Start zu verschaffen – wir müssen Sponsoren für das Pflegeeltern-Programm auftreiben. Die Kosten übernimmt der Staat, aber Sie müssen für die Liebe sorgen. Glauben Sie, daß Sie das tun könnten?«

Die liebevolle Zuwendung war nicht das Problem, aber die Formalitäten machten mir Sorgen. Um uns als Pflegeeltern zu qualifizieren, mußten wir uns Blutuntersuchungen unterziehen (wegen Drogen und Krankheiten) und uns bei der Polizei Fingerabdrücke abnehmen lassen. Zwei Sozialarbeiter, darunter einer aus dem gleichen Land wie die Pflegekinder, mußten unser Haus inspizieren – um sich zu überzeugen, daß wir die Kinder anständig unterbringen und verpflegen konnten. In Vietnam bot – zumindest vor meinem Weggang – jeder dieser Schritte Gelegenheit zur Korruption. Ich befürchtete, wir müßten erst mal laufend Schmiergelder zahlen und für irgendwelche ›Kaffee-Kassen‹ verschiedener Behörden spenden, bevor eine Zulassung als Pflegeeltern bekämen. Doch meine Ängste waren unbegründet. Die Behörden waren offenbar entzückt, von den Tausenden obdachloser vietnamesischer Kinder wenigstens ein paar unterzubringen. Nach ungefähr einer Woche zogen Anh, An und Hiep bei uns ein, um ein neues Leben als Amerikaner zu beginnen.

Im ersten Jahr lief alles gut. Der Staat Kalifornien bezahlte die Arztrechnungen der Neuankömmlinge, dazu etwas über zweihundert Dollar für jedes Kind (der kleine Anh bekam weniger), so daß wir uns damit einrichten konnten. Dennis arbeitete jetzt in der zweiten Schicht, wobei er etwas mehr Geld verdiente und von vierzehn Uhr bis Mitternacht außer Haus war. Er schlief lang, stand erst auf, wenn die Kinder schon in der Schule waren, so daß er sie kaum sah, außer an den Wochenenden. Er beschäftigte sich mit zahlreichen ›Männer-Hobbys‹, was mir nur recht war. Seine Waffensammlung schätzte ich allerdings gar nicht. Er schien jeden Monat ein neues Stück zu kaufen: Schrotflinte, Jagdgewehr oder Handfeuerwaffe. Und seine Motorräder kamen mir bedrohlicher vor als die amerikanischen Kampfflugzeuge, die über meinem Heimatdorf kreisten. Außerdem fing er wieder an zu trinken, nicht allzuviel, aber zum falschen Zeitpunkt – nach einem Streit mit mir oder nach einem unerquicklichen Arbeitstag.

Bei unserem ersten Weihnachten mit den Pflegekindern haute Dennis bedauerlicherweise über die Stränge, und das Geld wurde sehr knapp. Da ich jeden Monat die Rechnungen bezahlte, wunderte ich mich über die großen Beträge, die er auf unserem Kreditkartenkonto auflaufen ließ. Gas, Strom und Autokosten waren seit der Ölkrise Mitte der siebziger Jahre gestiegen, und wir verbrauchten jetzt auch mehr wegen unseres größeren Haushalts. Schließlich sagte ich zu Dennis, daß es mit unseren hohen Lebenshaltungskosten so nicht weitergehen dürfe. Er überprüfte unser Scheckbuch.

»Die neuen Kinder essen zuviel«, erklärte er stirnrunzelnd. »Kauf weniger Fleisch und mehr Erdnußbutter. Und Schluß mit McDonald's und neuen Sachen für die Schule, wenigstens für Anh, An und Hiep.«

»Das kann ich nicht machen«, protestierte ich. »Der Staat hat bestimmte Vorschriften. Die Pflegekinder sollen mit Kleidung und Spielsachen den anderen Jungen gleichgestellt werden.«

Dennis brummte. »Ihr Vietnamesen haltet wirklich zusammen wie Pech und Schwefel, stimmt's? Ihr nutzt die Amerikaner immer noch aus! Auf welcher Seite stehst du jetzt eigentlich?«

Seine Einstellung hatte sich geändert. Er war vor allen Boat people auf der Hut und verabscheute sie, weil sie Amerikanern die Jobs wegnahmen, wie er meinte. Die Greueltaten der Roten Khmer erfüllten ihn mit Abscheu, und Vietnams Invasion in Kambodscha betrachtete er als ›einen weiteren umgefallenen Dominostein‹. Er war außer sich über Watergate und voller Zynismus gegenüber seiner Regierung.

Auch Religion bot keinen Trost mehr. Die baptistischen und katholischen Schirmherren bestanden darauf, daß sämtliche vietnamesischen Flüchtlinge ihrer Kirche beitraten, auch die Buddhisten. Das rief bei den örtlichen Buddhisten eine heftige Reaktion hervor, mit der sie Konversion verhindern wollten, und so begannen die alten religiösen Fehden, die Vietnam jahrzehntelang zuinnerst aufgewühlt hatten, auf amerikanischem Boden erneut auszubrechen. All diese großen Probleme liefen in unserem kleinen Haus zusammen und forderten von jedem ihren Tribut.

Ich mußte zugeben, daß ich viel Zeit mit den neuen Jungen verbrachte. Ihnen war das Vietnamesische immer noch lieber als das Englische, und ich wurde durch die vertrauten Klänge an Zuhause erinnert, was mir guttat. Sie brauchten außerdem viel Zuwendung und Rat, was einen erheblichen Zeitaufwand erforderte, und für dieses teilnahmsvolle Zuhören fand ich keinen Ersatz. Deswegen begann sich Dennis vernachlässigt zu fühlen.

»Ich stehe auf der Seite der Familie«, erwiderte ich. »Aber diese armen Kinder haben schon eine so schwere Zeit hinter sich. Wir müssen uns nur an die Vorschriften halten. Ich sehe doch die monatlichen Rechnungen. Du gibst Geld aus für Waffen und für dein Motorrad, aber ...«

»Das geht dich nichts an, kapiert?« Dennis schlug auf den Tisch. »Die Waffen sind eine Investition. Sie steigen im Wert – die finanzieren mal Alans Ausbildung. Und das Motorrad gibt mir die einzige Freiheit, die ich hier habe. Es entspannt mich, wenn ich mich mit ihm beschäftige, okay? Also halt gefälligst meinen Kram da raus.«

Dennis ging und schenkte sich ein weiteres Glas Scotch ein, seine gewohnte Art, einen Streit zu beenden.

Doch unsere finanziellen Schwierigkeiten ließen sich nicht ignorieren. Wenn wir unsere Monatsrechnungen nicht bezahlen konnten, arbeitete ich wieder als Haushaltshilfe oder, nach Möglichkeit, als private Hilfsschwester. Einer meiner Patienten war ein älterer Mann namens Charlie, der nach einem Schlaganfall gelähmt war. In jüngeren Jahren war er ein ›Waffennarr‹, und ich holte ihn bei jeder Gelegenheit zu diesem Thema aus, um etwas über Dennis und seine Beweggründe zu erfahren. Manchmal sei er auf die Jagd gegangen, um den Speisezettel zu bereichern, erzählte Charlie, gewöhnlich aber aus purer

Lust am Töten: um die Tiere auszuweiden und Köpfe und Felle als Trophäen zu präparieren – genau wie manche Franzosen, Koreaner und Amerikaner es mit den Dorfbewohnern in meinem Land gemacht hatten. Es war mir unbegreiflich, wie Menschen solche Brutalitäten als Sport betreiben konnten. Auch wenn sie sich nicht selber daran beteiligten, wirkte der bloße Besitz von Waffen, die sie ermöglichten, bereits als Aufforderung zu weiteren Grausamkeiten. Ich wußte, daß ich nach allem, was ich durchgemacht hatte, niemals rational über Schußwaffen oder die Männer, die sie liebten, urteilen könnte. Und vor allem sah ich dazu keinen Anlaß.

Inzwischen bahnten meine ›Bibelstunden‹ mir auch nicht gerade den Weg in den christlichen Himmel. Nach einigen fruchtlosen Lektionen erfand ich ständig neue Ausreden, bis wir uns kaum noch einmal im Monat trafen. Als Dennis und ich Pflegeeltern wurden, erklärte ich Janet, daß ich nun keine Zeit mehr für ihren ›Unterricht‹ hätte, versprach jedoch, weiterhin die Bibel zu lesen und bei eventuellen Fragen Dennis zu Rate zu ziehen. Tatsächlich schränkte ich die Bibellektüre ein und verbrachte dafür mehr Zeit bei den buddhistischen Mönchen, die zunehmend die einzigen Menschen zu sein schienen, die mich verstanden.

»Du hast eine liebenswerte Familie, ein schönes Haus«, sagte mein Lieblingslehrer, nachdem ich mir alle meine Probleme vom Herzen geredet hatte. »Und dein Mann ist treu und schlägt dich nie. Wie viele reiche Frauen können das gleiche behaupten?«

»Ich weiß, ich sollte glücklich und zufrieden mit meinem Leben sein, Meister, aber ich spüre, daß ich heruntergezogen werde, wenn ich mich eigentlich aufwärtsbewegen müßte.«

»Du büßt noch immer *nang nghiep* – Schuldgefühle – ab und schlechtes Karma, *phat tu*. Was immer dich beunruhigt, es gibt einen Grund dafür. Lerne daraus. Der Weg zum Nirwana ist niemals breit und sicher, sondern stets gewunden und voller Tücken. Die beste Schale Reis ist diejenige, für die du am härtesten gearbeitet hast, stimmt das nicht?«

Er nutzte meine Bestätigung, um diesen Weg noch etwas gewundener zu machen.

»Du kannst gut mit Kindern umgehen«, sagte er. »Vielleicht werden sie deine Rettung. *O hien thi lai gap lanh, nhung nguoi nhan-duc troi danh phuc cho* – Glück und Segen werden denen zuteil, die gutherzig sind.«

Ich dachte lange darüber nach, was diese Bemerkung bedeutete. Bis Jimmy oder Tommy alt genug wären, um die Familie finanziell zu unterstützen, würden noch viele Jahre verstreichen. Dann kam mir die Idee, daß die psychische Kraft und die Fähigkeiten, die ich auf selber hoffnungslos in ihre Schuldgefühle verstrickte Patienten wie Charlie verwandte, bei kleinen Kindern besser angebracht sein könnten. Es schien mir, daß ich meine Rettung beschleunigen würde, wenn ich mich noch mehr im Pflegekinder-Programm engagierte.

Zum Glück hatten die Sozialarbeiter uns in ihren Beurteilungen immer als hochqualifiziert eingestuft. Kaum hatte ich den Antrag gestellt, wurden uns zwei weitere verwaiste vietnamesische Flüchtlinge zugesprochen. Damit kamen wir jetzt auf insgesamt acht Kinder.

Wie mein Meister versprochen hatte, schaffte das Glück, das diese Kinder in unser Haus brachten, rasch den Ausgleich in unseren geistigen und emotionalen Defiziten. Dennis war zufrieden, weil ich meine Bildungslücken mit christlicher Nächstenliebe aufwog – was ihm Lob von seiner Gemeinde einbrachte. Was sie allerdings nicht wußten, war, daß ich diese verirrten Kinder ebensosehr brauchte wie sie mich! Eine Frau, die bei National Semi-Conductor arbeitete, war von meinem Mut und Selbstvertrauen so beeindruckt, daß sie mir einen Job in ihrer Firma anbot, der wesentlich besser bezahlt wurde als die Betreuung von Charlie. Natürlich griff ich sofort zu: Mit etwas Glück würde das zusätzliche Geld unsere Finanzen auf die gleiche Weise in Ordnung bringen, wie die Pflegekinder meine einsame, verlassene Seele regenerierten.

Dann, gerade als meine glückliche kleine Welt im hellsten Licht erstrahlte, warf das Schicksal seinen dunklen Schatten.

5

ZUVIEL BLIEB UNGESAGT

Wie die Symptome einer furchtbaren Krankheit häuften sich die Anzeichen unseres drohenden Unglücks ganz allmählich.

Bei National Semi-Conductor arbeitete ich am Fließband. Mit dem Verdienst konnte ich Alan tagsüber in Obhut geben und Hiep, der gerade seinen Führerschein gemacht hatte, zum Kauf einer Klapperkiste verhelfen, so daß er zu seinem Teilzeitjob fahren und mir Besorgungen für die Kinder abnehmen konnte. Zum erstenmal seit langem schienen meine Probleme gelöst zu sein. So konnte ich mein Augenmerk auf die Erkundung meiner neuen Umgebung richten.

Am Fließband arbeiteten lauter Vietnamesinnen, die zwei sehr unterschiedliche Gruppen bildeten. Zur ersten gehörten die *nha ngoi*, – die ›Ziegeldach-Frauen‹ –, die aus privilegierten Familien stammten und das Land nur wegen der kommunistischen Machtübernahme verlassen hatten. Sie hielten fest zusammen, spielten endlose Partien *tu set* (ein Kartenspiel, ähnlich wie Poker) und brüsteten sich, wie viele Dienstmädchen, Autos und Modellkleider sie einst hatten. Ein paar von ihnen mogelten sich sogar in die amerikanische Sozialfürsorge, um ihre geheimen Gold- und Schmuckreserven nicht angreifen zu müssen. Sie hatten zwar alle nach dem Krieg viel verloren, besaßen aber immer noch mehr als die meisten.

Die übrigen waren *gai nha la* oder ›Strohdach-Frauen‹: arme ungebildete Bauernmädchen, die keine Ahnung von der Stadt hatten oder sie nur als Hausangestellte, Teemädchen oder Prostituierte kannten.

Wie andere asiatische Einwanderer, insbesondere Chinesen und Koreaner, hatten auch diese Vietnamesinnen ein eigenes System gegenseitiger Hilfsbereitschaft inmitten einer fremden Kultur entwickelt. Aus Mißtrauen oder Unkenntnis mieden sie westliche Banken und unterstützten einander statt dessen mit Geldern für neue Unternehmen im ›Geldspiel‹ oder *choi hui*, wie sie es nannten. Jeder ›Spieler‹ zahlte ganz einfach den gleichen Betrag in einen gemeinsamen Topf ein, dann unterbreiteten diejenigen, die eine gewinnbringende Idee hatten, der Gruppe ein Angebot – wieviel sie für eine Verwendung des Einsatzes zu zahlen bereit wären. Natürlich bekam das höchste Angebot den Zuschlag für diese Runde, danach fing das Ganze von vorne an, gewöhnlich einmal im Monat. Man nannte es ›ein Spiel, in dem jeder gewinnt‹ – was auch stimmte, sofern das jeweilige Unternehmen genügend abwarf, um den Einsatz plus versprochenen Gewinn zurückzuzahlen.

Ich wurde mehrfach gefragt, ob ich mich am nächsten Einsatz beteiligen wolle, doch ich zögerte, denn alle Mitspielerinnen hatten Ehemänner mit höheren Einkommen.

Mit Eds Sozialversicherung und dem Scheck für die Pflegekinder hatte ich jetzt die gleichen Einkünfte wie Dennis, aber auch das wurde jeden Monat von unseren steigenden Ausgaben geschluckt. Als wir nach sechs Monaten erfuhren, daß die meisten der Neueinstellungen mit Ende eines großen Regierungsauftrags wieder entlassen werden sollten, weckte das bei mir nur Zweifel an der Richtigkeit meiner Arbeitsmoral. Ich schuftete hart und betrog weder die Firma noch die Regierung. Ich klaute keine Artikel im Betrieb und veräußerte sie. Deshalb erschien es mir unfair, mich zu feuern.

Also betätigte ich mich wieder als Haushaltshilfe und hielt Ausschau nach einem Kranken, den ich betreuen konnte. In den Monatsabrechnungen entdeckte ich weitere Kreditkartenquittungen für Waffen, Munition und Motorradzubehör. Ferner fand ich eine Empfangsbestätigung über eine Barzahlung für eine Parzelle in Idaho sowie andere Unterlagen. Ich wußte nicht viel über diesen Bundesstaat, außer daß es ebenso öde und trocken dort war wie in Utah und daß wir keinen Anlaß hatten, in Idaho Land zu kaufen, wenn wir uns unser viel zu großes Haus in San Diego kaum leisten konnten.

»Meckerst du immer noch wegen Geld rum?« brüllte Dennis, als ich ihm unbedacht unser überzogenes Scheckbuch zeigte. »Ich hab dir doch gesagt, wie wichtig meine Investitionen sind. Zu deiner Beruhigung – das Land ist für unseren Alterssitz. Ich will mit den Jungen hinfahren und ihnen das Jagen und Schießen beibringen. Sie müssen lernen, was man zum Überleben braucht, zum Selbstschutz.«

»Was?« Ich war außer mir. »Du wirst meinen Kindern nicht das Schießen beibringen! Ich hab in meinem Leben schon zu viele Waffen gesehen! Mit Töten schützt man gar nichts! Ich wünsche auch keine Schußwaffen in meinem Haus! Wenn du gehen willst, nimm die Kanone mit und komm nie wieder zurück!«

Dennis zuckte nur die Achseln. »Tut mir leid, daß du so darüber denkst, aber die Waffen bleiben hier. Wenn's dir nicht paßt, kannst du gehen. Dies ist ein freies Land. Aber sag mir nie wieder, ich soll mein eigenes Haus verlassen!«

Dennis ging zur Frisierkommode und holte einen Revolver heraus. »Sieh ihn dir an, Ly. Eines Tages ist er vielleicht das einzige, was zwischen dir und der Bedrohung deines Lebens steht.«

»Bedrohung? Von wem? Du bist der einzige Mensch, der hier mit Schußwaffen rumfuchtelt! Du bist der einzige, der trinkt und schießt!« Das war eine törichte, wenn auch zutreffende Behauptung, die ich sofort bedauerte.

»Nicht von mir, von Einbrechern«, ereiferte sich Dennis. »Von Schlitzaugen, die du hier fürstlich bewirtet hast und die sich dann zurückschleichen, um alles mitzunehmen, was sie gesehen haben. Um diesen dämlichen Scheißkerl, den Major, zu erledigen, falls er hier jemals aufzukreuzen wagt!«

Dennis schob die Waffe unter den Gürtel und entschwand,

um sich einen Scotch zu genehmigen. Ich knallte die Tür zu, setzte mich aufs Bett und weinte fassungslos.

Pastor Bob, der Dennis betreute, war hochgewachsen, starkknochig und trug ein Toupet. Ich wußte, wir sollten uns ihm mit all unseren Problemen anvertrauen, aber das fiel mir immer schwer bei einem Mann, der sich vor etwas so Natürlichem wie einer Glatze fürchtete – unsere buddhistischen Mönche hatten keinerlei Schwierigkeiten, sich kahlscheren zu lassen! Trotzdem schüttete ich ihm mein Herz aus, und er hörte aufmerksam zu: unsere Geldprobleme, die Schußwaffen und die Einstellung von Dennis zu den Pflegekindern, unsere immer vergeblicheren Versuche, die Kluft zwischen uns zu überbrücken.

Danach entgegnete Pastor Bob ruhig: »Wissen Sie, Le Ly, über viele dieser Dinge habe ich bereits mit Dennis gesprochen. Ich sagte ihm, ich würde für Ihre Familie beten, und bat ihn, sich stärker um Christus zu bemühen und ihm den gebührenden Platz in seinem Leben einzuräumen. Das versprach er, und die Dinge laufen für ihn bereits besser. Haben Sie daran gedacht, unserer Kirche beizutreten? Damit meine ich nicht nur Bibelstudium und den Gottesdienst am Sonntag, sondern sich taufen zu lassen? Das wird Ihre Sünden wegwaschen und Sie zu einem glücklicheren Menschen machen.«

Ich saß da wie vom Donner gerührt. Ich war gekommen, um Hilfe zu finden – persönlich und geistig –, und alles, was ich erhielt, war Werbung!

Ich teilte Pastor Bob mit, meiner Meinung nach bliebe unserer Familie nicht mehr genug Zeit, Gottes unerforschlichen Wegen die Lösung unserer Probleme zu überlassen, daraufhin nannte er mir eine Eheberatung in Mission Valley, nördlich von San Diego.

»Es ist eine Frau.« Pastor Bob zwinkerte mir zu. »Manchmal fällt es leichter, zu seinesgleichen zu sprechen.«

Ich fühlte mich nicht ermutigt, als der Fahrstuhl mich in den dritten Stock zu ›Mary Ann's‹ antiseptischem neuen Büro brachte und ich auf dem Messingschild CHRISTLICHE EHEBERA-

TUNG las. In Vietnam strengten sich geistige und Familienberater besonders an, genau wie wir zu sein: nicht wie Ärzte in einem Krankenhaus. In Amerika wurde den Menschen anscheinend eingeprägt, daß die Lösung persönlicher Probleme ihre Fähigkeiten übersteige – daß gewöhnliche Menschen das eben nicht könnten. Vielleicht war Amerikas Scheidungsrate deshalb so hoch.

Mary Ann war ungefähr fünfzig: schlank, blond, blauäugig, angezogen wie eine Verkäuferin, nicht im weißen Arztkittel, was mich etwas aufmunterte. Wir gingen in ihr gut eingerichtetes Büro und setzten uns an einen Couchtisch, wie Freundinnen.

Sie erkundigte sich nach meinem Background, also gab ich ihr die inzwischen genormte, hygienisch einwandfreie amerikanische Version meiner Geschichte. Die Erfahrung hatte gezeigt, daß gewöhnliche Amerikaner, insbesondere Frauen, auf meine Kriegserlebnisse nur bestürzt und ablehnend reagierten. Sie waren zwar meistens durchaus mitfühlend, aber verständnislos. Männer kamen nicht über ihre Wut auf den Krieg hinweg, und Frauen empfanden nur Mitleid. Bei Mary Ann konzentrierte ich mich vorwiegend auf meine Erfahrungen in Amerika in der Hoffnung auf ein paar weibliche Einsichten. Sie fragte, ob ich einen Freund hätte.

»Nein, aber es gibt jemand, an den ich denke, wenn ich mich sehr schlecht oder sehr gut fühle.« Ich blickte auf den Teppichboden. Obwohl ich mich keiner Untreue schuldig gemacht hatte, gehörte mein Herz nach wie vor Dan.

»Ich verstehe. Und hat Ihr Mann irgendwelche Freundinnen?«

Auf den Gedanken war ich tatsächlich noch nie gekommen – auch wenn es offenbar das erste war, was amerikanische Ehefrauen beunruhigte, wenn sie Schwierigkeiten mit ihren Männern hatten. Ich nehme an, ein Teil von mir wünschte sich fast, daß Dennis eine Freundin finden würde: jemand, um ihn von mir abzulenken und fernzuhalten, wenn er schlechte Laune hatte. Ich antwortete: »Nein, nicht daß ich wüßte.«

»Wie sieht's bei Ihnen mit Sex aus?« fuhr sie fort, stieß damit in den Bereich vor, den sie offenbar für das Risikozentrum der meisten amerikanischen Ehen hielt. »Wird Ihr Mann von Ihnen befriedigt? Beklagt er sich über irgend etwas?«

»Nicht im Schlafzimmer. Ich bin immer da für ihn, wenn er mich haben will. Unser Problem sind Waffen, Geld und die Art, wie er mich behandelt und wie er über Vietnamesen denkt. Er bringt alle großen Weltprobleme in unser kleines Haus, und ich weiß nicht, was ich dagegen tun soll.«

»Nun, was das Waffenproblem betrifft«, sie berührte meinen Arm wie eine verständnisvolle Schwester, »Sie sagen doch, Dennis war früher Polizist. Schußwaffen sind ein Teil seines Lebens. Sie kommen aus Vietnam, da ist es nur natürlich, daß Sie davor Angst haben. Aber Sie sind jetzt in Amerika. Hier liegen die Dinge anders.«

Ja – in Vietnam hat mir nie ein Familienmitglied mit einer Waffe im Gesicht rumgefuchtelt! Aber sie war die Ärztin, und ich bezahlte für ihren Rat, also hielt ich den Mund.

»Nun zu der Art, wie er Sie behandelt – welche Kirche besuchen Sie?«

»Manchmal gehe ich mit unseren Jungen in die Baptistenkirche von Dennis, aber meistens gehe ich in einen buddhistischen Tempel.« Das bloße Aussprechen der Worte entspannte mich, während es sie sehr besorgt machte.

»Vielleicht ist das ein Teil des Problems. Haben Sie jemals daran gedacht, den buddhistischen Tempel aufzugeben und mehr Zeit in der Kirche Ihres Mannes zu verbringen? Wenn Menschen Christus einen Platz in ihrem Leben einräumen, können viele wunderbare Dinge geschehen.«

Ich setzte mich in meinem Sessel zurück, während sie Pastor Bobs Werbung für das Christentum wiederholte und vorschlug, ich sollte mit Dennis schießen gehen, um meine Angst vor Waffen zu überwinden, vielleicht sogar auf dem Rücksitz seines Motorrads mitfahren, um Anteil an den Dingen zu haben, die ihm wichtig waren. Nach der Beratung begleitete sie mich an die Tür und sagte: »Denken Sie über meine Worte nach, Le Ly«, sie umarmte mich flüchtig und fügte hinzu: »Und geben Sie ja den Sex nicht auf!«

Sex, Schußwaffen und Christus! War das alles, was Amerikaner wirklich beschäftigte? Ich ging geradewegs zum Tempel, wo keine Termine vereinbart werden mußten.

»Du mußt deinem Mann klarmachen, daß dir alles Leben heilig ist«, erläuterte mein *su*. »Sag ihm, daß du meinst, niemand dürfe töten – nicht einmal Tiere. Das erzeugt nur schlechtes Karma. Ich kann dir nicht sagen, was geschehen wird, *phat tu*, nur daß alles, was geschieht, seinen Grund hat. Finde die Ursache heraus, handle richtig, und das Ergebnis wird dich in dein nächstes Leben begleiten. Wenn du auf eine höhere Ebene gelangen möchtest, mußt du deinen Gefühlen vertrauen und danach handeln.«

Im Gegensatz zu den Ratschlägen von Mary Ann leuchteten mir die Worte des Mönches völlig ein. Ich hörte auf, mit Dennis zu streiten, aber ich dachte auch nicht mehr, mich nach ihm richten zu müssen. Wenn er seine Schußwaffen herausholte – um sie zu säubern oder sie Besuchern zu zeigen –, verließ ich einfach das Zimmer und ermunterte die Jungen, das gleiche zu tun. Auf Rechnungen über Waffen und Motorräder zahlte ich nur den Mindestbetrag und ließ einfach das Kreditkartenkonto anwachsen. Das war zwar keine Lösung, aber immerhin ein Rettungsboot, mit dem ich mich durchlavieren konnte, bis unsere Ehe entweder restauriert war oder endgültig kaputtging.

Ich stellte meine Besuche bei Mary Ann, der christlichen Eheberaterin, ein und überredete Dennis mit viel Mühe, Joseph zu konsultieren, einen Psychologen, den man uns empfohlen hatte, weil er in Vietnam gewesen war. Er hatte eine ausgewogenere Sicht der Dinge und wurde, zumindest für mich, ein wertvoller Ratgeber.

Seine große Sorge galt der Waffenleidenschaft von Dennis und seinem Alkoholkonsum zwecks ›Beruhigung‹. Das deprimierte ihn, laut Joseph, nur noch mehr. Daß Dennis acht Schußwaffen besaß und daß jeden Monat neue dazukamen, alarmierte Joseph ebenfalls. Er schlug Dennis vor, seine Waffen in einem Lagerraum oder einem einschlägigen Club wegzuschließen, wenn das seine Frau erleichterte. Das war nun nicht gerade der Rat, den Dennis hören wollte. Er verstummte und sagte während der ganzen Sitzung kein Wort mehr, die zu seiner letzten bei ›Dr. Joe‹ wurde. Wenigstens gab es eine Zeitlang außer mir noch eine Zielscheibe für seinen Zorn.

Ende 1979 veranlaßte mich Joseph während einer von Dennis' Sauftouren, sämtliche Schußwaffen zum örtlichen Polizeirevier zu bringen, wo Dennis sie später persönlich abholen mußte. Allein deshalb glaubte er, Joseph und ich hätten uns gegen ihn verbündet, für mich aber war es ein gutes Gefühl, einen klugen, einfallsreichen Menschen zu haben, an den ich mich wenden konnte, wenn alles außer Kontrolle geriet.

Es gab noch einen weiteren Glücksfall, der mir etwas mehr Zeit verschaffte – Zeit, daß die Dinge von selber wieder ins Lot kamen, wie ich hoffte. Ich sollte wieder bei National Semi-Conductor arbeiten.

Die erste Mittagspause nach unserer Rückkehr aus dem ›Urlaub‹ wurde zum Betriebsfest. Jeder brachte etwas zum Essen mit, wir fielen uns in die Arme, lachten und weinten wie bei einem Familientreffen. Da ich nichts Erfreuliches zu berichten hatte, hörte ich nur zu, als die anderen von ihren Erlebnissen in den vergangenen Monaten erzählten.

»Ohne den neuen Riesenauftrag der Navy wären wir gar nicht hier«, sagte eine meiner Freundinnen. »Für uns dürften das mindestens weitere sechs Monate sein – vielleicht sogar noch länger.« Ich hatte mir nicht viel Gedanken darüber gemacht, was die Firma eigentlich herstellte, sondern mir eingebildet, unsere Elemente würden für Fernsehgeräte und Radioapparate gebraucht.

»Was machen wir denn für die Navy?« fragte ich.

»Bombersysteme, glaub ich«, erwiderte sie. »Wer weiß? wen kümmert's?«

»Du meinst, wir stellen Teile für Bomber her, die aufsteigen und Menschen töten?« Ich erstickte fast an meinen Nudeln.

»Das nehm ich an. Aber im Augenblick ist nirgends Krieg – deshalb ist das Geschäft so flau. Wenigstens kaufen andere Länder das Zeug – Westdeutschland, Korea, du weißt schon.«

Mich schauderte. Die harten, grausamen Truppen der Republik Korea kamen während des Krieges in unser Dorf. Leben und Tod bedeuteten ihnen nichts. Die Fertigung von Elementen für ihre Kriegsmaschinerie – für *jede* Kriegsmaschinerie – würde wenig dazu beitragen, meine Schuldgefühle in diesem Leben zu verringern. Am schlimmsten traf mich die Erkenntnis, ich könnte allen Lebewesen auf dieser Erde allein dadurch Schaden zufügen, daß ich einen Job annahm, der meiner Familie nutzte.

Bei diesem Gedanken verging mir der Appetit, ich setzte mich abseits von den anderen unter einen Baum, zog ein Exemplar von *Tu-Ke Tinh Tam* hervor – die ›Bibel‹ der Buddhisten, die von meinem Tempel verteilt wurde. Eine Freundin bemerkte mich und rief scherzend: »Schaut euch Cu Ly an – die alte Jungfer Ly!« Der Spitzname blieb hängen. Während der ganzen Zeit, die ich noch bei National Semi-Conducto arbeitete, konnte ich nicht mehr leichthin mit meinen Kolleginnen schwatzen – meinen Komplizinnen und Mittäterinnen. Wie die seelischen Wracks auf den Flüchtlingsbooten verlernte auch ich zu lächeln.

Als ich einmal während der Mittagspause lesend unter dem Baum saß, kam eine Freundin namens Thoa. »Wenn du das alles so ernst nimmst, Cu Ly, solltest du einen Wahrsager befragen, wann du ein Buddha wirst!«

Ich wußte, daß sie scherzte, aber es machte mich doch ein bißchen wütend. »Ich möchte kein Buddha werden. Ich möchte bloß lernen, ein Mensch zu sein. Außerdem kenne ich keine Wahrsager, sonst würde ich schon morgen einen aufsuchen und herausfinden, wie es meiner Familie in Vietnam geht.«

»Das ist kein Problem«, erklärte Thoa zu meiner Überraschung. »Du solltest dich an Ba Thay Boi wenden. Die konsultieren viele Frauen – über ihre Kinder, ihre Ehen, wieviel Geld sie verdienen werden und all so was. Ich selber glaube ja nicht an den Quatsch, aber alle, die's tun, schwören auf sie.«

Thoa war ein ›Prachtkerl‹, wie Ed gesagt hätte: eine gewitzte Person, manchmal etwas übereifrig, aber ein Herz aus Gold. Ich vertraute ihr als Freundin. Ich rief bei der Nummer an, die sie mir gegeben hatte, und vereinbarte einen Termin für den nächsten freien Abend der Wahrsagerin.

Ba Thay Boi war ungefähr in Lans Alter, sah aber doppelt so alt aus. Ihr Haus glich einem Museum für Okkultismus. Manche Gegenstände sollten nur Eindruck machen – etwa die Kristallkugeln, an die niemand außer einfältigen Westlern glaubte. Doch die Bücher auf dem Regal – das *I-Ging* (Buch der Wandlung) und chinesische Horoskope mit Eselsohren – verrieten mir, daß sie ihren ungewöhnlichen Beruf sehr ernst nahm. Wir kamen sofort zur Sache.

Ich sagte ihr vorher nichts über mich oder meine Probleme. Wie ein amerikanischer Arzt, der einen neuen Patienten untersucht, betrachtete sie eingehend meinen Handteller, studierte ein paar Tee- und Kräuterblätter und bat mich, ein Kartenspiel mit einem Loch in der Mitte zu mischen, das sie dann auslegte. Nun konsultierte sie einige Tabellen und blickte mir schließlich ins Auge.

»Ihre größte Schwierigkeit wird nicht mehr lange andauern«, begann sie mit großer Überzeugung. »Ihr Schicksal wird sich wenden, wenn die Witterung feucht und kalt ist. Ein Spiel hat damit zu tun – aber es wird zu weit gehen, und die betreffende Person wird nie zurückkommen. Ihre Aufgabe ist es, sich herauszuhalten – geduldig zu sein – und nichts zu tun, was Sie später bereuen. Nachdem die dunklen Wolken vorbeigezogen sind, werden Sie in goldenes Licht getaucht, und alles wird Ihnen klargemacht.«

Die Art, wie sie ihre Weissagung machte, entmutigte mich, aber insgesamt erschien sie positiv. Der Sinn war zwar dunkel, doch ich deutete ihn dahingehend, daß Dennis und ich in diesem Winter mit all unseren Spielen aufhören würden – was ich bereits angefangen hatte – und daß anstelle des Menschen, zu dem er geworden war (verbittert, mürrisch, intolerant, besitzergreifend), wieder der Mann zum Vorschein käme, der anfangs mich und meine Jungen geliebt und der Lan gerettet hatte. Ich hatte lediglich die Aufgabe, das Richtige zu tun: die Dinge ihren Lauf nehmen zu lassen.

Das erste war mein Job bei National Semi-Conductor. Ich hatte beschlossen, mich selbständig zu machen, genau wie damals in Da Nang. Mein Plan war, ein kleines Feinkostgeschäft zu eröffnen. Das würde nicht viel kosten, und was ich brauchte, ließ sich durch das ›Geldspiel‹ im Betrieb beschaffen. Durch meine verschiedenen Jobs in Vietnam hatte ich bereits einige Vorkenntnisse, und was ich nicht wußte, würden mir erfahrenere Freunde gern beibringen. Die Pflegekinder waren jetzt groß genug, um auf Alan aufzupassen und sich um einander zu kümmern.

Ich setzte meine zweihundert Dollar ein und hatte beim Bieten Erfolg: fünftausend Dollar waren im Topf, mit denen ich ein vorhandenes Geschäft kaufen konnte. Es lag in einer bescheidenen Gegend, in der hauptsächlich Einwanderer aus Asien – meistens aus Laos und Kambodscha – und Mexiko lebten. Vorne hatte ich ein Sortiment von asiatischen Eßwaren und hinten eine kleine Küche, in der ich kochen und Vorräte lagern konnte.

Es kostete mich ein paar Wochen, den Laden in Schwung zu bringen. Ich arbeitete weiterhin die gleiche Stundenanzahl wie bei National Semi-Conductor, schon damit Dennis nicht erfuhr, daß ich meinen Job aufgegeben hatte, was bestimmt einen Krach heraufbeschworen hätte; vor allem aber, um mir Zeit lassen zu können, bis ich ihm zeigte, daß ich mir dafür etwas Eigenes geschaffen hatte. Ich war überzeugt, daß er stolz wäre, wenn er mein kleines Geschäft sah, denn er wollte mich ja ständig dazu bringen, »wie eine Amerikanerin zu denken«.

»Keinesfalls!« Dennis schüttelte den Kopf, als ich ihm schließlich erzählte und zeigte, was ich vollbracht hatte. »Ich lehne das strikt ab!«

»Aber warum?« Ich war weniger enttäuscht als verblüfft. »Was können wir schon verlieren?«

»Was wir verlieren können? Ich sag's dir: unser Haus, unsere Wagen, das Schulgeld für die Jungen – alles! Was ist, wenn der Kartoffelsalat verdirbt und die Leute krank werden? Was ist, wenn jemand auf dem Fußboden ausrutscht und sich verletzt? Man wird uns für alles und jedes verklagen. Du kennst die Amerikaner nicht so wie ich. Die klagen bei jeder passenden und unpassenden Gelegenheit. Außerdem bist du ja nur eine einfältige Immigrantin. Die Anwälte würden dir die Haut bei lebendigem Leibe abziehen.«

»Dann werden wir uns eben eine Versicherung leisten.«

»Kommt nicht in Frage. Das zieht einem bloß noch mehr Geld aus der Tasche. Du mußt den Laden sofort zumachen. Heute noch.«

»Aber dann verlieren wir das ganze Geld, das ich mir geliehen habe.«

»Lieber jetzt ein bißchen verlieren als später eine Menge.«

»Aber andere Vietnamesen haben doch auch Läden!«

»Ja, weil sie Flüchtlinge sind und die Regierung ihnen hilft – für ihre Darlehen die Bürgschaft übernimmt. Du bist kein Flüchtling. Du hast einen weißen Ehemann im Hintergrund, und es gibt keinen, der mich schützt, wenn du Ärger kriegst.«

Ich traute meinen Ohren nicht. Er redete dauernd von ›freier Wirtschaft‹, aber jetzt schien ihn der bloße Gedanke in Panik zu versetzen. Ich würde über das, was er gesagt hatte, nachdenken, versprach ich, doch den Laden würde ich weiter betreiben, bis ich wenigstens das Geld an meine Freundinnen zurückzahlen konnte.

Als ich am nächsten Morgen aufstand, war mein kleiner grüner Vega verschwunden. Dennis hatte ihn genommen, weil er sehr wohl wußte, daß ich seinen Ford Pinto nicht fahren konnte. Hiep fand sich netterweise bereit, mich beim Laden abzusetzen. Abends wetterte Dennis, daß ich ohne seine Erlaubnis ins Geschäft gegangen war.

Am folgenden Morgen waren beide Wagen verschwunden, und Hiep hatte die Kinder bereits zur Schule gebracht. Ich nahm den Bus – dreimal umsteigen – und ging den letzten Kilometer zu Fuß. Selbst dann war der Laden rechtzeitig zum Lunch geöffnet. Als ich zurückkam (etwas spät, aber die Kinder hatten schon mit dem Dinner angefangen), fragte Jimmy: »Warum ist der Wagen drei Straßen weiter geparkt?«

»Du hast ihn gesehen?«

»Ja – er steht in dem Gäßchen hinter unserer Schule. Wieso hast du ihn dort gelassen?«

Ich stürmte aus dem Haus und holte den Wagen. Als ich zurückkam, bog Dennis gerade in die Zufahrt ein. Er stieg aus und schmetterte die Tür zu.

»Verfluchter Mist!« brüllte er. »Wer hat dir gesagt, wo der Wagen ist?«

»Die Jungen haben ihn zufällig entdeckt.« Ich blieb im Auto, das Fenster halb hochgekurbelt. Ich wollte verhindern, daß er mir den Hals umdrehte. »Warum hast du ihn versteckt?«

»Das weißt du genau!« Er ging steifbeinig ins Haus und genehmigte sich zum Dinner ein paar Gläser Scotch.

Tags darauf stand der Vega in der Zufahrt, sprang aber nicht an. Ich mußte wiederum den Bus nehmen. Abends bat ich Hiep, einen Blick unter die Motorhaube zu werfen, und er sagte, die Batterie sei abgeklemmt worden.

Ich bat ihn, mit den Kindern ins Kino zu gehen, und wartete auf Dennis. Dieses ganze ›Auto-Versteckspiel‹ hatte mich genug Nerven gekostet, höchste Zeit für den Entscheidungskampf.

»Warum behandelst du mich so?« fragte ich und bemühte mich, besorgt, aber nicht wütend zu klingen, was mir schwerfiel. »Ich weiß, du hast was gegen den Feinkostladen, aber was passiert, wenn eines der Kinder sich verletzt und ich heimfahren und es ins Krankenhaus bringen muß?«

»Hiep hat ja einen Wagen.« Dennis griff sofort zum Scotch.

»Aber Hiep geht auf eine andere Schule und hat einen Job. Er ist in keiner Weise für die Jungen verantwortlich, hat außerdem mit der ganzen Sache überhaupt nichts zu tun. Ich möchte wissen, warum du dieses alberne Spiel mit mir treibst.«

Dennis kippte das erste Glas hinunter und schenkte sich ein zweites ein. »Weil ich die Spielchen satt habe, die *du* spielst, Ly. Ja, du und deine vietnamesischen Freunde. Du hockst die ganze Zeit mit ihnen zusammen. Ihr habt euch gegen mich und gegen alle Amerikaner verschworen. Ich kenne die Art, wie sie das System ausnutzen, sobald sie mal hier sind. Ich hab's doch erlebt, wie du die vietnamesischen Kinder vergötterst und mich links liegenläßt. Meinst du nicht, daß Alan und ich die gleiche Aufmerksamkeit verdienen wie diese verdammten Boat people? Du verplemperst viel zuviel Zeit, wenn du dauernd in deinen Tempel rennst und Pläne machst, wie du mich und das System übers Ohr hauen kannst. Ich meine, du solltest zu Hause bleiben und dich um mich und den Haushalt kümmern. Deshalb hab ich den Zirkus veranstaltet. Ich weiß, das ist die einzige Möglichkeit, wie du's kapierst – und es klappt ja auch.«

Dennis griff zum Bleistift und begann auf eine Papierserviette zu zeichnen, die er mir hinwarf: eine kleine Karikatur von Buddha, auf einer Toilette sitzend, umringt von Mönchen, die Kotau vor ihm machten.

»Da hast du's – das halte ich von deinem Tempel. Buddha ist Scheiße!« Er stürmte in unser Zimmer und knallte die Tür zu.

Mit jedem Abend wurde er gereizter. Sobald ich mich über irgend etwas beklagte – auch Kleinigkeiten, die nichts mit ihm zu tun hatten, zum Beispiel eine lange Schlange an der Tankstelle oder eine patzige Verkäuferin –, gab er Antworten wie: »Warum gehst du denn dann nicht zurück nach Vietnam, schwingst dich von Ast zu Ast und ißt Bananen?« Wenn er mit einem Freund telefonierte, fielen etwa solche Äußerungen: »Heirate bloß nicht so'n Weibsstück aus Vietnam. Die knöpft dir dein Geld ab und bringt dich früher unter die Erde!« Wenn es im Fernsehen einen aktuellen Bericht oder eine Dokumentation über Vietnam gab und ich eine Bemerkung über die wunderschöne Landschaft machte, kommentierte er: »Dann hättest du eben dort bleiben sollen!«

Bei einer solchen Gelegenheit beging ich einmal den Fehler, Dennis zu erzählen, daß ich ein Buch über mein Leben in Vietnam schreiben wolle – in dem ich den Amerikanern zu erklären versuchte, wie es war, in einem Dorf aufzuwachsen, und was der Krieg für die normale Landbevölkerung bedeutete. Er lachte nur.

»Du? Ein Buch schreiben? Du kannst ja nicht mal die Bibel lesen!«

»Ich kann ein wenig schreiben, wo's mir im Englischen fehlt, greife ich eben aufs Vietnamesische zurück und laß es übersetzen. Die Leute meinen zwar, sie wissen, wer der Vietcong war, aber in Wirklichkeit haben sie keine Ahnung.«

»Ich sag dir eins: Wenn du hier drüben anfängst, über den Vietcong und die Kommunisten zu sprechen, nehmen sie dir deine Kinder weg. Mir gehst du damit auch auf die Nerven, also halt gefälligst die Klappe, okay? Vergiß dein dämliches Buch, und mach das Dinner fertig.«

Ich machte ihm sein Dinner, begann aber auch, meine Erinnerungen an meine Familie und an das Leben im Dorf niederzuschreiben. Mit der Hand, auf gelben Blocks und in Vietnamesisch, damit Dennis es für einen Brief hielt, falls er die Blätter entdeckte. Selbst wenn gar nichts dabei herauskam, wurde das Projekt zu einer Art Rettungsleine, an der ich mich über Wasser hielt, Dennis zum Trotz.

Ich hoffte, Dennis würde seine Sturheit überwinden, zumindest so lange, bis ich die Schulden für mein Feinkostgeschäft zurückzahlen konnte. Doch das geschah nicht, im Gegenteil. Er nahm meine Wagenschlüssel weg, dann mein Bargeld, bis es mich schließlich genausoviel Zeit kostete, seine Sabotageakte zu korrigieren, wie durch die Stadt zu fahren und den Laden zu öffnen. Am Ende gab ich dem Hauswirt die Schlüssel zurück, da ich das Geschäft nicht länger halten konnte. Alles in allem belief sich der Verlust schätzungsweise auf zehntausend Dollar. Dennis blieb unbeeindruckt.

»Na, wem schuldest du das meiste Geld – Vietnamesen?«

»Ja. Meinen Freundinnen bei National Semi-Conductor.«

»Das waren keine richtigen Freundinnen. Die haben bloß deine Familie zerrüttet, weiter nichts. Ohne sie wärst du nie in diesen Schlamassel geraten. Wir sollten sie auf Schadensersatz verklagen.«

Da verlor auch ich die Fassung. »Wovon redest du eigentlich? Ich versuche, etwas für unsere Familie aufzubauen, und du reißt es immer wieder ein! Ich kann das nicht länger hinnehmen, Dennis –ich kann's einfach nicht! Ich hab keinen Wagen! Ich hab kein Geld! Du läßt dir alle Schecks für die Pflegekinder ins Büro schicken, und ich habe nur das zur Verfügung, was du mir gibst. Was soll ich denn machen? *Was soll ich bloß tun!*«

Das Zimmer drehte sich um mich, der Knoten in meinem Magen barst, schoß durch das Herz in den Kopf und hämmerte wie der Klöppel einer Glocke – einer großen Tempelglocke, einer noch größeren Baptistenglocke – lauter und immer lauter ...

Ich erwachte in einem Krankenhausbett. Ich wußte sofort, daß man mich betäubt hatte, denn meine Glieder reagierten nicht wie gewohnt, und auf meinem Herzen lastete ein zentnerschweres Gewicht – unverrückbar. Durch den Schleier hörte ich Gemurmel: *Mr. Hayslip* und *Kein Grund zur Sorge* und *Nervenzusammenbruch* und *Was hat sie zum Frühstück gegessen* und *Magengeschwür* und *Also, davon weiß ich nichts* und *Gehen Sie nach Hause, wir rufen Sie morgen früh an.*

Jemand ergriff meine Hand, und ich dachte, es wäre Dennis, und versuchte sie wegzuziehen, aber es war der Arzt. Ich klammerte mich fest.

»Schon gut, Mrs. Hayslip«, sagte der jungenhafte Arzt mit

freundlichem Grinsen. »Wie wär's, wenn Sie mir erzählen, was eigentlich los ist?«

Das tat ich.

Dennis kam am folgenden Tag nicht ins Krankenhaus, vermutlich auf Anweisung des Arztes, holte mich jedoch am dritten ab.

Auf der Heimfahrt sprachen wir nicht viel. Dennis erkundigte sich zerknirscht nach meinem Befinden. Es gehe mir gut, antwortete ich, aber ich hätte Halsschmerzen und kein Bedürfnis zu reden. Bei unserer Ankunft war das Haus leer.

»Wo stecken sie denn?« fragte ich bestürzt. »Wo sind meine Jungen?«

»Meine Mom ist aus Ohio hergeflogen und hat Alan zu einem Besuch abgeholt. Jimmy und Tommy sind bei Pat und Mike drüben. Die übrigen haben die Sozialarbeiter mitgenommen. Du wirst's jetzt schön ruhig haben und kannst dich gründlich erholen.«

Ich wankte wie ein Zombie nach oben. Es war, als habe ein riesiges Artilleriegeschoß mein Haus getroffen, mich verletzt und alle anderen ins Jenseits befördert. Nur Dennis – der Mann mit den Schußwaffen, mit dem großen schwarzen Ungetüm – war völlig unversehrt. Er gebärdete sich tatsächlich so, als habe er den Kampf gewonnen.

Ich konnte nicht schlafen, so ging ich wieder nach unten, um Dennis beim Dinner zu helfen. Auf halber Treppe hörte ich ihn telefonieren und blieb stehen. »...Nein, Mom, ich möchte Alan nicht zurückhaben. Behalt ihn dort. Keine Sorge, ich hab den Makler schon bestellt. Morgen wird das Haus zum Verkauf angeboten. Nein, es geht ihr nicht gut. Sie ist wirklich total verkorkst. Ich schätzte, das war der Krieg oder so was. Ja, du hast recht gehabt. Ja, ja, ich weiß. Okay. Ich ruf dich bald wieder an...«

Ich schlich auf Zehenspitzen wieder nach oben und fiel ins Bett. Ich wußte nicht, was ich tun sollte. Offensichtlich konnte ich Dennis nicht trauen oder auch nur alles mit ihm besprechen. Er traf sämtliche Entscheidungen allein, selbst die, die mich, meine Kinder und mein Eigentum angingen. Vielleicht hatten ihm das Gericht oder das Krankenhaus das Recht dazu gegeben – ich wußte es nicht. Ich wußte lediglich, daß ich mir etwas einfallen lassen mußte, um meine Kinder zurückzubekommen und mein Leben in Ordnung zu bringen.

Tags darauf kamen Jimmy und Tommy nach Hause; ich fühlte mich wesentlich wohler, wußte aber immer noch nicht, was ich wegen Alan unternehmen sollte. Ein paar Stunden, nachdem Dennis zur Arbeit gefahren war, rief seine Nichte aus Ohio an. Sie war etwas älter als ich, wir hatten uns nur einmal gesehen, als wir 1979 auf einer Rundreise die meisten von Dennis' Verwandten im Osten besuchten, aber sie schien eine nette, zuverlässige Person zu sein.

Sie erkundigte sich, wie es mir ginge, und sagte dann: »Ly, ich muß ganz schnell sprechen, ich rufe von einem Münzapparat an. Du mußt herkommen und Alan holen. Er jammert die ganze Zeit nach dir. Ich halte das für falsch, was Dennis tut. Er zieht so was nicht zum erstenmal ab. Das gleiche hat er schon mit seiner Exfrau und Victor, seinem Sohn, versucht. Ich glaube nicht, daß dir hier irgend jemand Ärger macht, aber du mußt rasch was unternehmen.«

Ich dankte ihr und rief ›Dr. Joe‹ an, den ich mehrere Monate nicht gesehen hatte. Ich berichtete ihm alles, vom Feinkostgeschäft, meinem Nervenzusammenbruch und Alan. Joseph erklärte mir genau, was ich tun sollte.

Zuerst buchte ich für die nächste Maschine einen Flug nach Cleveland sowie den Rückflug für mich und das Kind nach Los Angeles, nicht San Diego. Ich hatte nicht genügend Geld für die Tickets, aber daß ich etwas Positives zur Lösung meiner Probleme unternahm, gab mir Auftrieb. Dann suchte ich sämtliche Papiere zusammen – Geburtsurkunde, Fotos, meinen Paß und Heiratsurkunde –, die bewiesen, daß Alan mein Sohn war, und steckte sie in einen Umschlag. Als nächstes rief ich einige meiner vietnamesischen Freundinnen an, um mir Geld für die Tickets zu beschaffen.

»Kann ich dir meinen Ehering als Pfand geben für sechshundert Dollar?« fragte ich Luan, die viele solcher Geschäfte machte. »Du hast ihn gesehen und weißt, wie hübsch er ist.«

»Ich hab soviel Geld im Augenblick nicht zur Verfügung«, erwiderte sie und empfahl mir, mich an die Sowieso zu wenden.

Entweder waren alle blank, oder es hatte sich herumgesprochen, daß Le Ly Hayslip nicht besonders kreditwürdig sei. Schließlich überredete ich eine Nachbarin, mir auf den Ring vierhundert Dollar zu leihen, und beschloß, meine letzte Hoffnung in Lan zu setzen, die mir meiner Meinung nach immer noch einen Gefallen schuldig war.

»Lan, hier ist Ly.« Ich gab mir Mühe, wie eine reife, verantwortungsbewußte Erwachsene zu klingen und nicht wie eine hilfsbedürftige kleine Schwester. »Dennis hat total durchgedreht und Alan zu seiner Mutter nach Ohio geschickt. Er beabsichtigt, mich zu verlassen, und will unseren Sohn behalten. Ich muß Alan unbedingt zurückholen. Den größten Teil der Flugkosten konnte ich auftreiben, aber ich brauche noch zweihundert Dollar und jemand, der auf die Jungen aufpaßt. Kannst du mir helfen?«

»Ich kann auf die Kinder aufpassen, aber dir kein Geld leihen. Petey und ich haben große Mühe, die Zahlungen für unser Haus aufzubringen. Jedenfalls wär's ihm vermutlich auch nicht recht. Erinnerst du dich noch an unser letztes Gespräch über Geld? Ich kann's gar nicht fassen, daß du mir so 'ne Frage überhaupt stellst!«

Gute alte Lan – berechenbar wie die Jahreszeiten, wie Ebbe und Flut, wie die Sterne am Firmament! Während sie mir vorhielt, wie kleinlich ich ihr gegenüber gewesen sei, überlegte ich, ob sie sich wohl noch daran erinnerte, wie sie nach Amerika gelangt war. Ich hätte sie wirklich nicht anrufen sollen.

Ich versuchte es noch einmal bei meiner Nachbarin und bot ihr ein paar weitere Wertgegenstände als Pfand für die restlichen Flugkosten. Dann brachte ich die Jungen zu Lan und erwischte die Maschine nach Ohio, bevor Dennis von der Spätschicht heimkam.

Gleich nach der Ankunft fuhr ich mit einem Taxi direkt zur Polizeidirektion, wo ich meine Klage vorbrachte. Gottlob hatte Joseph das Terrain gründlich vorbereitet und bei den Behörden in Kalifornien zu Protokoll gegeben, daß er als ›amtlich zugelassener Sachverständiger für Psychohygiene‹ Dennis für labil und potentiell gefährlich halte. Zum Glück sprach seine Akte in Ohio für sich: ein Fall von Kidnapping nach seiner ersten Scheidung. Außerdem war er nach einer schweren tätlichen Auseinandersetzung mit dem Freund seiner ersten Frau ins Krankenhaus eingeliefert worden. Obwohl Dennis früher bei der Schutzpolizei, also ein Kollege gewesen war, erklärte sich die örtliche Polizei bereit, dem Ansuchen aus San Diego stattzugeben.

Drei Streifenwagen mit jeweils zwei Beamten fuhren mit mir zu ›Grandma Hayslips‹ Haus, wo wir gegen Mittag ankamen. Ich solle an die Tür gehen und feststellen, ob die Bewohner mir mein Kind freiwillig zurückgäben, erklärten sie mir. Der Einsatzleiter versicherte, sie würden mir gegebenenfalls sofort zu Hilfe eilen. Sie stiegen aus den Wagen, die Pistolen schußbereit.

Ich tat, was man mich geheißen hatte, bis auf eins. Ich klingelte nicht an der Haustür, sondern ging schnurstracks hinein. ›Mom‹ Hayslip machte gerade Sandwiches in der Küche zurecht und ich flitzte an ihr vorbei ohne ein Wort. Ich hörte, daß in dem großen Fernseher im Wohnzimmer ein Zeichentrickfilm lief, und sauste wie ein geölter Blitz hinein.

Mein kleiner Junge hockte auf einem Kissen, ein Bild des Jammers. Als er mich sah, dachte ich, er würde vor Freude zerspringen.

»Mommy!« Er klatschte in die Hände und sprang auf. Ich packte ihn, drückte ihn fest an mich und rannte auf dem gleichen Weg hinaus, vorbei an Mom Hayslip, die vor Bestürzung kein Wort herausbrachte – doch ich wußte, sie hatte mich erkannt. Ihre schweren Schritte folgten mir auf die Veranda. Auf den Stufen drehte ich mich um und schrie: »Alles, was ich will, ist mein Kleiner!«

Ich stieg in den Streifenwagen, doch die Polizei wartete noch ab, ob die Mutter von Dennis irgendwelche Fragen hätte. Aber sie wußte, was da vor sich ging, und tat nichts dergleichen, sondern lief zurück ins Haus. Durch das Fenster sah ich, daß sie telefonierte.

Die Beamten fuhren uns direkt zum Flughafen, und einer wartete, bis wir sicher an Bord waren. In Los Angeles nahm ich den Zug nach San Diego, und dort ließ ich mich von einem Taxi geradewegs zu unserem örtlichen Polizeirevier bringen, wo ich die Beamten über den ganzen Fall informierte. Ich betonte, daß mir der Alkoholkonsum und die Waffensammlung von Dennis die größten Sorgen machten.

Anders als in Ohio lehnten die hiesigen Beamten es ab, mich nach Hause zu fahren. Statt dessen wollten sie Dennis bitten, vorbeizukommen und mich abzuholen, und ihn befragen, bevor wir gingen. Mir behagte dieser Kompromiß gar nicht, doch zu mehr waren sie nicht bereit.

Ich saß fast eine halbe Stunde im Wartezimmer und konnte durch eine Glastür beobachten, wie Dennis sich mit einem Beamten unterhielt. Anfangs war er wütend und aggressiv, schien sich indes nach einer Weile zu beruhigen. Am Ende lachte und scherzte er mit den Beamten. Dann kam er heraus und half mir auf.

»Los, Schätzchen, laß uns heimfahren«, flötete er. »Ich bin sicher, wir kriegen das alles wieder hin.«

Der Beamte legte mir die Hand auf die Schulter. »Wenn Sie irgendwelche Probleme haben, Mrs. Hayslip, wenden Sie sich unbedingt zuerst an uns. Versuchen Sie ja nicht, das Gesetz selber in die Hand zu nehmen.«

Ich verschwendete kein Wort an ihn oder die anderen, sondern ging mit Dennis zum Wagen. Drinnen änderte sich sein Verhalten schlagartig, er blieb während der ganzen Heimfahrt stumm und starrte nur finster auf den Verkehr.

Zu Hause brachte er Alan ins Schlafzimmer und schloß die Tür ab. Ich machte mir keine Sorgen um Alan – Dennis liebte ihn, vielleicht zu sehr –, was mich am meisten überraschte, war die Begrüßung durch Jimmy und Tommy.

»Hallo, Mom! Wie ist's denn gelaufen?«

»Was macht ihr hier? Ihr solltest doch bei Di Lan bleiben!«

»Daddy hat uns abgeholt«, berichtete Jimmy. »Ich hab ihn gefragt, ob er uns als Geiseln für Alan nehmen will, aber da hat er bloß gelacht. Er liebt uns, hat er gesagt, und wollte uns bei sich haben, während du weg warst. Ist das nicht toll?«

Ich hätte Lan umbringen können, weil sie die Kinder ohne meine Erlaubnis Dennis gegeben hatte! Was hatte sie sich nur dabei gedacht?

Am nächsten Morgen, als Dennis und Alan noch schliefen, rief ich Dr. Joseph an. Er war keineswegs erfreut über den Verlauf der Sache.

»Sie sind meiner Meinung nach immer noch in großer Gefahr, Ly«, sagte er düster. »Ich glaube, Ihr Mann ist sehr krank. Er hat Alan einmal entführt und kann es wieder versuchen. Normalerweise rate ich meinen Patienten nicht zu einer Trennung, aber in diesem Fall – Sie sollten ernsthaft erwägen, irgendwoanders zu wohnen, wenigstens so lange, bis sich die Lage beruhigt hat.«

Das brachte mich in Verlegenheit. In Vietnam kam es bei Bauern selten zur Scheidung. Häufiger verließ ein Ehemann seine Frau und lebte mit einer anderen zusammen, doch die Kinder zogen sie trotzdem gemeinsam groß, und er unterstützte seine ursprüngliche Familie nach Kräften. Niemand wandte sich an Anwälte, die Dorfgemeinschaft regelte die meisten Situationen unter sich. Folglich wußte ich auch nicht, wem ich die Schuld an meinen gescheiterten Ehen geben sollte, außer mir selbst, oder bei wem ich als nächstem Rat suchen könnte, außer bei den Mönchen im Tempel.

»Du kannst mit deinen Familienproblemen nicht zu Ärzten und Anwälten gehen und eine Lösung erwarten«, sagte mein *su*, als ich ihm von Josephs Vorschlag erzählte. »Sie wollen die Angelegenheit auf dem schnellsten Weg bereinigen, der nicht immer der beste ist. Meinst du, diese Leute werden sich um dich kümmern, dich trösten und unterstützen, wenn dein Mann weg ist? Das sind keine schlechten Menschen, die du befragst, aber dein Mann ist es ebensowenig. Diese Ratgeber scheinen dir zu helfen, aber auf lange Sicht tun sie's eben nicht. Dein Mann scheint dich zu mißhandeln, doch in Wirklichkeit hat er das nicht getan. Wo sind die Narben, die seine Schläge hinterlassen haben? Zeig mir deine hungernden Kinder. Wo sind die Freundinnen, die er sich hält?«

Er verabschiedete mich mit den Worten: »Geh nach Hause. Trage zu deinem schlechten Karma nicht noch weiter durch den Versuch bei, das deines Mannes zu ändern. Hilf ihm, das zu lernen, was ihm auf Erden aufgegeben ist. Du bist ein Wasserbüffel, nicht wahr? Wie der Wasserbüffel mußt auch du dich schwer abmühen, lange und klaglos. Das ist dein Wesensmerkmal und dein Schicksal.«

Ich verließ den Tempel, verwirrter denn je. Ich konnte mit dem Mönch nicht disputieren – im Hinblick auf die Ewigkeit hatte er recht. Doch die Ärzte und Anwälte und Polizisten verstanden eine Menge davon, wie man Probleme hier und jetzt löst. Vielleicht fiel ich dem amerikanischen Bedürfnis nach ›sofortiger Befriedigung‹ zum Opfer. Vielleicht hatte ich Dennis nicht die Chance gegeben, die ich auch Ed kaum zugestanden hatte: unser beider Leben von selbst das Gleichgewicht finden zu lassen. In unserer Ehe war vom Anfang bis zum Ende alles ausgehandelt worden: Lan zu retten, Dennis ein Gefühl für Heim und Familie zu vermitteln, ein Dach über dem Kopf zu haben, unsere unterschiedlichen Religionen irgendwie in Einklang zu bringen, meine Seele in diesem fremden Land nicht verkümmern zu lassen. Das Problem dabei war, unsere Abkommen brachten nichts zuwege, und nun wurde die Rechnung fällig.

Wider besseres Wissen machte ich einen Termin bei einer Anwältin aus, die mir eine Freundin empfohlen hatte. Miss King war klein, sehr unscheinbar und sehr forsch. Im Gegensatz zu meinen amerikanischen Nachbarn und anderen weißen Ratgebern, die ihre herablassende Haltung zu kaschieren suchten, machte sie keinen Hehl aus ihrer Ansicht, daß ich ein kleines, unwissendes Bauernmädchen sei und genau das zu tun hätte, was man mir sagte.

»Hören Sie, Mrs. Hayslip«, begann sie, nachdem ich ihr die Situation nach besten Kräften auseinandergesetzt hatte. »Es gibt drei Möglichkeiten, wie wir das handhaben können: die weiche Tour, die harte Tour und die richtige Tour. Die weiche Tour – Sie sind zufrieden, ich verdiene 'ne Masse Geld, und Sie haben immer noch all Ihre Probleme. Die harte Tour – Sie sind unzufrieden, ich bin unzufrieden, und ich mache trotzdem einen Haufen Kohle. Wenn wir's auf die richtige Tour machen, werden Sie sich beschissen fühlen, und ich verdiene dennoch 'ne Menge, aber wenigstens sind Ihre Probleme dann gelöst. Also wie soll's gehen?«

»Ich denke, ich möchte meine Probleme gelöst haben ...«

»Braves Mädchen«, meinte sie anerkennend und schob ein paar Papiere über den Schreibtisch. »Die füllen Sie aus und geben sie mir dann zurück. Wenn Sie Hilfe brauchen, wenden Sie sich an einen Nachbar – ich bin keine Englischlehrerin. Sobald Sie damit fertig sind, erwirken wir einen Gerichtsbeschluß, der Ihrem Mann Hausverbot erteilt.«

»Könnten wir ihn denn nicht einfach freundlich darum bitten?«

»Schätzchen, wenn Sie jemand freundlich bitten, schicken Sie ihm eine Schachtel Pralinen, keine gerichtliche Verfügung. Der Mistkerl hat acht Schießprügel – ein regelrechtes Arsenal, stimmt's? Dem kommen Sie nur mit 'nem ordentlichen Trommelfeuer bei. Sie haben doch gesagt, Sie möchten's auf die richtige Tour machen, stimmt's?«

Ich bejahte und raffte die Papiere zusammen.

An dem Tag, an dem das gerichtliche Hausverbot zugestellt wurde, brachte ich die Kinder vorsichtshalber zu Pat und Mike. Mehrere Häuser entfernt, beobachteten wir, wie Dennis seine Sachen in einen alten Lieferwagen einlud, den er kürzlich gekauft hatte. Hiep half ihm dabei, was mich etwas erleichterte. Er war ein vernünftiger Junge, und daß Dennis, in Erinnerung an alte Zeiten, mit ihm auskam, wertete ich als gutes Zeichen. Nach einer Weile stellten wir fest, daß Dennis nicht nur die gerichtlich genehmigten Dinge wie Schußwaffen, Schnaps und Garderobe einlud, sondern auch eine Menge Einrichtungsgegenstände, was nicht erlaubt war. Mike wollte ihn daran hindern – einen Mordskrach schlagen und sogar die Polizei rufen –, doch das lehnte ich ab.

»Laß ihn doch machen, was er will, das Zeug zählt nicht«, sagte ich. Mike sah mich an, als wäre ich verrückt – als verstünde ich nicht, worum es bei amerikanischen Scheidungen eigentlich ging. Er hatte recht. Meine sämtlichen vietnamesischen Instinkte liefen dem empfohlenen amerikanischen Verhaltensmuster völlig zuwider. All meine nach guter amerikanischer Manier unternommenen Schritte erschienen als Verrat an allem, was mich mein Vater gelehrt hatte. Meine einzige Hoffnung war, daß ich schließlich doch irgendwie das Richtige tun würde, wenn ich die Dinge zwar ›auf amerikanische Art‹ handhabe, insgeheim jedoch die vietnamesische beibehielt.

Am nächsten Morgen war der Lieferwagen verschwunden, so daß ich mit den Jungen ins Haus zurückkehrte. Es war fast leer, die Kinder rannten hinein, und als erstes hörte ich ein widerhallendes: »Daddy!« Mir schlug das Herz bis in den Hals. Dennis kam in die Küche, mit Alan auf dem Arm.

»Was machst du hier?« Ich war wie gelähmt und blickte schnell zum Telefon hinüber, überlegte kurz, entweder Mike oder meine Anwältin anzurufen, oder auch die Polizei.

»Heut ist Sonntag«, erklärte Dennis lächelnd. Er hatte dunkle Ringe unter den Augen und war unrasiert. »Ich wollte mit Alan in die Kirche gehen.«

Mein Verstand arbeitete fieberhaft. »Nein, ich glaube nicht...«

Dennis war schon aus der Tür.

»Los, Jimmy... Tommy... beeilt euch!« rief ich über die

Schulter und folgte ihm, während ich mir ein Tuch über mein ungekämmtes Haar band.

»Was soll das?« fragte Dennis.

»Wir kommen mit.«

»Nein. Du bleibst hier und sorgst für den Lunch, Wir sind nach dem Gottesdienst zurück.«

Am liebsten hätte ich gelacht, wenn ich nicht so verängstigt und durcheinander gewesen wäre. Ich ging nicht ins Haus zurück, so sehr ich das auch wollte, aber ich hatte mir geschworen, Alan nie wieder aus den Augen zu lassen, bis dieses ganze Chaos bereinigt wäre.

Wir quetschten uns in meinen Wagen, während Dennis Alan von der Fahrerseite auf den Vordersitz verfrachtete, dann neben der geöffneten Wagentür verharrte. Ich sah ihm an, daß er vor Wut kochte und überlegte, was er als nächstes tun sollte. Mike holte sich ein paar Häuser weiter unten seine Morgenzeitung aus dem Briefkasten. »Ly – ist alles in Ordnung?« rief er.

Dennis zeigte ihm einen Vogel und fixierte mich finster durch die Windschutzscheibe. »Miststück!« Er schlug mit der Faust zu, und das Glas zersprang wie Eis.

Schweigend fuhren wir zur Kirche, für die keiner von uns richtig angezogen war. Dennis brachte uns wortlos zu Pastor Bob, der die drei Jungen in die Sonntagsschule führte. Als nach dem Gottesdienst alles hinausströmte, wollte mich Janet in ein Gespräch verwickeln. Ich bemühte mich, höflich zu sein, versuchte aber gleichzeitig, Dennis im Auge zu behalten, als er sich durch die Menge in Richtung Spielplatz drängte. Schließlich entschuldigte ich mich bei Janet und lief nach hinten. Tommy und Jimmy tummelten sich noch mit anderen Kindern auf dem Spielplatz, aber Dennis und Alan waren längst weg.

Ich fuhr nach Hause und hinterließ beim Auftragsdienst von Miss King eine Nachricht. Es schien Stunden zu dauern, bis sie mich zurückrief. Ich berichtete, was vorgefallen war.

»Wir hatten uns doch für die harte Tour entschieden, oder

etwa nicht?« Ich sah sie förmlich, wie sie angewidert den Kopf schüttelte. »Warum haben Sie nicht die Schlösser auswechseln lassen? Sie hätten die Polizei rufen sollen, sowie Sie ihn im Haus sahen. Er hat Hausfriedensbruch begangen, sich rechtswidrig verhalten, nur durch seine Anwesenheit dort.«

»Okay, schon gut. Ich hab mich dumm benommen. Und was tun wir jetzt?«

»Ruhig sitzen bleiben. Wenn das Telefon klingelt, rangehen und tun, was man Ihnen sagt.«

Eine Stunde später läutete es tatsächlich. Ein Polizeiinspektor teilte mir mit, meine Anwältin habe gerade einen Fall von Kindesentführung angezeigt. Ob sich an der Sachlage irgend etwas geändert habe, wollte er wissen, und ich verneinte. Er stellte mir eine Menge weiterer Fragen, ersuchte mich dann, beim Telefon zu bleiben, was ich die nächsten zwei Tage tat. Aus lauter Verzweiflung rief ich Lan an – ich wußte zwar, daß von ihr nicht viel Hilfe zu erwarten war, aber sie konnte sich wenigstens meinen Kummer anhören und mich schwesterlich trösten.

Statt dessen bekam ich eine weitere Strafpredigt, daß es mir ganz recht geschehe, weil ich sie wegen Dennis aus unserem alten Haus in Santee hinausgeschmissen hatte. Jetzt zeige er eben sein wahres Gesicht, meinte sie, und ich sollte mir eine andere Schulter zum Weinen suchen.

Ich legte den Hörer auf, und da stand der kleine Jimmy in der Diele und starrte mich mit großen Augen an. Er war gar nicht mehr so klein – immerhin dreizehn, mit dem dunklen Teint, den schwarzen Samtaugen und dem feinen Gesichtsschnitt seines Vaters. In seinen traurigen, einfühlsamen vietnamesischen Zügen sah ich Hiep und An und Anh und all die anderen kleinen Bootsflüchtlinge, die jetzt, durch mein Verschulden und mein schlechtes Karma, in alle Winde zerstreut waren. Die Pflegekinder-Vermittlung würde sie nicht zurückgeben, solange meine häuslichen Verhältnisse derart zerrüttet waren. Was hatte ich für ein Recht, mir eine vietnamesische Großfamilie, mein eigenes ›Dorf‹ zu schaffen, wenn ich nicht einmal meine richtige Familie zusammenhalten konnte? Wieder einmal hatte ich, in Namen der Liebe, mein Bestes versucht und alles nur noch schlimmer gemacht.

Das Telefon klingelte. Ich wußte es, Lan würde zurückrufen – um sich zu entschuldigen; um mit mir zu weinen, wie eine Schwester. Ich hob den Hörer ab.

»Ly?« Eine rauhe Männerstimme. »Hier spricht Dennis.«

Mir stockte der Atem. »Wie geht's Alan?«

»Prima. Möchtest du ihn wiedersehen?«

»Natürlich! Ich bin ganz krank vor Sorge! Die Polizei sucht dich überall.«

»Die kann mich mal. Wenn du ihn wiedersehen willst, dann tu genau, was ich dir sage.«

Ich traute meinen Ohren nicht!

»Schreib einen Brief an deine Anwältin. Teile ihr mit, daß du alle Beschuldigungen gegen Dennis Hayslip zurücknimmst. Ferner, daß du das Haus und unsere gesamten Einrichtungsgegenstände auf meinen Namen überschreiben möchtest. Und daß du die Scheidungsklage fallenläßt – Ly, hörst du mir überhaupt zu?«

»Ja, ich höre.«

»Laß den Brief notariell beglaubigen, dann bringst du ihn zu Pastor Bob. Sag ihm, ich rufe ihn morgen früh an und bitte ihn, mir den Brief am Telefon vorzulesen. Tu das, Ly, sonst wirst du's bitter bereuen.«

Sobald Dennis aufgelegt hatte, rief ich Miss King und Pastor Bob an. Beide sagten, ich solle nichts unternehmen und alles der Polizei überlassen.

Am nächsten Tag rief Dennis an und beschimpfte mich, weil ich den Brief nicht geschrieben hatte. Dann legte er auf.

Nach zwei weiteren nervenaufreibenden Tagen rief Lan an. Sie sagte, Dennis habe ihr telefonisch mitgeteilt, daß es Alan gut gehe. Sie sagte, sie könne jetzt nicht reden, und hängte ein. Tags darauf tat sie das gleiche, was äußerst merkwürdig anmutete. Es hatte den Anschein, als beobachte sie jemand scharf. Am dritten Tag rief sie ein drittes Mal an.

»Ly – hör gut zu. Das ist das erste Mal, daß ich Gelegenheit habe, dir etwas mitzuteilen. Dennis und Alan sind hier bei mir – ja, sie sind jetzt da. Ly, er hat Vorbereitungen getroffen, Alan nach Kanada zu bringen. Alan ist ganz außer sich und will nicht mehr bei Dennis bleiben...«

Sie änderte plötzlich ihren Tonfall, tat, als habe sie mit einer Freundin über Kleider oder ähnliches geschwatzt, und legte auf. Offensichtlich war Dennis ins Zimmer gekommen. Ich rief Miss King an – die mir wieder befahl, an Ort und Stelle zu bleiben und ja nichts auf eigene Faust zu unternehmen. Sie werde die Polizei benachrichtigen, erklärte sie. Ein paar Stunden später war sie neuerlich am Apparat.

»Gute Nachrichten, Ly. Alan ist in Sicherheit. Dennis ist in Polizeigewahrsam.«

»Gott sei Dank!« Ich sank in meinen Sessel.

»Die Polizei möchte wissen, ob Sie Anklage erheben wollen. Sie verstehen – Dennis ins Gefängnis bringen.«

»Nein, nein. Hauptsache, Alan ist in Sicherheit, das ist alles, was ich will. Dennis hat in seinem Leben schon genug Schwierigkeiten gehabt. Wann werden sie meinen Sohn nach Hause bringen?«

Miss King verstummte kurz, und sagte dann: »So einfach ist das leider nicht. Man hat ihn ins Hillcrest Receiving Home gebracht. Das ist gewöhnlich der erste Schritt, bevor ein Kind in Pflege gegeben wird.«

»Nein! Ich will meinen Sohn bei mir haben!«

»Na ja, Ihr Mann hat in seiner Aussage ein paar ziemlich frappierende Angaben gemacht. Er behauptet, Sie hätten sich an den Kindern vergangen, besonders an seinem Sohn, und auch einige der Pflegekinder belästigt. Die Polizei darf kein Risiko eingehen. Sie hält in solchen Fällen die Unterbringung in einem Pflegeheim für besser, bis der Sachverhalt in einer Untersuchung geklärt werden kann.«

Ein Weinkrampf schüttelte mich. Wie konnte Dennis nur

seinen eigenen Sohn so leiden lassen? Das war ungeheuerlich.

Ich riß mich zusammen und brachte ein paar saubere Sachen und Spielzeug ins Hillcrest Receiving Home. Alans Augen hatten den typischen Flüchtlingsblick und brachten mich beinahe wieder zum Weinen. Er war ungewaschen und unterernährt – ob er während seiner Gefangenschaft nicht essen konnte oder wollte, wußte ich nicht. Als ich ihn badete und ihm frische Sachen anzog, entdeckten die assistierende Betreuerin und ich, daß er am ganzen Körper kleine Kratzer und Schorf hatte.

»Wie ist denn das passiert?« fragte die Betreuerin und sah mich mißbilligend an.

»Woher soll ich das wissen?« Ich schrie beinahe. »Er war zwei Wochen verschwunden!«

Ich kämpfte mit den Tränen, während ich meinen kleinen Jungen anzog und an ihn zurückdachte, als er – *mang dang* – schwer in meinem Bauch geborgen lag. Ich erinnerte mich an die schmerzhaften Wehen bei seiner Geburt – *de dau* – und daran, wie ich ihm die Nahrung vorkaute – *nhai com suon nuoc* –, als er entwöhnt wurde. Ich war empört, verärgert und beleidigt über die Anmaßung der Männer. Alle Amerikaner, die ich gekannt hatte – in Vietnam und Amerika – wurden engstirnig, kleinlich und rachsüchtig, wenn sie in Wut gerieten. Sie hatten keine Ahnung von Frauen und keine Achtung vor ihnen. Ich konnte es nicht glauben, daß solche Männer jemals Mutterliebe kennengelernt hatten: die Liebe der Frau, die sie zur Welt gebracht hatte. Grausamkeiten, wie ich sie in beiden Ländern miterlebt hatte, konnten nur von Männern verübt werden, denen jedes Bewußtsein für die heiligen Ursprünge des Lebens fehlte. Ihnen galten Kinder – auch ihre eigenen – nicht mehr als das Unkraut im Garten. Wir nannten sie *vo nghi* – gewissenlose Männer –, und was das bedeutete, begriff ich erst jetzt richtig. Sie hatten keine Ahnung, woher sie kamen oder wohin sie gingen. Es waren Männer, die ihre Jagdhunde und Gewehre mehr liebten als ihre Vorfahren. Und waren doch selber nichts anderes als Hunde.

Ich versorgte Alan täglich und blieb, solange ich konnte, nahm oft auch seine Halbbrüder mit. Zu der Verhandlung, in der über Alans weiteren Verbleib entschieden werden sollte, erschien ich mit Miss King. Der Vorsitzende gab einen Überblick über die Polizeiberichte, unsere Akten aus dem Familiengericht, unsere Beurteilungen als Pflegeeltern und schriftliche Befragungen von zahlreichen Personen – darunter die Pflegekinder, meine leiblichen Kinder und unsere Nachbarn.

Schließlich blickte er auf und seufzte. »Mrs. Hayslip, aus Ihrer Akte geht hervor, daß Sie fünf Jahre lang eine vorbildliche Pflegemutter waren. Aber sie zeigen auch, daß Ihr Mann ein sehr labiler und möglicherweise gefährlicher Mensch ist. Sollte ich nun Ihren Sohn in Ihre Obhut geben, wie gedenken Sie dann künftig die Dinge zu handhaben?«

»Ich werde alles tun, was Sie sagen, Euer Ehren.«

Er lachte. »Ich bin kein Richter, aber ich möchte Ihnen unbedingt raten, einen Ortswechsel vorzunehmen. Vielleicht haben Sie keine Kenntnis davon, aber laut Polizeibericht wurden mehrere Schußwaffen im Wagen Ihres Mannes gefunden, als man ihn festnahm, außerdem etliche schriftliche Haßtiraden und sehr seltsame Zeichnungen von Ihnen – vermutlich von der Hand Ihres Mannes. Da Sie die Klageerhebung ablehnten, hat die Polizei den Fall ad acta gelegt; aber das heißt nicht, daß Ihre Schwierigkeiten nun behoben sind. Wenn Sie sich eine Zeitlang versteckthalten können – Ihrem Mann nicht über den Weg laufen, keine Zielscheibe für seine Wutanfälle bieten –, dann könnte sich die Lage möglicherweise normalisieren.«

Ich teilte ihm mit, daß ich eine Weile bei einer Freundin in Los Angeles bleiben würde – einer ehemaligen Kollegin von National Semi-Conductor, die mich immer wieder eingeladen hatte –, doch ob ›eine Weile‹ lang genug wäre, wußten wir beide nicht.

Als Miss King mich vor dem Haus absetzte und wartete,

bis ich unsere Sachen holte, waren meine Arme und Beine wie Blei. Als Halbwüchsige mußte ich vor Bomben, Artilleriegeschossen, den Republikanern, den Amerikanern und dem Vietcong davonlaufen. Ich ging ins Exil, um mein Leben zu retten, und dabei war mir dieses alte Leben für immer abhanden gekommen. Jetzt versteckte ich mich abermals, von Furcht und Verlassenheit verfolgt.

Ich wollte gerade gehen, als das Telefon klingelte. Lan. Sie teilte mir mit, Dennis habe mehrmals angerufen, um sich nach mir, nach den Jungen und nach der Verhandlung in Hillcrest zu erkundigen. Dabei habe er sich gebrüstet, er würde ›den besten Anwalt in San Diego‹ engagieren und mich samt meiner Anwältin, diesem ›großkotzigen Miststück‹, vor Gericht fix und fertig machen und alle Jungen, das Haus, die Autos und unseren kompletten Hausstand gewinnen. Lan dachte, ich würde in Panik geraten, doch ich sagte, sie solle sich beruhigen, ich sei völlig okay.

Wenigstens suchte Dennis jetzt Zuflucht bei Anwälten anstelle von Schießeisen und Whiskyflaschen.

In der ersten Gerichtsverhandlung sagten zwei amerikanische Ehemänner meiner vietnamesischen Freundinnen und Pete Bailey gegen mich aus. Wenn auch fast jeder Mensch in einem verborgenen Winkel seines Herzens zu Niedertracht und Verrat fähig ist, so konsternierte mich dies hier doch, und ich schrieb es dem gerissenen Anwalt von Dennis zu, den Miss King offensichtlich auf die gleiche Weise respektierte wie ein Tiger, der im Wald einem größeren, kräftigeren ausweicht. Dennis brauchte stichhaltige Gründe dafür, daß ich eine untaugliche Mutter sei, und die Männer meiner Freundinnen schilderten dem Richter nur allzu bereitwillig, wie wir in unserer Mittagspause zusammenhockten und über Mittel und Wege sprachen, das amerikanische System zu beschupsen. Natürlich war auch Petey kein Freund der Familie, trotz allem, was wir für ihn getan hatten, als er und Lan es brauchten. Er untermauerte die Behauptung von Dennis, daß wir Vietnamesinnen uns ständig irgendwie gegen ihn ›verschworen‹.

Letztlich blieb der Richter unbeeindruckt. Er ordnete an, Dennis müsse mir meinen Wagen zurückgeben, uns einen Rechtsanspruch auf das Haus zugestehen und sich mit mir in die Einrichtungsgegenstände teilen, die er mitgenommen hatte. Vor allem aber sprach er mir das Sorgerecht für Alan zu und erlaubte Dennis häufige Besuche.

Eine Zeitlang schien alles reibungslos zu laufen. Dennis und ich hielten uns peinlich genau an die Anweisungen des Richters, und selbst Lan rief öfter an. Zuerst dachte ich, sie mache sich Gedanken wegen Peteys Zeugenaussage, besonders, da der Richter ihr keinen Glauben schenkte. Später stellte ich freilich fest, daß es auf ihren nach wie vor bestehenden Kontakt zu Dennis zurückzuführen war. Sie stand tief in seiner Schuld, und er ließ sie das auch keine Sekunde vergessen, zumal da er so eine Möglichkeit sah, an mich heranzukommen.

Lan sagte, Dennis habe über Herzbeschwerden geklagt und gehe jetzt am Stock, was ihn allerdings nicht daran hinderte, mit seinen Gewehren zu jagen und auf seinen großen Motorrädern zu fahren. Er holte sich sogar bei den buddhistischen Mönchen Rat, was mir wirklich die Sprache verschlug.

»Du solltest netter zu ihm sein, das ist alles«, sagte Lan. Vermutlich hatte sie recht. Dennis gab sich wenigstens Mühe.

Als er Alan das nächste Mal zurückbrachte, lud ich ihn zum Kaffee ein. Wir plauderten über dieses und jenes, und er wirkte weder rachsüchtig noch argwöhnisch, sondern nur dankbar. Wir sollten einander helfen, aus »diesem Kreislauf von Haß herauszukommen«, und ich pflichtete ihm bei, obwohl ich seine Methode nicht billigte. Innerhalb eines Jahres bekam ich ein Schreiben vom Familiengericht. Dennis beantragte eine Verhandlung, wo ein Schiedsrichter feststellen sollte, ob wir wieder zusammenkommen könnten.

Inzwischen hatte ich einen Job bei einer anderen Computerfirma gefunden. Wegen meiner Berufserfahrung, meiner seriösen Arbeitsauffassung und weil die Chefin mich gern mochte, wurde ich als Aufseherin eingestellt. Meine Mitarbeiter waren diesmal vorwiegend Mexikaner oder Hispanoamerikaner, Lao, Filipinos und ein paar Vietnamesen. Zum erstenmal arbeitete ich auch mit schwarzen Amerikanern zusammen und hatte Gelegenheit, in ihnen nicht nur die gefährlichen Soldaten zu sehen. Als ich sie näher kennenlernte, hörte ich von ihnen Geschichten, die einen gemeinsamen Nenner mit meinen eigenen Erfahrungen aufwiesen: Entwurzelung, Depression, Verzweiflung und ebenso die Freuden der Großfamilien und der unbeirrbare Glaube an den unverhofften Glücksfall und an die Existenz von etwas, das größer war als sie.

Ich wurde auch wieder zur Pflegemutter – sozusagen.

Jimmys Vater, Anh, hatte für seine beiden anderen Söhne, die Teenager Chanh und Tran, die Flucht aus Vietnam auf einem Schiff organisiert. Nachdem sie Piraten und Patrouillenbooten im Südchinesischen Meer die Stirn geboten hatten, wurden sie aufgegriffen und in einem chinesischen Flüchtlingslager auf dem Festland interniert. Im Februar 1981 trafen sie in Minnesota ein, wo Anhs Bruder für sie Bürgschaft und Verantwortung übernommen hatte. Doch die kalte Witterung schreckte sie, und sie setzten sich mit mir in Verbindung. Ihr Vater habe mich immer als seine zweite Frau betrachtet, erklärten sie, und sie selber erinnerten sich liebevoll an mich, die sie damals als Kindermädchen betreut hatte. Sie blieben eine Zeitlang bei uns, so daß Jimmy seine Halbbrüder etwas näher kennenlernen konnte, fanden dann gute Jobs und zogen weiter. Es war schon eigenartig, wie sich die Situation für uns um hundertachtzig Grad gedreht hatte – eine Ironie, die ihnen entging, mich jedoch stark bewegte. Bei unserer ersten Begegnung war ich ein vom Krieg gebeutelter Teenager, etwas jünger als sie jetzt. Ihr Vater war ein wohlhabender Industrieller in Saigon, der bei mir Trost suchte, meine Mutter und mich aber beiseite schob, als ich schwanger wurde. Nun waren sie nach Amerika gekommen, ebenso mittellos wie ich seinerzeit, um Zuflucht in meinem wunderschönen Heim zu suchen.

Ausgerüstet mit einer Fülle von Ratschlägen begab ich mich zu dem Schlichtungstermin. Mein Anwalt ermahnte mich zur Vorsicht, wozu ich sowieso entschlossen war. Huong äußerte sich ganz ähnlich wie mein Mönch, daß »ein Kind ohne Vater wie ein Haus ohne Dach« sei. Meine Kolleginnen bei Digidyne, Kathys Firma, waren in zwei Lager gespalten. Die aus großen, glücklichen Familien stammten, fanden, wir sollten wieder zusammenkommen; die Geschiedenen meinten, es lebe sich recht gut allein, ich solle die Vergangenheit begraben sein lassen.

Wieder einmal fühlte ich mich hin- und hergerissen zwischen *tinh* und *nghia*. *Tinh* ist Liebe in all ihren Spielarten, auch Leidenschaft. *Nghia* ist die geistige Bindung von Seelengefährten. Ich hatte ein Kind von ihm empfangen, und so waren Dennis und ich durch *nghia* verflochten, so wie ich durch meine anderen Kinder mit Eds Geist und Anh verbunden war. Westler meinten anscheinend, man könne Ehefrauen wie Kleidungsstücke ausrangieren, *vo chong nhu ao coi ra kho gi* –, aber da war ich nicht so sicher. Schuldgefühle sind eine Last, die man nicht auf die leichte Schulter nehmen durfte, das hatte ich bereits erfahren.

Die Verhandlung endete ergebnislos. Dennis war so entschlossen, Reue zu zeigen, daß er mir das Blaue vom Himmel versprach: Anrecht an all unseren Besitztümern und das legale Sorgerecht für Alan. Er zog sogar eine Übereignungsurkunde für unser Haus hervor, wie ein Vertreter den Kaufvertrag für sein Produkt, und beteuerte, er würde es mir auf der Stelle überschreiben, wenn ich ihn nur zurücknähme. Ich erbat jedoch Bedenkzeit und suchte meinen *su* auf.

»Meister, mein einziges Bestreben ist es, diese Bindung durch *nghia* an Dennis so bald und so sauber wie möglich zu lösen. Ich bin bereit, ihn als Freund zu akzeptieren, aber nicht wieder als Ehemann. Wenn ich nun sein Angebot ablehne, wird sich dann unser schlechtes Karma fortsetzen?«

Mein *su* lächelte und lud mich zum Tee ein, gewöhnlich eine Belohnung, diesmal diente es anscheinend der Vorbereitung.

»*Phat-tu*«, begann er, »es gibt ein Yin und Yang für alles: gut und böse, Ursache und Wirkung. Im Krieg hat du viele Menschen gesehen, die getötet wurden, darunter auch Babys. Waren diese Menschen schuldlos?«

»Das kann ich nicht wissen, Meister.« Dabei wußte ich, daß diese Antwort verkehrt war, denn Buddhisten glauben, daß jede Wirkung auch ihre Ursache hat. Aber ich konnte mir kein Universum vorstellen, in dem ein Neugeborenes an irgend etwas Schuld trug.

»Daß das Baby von einer Frau geboren wurde, räumst du doch ein ...«

»Selbstverständlich.«

»Diesen naturgegebenen Tatbestand bestreitest du also nicht. Desgleichen mußt du den naturgegebenen Tatbestand, das Karma, akzeptieren, das beides, Geburt und Tod des Babys, veranlaßt hat. Du magst um das ermordete Baby weinen und Mitgefühl für sein Leiden empfinden, so wie du auch um den Soldaten weinen magst, der mehr schlechtes Karma dafür erntet, daß er es getötet hat; doch wenn du das tust, darfst du nicht die Gesetze des Universums in Abrede stellen – den Kreislauf der Wiedergeburten –, der die Tat verursacht hat. Geburt und Tod, gleich unter welchen Umständen, sind ebenso naturgegeben wie die Bahnen von Sonne und Mond, die wir ohne Frage hinnehmen.«

»Und meine Pflicht gegenüber Dennis?«

»Du sagst, er hat dir auf die Wange geschlagen – dir ein furchtbares Unrecht zugefügt?«

»Das ist wahr, Meister.«

»Dann biete ihm die andere. Gib ihm eine Chance, wiedergutzumachen. Wenn er dich wieder enttäuscht, wirst du zumindest deinem *nghia* Genüge getan haben, während seine Schuld sich vergrößert hat.«

Im Februar 1981, nach dem Tet-Fest, zog Dennis wieder ein, ›versuchsweise‹, wie es der Schiedsrichter nannte. Wie lange dieser Versuch dauern würde, konnte niemand wissen.

Es begann nicht gerade vielversprechend. Dennis wurde seine ›Herzbeschwerden‹ auf wundersame Weise los, fühlte sich indes nach wie vor außerstande, nennenswert im Haus mitzuhelfen. Chanh und Tran lebten wieder bei uns, Thoas Kinder hatten sich ebenfalls hinzugesellt, als ihr Geschäft in finanzielle Schwierigkeiten geriet. Ich konnte Dennis die wachsende Anspannung vom Gesicht ablesen. Er kam auch nicht zurecht mit Anhs Söhnen, um deren Herkunft er wußte, und fing bald wieder mit seinem alten Klagelied an, daß ich die Vietnamesen ihm vorziehe. Zum Trost kaufte er sich weitere Schießeisen und noch ein großes, blitzblankes Motorrad, ohne jede Rücksicht auf unser Budget. Es war, als sei er nie weggewesen. Mit dem nächsten Neujahrsfest war der Versuch abgeschlossen – zumindest für mich.

»Es klappt einfach nicht, Dennis«, erklärte ich. »Ich finde es am besten für alle Beteiligten, wenn du ausziehst. Weitere Anwaltskosten sollten wir uns ersparen. Laß uns Freunde bleiben, um Alans und um unserer selbst willen, und jeder lebt künftig sein eigenes Leben.«

Sein Gesicht verfinsterte sich, ich fröstelte bis ins Mark. »Okay«, entgegnete Dennis düster, »wenn du's so haben willst. Wieso sollte es dir was ausmachen, daß ich behindert bin?«

»Ich schaue gern bei dir vorbei und helfe, wenn du krank bist. Ich zahle auch dein Telefon und die sonstigen laufenden Unkosten in den ersten paar Monaten, bis du einen Job findest.«

»O ja, du zahlst«, knurrte er. »Du bezahlst *alles!*« Damit stürmte er hinaus.

Zunächst ignorierte Dennis meine Entscheidung, dann heuchelte er Einverständnis, ohne jedoch irgend etwas zu unternehmen, so daß ich schließlich meinen Anwalt – den Nachfolger von Miss King – hinzuziehen mußte, der die Emission beantragte.

»Dennis ist ein äußerst gefährlicher Mensch, Ly«, sagte er. »Sie haben einen großen Fehler gemacht, als Sie ihn wiederaufnahmen. Jetzt wird er mit doppelt so harten Bandagen ums Bleiben kämpfen. Bereiten Sie sich auf stürmische Zeiten vor.«

Der Sheriff vom San Diego County überbrachte Dennis den Räumungsbeschluß, während die Kinder und ich ins Kino gingen. Bei der Rückkehr war Dennis weg und das Haus größtenteils in Ordnung. Nachts begann es zu regnen. Ich postierte mich am Fenster, bewachte meine schlafenden Kinder und mein Haus und weinte ununterbrochen, als Straßen und Abflüsse überfluteten.

In den folgenden paar Tagen bemühte ich mich um einen normalen Tagesablauf. Ich erkundigte mich telefonisch bei Lan, ob sie etwas gehört habe, und sie verneinte ohne Umschweife, was darauf schließen ließ, daß sie vermutlich die Wahrheit sagte. Auch keiner meiner Freunde hatte etwas von Dennis gehört, die von ihm angeheuerten Zeugen eingeschlossen.

Das Wetter verschlechterte sich, der Regen erwies sich als ebenso hartnäckig wie mein Mitleid, das später in Reue umschlug. »Bei dem Regen würde ich sogar einen streunenden Hund reinlassen«, sagte ich eines Abends zu Kathy am Telefon. »Ihm ist ganz bestimmt was passiert.«

»Reiß dich zusammen«, entgegnete sie. »Ein Hund kann nicht in ein Motel oder zu Freunden gehen. Er ist ein erwachsener Mensch. Er kann auf sich selbst aufpassen.«

Am 3. März 1982 kamen die Kinder zeitig aus der Schule, und Jimmy rief mich in der Firma an.

»Mom, an der Tür steckte eine Geschäftskarte für dich. Auf der Rückseite steht, du sollst den Typ so bald als möglich anrufen.«

»Von wem ist denn die Karte?«

»Hmmm... Detective Scott.«

»Ein Polizist?«

»Ja. Vom Morddezernat. Heißt das, jemand ist umgebracht worden?«

»Gib mir mal schnell die Nummer, Schatz.« Meine Hände zitterten so heftig, daß ich den Bleistift kaum halten konnte. Fieberhaft überlegte ich, wem Dennis etwas angetan haben mochte: den Kindern, Jimmy und Tommy – nein, sie waren ja gottlob zu Hause. Der kleine Alan – warum sollte Dennis ihm Schaden zufügen? Er war in einer Tagesstätte. Ich würde gleich dort anrufen. Aber wenn etwas passiert wäre, hätte man mich sicher benachrichtigt – sie hatten meine Nummer. Ich dachte an weitere mögliche Opfer: Lan? Petey? Die beiden hatten immer zu ihm gehalten, weshalb sollte er ihnen jetzt etwas zuleide tun? Mir fiel niemand ein – nur mich haßte er vermutlich so sehr, daß er mich umbringen wollte. Vielleicht war Detective Scott vorbeigekommen, um mich vor einer Morddrohung zu warnen. Das mußte es sein.

»Bitte Detective Scott«, sagte ich.

»Am Apparat«, erwiderte eine sachliche Stimme.

»Mr. Scott, hier spricht Mrs. Hayslip – Mrs. Dennis Hayslip. Sie haben Ihre Karte heute vormittag an meiner Tür hinterlassen.«

»O ja. Hm... Mrs. Hayslip – ist dort jemand bei Ihnen?«

»Freilich, die Menschen, mit denen ich zusammenarbeite.«

»Gut. Tja, ich habe leider schlechte Nachrichten für Sie, Mrs. Hayslip. Ich muß Ihnen leider mitteilen, daß wir Ihren Mann heute früh tot aufgefunden haben. Er saß in einem Lieferwagen... Mrs. Hayslip?«

»Ja, ich bin noch da.«

»Er saß in einem Lieferwagen in einem Gäßchen hinter der First Southern Baptist Church auf der Luna Street in Clairemont.«

Mein Gott – das ist neben dem Spielplatz der Sonntagsschule! Ich muß da ein dutzendmal vorbeigefahren sein: Wie konnte ich ihn nur übersehen haben?

»Was ist passiert?«

»Er saß vorne, las eine Zeitung und trank was. Anscheinend hat er hinten Holzkohle verbrannt, um sich aufzuwärmen... tja, dabei sämtliche Fenster geschlossen... Wir nehmen an, er ist erstickt. So was passiert, wenn's kalt wird, Mrs. Hayslip. Es tut mir leid.«

Ich wollte etwas sagen, aber meine Kehle war wie ausgedörrt.

»Mrs. Hayslip – können Sie selber fahren oder sich nach Hause bringen lassen? Ich würde Sie gern dort treffen, wenn's geht.«

»Selbstverständlich. Ich bin in einer halben Stunde zu Hause.«

Ich wankte in Kathys Büro. Ich muß leichenblaß gewesen sein, denn sie stand auf und eilte auf mich zu.

»Ly... bist du okay?« Sie ergriff meine Hände.

»Er ist tot«, flüsterte ich. »Sie haben ihn tot aufgefunden.«

Sie hielt mich einen Augenblick fest. Mir war nach Weinen zumute – meinen Gefühlen freien Lauf lassen –, doch ich konnte es nicht. Es waren Tränen des Zorns und ebenso des Kummers, die in meinen Augen glitzerten. *Das brauchte er nicht zu tun!* Meine Gedanken weilten jetzt ausschließlich bei Alan: wie er das aufnehmen, welche Wirkung es auf ihn haben würde. Insgeheim ging es ja auch um die geistigen Konsequenzen. Würde das Kind durch die Fehler der Seelengefährten schädlich beeinflußt werden? Was das betraf – war der Tod von Dennis wirklich auf einen Unfall aus Fahrlässigkeit zurückzuführen – ein haßerfüllter Mann, der trank und in einem luftdichten, kleinen Raum gedankenlos versuchte, sich warm zu halten –, oder handelte es sich um Selbstmord? Das war es vermutlich, worüber Detective Scott sprechen wollte.

Mein Anwalt und der Detective erwarteten mich beim Haus. Alan war noch in der Tagesstätte, ich wollte ihn nicht abholen und mich mit seinem Schock und Zorn und Kummer auseinandersetzen, bevor ich die ganze Sache selber begriffen hatte. Detective Scott händigte mir die persönlichen Habseligkeiten von Dennis aus – seine Brieftasche, Armbanduhr und andere Kleinigkeiten aus dem Lieferwagen. Bei den Wagenpapieren befand sich noch ein amtliches Schreiben: der Emissionsbescheid.

Die Geschichte machte ein paar Tage lang Schlagzeilen in den Nachrichtensendungen der örtlichen Fernseh- und Rundfunkstationen. Die Reporter sprachen von dem Opfer stets als »einem Mann, der kürzlich exmittiert« oder »aus seinem Haus vertrieben« worden war von seiner Frau. Der *San Diego Union* brachte einen Artikel über den Tod von Dennis mit der Überschrift ›Toter in Lieferwagen neben Schulspielplatz gefunden‹. Der Reporter interviewte den Lehrer, der ihn entdeckt hatte.

»Ich sah ihn im Wagen schlafen. Er besucht diese Kirche, daher kennen wir ihn alle. Am nächsten Tag sah ich ihn wieder, ging raus und klopfte ans Fenster. Er reagierte nicht, da hab ich den Pastor geholt. Wir sind beide rausgegangen, und als wir ihn nicht wachkriegen konnten, haben wir die Polizei gerufen.«

Mir drängte sich die Frage auf, ob Dennis dort geparkt hatte, nur um einen flüchtigen Blick auf Alan zu werfen, wenn er den Spielplatz betrat oder verließ. Verbarrikadiert in seinem Lieferwagen, einem Haus auf Rädern, war Dennis bereits in der letzten Vorbereitungsphase der Seelenwanderung: er beobachtete das Land der Lebenden von außen, ein Fremder in seiner eigenen Umgebung, wie einst ich. In diesem Augenblick, bei Lektüre des Zeitungsberichts, fühlte ich mich Dennis näher als je zu seinen Lebzeiten. Ich brach zusammen und stieß den Schrei aus, den ich Tage, Monate, Jahre zurückgehalten hatte – der seit meiner Ankunft in Amerika in meinem Innern aufgestiegen war.

Alan hatte der Schock regelrecht gelähmt. Er war ein empfindsamer Junge. Trotz allem Unglück, das ihm bisher im Leben widerfahren war, hatte es ihm die Feuerprobe des Krieges erspart, die Jimmy und Tommy so tief prägte und ihnen die objektive Einstellung verlieh, mit solchen Tragödien umzugehen – nicht mühelos vielleicht, aber flexibel. Alan würde sich mit der Zeit und auf seine Weise der Wirklichkeit stellen und die Umstände beim Tod seines Vaters akzeptieren. Schließlich war er der Enkel von Phung Trong.

Nachdem man Dennis in der Leichenhalle aufgebahrt hatte, ging ich allein zu ihm. Ich kniete auf dem eiskalten Fußboden, hielt mich an seinem Sarg fest und weinte – der letzte Tränenausbruch, der ihm von seiner Gefährtin in *nghia* zuteil wurde. Ich bat ihn, mir zu verzeihen, obwohl ich damals nicht wußte – und es bis heute nicht weiß –, wie ich es hätte besser machen können. Sein Geist hatte keine Antwort für mich. Zuviel war zwischen Dennis und mir ungesagt geblieben, und erst jetzt, nachdem der Streit für immer verstummt war, konnte unsere Zwiesprache beginnen.

Totenfeiern sind das beste Epitaph eines Menschen. Die Kirche traf alle Vorkehrungen für den Gedenkgottesdienst, und der einzige weiße Trauergast war Pastor Bob. Die übrigen waren chinesische Gemeindemitglieder und meine asiatischen Arbeitskollegen. Lan erschien, doch Petey blieb zu Hause – er boykottierte eine Tragödie, von der er und die anderen Freunde wohl glaubten, ich hätte sie verursacht. Alle unsere Pflegekinder kamen, was Dennis und ihnen hoch anzurechnen war. Die kleine Kirche füllte sich hauptsächlich mit just den Menschen, die nach Überzeugung von Dennis sich gegen ihn verschworen hatten – ein seltsamer, aber auch irgendwie tröstlicher Anblick. Die Kluft, die zwischen seiner Auffassung und den tatsächlichen Gegebenheiten bestand, stellte im Grunde einen besseren Nachruf dar als die obligate Predigt des Pastors.

Die Familie von Dennis nahm an der Trauerfeier in San Diego nicht teil. Sie wollten ihn nach Raymond, Ohio, überführen und neben seinem Vater beisetzen lassen. Ich willigte ein.

Seine Schwester sagte, Dennis habe kurz vor seinem Tod angerufen und erklärt, es würde mir noch leid tun, seine Exmittierung veranlaßt zu haben. Das traf fraglos zu, warf aber auch auf seine Wache beim Schulhof ein eher düsteres Licht. Vielleicht hatte er dabei mehr im Sinn, als seinen kleinen Jungen sehnsüchtig zu beobachten. Doch solche Gedanken hielten nur den Kreislauf des Hasses aufrecht, deshalb verbot ich sie mir.

Alan und ich gaben seinem Vater das Geleit zur letzten Ruhestätte, mußten dabei dreimal das Flugzeug wechseln, was die trübsinnige, stürmische Reise noch anstrengender machte. Am Flugplatz erwartete uns ein Wagen des Bestattungsinstituts und brachte uns zur Leichenhalle, wo sich Mutter, Brüder und Schwestern von Dennis versammelt hatten. Seine erste Frau und ihr gemeinsamer Sohn, Victor, erschienen nicht, obwohl sie eine Einladung erhalten hatten. Alle trugen Straßenkleidung und unterhielten sich gedämpft. Dem Sarg schenkte niemand Beachtung, was ich höchst sonderbar fand, vor allem im Gegensatz zu einem vietnamesischen Begräbnis, wo sich Gedenken und Trauer aller Anwesenden ausschließlich auf den Toten konzentrieren. Hier konnte ich auf den Gesichtern nicht viel Trauer entdecken, ausgenommen bei Mutter und Schwester von Dennis und bei Alan.

Der Autokorso zum Friedhof verlief unheimlich still. In Vietnam begleiten wir den ganzen Weg bis zum Grab mit Trommeln, Gesang und Weihrauch. In Amerika vollzog sich der Weg der Toten in die Unterwelt wie bei Dieben, die sich in der Nacht davonstehlen.

Als der Sarg in die Erde herabgelassen wurde, ergriffen mich zwei überaus starke Gefühle. Zunächst die alte Traurigkeit, die ich auch bei Eds Begräbnis empfunden hatte: die schmerzliche Reue über eine unbeglichene seelische Schuld, die uns künftig verfolgen würde, wie ich wußte.

Als zweites verspürte ich eine allmählich ansteigende Euphorie. Es war mehr als die Erleichterung, wenn man von einer Last befreit wird, sondern die gleiche ruhige, transzendente Freude, die ich schließlich nach dem Tod meines Vaters empfand, als er mir in meinen Träumen zu erscheinen begann. Damals lernte ich, daß ich niemals allein im Leben sein würde, daß ich nur durch Loslassen die Kraft fände, nach mehr zu greifen. Jetzt, da ich zwei Seelengefährten gewonnen und wieder verloren hatte, fühlte ich mich bereit für das nächste Stadium meiner Entwicklung. Wie die kleine Hand, die meine am Grab von Dennis an jenem kalten Tag in Ohio umklammerte, wußte ich, daß aus Veränderung eines Tages etwas Starkes, Großartiges und Wunderbares erwachsen würde.

Zweiter Teil

ENTDECKUNG
DES AMERIKANISCHEN
TRAUMS

(1983–86)

6

IM SCHMELZTIEGEL

Zurück in San Diego, kam ich mir vor wie ein Motorboot, dessen Motor bereits auf Touren läuft, während es noch fest verankert ist. Das kurze, stürmische Leben von Dennis hatte meinen Weg zur Selbstfindung in Amerika verlangsamt, und es verursachte mir immer noch Schwierigkeiten, den zusätzlichen Ballast abzuwerfen. Ich war eine Forschungsreisende ohne Kompaß; eine Missionarin ohne Mission. In der einen Minute fühlte ich mich beschwingt und tatkräftig, in der nächsten war ich in Tränen gebadet.

Doch verglichen mit meiner Verfassung nach Eds Tod war ich unendlich viel weiter. Damals war ich eine naive, unwissende Immigrantin, die als einzige Aktivposten ihren Überlebenswillen und die Liebe zu ihren Kindern vorzuweisen hatte. Jimmy und Tommy kamen über den Schock von Dennis' Tod ziemlich schnell hinweg, weil sie ja bereits eine Menge hinter sich hatten und froh waren, etwas Frieden zu finden. Alan dagegen, der nicht nur den Hauptgegenstand von Dennis' Zuneigung verkörperte, sondern auch unseres Konflikts, nahm es wesentlich schwerer. Vorher war er ein unbekümmertes Kind. Jetzt war er bedrückt und nachdenklich, verbrachte die meiste Zeit in seinem Zimmer, wo er den von Dennis aufgenommenen Gutenachtgeschichten lauschte. In solchen Momenten wollte ich ihn ganz besonders festhalten, doch oft entzog er sich meiner Zuwendung. Seine düsteren Blicke trafen mich wie Pfeile mitten ins Herz.

Einige chinesische Gemeindemitglieder der baptistischen Kirche blieben in den ersten paar Tagen der Trauerzeit abwechselnd bei uns, nach asiatischem Brauch. Dank ihrer Hilfe ging ich eine Woche nach der Beerdigung wieder zur Arbeit. Die Leute dort waren freundlich, aufrichtig besorgt um meine Gesundheit und ließen mir den erforderlichen Freiraum. Leider machte eine Frau, die mir geraten hatte, Dennis hinauszuwerfen, eine sehr beunruhigende Bemerkung, die mich den Rest des Jahres verfolgte.

»Ich hoffe, Dennis hat dir was hinterlassen, damit du über die Runden kommst«, sagte die Frau und spielte dabei mit ihrer Schalttafel herum wie eine Klatschbase im Dorf, die einen Korb schwenkt.

»Was meinst du damit?« fragte ich.

»Du weißt doch – ein Grundstück, 'ne Lebensversicherung, so was eben.«

»Ich weiß nicht, ob Dennis irgendeine Versicherung hatte. Sein Geld reichte knapp fürs Essen. Jedenfalls will ich davon keinen Cent. Es hat uns nur Unglück gebracht. Ich möchte bloß alles hinter mir lassen.«

»Na ja, Schätzchen, besser wär's, wenn dein Anwalt das mal überprüft. Wenn du den Zaster nicht kriegst, schluckt ihn der Staat Kalifornien – oder irgendein habgieriger Verwandter. Und wo bleiben dann deine Kinder?«

Ich wollte ihr sagen, sie solle sich um ihre eigenen Angelegenheiten kümmern, aber ich hatte genügend Erfahrungen mit dem ›amerikanischen System‹ gesammelt, um zu wissen, daß sie recht hatte.

An jenem Abend entluden Jimmy und ich den Kleinlaster, der seit der polizeilichen Untersuchung versiegelt gewesen war. Drinnen stießen wir unter einem Berg von undefinierbaren Papieren auf eine Lebensversicherungspolice für mich über eine Million Dollar, dazu Zeitungsausschnitte über Massenmörder und Männer, die ihre Familien umgebracht hatten – ferner eine alte Programmzeitschrift, in der ein paar Sendungen über Vergewaltigung von Ehefrauen und Serienkiller angekreuzt waren. Ich konnte vor Entsetzen kein Wort herausbringen und wollte das alles zunächst wegwerfen, bevor die Jungen es zu sehen bekamen, beschloß dann jedoch, sie vorher meinem Anwalt zu zeigen.

Er benötigte viel mehr Zeit für die Durchsicht, als erwartet.

»Wirklich ein schauderhafter Wust«, meinte er schließlich.

Um mir das zu sagen, brauchte ich keinen Anwalt. Als wir zu den amtlichen Papieren kamen, erklärte er: »Na, hier ist wenigstens ein Lichtblick: Ihr Haus gehört jetzt, völlig hypothekenfrei, Ihnen.« Er informierte mich über Hypothekenversicherung und den ›Tod des Ernährers‹, wobei freilich in diesem Fall vermutlich die falsche Person gestorben war. »Außerdem hat die Polizei in ihrem Bericht den Tod als mit dem Fahrzeug zusammenhängenden Unfall eingeordnet, also ist auch Ihre Autoversicherung Ihnen Geld schuldig. Moment mal – was ist denn das?«

Er zog ein amtlich aussehendes, blaugebundenes Dokument hervor, das leporelloartig gefaltet war. »Ich werd verrückt. Dennis hatte anscheinend eine staatliche Lebensversicherungspolice über hunderttausend Dollar – mit seiner Schwester Janet als Bevollmächtigter. Alan und Victor sind als gemeinsame Empfänger benannt. Sehen Sie – hier unten ist Ihre Unterschrift. Erinnern Sie sich denn nicht daran?«

»Nein.« Das war die Wahrheit. Ich hatte eine Menge Papiere unterzeichnet, die Dennis mir hinlegte. Die meisten waren so verwirrend, daß ich sie beim Durchlesen sowieso nicht verstanden hätte; und wenn ich eine Frage stellte, löste das gewöhnlich Krach aus.

»Macht ja nichts. Ich denke, unter den Umständen kann ich die Police auf Sie übertragen lassen. Wünschen Sie, daß ich's versuche?«

»Nein – ich will das Geld nicht. Es ist beschmutzt – schlechtes Karma. Ich weiß, Sie finden das albern, aber ich glaube daran. Mir ist's lieber, die Schwester von Dennis kriegt das Geld, als mich wieder um irgendwas zu streiten.«

Der Anwalt lehnte sich in seinem überdimensionalen Sessel zurück und musterte mich mit jenem ›amüsierten väterlichen‹ Blick, an den ich mich mittlerweile so gewöhnt hatte.

»Sehr nobel, Ly, aber wie soll Alan zu seinem Anteil kommen, wenn seine Tante das meiste für Victor behält? Als Bevollmächtigte kann sie mit dem Geld nach Belieben verfahren. Meinen Sie nicht, daß es für Alan besser wäre, wenn Sie seinen Anteil kontrollieren?«

Mir war, als würde ich wieder in den ganzen Sumpf zurückgezogen. Obwohl ich wirklich und wahrhaftig nichts mehr mit dem Geld und irgendwelchen Sachwerten von Dennis zu tun haben wollte, war mir zugleich klar, daß Alan eines Tages meine Langmut schätzen würde. Ich biß die Zähne zusammen und willigte ein. Nach ein paar Wochen rief mich Janet an, erkundigte sich zuerst höflich nach unserem Befinden und kam dann zur Sache.

»Ly, ich hab diesen schrecklichen Brief von deinem Anwalt gekriegt. Darin heißt es, du möchtest als Treuhänderin für die Police eingesetzt werden, die er für seine Söhne abgeschlossen hat. Das ist nicht recht, Ly. Wenn Dennis gewollt hätte, daß du die Gelder verwaltest, dann hätte er dich auch in der Police namentlich genannt. Tatsächlich aber hat er ausdrücklich erklärt, daß du *nicht* als Treuhänderin fungieren sollst. Du hast das auch unterschrieben und damit auf alle legalen Ansprüche verzichtet. Jetzt kommst du plötzlich an und machst ein solches Theater! Warum respektierst du nicht den letzten Willen von Dennis und läßt alles so, wie's ist?«

»Weil ich weiß, was für meinen Sohn das Beste ist«, entgegnete ich. »Ich kann mich nicht auf dich oder die Versicherungsgesellschaft oder die Banken verlassen. Ich konnte mich nicht mal auf Dennis verlassen, als er noch lebte! Ich hab die letzten zwei Jahre damit verbracht, Alan vor seinem Vater zu beschützen! Aber bitte – hab keine Angst. Ich möchte nicht die Kontrolle über das ganze Geld – nur über die Hälfte, die Alan gehört. Victor soll sein Geld bekommen, einverstanden, und das ist dann deine Sache. Ich will nur das Beste für meinen Sohn.«

»Okay, Ly. Ich will mich auch nicht darüber streiten. Ich bin bereit, die Treuhänderschaft für Alan aufzugeben, wenn du einen Anwalt finden kannst, der meinen Platz einnimmt und mit dir zusammen als Treuhänder fungiert. Laß ihn die entsprechenden Papiere ausfertigen, und ich werde sie unterschreiben.«

Sie legte auf; obwohl ich mich mit allem, was ich sagte, im Recht fühlte, war ich traurig und unsicher. Ich wollte meine Beziehung zu den Hayslips nicht den gleichen Weg nehmen lassen wie die zu den Munros. Ich glaubte an die hilfreiche Kraft von Familien beim Großziehen von Kindern und empfand es als schmerzlich, daß Tommy vom amerikanischen Zweig seines Stammbaums wie ein dorniger Ast abgesägt worden war. Vielleicht würde er in reiferem Alter irgendwie wieder zu seinen Wurzeln in Eds Familie zurückfinden, doch die dazwischenliegenden kostbaren Jahre waren unwiederbringlich verloren. Ich wollte nicht, daß Alan das gleiche geschah – trotzdem entwarfen wir Schlachtpläne in amtlichen Schriftstücken, spielten Alan gegen seinen amerikanischen Halbbruder aus. Es schien, als sei ein Garten selbst mit einem winzigen Stückchen ›vietnamesischem Bambus‹ auf dieser Seite des Ozeans zum Verdorren verurteilt.

Auch ohne Bestechungsgelder kann Gerechtigkeit teuer sein. Wegen der finanziellen Belastung durch die Scheidung und sonstige Gerichtskosten, von denen für zwei Trauerfeiern ganz zu schweigen, zahlte ich jeden Monat alles, was ich verdiente, an die Gläubiger, die bereits Schlange standen. Thaos Kinder wohnten wieder bei uns, ebenso Anh, der jüngste meiner ersten Pflegekinder, und Chanh, Jimmys Halbbruder. Dadurch erhöhten sich unsere monatlichen Unkosten noch mehr, aber das Glück, das mir ein von so viel Leben erfülltes Haus schenkte, entschädigte für all das reichlich.

Mein Anwalt bat alle, denen wir Geld schuldeten, mir nach dem Tod von Dennis etwas Zeit zu lassen, um seine Angelegenheiten zu regeln. Die meisten sprachen ihr Beileid in dringenden Zahlungsaufforderungen und drohenden Anrufen aus. Wenn in Vietnam ein Ehemann stirbt, läßt man die Witwe in Ruhe, während sie sich wieder aufrappelte. Andernfalls riskiert man Ärger mit der Familie. Und ohne die Familie werden keine Schulden beglichen. Ich hatte jetzt nicht nur meine und unsere gemeinsamen Schulden zu regeln, sondern auch die privaten von Dennis: nicht bloß seinen Anwalt (ich sollte für all den Ärger, den er mir verursacht hatte, auch noch bezahlen?), sondern eben frühere heimliche Ausgaben aus seinem ›anderen‹ Leben – außerhalb der Familie.

Am schlimmsten waren die Kreditkarten-Haie. Als Dennis die Karten beantragte, behandelten sie ihn fürstlich. »Brauchen Sie mehr Geld?« hieß es in ihren Briefen. »Prima – geben Sie einfach mehr aus, und wir erhöhen Ihr Limit.« Dem kam Dennis nur allzu gern nach. Wenn einer von ihnen anrief und sich über die Höhe der ausstehenden Beträge beklagte, konnte ich ihm nur lachend erwidern: »Sie denken, mein verstorbener Mann schuldet *Ihnen* eine Menge – denken Sie aber auch an die seelische Schuld, die er in der Nachwelt auf sich geladen hat!« Ich begann die buddhistischen Gesetze des Karma zu erläutern, doch der drängelnde Gläubiger legte auf und meldete sich nie wieder.

Langsam besserte sich meine finanzielle Lage. Alan und Victor teilten sich die von Dennis für sie bestimmte Versicherungssumme, was beiden eine Rücklage für ihre Ausbildung und für Notfälle bot. Die Hypotheken-Versicherung gab mir die Wahl, entweder Tilgung oder eine Pauschalabfindung. Ich nahm das Geld, da die monatlichen Zahlungen von 375 Dollar bei dem überhitzten Immobilienmarkt in Kalifornien bald einem Sonderangebot glichen.

Der Kleinlaster wurde von Dennis' Autoversicherung bezahlt, doch ich konnte es nicht über mich bringen, ihn auch nur eine Minute länger zu behalten, sondern gab eine Anzeige auf und verkaufte ihn an den ersten Interessenten. Es ging uns wesentlich besser, als der den ›Unfalltod‹ betreffende Teil der Autoversicherung geregelt wurde: ein Scheck über vierzigtausend Dollar, mit dem ich unsere restlichen Gläubiger auszahlte.

Nun, da meine irdischen Schulden beglichen waren, wandte ich meine Gedanken den Dingen zu, die ich dem geistigen Bereich schuldete. Seit dem Tod von Dennis hatte ich den buddhistischen Tempel gemieden, weil es mir unangenehm war, den Rat meines Mönches mißachtet zu haben. Sicher, ich hatte Dennis wieder aufgenommen, aber meine Geduld war nach einem einzigen Jahr erschöpft, ein Tropfen im Meer des kosmischen Gottes.

Mein *su* empfing mich gütig wie immer. Anstatt mir eine Strafpredigt zu halten über meine Verantwortung für den Tod von Dennis, fragte er lediglich, ob ich »etwas für den Tempel tun wolle« – als Buße für all das, was mich immer noch belastete. Ich sagte ja und bekam eine Liste mit Aufgaben: von niedrigen – Ausfegen – bis zu wichtigeren, Briefe kuvertieren, Mithilfe beim Veranstaltungsprogramm des Tempels. Da ich jetzt etwas Geld zusätzlich hatte, machte ich eine größere Schenkung als üblich, in der Hoffnung, daß etwas davon zur Verschönerung des Schreins verwendet würde, der das Mittelstück jedes Tempels bildete und nach dem Besucher Wohlstand und Freigebigkeit der örtlichen buddhistischen Gemeinde beurteilten.

In der vietnamesischen Kolonie begann sich jetzt herumzusprechen, daß die Behörden in Hanoi private Pakete an bedürftige Familien durchließen. Ich begann ›CARE-Pakete‹ – Kartons mit guten amerikanischen Kleidungsstücken, Lebensmitteln und Medikamenten – an Tinh zu schicken, meine Nichte in Da Nang, die von allen Verwandten höchstwahrscheinlich die beste Chance hatte, die kommunistischen Säuberungen zu überleben. Außerdem hatte sie verschiedenen Zweigen unserer Familie als Kontaktperson gedient, wenn also jemand wußte, wie er meinen übrigen Angehörigen Geschenke, Nahrungsmittel und Briefe aus Amerika zukommen lassen konnte, dann war sie es. Meine Hilfssendungen blieben unbestätigt, doch ich hielt unbeirrt daran fest: *Co cong mai sat, co ngay nen kim* – mit Beharrlichkeit kann man ein Stück Eisen zur Nadel schleifen.

Der Gedanke an Tinh und meine Familie gab mir den Mut, die Aufzeichnungen über meine Kindheit auszugraben, die ich vor ein paar Jahren auf liniiertem Papier notiert hatte. Ich wußte nicht, wie lang unser Geld reichen würde und wann ich wieder arbeiten mußte, daher beschloß ich, diese seltenen ›Ferien‹ zu nutzen und das Begonnene zu Ende zu führen.

Die Aufgabe war weitaus größer als angenommen. Mit der Hand zu schreiben kostete mich schon viel Zeit und Mühe, noch schwieriger war es, die richtigen Worte zu finden. Der Wortschatz von Dorfbewohnern reicht für den täglichen Gebrauch, für das Sprechen unserer Gebete und für den Schwatz mit den Nachbarn, doch kaum für anspruchsvolle Diskussionen – deshalb brauchte ich mehr Zeit, in meinem Wörterbuch Vietnamesisch-Englisch nachzuschlagen, als etwas zu Papier zu bringen. Zum Glück fand ich einen unverhofften Verbündeten.

Jimmy war jetzt fünfzehn, ein gutaussehender Teenager. Wie viele unserer Rasse wirkte er jünger, bis auf die Augen, die mehr gesehen hatten, als sie sollten. Er war intelligent und arbeitete hart in der Schule. Und er war mein Sohn, hatte also den Charakter meines Vaters. Ich beschloß, Jimmy zu meinem Mitarbeiter und Lehrer zu machen.

Als ich mich für die Einbürgerung in den Staaten vorbereitete, hatte Dan mich ermuntert, alle notwendigen Kurse zu belegen und danach weitere. Ed war meine Bildung gleichgültig, er freute sich aber, mich glücklich und zufrieden zu sehen. Dennis hielt alles, was über meinen Bibel-Unterricht hinausging, für glatte Verschwendung, und sagte das auch oft. Ich war eine schlechte Schülerin in allen Fächern, die Auswendiglernen und das Befolgen von Regeln erforderten, wie englische Grammatik. Gut bewährte ich mich dagegen bei Themen, die nützlich schienen – wie etwa Bürgerrechte – und Episoden aus der amerikanischen Geschichte.

Besonders gefielen mir die Geschichten über Abe Lincoln. Es faszinierte mich, daß Amerika ebenfalls einen Bürgerkrieg geführt hatte, genau wie Vietnam. Obwohl ich das nie im Unterricht zu erwähnen wagte (weil der Vietnamkrieg noch im Gange war), erinnerte mich Lincoln an Ho Chi Minh. Beiden galt es als höchstes Ziel, ihr Land zusammenzuhalten, auch wenn sich ein Teil trennen wollte. Beide, Onkel Ho und Honest Abe, erkannten, daß ein geteiltes Haus einstürzen mußte. Amerika sollte seinem guten Stern dankbar sein, daß sein großer Bürgerkrieg nur vier Jahre dauerte (anstatt fünfmal so lang wie der unsere) und daß die letzten Zeitzeugen, die sich noch daran erinnern könnten, längst tot sind. Viele dieser Opfer weilen zweifellos wieder unter uns, als Reinkarnationen. Manche rangen noch mit den Lehren aus der Vergangenheit; man kann das deutlich im Erdboden spüren. Jedes alte Schlachtfeld ist getränkt mit Enttäuschung und unverbrauchtem Haß, selbst im tiefen Winter.

Meine Lieblingslehrerin war eine alte Frau, die mir wie das Inbild einer *Nico* oder *Su mau* vorkam – eines weiblichen Schamanen oder einer weisen alten Patin. Ich besuchte diese Lehrerin häufig nach dem Unterricht, um mir Geschichten über ihre Jugend und die Fährnisse und Leiden früherer Zeiten anzuhören, als jedermann arm war, auch die Wirtschaft eine Flaute durchmachte und die Vereinigten Staaten noch nicht als Weltpolizist fungierten. Ich erzählte ihr ebenfalls von meiner Familie und der Geschichte Vietnams. Schließlich besuchten wir einander auch zu Hause, und ich betrachtete sie als eine meiner besten amerikanischen Freundinnen. Eines Abends verblüffte sie mich allerdings, als sie beim Abschied meine Hand ergriff und sich bei mir dafür *bedankte*, daß ich mir die Zeit genommen hätte, sie so vieles zu lehren. Es war das erste Mal, daß außer meinen Jungen jemand die Ansicht vertrat, ich verfügte über irgendwelche wissenswerten Kenntnisse. Für mich war, ebenso wie für meine amerikanische Freundin, Lehren ebenso selbstverständlich wie Lernen.

So studierte Jimmy mein Leben und brachte es dabei sehr weit, auch wenn ich ihn behutsam in diese Tätigkeit einführen mußte. Zur Vorbereitung kaufte ich ihm einen Computer.

»Du hast das Ding recht gut im Griff, stimmt's?« fragte ich lächelnd, ganz die stolze Mutter.

»Klar, ich kann jetzt meine schriftlichen Arbeiten in Null Komma nichts raushauen.«

»Dann hast du ja Zeit, mir bei meinen Notizen und Geschichten zu helfen.« Ich zeigte auf eine halbvolle Schachtel mit Schreibpapier. Jimmy machte ein langes Gesicht.

»Ich weiß nicht, Mom. Ich hab Maschineschreiben nicht in der Schule gelernt. Das hier hab ich mir irgendwie selber beigebracht…« Ich sah, er hatte es eilig, sein Kleingeld bei den Computerspielen loszuwerden, oder war an diesem Tag Baseball dran? »Vielleicht kann ich's abends machen.«

»Okay, dann setzt du dich also heute abend an den Computer, anstatt vor dem Bildschirm zu hocken.«

Er zog die Jacke aus und nahm sich die erste Manuskriptseite vor. »Wozu tust du das überhaupt?« Er konnte sich nicht vorstellen, daß jemand so hart an etwas arbeitete, das nicht ›nächsten Mittwoch‹ abgegeben werden mußte.

»Es ist ein Buch – mein Buch! *Tram nam bia da thi mon, ngan nam bia mieng hay con tro tro* – Stein nützt sich in hundert Jahren ab, Worte aber können tausend standhalten! Es handelt davon, wie ich in Ky La aufgewachsen bin, was während des Krieges passierte und wie du in Da Nang geboren wurdest. Ja, du kommst darin vor!«

Sein Interesse war sichtlich erwacht, als er den Stapel gründlicher untersuchte. »Wo?«

»Wart's ab, okay? Du mußt dich bis dahin durcharbeiten.«

Schließlich willigte er ein, seiner Mom bei ihrem gewagten Unterfangen zu helfen. Ich denke, der einzige Grund, weshalb er es versprach, war – außer zu lesen, was seine Mutter über ihn zu sagen hatte –, daß er es mir nicht zutraute, es jemals zu beenden. Unwissende Bauernmädchen schreiben keine Bücher. Was Jimmy nicht realisierte, war, daß es sich hier um meine – unsere – ›Schatzkammer‹ handelte.

Dazu gehörte freilich auch, mehr kaufmännische Grundkenntnisse zu erwerben. Da ich jetzt einige Vermögenswerte

– ein Haus und einiges an Geld – zu verwalten hatte, belegte ich einen Kurs in Betriebswirtschaft. Was mir an beruflichem Schliff fehlte, machte ich durch Erfahrung wett – auf dem Schwarzmarkt in Da Nang, bei meinem gescheiterten, aber lehrreichen Experiment mit dem Feinkostgeschäft, als Aufseherin am Fließband. Wenn es darum ging, Menschen einzutaxieren, sich eine Verhandlungstaktik zurechtzulegen und dabei einen kleinen Profit einzustreichen, war ich die Erste in meinem Kurs. Während die anderen Bücher studierten und mit dem Lehrer sprachen, um gute Noten zu erzielen, wandten sie sich oft an mich, wenn sie daran dachten, ein richtiges Geschäft anzufangen.

Am meisten mißfiel mir, daß mein Lehrer Geschäfte als eine Sache von Halsabschneidern darstellte, was es nach meiner Erfahrung (selbst auf dem Schwarzmarkt) niemals war. Die erfolgreichsten Leute, die ich kannte, verwendeten viel Zeit darauf, das Vertrauen derjenigen zu gewinnen, von denen ihr Erfolg abhing. Ich lernte frühzeitig, daß es besser war, einen kleinen Profit mit vielen Kunden zu erzielen – die dann auch wiederkamen –, als jemandem das Fell über die Ohren zu ziehen und sich dann ein Leben lang ängstlich umsehen zu müssen. (*An it no lau, an nhieu tuc bung*, pflegte meine Mutter zu sagen – Iß ein wenig, dann fühlst du dich wohler; iß zuviel, und du bekommst Bauchweh!) Das heißt nicht, daß man nicht die Initiative ergreifen sollte, um das zu kriegen, was man möchte; sondern nur, daß ›Streben nach der Spitzenposition‹ in Wirklichkeit bedeutet, *jeden* – Kunden, Partner, Angestellte – dazu zu bringen, daß sie diesen Erfolg ebenfalls wünschen. Den kurzsichtigen Rat meines Professors nannte ich ›Unterricht in Egoismus‹. Natürlich war Amerika der Wirtschaftsgigant der Welt, mein Heimatland dagegen sehr arm, wie konnte ich da mitreden?

Die besten Erkenntnisse aus meinem Kurs machte ich mir bei der freiwilligen Tätigkeit im Tempel zunutze, wo ich jetzt größtenteils meine Freizeit verbrachte. Die Mönche benötigten jede Menge Hilfe auf dieser Welt, da ihr Denken ja stets auf die nächste gerichtet war. Ich betrachtete das immer als Investition in meine Seele, die, mit Kapital und Zinsen, in meinem nächsten Leben ausgezahlt wurde.

Jimmy und Tommy verbrachten viel Zeit in der alten Kirche von Dennis. Den Grund dafür verstand ich. Die große weiße Kirche bot ihnen das, was ich nicht konnte: eine bestimmte Form von amerikanischem Familienleben. Sie besuchten jetzt den regulären Gottesdienst und schlossen sich Gruppen an, die sich dem Bibelstudium widmeten und manchmal in unserem Haus zusammenkamen. Trotz des gelegentlich überbordenden Eifers von Menschen wie Dennis und Janet empfand ich den Baptisten gegenüber keinen Groll.

Ein ungutes Gefühl hatte ich nur, als meine Jungen eines Tages beschlossen, ich müsse mich zum Christentum bekehren, um dem Höllenfeuer zu entrinnen.

»Weißt du denn nicht, daß Erlösung allein durch unseren Herrn Jesus Christus möglich ist?« fragte der zehnjährige Tommy.

»Warum willst du unbedingt andere Menschen ändern?« konterte ich.

»Wenn du wüßtest, das Weltende steht bevor, würdest du dann nicht gern so viele retten, wie du kannst?« entgegnete Jimmy.

»Na ja, die Welt endet eines Tages für jeden, für manche früher, für andere später. Was ändert es, wenn sie mit einem Mal, schlagartig, endet? Das bedeutet nur mehr Arbeit für Gott, aber wenn er's so haben will, soll's mir recht sein.«

»Mom!« Jimmy war entsetzt. »Du hast nicht kapiert, worum's geht!«

»Nein, das glaub ich nicht.« Ich bedauerte jetzt, daß ich nicht mehr Mühe darauf verwandt hatte, sie mit unserer traditionellen Religion vertraut zu machen, wie es mein Vater bei mir getan hatte. Ihnen lediglich eine komische alte Dame und ihren Singsang an einem rauchenden Schrein als Beispiel vorzuführen war vielleicht für amerikanische Kinder nicht gerade die beste Lernmethode. Wir mußten uns wirklich eingehend unterhalten.

»Angenommen, wir drei fahren in einem Auto, und das kommt von der Straße ab ...«, begann ich.

»Da kann nur Tommy am Steuer sitzen!« Jimmy schlug seinem Bruder auf die Schulter; ich brachte die beiden zum Schweigen.

»Nein, stellt euch vor, wir drei stürzen von einer Klippe, und Gott muß entscheiden, welchen von uns er retten will. Wen würde er wählen?«

»Natürlich die Menschen, die an ihn glauben«, erklärte Jimmy. »Mich und Tommy.«

»Mich würde er nicht retten?« Ich versuchte, ein gekränktes Gesicht zu machen.

»Glaubst du an Jesus Christus? Akzeptierst du ihn als deinen Heiland?«

»Nein, aber ich weiß, daß ich ein Kind Gottes bin. Ich verrichte meine Andacht, wie man es mich gelehrt hat, und bemühe mich, ein anständiges Leben zu führen. Warum sollte er mich so schäbig behandeln, nur weil meine Papiere nicht in Ordnung waren?«

»*Mommm!*« Sie wimmerten unisono.

»Ich glaube, das Naturgesetz. birgt den Kern jeder Religion: meiner, eurer, der von Dennis, von Eds katholischer Familie – von jedem. Die Menschen haben hundert kleine Wege gefunden, die Einzelheiten zu verfälschen, Gott aber benötigt nur einen Weg, um recht zu haben.«

»Das versteh ich nicht«, sagte Tommy.

»Also wenn ihr zu mir kommt und mich auffordert, an Jesus zu glauben, fragte ich euch: ›Woher wißt ihr, daß Jesus unser Herr ist?‹, und ihr antwortet: ›Weil Gott das sagt.‹ Nun frage ich: ›Woher wißt ihr, daß Gott das sagt?‹ Und ihr erwidert: ›Weil Pastor Bob es uns erzählt hat.‹ Also fragte ich weiter: ›Woher weiß es der Pastor?‹ Und ihr darauf: ›Weil er die Bibel studiert hat.‹ Und wer hat die Bibel geschrieben? ›Gelehrte Männer‹, erklärt ihr, ›die Gottes Wort gehört und seine

Wunder gesehen haben.‹ Daraus schließe ich jetzt, daß ihr von mir verlangt, an Jesus zu glauben, weil andere Menschen das sagen. Wäre es nicht besser, direkt auf Gott zu hören – seine Wunder selber zu sehen?«

»Du meinst, wie Jesus auf dem Wasser wandelt und das alles?« rief Tommy begeistert. »Klar, aber das ist doch schon ewig lange her!«

»Nein, ich meine Wunder, die jeden Tag geschehen: neugeborene Babys, zwitschernde Vögel am Himmel, Träume bei Nacht. Damit spricht Gott zu uns. Für mich sind all das echte Wunder, einem kosmischen Gott angemessen, und wir alle sind ein Teil davon. Ihr werdet mir doch zugeben – es ist einfach, an Gott zu glauben, wenn ihr die Wunder selber seht? Ich sehe sie jeden Tag. Deshalb ist es auch ganz leicht für mich, an meinen Gott zu glauben, egal, was andere denken oder sagen. Aus euren Worten geht nun hervor, daß die Baptisten glauben, Gott offenbart sich nur einigen wenigen Menschen, und wir übrigen müssen es vertrauensvoll hinnehmen. Das ist Glauben an *Menschen*, Jimmy und Tommy, nicht Glauben an Gott.«

»Also wen würde Gott retten, wenn Tommy den Wagen zu Bruch fährt?« fragte Jimmy, etwas unsicherer geworden.

»Ich bin nicht Gott, und ich bin auch keine Baptistin.« Ich kraulte ihn. »Sag du's mir!«

Meine geschäftlichen und religiösen Interessen überschnitten sich eines Tages in Gestalt von Tuy. Sie kam in den Tempel und ließ sich von den Mönchen kahlscheren, vor aller Augen – ein Akt der Sühne. Nach unserem buddhistischen Glauben nimmt sie dadurch den Zustand eines Neugeborenen an, das nur mit seinem Karma aus einem früheren Leben zur Welt kommt, ohne die durch jüngst begangene Fehler erzeugte seelische Schuld. Es ist eine Art Signal für den kosmischen Gott, daß man bereit ist, neu anzufangen und den gleichen Fehler nicht zu wiederholen – ein Akt, der jedem wohltut, auch wenn der Sünder rückfällig wird. Ich war froh, das miterlebt zu haben, und bedankte mich danach bei ihr. Daraus entwickelte sich ein sehr persönliches Gespräch.

Offenbar war auch sie mit einem älteren amerikanischen Arbeiter in Vietnam verheiratet gewesen. Sie hatte ebenfalls Eheprobleme und erkrankte schwer. Sie erzählte mir zwar nicht, was sie getan hatte, um sich deswegen kahlscheren zu lassen (und ich fragte nicht – das wäre unhöflich gewesen), aber ich ahnte irgendwie, daß es mit falscher Partnerwahl zusammenhing, wovon ich ja einiges verstand. Zu ihrem neuen Leben gehöre die Idee, ein Juweliergeschäft zu eröffnen, sagte Tuy. Ich erzählte ihr, daß ich Betriebswirtschaft studierte und auf eine günstige Gelegenheit hoffte, die bescheidene Summe zu investieren, die mir nach dem Tod meines Mannes zugefallen war. Mit der rapide wachsenden vietnamesischen Gemeinde Geschäfte zu machen, erschien uns beiden nicht ganz geheuer: das waren lauter gerissene, erfahrene Geschäftsleute und auch ziemliche Halsabschneider. Wir fanden Gefallen aneinander, und Tuy fragte, ob ich ein paar von den Schmuckstücken sehen wolle, die sie zu verkaufen gedachte.

Tags darauf trafen wir uns (sie trug jetzt eine Perücke, ihre Sünde war somit nur noch ein Fall zwischen ihr und Gott), und sie zeigte mir eine Tasche voll herrlicher Diamanten, Jade und Perlen. Sie habe das vietnamesischen Flüchtlingen ›frisch vom Boot‹ abgekauft, erklärte sie, und ich zuckte zusammen. Doch sie schwor, für jedes Stück einen anständigen Preis bezahlt zu haben, den höchsten, den sie sich leisten konnte.

»Ich brauche bloß etwas mehr Geld, um den Laden zu eröffnen«, sagte sie. »Und den hab ich auch schon gefunden, in bester Lage. Wie sieht's aus, wären Sie interessiert?«

»Na ja, es sind tatsächlich sehr schöne Stücke, aber ich möchte einfach gern mal 'ne Weile verschnaufen. Ich kann mir das Risiko wirklich nicht leisten.«

»Was denn für ein Risiko? Ich überlasse Ihnen diese Stücke als Sicherheit. Im Einzelhandel müssen sie mindestens siebzigtausend Dollar wert sein.« Ihr Gesicht verdunkelte sich. »Sie sind meine letzte Hoffnung, Le Ly. Mein Mann will mir nicht helfen und hat auch unsere sämtlichen Freunde gegen mich aufgehetzt. Er will nicht, daß ich Erfolg habe – irgendwas aus eigener Kraft schaffe!«

Das hörte sich so bekannt an, daß mir die Tränen in die Augen schossen.

»Okay, geht in Ordnung«, sagte ich. »Ich kann Ihnen vierzigtausend geben – so ziemlich alles, was ich habe. Ich deponiere diese Schmuckstücke in meinem Tresorfach. Ich weiß, Sie haben einen guten Kern und wollen Ihr Leben ehrlich ändern. Ich finde, es täte mir – meiner Seele – gut, wenn ich Ihnen helfe, soweit ich kann.«

Sie bedankte sich überschwenglich, und binnen einer Woche war ihr kleiner Laden eröffnet, wie versprochen. Ich sah darin quasi eine Wiedergeburt meines eigenen Wunschtraums – des asiatischen Feinkostgeschäfts –, den Dennis in seinen Anfängen zerstört hatte.

Tuy stand bedauerlicherweise vor anderen Problemen. Was nur schiefgehen konnte, ging auch schief – was nicht nur an ihrer Unerfahrenheit und ihren Fehlkalkulationen lag, sondern auch auf eine Verkettung ungünstiger Umstände zurückzuführen war. Nicht lange nach der Eröffnung rief sie mich in Panik an.

»Ly, ich brauche den Schmuck!«

»Was? Sie meinen die Sicherheit?«

»Ja. Ich kann meinen Grossisten nicht bezahlen, und da hat er die Lieferungen eingestellt. Wenn Sie mich nicht den Schmuck verkaufen lassen, kann ich meine Miete nicht zahlen!«

Ich überlegte kurz, was mein Betriebswirtschaftslehrer tun würde; aber die Schuld am Verlust des Geldes traf mich, die etwas leichtsinnige Investorin. Ich erkannte, daß ich mir in Wirklichkeit die Gunst des Himmels erkaufen wollte, indem ich einer Sünderin noch eine Chance gab. Wenn ich nun, nachdem sie mit ihrem Versuch gescheitert war, auch noch ihren Schmuck behielte, würde das lediglich meine moralische Schuld erhöhen.

»Okay«, sagte ich schließlich. »Ich bring's Ihnen vorbei.«
Natürlich sah ich weder mein Geld noch die Schmuckstücke
jemals wieder. Tuys Mann hatte recht, sie war eben eine
schlechte Geschäftsfrau. Für mich war das jedoch eine wert-
volle Lehre, die Erfahrung von anderen nie ausschließlich
nach der eigenen zu beurteilen. Tuy unternahm freilich aner-
kennenswerterweise von Zeit zu Zeit Rückzahlungsver-
suche – einmal hier hundert Dollar, einmal da –, aber ich habe
nie damit gerechnet, meine vierzigtausend wiederzusehen.
Als letztes hörte ich, sie arbeite als Masseuse und sei verhaftet worden – nach dem Grund wagte ich nicht zu fragen. Ich
brauchte mein Geld gewiß nicht so dringend, daß sie es sich
illegal beschaffen müßte, deshalb schrieb ich ihr, sie solle sich
darum keine Sorgen machen – ich käme gut zurecht, bis sie
wieder Boden unter den Füßen hätte.

Ob sie sich nach diesem Fiasko wiederum kahlscheren ließ,
wußte im Tempel niemand zu sagen.

Um mein verbliebenes Geld zu bewahren und zu vermehren,
entschied ich mich für eine andere Strategie. Nachdem ich mir
zweimal die Finger verbrannt hatte, traute ich mich nicht mehr,
einen kleinen Laden zu eröffnen, und besuchte nun Investiti-
ons-Seminare, in der Hoffnung, dort eine Antwort zu finden.
Ich lernte den Begriff der ›Stammaktie‹ kennen, die man erwerben konnte, ohne damit auch den Betrieb leiten zu müssen.

So wurde ich aktiensüchtig.

Ich kaufte Aktien von Gesellschaften, die prächtige amerikanische Ausstattungsfilme produzierten; von Firmen der
Hochtechnologie, wie die, in der ich früher gearbeitet hatte.
Ich wurde ›Miteigentümerin‹ von riesigen Aktiengesellschaf-
ten, deren Produkte anscheinend jeder Amerikaner benötigte.
Sobald eine ihrer Werbesendungen im Fernsehen kam, rief
ich die Jungen dazu und jubilierte: »Schaut euch das an! Eure
Mutter ist Miteigentümerin von dieser großen Firma. Ist das
nicht toll?« Schließlich wollte einer von ihnen wissen, warum
ich als Miteigentümerin dann die Erzeugnisse nicht gratis er-

hielte. Das könnten sie noch nicht verstehen, entgegnete ich, dafür seien sie zu jung, aber die Frage erschien mir sehr einleuchtend.

Natürlich war die ›Reagan-Rezession‹ inzwischen vorbei und die Wirtschaft im Aufschwung, so daß fast alle Aktienkurse stiegen. In knapp einem Jahr machte ich fünftausend Dollar Profit und besaß genügend Selbstvertrauen, mein ganzes bisheriges Leben hinter mir zu lassen.

Seit dem Tod von Dennis wollte ich in eine andere Gegend umziehen. Die Jungen verbrachten viel Zeit mit den verschiedenen Kirchenvertretern, und ich war mir nicht sicher, ob in ihrem empfänglichen Alter alles, was sie von ihnen lernten, auch bekömmlich sei – zuviel Intoleranz und blinder Glaube. Ich arbeitete auch sehr ungern im Garten, wo ich die Blicke meiner Nachbarn im Rücken spürte und förmlich hörte, wie Mütter ihre Töchter warnten: »Da kannst du sehen, was passiert, wenn man Götzen anbetet und den Ehemann hinausschmeißt. Schau nur, wie einsam sie ist – eine arme, böse Witwe!«

In gewisser Weise hatten sie recht. Ich blieb mit Lan in Kontakt, die jetzt in El Cajon einen Secondhandshop aufgemacht hatte, aber wir wurden uns immer fremder. Von jeher eine Eigenbrötlerin, hatte sie sich niemals dazu durchringen können, wirklich als Amerikanerin zu leben, und hielt mich wohl für allzu ›rundäugig‹ geworden. Gelegentlich ging ich mit Kathy und meinen Freundinnen von Digidyne aus, hatte aber Schwierigkeiten, mich für die Single-Szene zu erwärmen. Ich war zu einem echten Neuanfang bereit.

Nach einigem Suchen fand ich ein kleineres Haus, das mir außerordentlich gefiel. Ich stellte fest, wenn ich mein Aktienpaket flüssig machte (das jetzt wieder meinem ursprünglichen Notgroschen von $ 40 000 entsprach) und mir auf mein Haus $ 20 000 lieh, hätte ich die für die Anzahlung erforderlichen $ 60 000 zusammen und könnte die monatlichen Hypothekenzinsen für *beide* Häuser aufbringen, wenn ich das alte vermietete.

»Ein guter Plan«, sagte mein Banker nach Durchsicht meiner Aufstellung. »Aber was passiert, wenn Sie das erste Haus nicht vermieten können? Sie müssen noch eine andere Einkommensquelle haben, irgendwas. Bringen Sie uns einfach einen solchen Nachweis, dann wird Ihr Darlehen sicher bewilligt.«

Das war sehr enttäuschend, denn um diese Zeit steckte ich tief in der Arbeit an meinem Buch und hatte weder Kraft noch Lust, mir irgendeinen Job zu suchen, nur um den Banker zufriedenzustellen. Ich überlegte, wer mir aus der Klemme helfen könnte, ohne mich übers Ohr zu hauen, und rief, wider besseres Wissen, meine Schwester Lan an.

»Das Haus ist ein gutes Geschäft«, erklärte ich ihr. »Die Preise in Kalifornien steigen rapide. Wenn ich den Kauf nicht jetzt abschließe, kann ich nicht mehr mithalten. Gib mir eine schriftliche Bestätigung, daß ich in deinem Laden arbeite, dann beteilige ich dich am Gewinn. Wir können dabei gar nicht verlieren.«

»Ach? Und wie steht's mit dem Gesetz? Du arbeitest doch in Wirklichkeit gar nicht bei mir. Ich müßte schriftlich bescheinigen, daß ich dir was zahle. Was ist, wenn du später unter Berufung auf dieses Schreiben Geld von mir verlangst?«

»Keine Sorge, ich würde doch gar nicht arbeiten…«

»Das ist ja reizend! Geld ohne Arbeit?«

»Aber nein.« Ich wußte, Lan spielte Katze und Maus mit mir, und schluckte meine Enttäuschung hinunter. »Das ist doch bloß für den Banker. Nur ein Blatt Papier für seine Akten. Er hat bereits zugesichert, daß er mir das Geld leihen will. Eine reine Formalität.«

»Aber trotzdem eine Lüge. Ich möchte nicht für dich lügen, Bay Ly. Das ist nicht recht. Gerade so, als ob wir wieder in Da Nang wären…«

»Genau! Und in Da Nang haben wir viel schlimmere Dinge gemacht, jede Menge!« Ich wurde allmählich wütend.

»Aber wir sind hier in Amerika.« Ein merkwürdiges Argument, ausgerechnet von Lan. »Ich dachte immer, die ganzen alten Geschichten sind dir so gegen den Strich gegangen, Bay Ly. Du redest dauernd über die Korruption in Südvietnam. Und nun versuchst du, in Amerika das gleiche abzuziehen. Wenn du nicht aufpaßt, landest du im Gefängnis – oder wirst ausgewiesen. Willst du das wirklich riskieren?«

Ich legte auf, außer mir vor Wut. Doch als ich mich abregte, wurde mir klar, daß Lan recht hatte. Wie leicht konnte man doch auf Abwege geraten, wenn man die kleinen Kniffe kannte und ein paar Dollar witterte! Ich rief den Banker an und teilte ihm mit, daß ich die Sache nicht zu Ende führen könne. Ich hätte mich auch bei Lan bedanken müssen, doch ich war immer noch ihre kleine Schwester und brachte es einfach nicht fertig, zum Hörer zu greifen.

Durch mein Interesse an Immobilien kam ich mit vielen Menschen in Kontakt: Makler, Anlagenberater, Geschäftsleute. Ich lernte einen Bauplaner kennen, der nicht nur in Finanzfragen überaus versiert war, sondern auch sehr sympathisch und an mir und meiner Familie interessiert. Sein derzeitiges Projekt war eine Wohnanlage in Escondido, etwa dreißig Autominuten nördlich von San Diego. Nach seinen Worten ging die Wertsteigerung bei Wohngrundstücken schneller vonstatten als das Bevölkerungswachstum in San Diego County, die Preise in den Randgebieten seien im Begriff zu explodieren. Von Anfang an in dieser neuen Umgebung mit dabeizusein, würde meine beiden Wunschvorstellungen erfüllen, meinte er: in einer brandneuen Gegend zu investieren und ein brandneues Leben anzufangen.

Als ich das Gelände schließlich besichtigte, übertraf die Wirklichkeit sogar noch meine Träume. Ich verliebte mich in ein zweistöckiges Haus mit fünf Schlafzimmern, einem vertieft angelegten Wohnraum, einem Kinderzimmer und einer großen Küche. Wir rechneten alles ein paarmal durch und kamen zu dem Ergebnis, daß ich bei den jetzigen hohen Mieten und der enormen Nachfrage die alten und die neuen Hypothekenzinsen abdecken könnte. Ich stellte einen Finanzierungsantrag, der wegen all meiner Wertpapiere anstandslos bewilligt wurde. *Than tai go cua* Fortuna hatte endlich an meine Tür geklopft.

Sich erfolgreich zu fühlen oder es – geistig – zu sein, ist natürlich zweierlei. Ich fuhr nach Los Angeles, um den einzigen vorhandenen *Ong Thay Dai Ly* zu engagieren – einen Sterndeuter, der mir etwas über die Auspizien des Hauses sagen sollte. Auf dem langen Rückweg nach Escondido weihte mich der kleinwüchsige, stämmige Mann in einige seiner Berufsgeheimnisse ein.

Wir kamen gegen fünfzehn Uhr auf dem Grundstück mit dem nahezu fertigen Haus an. Wie damals der erste Geomantiker umkreiste er den Bau mit dem Kompaß in der Hand, stellte fest, welche Türen sich in welche Richtung öffneten. Er überprüfte auch das Erdreich, ähnlich wie ein Küchenchef den Hefeteig, zerrieb es zwischen den Fingern. Drinnen konsultierte er seine Himmelskarten und Tabellen. Als er fertig war, ging er mit mir in die Küche.

»Hier liegt Ihr einziges Problem«, erklärte er nachdrücklich. »Beachten Sie, wie Ihre Haustür mit der Hintertür in der Küche korrespondiert. Alles, was durch den Vordereingang in Ihr Leben eintritt, geht durch den rückwärtigen wieder hinaus: Männer, Geld, Glück. Ich schlage vor, Sie blockieren diese Tür – stellen Sie ein Bücherregal davor und halten Sie sie ständig verschlossen. Ferner schlage ich vor, daß Sie am 8. Juli zwischen zehn und zwölf Uhr vormittags einziehen. Nehmen Sie Früchte, Blumen, einen Eimer voll Wasser, ein totes Huhn mit sowie reichlich Weihrauch und Papiergeld zum Verbrennen: diese Dinge brauchen Sie, um die Geister von Erde, Wasser und Ihren Ahnen zu versöhnen. Es wäre auch eine gute Idee, außerdem ein paar heimatlose Geister einzuladen, da Sie ja ein Kind des Krieges waren. Stellen Sie etwas von dem Essen auf den Boden, damit die verkrüppelten Geister schmausen können – an die denkt nie jemand.

Wenn Sie wollen, kann ich wiederkommen und Ihnen beim Einweihungsritual helfen.«

»Ja, das wäre mir sehr lieb.«

Als das Haus fertig war, zogen wir ein wie eine Ameisenkolonie: jeweils ein Möbelstück und eine Ladung Hausrat. Wir schufteten zwei Wochen, zwischendurch verbrachte ich eine Nacht allein im Haus, um die Ruhe und den Frieden zu genießen. Meine Träume gehörten diesmal nur mir: kein Ed, kein Dennis, keine nörgelnden Verwandten, keine Kriegsgeister – niemand außer dem Wesen namens Phung Thi Le Ly. Ich kostete das weidlich aus.

Unser neuer Haushalt hatte sich deutlich verkleinert. Thaos Kinder lebten wieder bei ihr (die Strecke nach Escondido war ihrer Mutter zu weit), und Anh und Chanh wollten ebenfalls in San Diego in der Nähe ihrer Freunde bleiben. Inmitten unserer neuen Nachbarn, in einer neuen Gemeinde, fühlten wir uns als Pioniere.

In den folgenden paar Wochen befaßten wir uns mit der Ausgestaltung des Grundstücks, ich installierte Vorhänge und Markisen, wobei ich keine Kosten scheute. Ich fand einen Teppich, der ebenso flauschig war wie der bei Leatha. Mein Freund, der Bauplaner und unser erster Gast, schätzte die Wertsteigerung seit meinem ersten Gebot vor fast einem Jahr auf $ 25 000. Das war Amerika, von dem wir in Vietnam geträumt hatten. Das war Amerika, nach dem ich mich sehnte, als ich bei Ed ankam: ein eigenes Heim, voller Schönheit und gutem Karma; aufnahmebereit für Leib und Seele, das Sicherheit im Alter verhieß, in dem ich mich nur vor mir selbst verantworten mußte und keinem anderen.

Endlich kam der Tag, an dem der *Ong Thay Dai Ly* unser Haus feierlich einweihen sollte. Ich hatte alle vorbereitenden Rituale ausgeführt und sämtliche Utensilien besorgt, die wir nach seinen Angaben für die Zeremonie und die Versammlung der Haushaltsgeister brauchen würden. Er erschien aus Los Angeles mit zwei Begleitern.

Ich erkundigte mich respektvoll, ob es sich um seine Gehilfen handle.

»Nein«, entgegnete er zerstreut. »Das ist mein Bruder und sein Nachbar. Sie möchten den Tierpark in San Diego besuchen, wenn wir hier fertig sind. Sie waren noch nie dort.«

Wir vier versammelten uns vor dem begehbaren Schrank, wo mein buddhistischer Schrein aufgebaut war. Jimmy und Tommy waren nicht gerade begeistert davon, respektierten jedoch meinen Glauben etwas mehr. Als Gegenleistung versuchte ich, meine Kultgegenstände dem Blickfeld zu entziehen, damit ihre Schulfreunde mich nicht für allzu schrullig hielten. Die Idee war zwar gut, funktionierte aber nicht immer.

Ich stellte makellose Früchte auf den Altar, zusammen mit brennendem Weihrauch und einer Aufnahme von Mönchsgesang – in Stereo. Wir zogen die Vorhänge zu und verdunkelten den Raum soweit als möglich. Ich zündete sämtliche Kerzen an, die ich hatte, ihr Duft vermischte sich rasch mit dem des Weihrauchs und schuf eine unwirkliche Atmosphäre. Wir entspannten uns innerlich und bereiteten uns auf unsere Begegnung mit der immateriellen Welt vor. In seiner Eigenschaft als Medium oder *xoc dong* zog der Geomant eine Art Alphabettafel hervor und legte sie vor uns hin. Er begann mit der Stereoaufnahme zu singen, und wir alle schlossen die Augen.

Binnen kurzem sagte er: »Die Geister sind hier.« Dann verstummte er, kicherte bald darauf wie ein kleines Kind, was mich wirklich erschreckte. »Ach, es sind so viele! Ich kann's gar nicht glauben! Und auch erhabene Geister – frühe Vorfahren. Und draußen sind noch viel mehr – jüngere, die hereinkommen wollen, aber es nicht können. Oh, das ist wunderbar!«

Plötzlich sagte der *xoc dong* in normalem Ton zu mir: »Ly, warum bauen wir nicht einen kleinen Altar für die jüngeren Geister im Eßzimmer. Es geht doch ganz schnell, und wir sollten höflich sein. Es sind wirklich eine Menge, darunter auch Ed und Dennis.«

So rasch ich konnte, legte ich ein paar Opfergaben auf den Eßtisch und stellte eine sehr schöne Buddha-Keramik dazu.

Wir nahmen die Séance wieder auf, und die höheren Geister kamen zu Wort. Bedauerlicherweise geschah das in der Sprache einer höheren Ebene, und wir verstanden gar nichts, aber nach einer halben Stunde erwachte der *xoc dong* aus seiner Trance – sehr durstig – und verkündete, meine Ahnen seien außerordentlich angetan von ihrem neuen Geisterheim und der Arbeit, die ich in Amerika leiste.

»Meine Arbeit?« Ich war ehrlich verdutzt. »Was denn für eine Arbeit?« Ich konnte nicht glauben, daß die Geister meiner Vorfahren besonders stolz auf mein verunglücktes Feinkostgeschäft und auf Tuys bankrotten Juwelierladen wären. »Was ist das denn für eine Leistung, die ihnen so gefällt?« fragte ich abermals. Doch der *xoc dong* äußerte sich nicht.

»Jetzt habe ich eine Botschaft von Dennis für Sie«, fuhr er fort. Er bekam einen gequälten Gesichtsausdruck. »Er steht hinten – er ist ein wenig scheu. Er möchte nicht in Ihr neues Haus kommen. Er hat sich noch nicht an seine neue Welt gewöhnt. Nein, das ist es nicht. Er ist verbittert – ja. Aber er verzeiht Ihnen. Er ist Schüler bei den anderen Geistern und lernt aus ihrer Weisheit. Er möchte – er bittet darum –, daß Sie seine Seele in den buddhistischen Tempel bringen. Er sagt: ›Bring mich im Tempel unter.‹ Er empfiehlt Ihnen, stets Ihre Tür abzuschließen...«

»Welche Tür? Die Küchentür? Die ist blockiert.« Das Medium wirkte jetzt sehr gequält, und ich merkte, daß er den Kontakt abbrechen wollte. Dennis konnte jeden so weit bringen.

»Er sagt, er wird das Haus beobachten. Er sagt, er wird Ihr Haus beobachten – bis Sie seine Seele im Tempel zur Ruhe kommen lassen...« Das Medium riß die Augen auf. »Das war's.« Er trocknete sich die Stirn mit einem Taschentuch.

»Sind Sie sicher, daß es Dennis war?« fragte ich. »Er war ein strenggläubiger Christ und hat geschworen, er würde mich nach seinem Tod nicht heimsuchen, wie Ed. Es wundert mich, daß er überhaupt zu Ihnen gesprochen hat.«

»Dennis wundert sich jetzt über vieles.« Der *xoc dong* griff wieder zum Wasser. »Wir Menschen können gerade noch über unsere Nasenspitze sehen, stimmt's? Geister aber können alles sehen. Im Leben sehen wir dreidimensional. Nach dem Tod in Dutzenden. Daran muß man sich erst gewöhnen.«

»Aber er wird wütend sein, wenn ich ihn in den buddhistischen Tempel bringe. Den haßte er.«

»Jetzt nicht mehr. Glauben Sie mir – er fühlt sich dort, wo er ist, gar nicht wohl. Er spürt die Wärme des Tempels und möchte getröstet werden. Er ist einem Seemann vergleichbar, ganz allein in einem kleinen Boot auf dem weiten, nebelverhangenen Meer. Er ist verloren, der Tempel sein einziges Leuchtfeuer. Dort wird seine Seele die Anleitung finden, die sie braucht. So wie sie Frieden findet, wird auch Ihre lebende Familie – seine Nachkommen – Frieden finden.«

In jener Nacht konnte ich nicht schlafen. Zwar freute es mich, daß die Geister meiner Vorfahren mir in das neue Heim gefolgt waren, Dennis aber beunruhigte mich nach wie vor. Ich wußte, daß wütende Geister überaus reizbar waren und mit der gebotenen Vorsicht behandelt werden mußten. Ich wollte, daß Dennis Frieden fand, doch ohne die Mönche und die Gemeinde im Tempel dem Fluch eines bösen Geistes – *hau qua* – auszusetzen. Ich befand mich in einem furchtbaren Dilemma.

Tags darauf fuhr ich zum Tempel und erklärte meinem *su*, daß ich die Zeremonie zur Verankerung einer verlorenen Seele – *Qui y* – durchführen wolle. Ich informierte ihn über die Gefahren, die er sehr wohl kannte. Zu meiner Erleichterung stimmte der Mönch mit dem *xoc dong* überein und fügte hinzu, ich würde einen erheblichen Teil an seelischer Schuld abtragen, wenn ich mithalf, einen verlorenen Geist auf den Pfad der Erleuchtung zu führen. Er erklärte mir genau, was ich tun müsse.

Abends bereitete ich ein Mahl – vegetarische Gerichte und Reis – für den Geist von Dennis. Ich brachte das Essen und gerahmte Fotos von verstorbenen Angehörigen zum Schrein des Tempels, kniete dann nieder und reckte die Arme hoch. Ich nannte sämtliche niedrigeren Geister, die fern der Heimat gestorben waren und für die ich mir jetzt Trost im Tempel wünschte: mein Bruder, Sau Ban; mein Vater, Phung Trong; mein erster Mann, Edward; und mein zweiter Mann, Dennis. Der Mönch bat nun die ›Drei Kostbarkeiten‹ – Buddha, der Erleuchtete, der Lehrer; Dharma, die Lehre; und Sangha, die buddhistische Gemeinde –, diesen verlorenen Seelen Zuflucht zu gewähren. Dann stellte er die Fotos in den Innenraum.

Und das war alles.

Ich dankte meinem *su* und machte dem Tempel eine großzügige Schenkung, was freilich nicht unbedingt nötig war. Der Mönch verabschiedete sich zugleich glücklich und traurig und erteilte mir einen Segen, den ich noch nie gehört hatte: *Le trao hoc vi.*

Auf der langen Rückfahrt nach Escondido grübelte ich über die Weisheit meines Tuns nach und merkte, wie meine Seele immer leichter, meine Stimmung immer heiterer wurde. Als ich den Wagen in der Garage parkte und in mein Traumhaus zurückkehrte, war ich so beschwingt, daß ich über den Teppich zu schweben schien, schwerelos wie einer meiner Geister.

Ich schlug den Segensspruch des Mönches in meinem Wörterbuch nach. Im Englischen bedeutete es Anfang, Beginn und außerdem die Feier zur Verleihung akademischer Grade. Das hieß also, etwas Großes war getan, und etwas noch Größeres nahm seinen Anfang.

7

JAGD NACH DEM GLÜCK

Nachdem die mißmutige Seele von Dennis zur Ruhe gebracht worden war, fand ich in jedem Bereich meines Lebens größeren Frieden.

Die Jungen waren gute Schüler; ihr Interesse an Religion erstreckte sich jetzt auch auf die Lehre Buddhas. Wir führten richtige Diskussionen und lernten alle vier eine Menge dazu über *dao lam nguoi* – wie man ein Mensch wird.

Ich arbeitete noch intensiver an meinem Buch, doch da ich mich nun der Geschichte meiner Teenager-Jahre näherte, lösten die Erinnerungen daran kalten Schweiß, Krämpfe und Tränen aus. Da es mir viel leichter fiel, das Manuskript einen Tag beiseite zu legen, als weiterzumachen, begann ich zu bezweifeln, ob ich es tatsächlich zu Ende führen wollte. Trotzdem ließ ich nicht locker.

Als ich eines Tages meine Lebensmitteleinkäufe im Wagen verstaute, entdeckte ich auf der anderen Straßenseite einen ungewöhnlichen kleinen Laden, der sich *Philosophical Library* nannte. Ich hatte zwar nie einen ›Philosophie‹-Kurs auf dem College belegt, aber von Lehrern und Mitschülern häufig zu hören bekommen, ich sei ›philosophisch veranlagt‹. Nun plagte mich die Neugier, wie eine auf meine Veranlagung spezialisierte Buchhandlung wohl aussehen mochte.

Der kleine Laden wurde mein zweites Zuhause. Ich besuchte die vielen Vorträge und Seminare, die dort stattfanden, freundete mich mit den Besitzern, dem Personal und den Kunden an. Für manche stellte die Buchhandlung die Einführung in ein ›new age‹ westlichen Denkens über spirituelle und religiöse Fragen dar. Für mich glich es der Begegnung mit alten Freunden und Angehörigen. Vor allem aber machte ich diese Entdeckung zu einem Zeitpunkt, als ich es am dringendsten brauchte, als mich die Konfrontation mit meinen Kriegserinnerungen geistig nahezu erschöpft hatte. Vorher hatte ich es nicht für möglich gehalten, daß Amerikaner am spirituellen Leben meines Volkes Anteil nehmen könnten. Jetzt war ich Amerikas neuem Bewußtsein direkt begegnet und kam zu dem Schluß, daß es einer Totgeburt gleichkäme, die Geschichte einer vietnamesischen Familie ohne ihre Seele zu erzählen. So machte ich mich wieder mit neuer Kraft und Hoffnung an meine selbstgewählte Aufgabe.

Einige meiner Freunde aus der Buchhandlung wohnten in Rancho Bernardo, einem exklusiven Vorort mit wohlhabender Bevölkerung, darunter viele Pensionäre. Bei einem meiner Besuche aßen wir in einem neuen asiatischen Restaurant, dem *Royal Eagle*. Das Essen war gut, die Bedienung jedoch jung und unerfahren. Sie verstanden es nicht, den Wünschen und Erwartungen des älteren Publikums gerecht zu werden. Eine der Kellnerinnen war eine frühere Kollegin bei National Semi-Conductor in San Diego. Als ich das nächste Mal allein dort aß, begrüßte ich sie. Wir plauderten nur kurz, denn die Dinner-Gäste strömten bereits ins Lokal.

»Wem gehört der Laden?« fragte ich. »Haben sie einen Geschäftsführer?«

»Nein«, erwiderte Thuan. »Das Lokal wurde eben erst eröffnet. Kenneth – der Besitzer – versucht zu sparen. Möchtest du ihn kennenlernen?«

»Sehr gern.«

Sie verschwand in der Küche. Dann kam ein junger, magerer Chinese durch die Schwingtür. Sein schulterlanges Haar bauschte sich unter dem staatlich verordneten Haarnetz; sein Gesicht war schweißbedeckt, die Schürze mit Flecken von Sojasoße übersät.

»Hallo«, begrüßte er mich freundlich und streckte mir die

Hand hin. »Sie sind Miss Hayslip? Mein Name ist Kenneth. Was kann ich für Sie tun?«

»*Ong-chu*, bitte nennen Sie mich Ly. Ihr Restaurant ist sehr hübsch, wirklich wunderschön.« Ich zeigte auf die rote Tapete und die Goldleisten.

»Vielen Dank! Wir tun unser Bestes. Hoffentlich interessieren Sie sich nicht für einen Job. Ich kann nämlich vorerst keine Neueinstellungen vornehmen. Vielleicht später, wenn das Geschäft in Schwung gekommen ist...«

»Eben deshalb wollte ich ja mit Ihnen sprechen. Ich würde gern für Sie arbeiten, aber nicht als Kellnerin. Sehen Sie selber.« Ich trat einen Schritt zurück, damit ein Blick auf den Betrieb im Lokal Kenneth das veranschaulichen konnte, was ich meinte. »Da haben Sie den Andrang zum Abendessen, und die Leute machen kehrt, weil bei der Platzanweisung schon eine lange Schlange wartet. Die Pensionäre, die früh essen, versuchen vergeblich, ihre Rechnung zu bezahlen, während die Berufstätigen auf einen Tisch warten müssen. Ihre Kellner und Kellnerinnen rennen sich gegenseitig um, wenn sie Gäste placieren, Bestellungen entgegennehmen und servieren wollen, und kein Mensch sorgt für Koordinierung. Ich wette, die Hälfte kann nicht mal genug Englisch, um die Speisekarte zu lesen! Sie brauchen nicht mehr Bedienungspersonal oder Köche, Kenneth, Sie brauchen einen Geschäftsführer, der Ihre Leute zur Teamarbeit und zum professionellen Service motivieren kann.«

Kenneth schüttelte den Kopf. »Ich bemühe mich, von der Küche aus alles im Auge zu behalten, aber... ich weiß nicht. Geschäftsführer sind kostspielig, und das ist ein Familienbetrieb, verstehen Sie? Wenn Sie sich trotzdem bewerben wollen, gebe ich Ihnen Bescheid, und wir können uns dann unterhalten, sobald der Geschäftsgang...«

»Nein«, unterbrach ich ihn lächelnd. »Ich möchte mich nicht bewerben, ich möchte, daß Sie mich beobachten!«

Ich hatte einen hübschen *ao dai* an und sowieso nichts zu verlieren, deshalb wollte ich Kenneth eine Probevorstellung bieten. Und so ging ich geradewegs auf die Wartenden zu, begrüßte das erste Paar, schnappte zwei Speisekarten und führte die beiden zum nächstgelegenen sauberen Zweiertisch. Dann rechnete ich an der Registrierkasse mit einem älteren Gast und seiner Frau ab, bedankte mich für ihre Geduld und sprach die Hoffnung aus, sie bald zu unseren Stammgästen zählen zu können. Als nächstes wies ich einem anderen Paar einen Tisch zu und ließ einen weiteren für vier Personen decken. Nach ein paar Minuten war der Stau beseitigt, und ich ging zu Kenneth zurück.

»Sehen Sie?« Ich grinste. »Es braucht weiter gar nichts als ein bißchen Koordination – das Richtige tun und vorausdenken. Und dazu eine kleine Schau abziehen!«

Kenneth überflog die Tische – überall lächelnde Gesichter und leise Gespräche. Das Personal arbeitete reibungslos. »Kommen Sie herein«, forderte er mich auf und band die Schürze ab. »Reden wir miteinander.«

Ich ließ Kenneth erst gar nicht zu Wort kommen. »Ich möchte gar nicht gegen Gehalt arbeiten, Kenneth, das hab ich hinter mir. Lassen Sie mich zwei Wochen zeigen, was ich kann – genau wie vorhin – umsonst. Danach setzen wir uns wieder zusammen und sprechen über Bezahlung.«

Dieser Vorschlag leuchtete Kenneth sofort ein. In den folgenden zwei Wochen erschien ich früh und ging spät. Ich prägte mir Namen und Lieblingsspeisen vieler Gäste ein; ich half dem Bedienungspersonal bei den Dienstplänen, beim Abräumen und bei einer Neuordnung der Reviere, die den gesamten Ablauf erleichterte. Ich ließ mich möglichst oft in der Küche sehen, gab das Lob der Gäste weiter und klatschte ein wenig mit dem Personal. Die Tageseinnahmen stiegen. Viele Gäste fragten bereits namentlich nach mir und hielten mich für die Besitzerin.

Als die Zeit für ein Gespräch über meine Bezahlung gekommen war, ergriff ich abermals die Initiative. »Okay, ich biete Ihnen die Wahl zwischen drei Möglichkeiten. An einem festen Gehalt liegt mir nichts, das sagte ich ja bereits. Sie können mir natürlich eins zahlen, aber ich warne Sie, das wird hoch sein. Viel lieber wäre mir eine prozentuale Beteiligung an den Tageseinnahmen oder, noch besser, am Gewinn, als Miteigentümerin. Dabei basiert mein Entgelt nicht nur auf der Summe, die ich Ihnen einbringe, sondern auch auf meinem Beitrag zur Kostendämpfung. So verdienen wir beide, stimmt's? Was halten Sie davon?«

Kenneth erkannte zwar die beiderseitigen Vorteile meines Angebots, aber es war offensichtlich für ihn noch zu früh, an einen Teilhaber zu denken. Statt dessen handelten wir ein bescheidenes Gehalt plus Umsatzbeteiligung aus, was mir sehr recht war. Ich erklärte ihm, daß ich unter diesen Bedingungen nur während der Stoßzeiten arbeiten könne, mittags von elf bis zwei und nachmittags von fünf bis neun, womit er einverstanden war.

Inzwischen schrieb ich weiter an meinen Kriegserinnerungen, diktierte eine Geschichte nach der anderen, die Jimmy dann brav in den Computer eintippte. Unsere Sitzungen verliefen sehr gefühlsbetont, besonders als von Ereignissen die Rede war, die Jimmy als Kleinkind miterlebt hatte und sich deshalb nicht mehr daran erinnern konnte. Ich brach immer noch in Tränen aus, wenn es um meinen verstorbenen Vater und Bruder ging, für die ich jeden Tag betete, und um meine Mutter, die ich seit über dreizehn Jahren nicht gesehen hatte und unsagbar vermißte. Wenn alles glatt lief und keiner von uns aufhören wollte, übernahm Tommy die Verpflegung und brachte uns Tee und einen Imbiß. Geriet die Arbeit ins Stocken, oder wir brachen beide in Tränen aus, eilte der kleine Alan mit Papiertaschentüchern herbei, die wir ebenso auf Vorrat hatten wie Bleistifte und Papier. Kein Tag verging, ohne daß ich meine Söhne in die Arme schloß und vor Erleichterung weinte, daß der Krieg vorbei war.

Zu Ende des Sommers 1985 hatten Jimmy und ich dreihundert Seiten fertig, was mir umfangreicher als ein Konversationslexikon vorkam: eine Maus, die einen Elefanten gebar! Obwohl es nur ein Bruchteil dessen enthielt, was ich eigentlich sagen wollte, so genügte es doch, den Publikationstest zu riskieren.

In der hiesigen Bibliothek besorgte ich mir eine Liste von sämtlichen amerikanischen Verlagen und verschickte hundert Exemplare meines Entwurfs. Nach einigen Wochen trafen langsam die Antworten ein. Manche waren knapp und nüchtern und ließen mich bedauern, daß ich die kostbare Zeit des Verlegers mit meinen törichten Ideen vergeudet hatte, Manche bekundeten Gefallen an dem Gedanken, den Amerikanern die Geschichte einer vietnamesischen Bäuerin zu erzählen – den ›gesichtslosen‹ Asiaten, die einst ihre Bildschirme bevölkerten, Individualität zu verleihen –, aber Vietnam »ist im Augenblick gerade nicht aktuell« oder »paßt thematisch nicht in unser Verlagsprogramm«. Andere hielten den Zeitpunkt für verfrüht (»Wir brauchen die historische Perspektive, die erst eine neue Generation bringen kann«). Die Zeit, auf die nächste Generation zu warten, hatte ich freilich nicht. Wenn die Geschichte mich etwas gelehrt hatte, so dies: Jede Generation muß für sich selbst lernen, was Liebe, Krieg, Großziehen von Kindern und Weltordnung bedeuten. Solange es die Menschen nicht auf sich nehmen, diese Lektion miteinander zu teilen, wird ein Land für das andere stets nur ein bunter Fleck auf der Landkarte bleiben. Eine Antwort – »Es wäre schwer für unsere Leser hier zuzustimmen, da die Darstellung sich auf den Gesichtspunkt von Feinden stützt, die unsere Leute im Krieg getötet haben« – bestärkte mich nur in meinem Entschluß meine Sicht der Geschichte veröffentlicht zu sehen.

Nachdem er mich sechs Monate lang beobachtet hatte, machte Kenneth klar, daß er nicht bereit war, einen Partner aufzunehmen. Ich mußte Träume vom selbständigen Unternehmertum woanders verwirklichen.

»Ich hab mich entschlossen, ein eigenes Restaurant zu eröffnen«, teilte ich Kenneth eines Tages mit. »Ich gebe Ihnen zwei Wochen, einen Ersatz für mich zu finden, aber ich habe

274

schon eine zweite Hypothek auf mein Haus aufgenommen und zwanzigtausend von der Bank abgehoben. Ich denke, mit ein bißchen Glück dürfte das reichen, ein eigenes Lokal zu eröffnen.«

Er sah ein wenig enttäuscht drein, jedoch nicht überrascht, dann hellte sich seine Miene auf. »Ich nehme nicht an, daß Sie einen Investor suchen ...«

Ich strahlte ebenfalls. »Kennen Sie jemand?«

»Klar. Ich! Ich weiß, was Sie können. Ich bin überzeugt, daß Sie mit allem, was Sie anfangen, Erfolg haben werden. Sie verstehen, warum ich hier jetzt nichts ändern kann, aber wenn Sie Partner hereinnehmen wollen, beteiligte ich mich sehr gern an einem neuen Unternehmen.«

Wir unterhielten uns noch eine Stunde lang, und ich wurde immer aufgeregter. Kenneth verfügte zwar nicht über große Mengen Bargeld, kannte aber die entsprechenden Leute. Außerdem brachte er eine Fülle von Ideen, Erfahrung und Kontakten ein. So hatte er einen guten Küchenchef ausgebildet, der darauf brannte, sein eigener Herr zu sein. Oder Freunde in der Baubranche, die notwendige Umbauten und Renovierungen erstklassig und preiswert übernehmen würden.

Zusammen mit Mr. Ho, unserem dritten Teilhaber, unterzeichneten Kenneth und ich den Mietvertrag für ein Lokal in Temecula, Riverside County. Ich steckte etwa fünfzigtausend Dollar und drei Monate harte Arbeit in das Projekt, und wir eröffneten das Hollylinh Restaurant (Mr. ›Ho‹, Le ›Ly‹ und Kenneth ›Linh‹) planmäßig mit über $ 150 000 Aktiva. In der Innenausstattung hatten wir uns um einen Ausgleich zwischen traditionellem chinesischem Dekor und kalifornischem Ambiente bemüht: tropische Fische und Glastische statt der üblichen roten Säulen und Porzellandrachen. Mit dem Personal hatten wir allerdings die bekannten Schwierigkeiten. Die meisten Chinesen und Vietnamesen, die bereit waren, zu den im Gaststättengewerbe geltenden Bedingungen zu arbeiten, waren ›frisch vom Boot‹, wie es Jimmys Schulfreunde nannten und hatten wenig Englischkenntnisse und noch weniger über amerikanische Gepflogenheiten. Wir engagierten acht dieser Sorte, und ich entschloß mich zu einer Radikalkur, um den Lernprozeß zu beschleunigen. Zu meiner besonderen Genugtuung beruhte mein Plan auf einem uralten vietnamesischen Brauch.

Von Restaurantbesitzern wurde in Vietnam väterliche Fürsorge für ihre Angestellten erwartet. Wer seine Arbeiter wie Familienangehörige behandelte, konnte nach allgemeiner Ansicht mit Loyalität und Pflichttreue rechnen. So bot ich den acht Leuten an, bei mir zu wohnen und mit mir zur Arbeit zu fahren, was ihnen ungemein zusagte (besonders, nachdem sie mein Traumhaus gesehen hatten!) und meine Partner völlig verwirrte. Der Kompromiß machte jedoch Sinn, und so praktizierten wir ihn auch. In meinem Haus sprachen wir nur Englisch und schauten uns das Fernsehen an, wodurch sie viel über amerikanische Lebens- und Verhaltensweisen lernten. Bei der Arbeit kooperierten sie einwandfrei und setzten das Gelernte sofort um.

Natürlich wußte ich, daß das nicht unbegrenzt so weitergehen konnte. Sobald der Ehrgeiz erwachte, würden einige sich besser bezahlte Jobs suchen oder sich auf Schulen weiterbilden. Die Geschäftspartner lösten die Unterbringungsfrage dadurch, daß sie in ein anderes Haus, ein paar Minuten vom Restaurant entfernt, investierten und die Angestellten dort mietfrei wohnen ließen. Das erwies sich zusätzlich als hervorragende Kapitalanlage. Da ich über das erforderliche Geld verfügte, leistete ich die Barzahlung, und die Urkunde war auf meinen Namen ausgestellt, obwohl das Restaurant die monatlichen Zahlungen übernahm.

Ich besaß jetzt drei Häuser in einer amerikanischen Großstadt oder in deren Umgebung und ein Drittel eines prosperierenden Geschäfts – keine schlechte Leistung für ein *meocon*-Kätzchen, das bei der Geburt so jämmerlich mager war, daß die Hebamme mich ersticken und wegwerfen wollte! Meine Söhne waren gesund, zufrieden, sicher und auf bestem

Wege, sich zu jungen Männern zu entwickeln, auf die ihre Großeltern in beiden Kulturen stolz wären. Und mein Buch wuchs und gedieh weiter, zusammen mit meinem Bankkonto (auch wenn ich nach wie vor Ablehnungen einheimste).

Was konnte sich eine Frau wie ich noch mehr wünschen?

Eines Tages entdeckte ich in der *Philosophical Library* eine Anzeige für ein spirituelles Refugium in Harmony Grove – einem ruhigen Ort, inmitten von Märchenwäldern in den Bergen zwischen Escondido und dem Meer. Da ich wußte, was die Lage bei spirituellen Dingen ausmachte, ebenso wie bei Grundstücken, suchte ich die Stadt auf, so rasch ich konnte. Für Durchreisende mochte Harmony Grove ein kleines Dorf wie viele andere sein. Für mich war es Nirwana – ein Supermarkt von Medien, Gurus und Wahrsagern.

Der erste Yogi, den ich konsultierte, war Paul, ein gutaussehender junger Mann, ungefähr in meinem Alter, mit leiser Stimme. Wenn Jesus ein Surfer gewesen wäre, hätte er so ausgesehen wie dieser blonde Namensvetter seines Apostels. Paul lächelte nie und entsprach damit genau dem Bild, das sich die Baptisten von Jesus machten.

Am Morgen unserer Verabredung traf ich mich mit ihm in einer roh behauenen Holzhütte, kärglich möbliert mit einem einzigen Holzstuhl für ihn und einer Couch am Fenster für mich – Psychiater und Patientin. Doch anders als ein westlicher Psychologe übernahm er das Reden, und ich stellte die Fragen. Wie ein guter Mönch, der vor jeder spirituellen Aktivität zunächst meditiert, verlangte Paul, daß wir uns entspannten. Wir schlossen die Augen.

Mit sanfter, hypnotischer Stimme versetzte er mich in einen schwerelosen, entrückten Zustand, mein Geist klärte sich und entfaltete eine Kraft, der er sich öffnete ... Wir saßen dann mehrere Minuten schweigend da, bis er wieder anhob: »Ich sehe dich am Fuß eines Berges, Le Ly. Du bist müde vom Klettern, doch dein Weg hat kaum begonnen. Ich sehe dich klettern, langsam, aber entschlossen. Der untere Teil des Abhangs ist steil und steinig. Weiter oben beginnt er abzuflachen, und die Felsbrocken werden kleiner. Jeder Stein, den du berührst, verwandelt sich in eine Blume. Nahe dem Gipfel, bist du überall von Blumen umgeben. Die Menschen am Fuß des Berges jubeln und strecken die Hände empor. Der Berg liegt nicht in den Vereinigten Staaten. Das Sonnenlicht auf dem Gipfel ist rein – keine Wolken…«

Ich öffnete die Augen, um den Guru kurz zu betrachten. Er runzelte die Stirn, als hätte ich seine Vision durch meinen Blick gestört. Ich schloß die Augen und ließ mich wieder von dem warmen Sonnenlicht davontragen.

»Ich schreibe ein Buch«, sagte ich. »Wird es veröffentlicht?«

Er seufzte. »Ja. Aber nicht so bald. Es ist ein Meilenstein auf deinem Weg, doch nicht deine Bestimmung. Vor dir liegt noch einmal die Hälfte der Strecke, die du bereits erklommen hast.«

Ich rechnete schnell nach. Ich war jetzt, 1985, seit dreizehn Jahren in Amerika. Der Fall von Südvietnam, durch den ich jede Verbindung mit meiner Familie verlor, lag zehn Jahre zurück, der Zeitpunkt, an dem ich tatsächlich das Gefühl hatte, ›am Fuße meines Berges‹ zu stehen. Meinte er, mein Buch würde 1990 erscheinen?

»Habe ich einen Begleiter bei diesem Aufstieg?« Bisher hatte ich drei Seelengefährten, von denen zwei, Ed und Dennis, tot waren und ein weiterer, Anh, unerreichbar unter kommunistischer Herrschaft lebte. Als Frau wollte ich wissen, ob es mir bestimmt war, bis ans Ende meiner Tage allein zu bleiben, in der Gesellschaft von Geistern oder in den schützenden Armen eines Mannes aus Fleisch und Blut, den ich liebte und der zu mir gehörte.

»Ich sehe einen sehr alten Mann…«

Ich verzagte. Ed? Die vorzeitig gealterte Seele von Dennis? Die Vision von einem weiteren älteren Mann, der mich heiraten würde? Ich konnte den Gedanken nicht ertragen. »Ist es mein Vater?« fragte ich.

Paul bewegte sich auf seinem Stuhl. »Nein. Nein, derjenige

ist viel älter. Sehr viel älter. Seine Zeit auf Erden liegt Hunderte von Jahren zurück, größtenteils im 15. Jahrhundert. Er duftet nach Kräutern. Er war ein Medizinmann, sagt er.«

»Und er wird mich auf meinem Weg begleiten? Bei meinem Aufstieg? Wann?« Das war eine spannende, unerwartete Entwicklung. Ich versuchte mich zu erinnern, was ich aus meinen Büchern über Seelenwanderung erfahren hatte.

Zum erstenmal nahm ich in Pauls Stimme den Anflug eines Lächelns wahr, »Er war lange Zeit bei dir. Eigentlich immer.«

»Mein Gott! Wer ist diese Person – dieser Schutzgeist? Was will er von mir?«

»Du wirst ein Heiler werden, so wie er es zu seinen Lebzeiten war.«

»Du meinst ein Arzt? Ein Heilpraktiker?« Das ergab keinen Sinn.

»Deine Heilkunst ist keine des Körpers.«

»Wer ist dieser Geist? Wer war der Mann?«

Paul verstummte, es schien eine Ewigkeit zu dauern – zehn bis fünfzehn Minuten. Ich hörte seinen Stuhl mehrmals knarren. So sehr ich auch die Augen öffnen und sehen wollte, was da vor sich ging – um, vielleicht, festzustellen, ob sich eine Erscheinung im Raum befand –, ich wagte es nicht, aus Angst, den Kontakt abzubrechen.

Als Paul endlich zu sprechen begann, klang seine Stimme etwas erschöpft. »Er will es mir nicht sagen. Du wirst es zum geeigneten Zeitpunkt erfahren, meint er.«

»Warum setzt er sich dann jetzt mit mir in Verbindung? Warum habe ich nicht schon früher von ihm gehört? Warum hat mir mein Vater nicht von ihm erzählt?«

»Dein Vater befindet sich auf einer viel niedrigeren geistigen Ebene. Er sagt, seine Verbindung zu dir reicht viel weiter zurück, über deine Eltern hinaus. Und dies ist nicht das erste Mal, daß er sich mit dir in Verbindung gesetzt hat. Du bist in früheren Leben von ihm heimgesucht worden. Er sagt, du wirst deine Identität erst entdecken, nachdem du deine Mission im Leben erfüllt hast.«

Ein Schwall von Fragen machte sich Luft. Was, genau, war meine Mission? Ich wußte, ich hatte viele Karma-Lektionen zu lernen, aber welche waren mit meinem Schicksal verknüpft – meiner Bestimmung für diese Inkarnation? Und was meinte er damit, daß meine Heilkunst nicht die ›des Körpers‹ sein würde? Sollte ich eine *nico* – eine buddhistische Nonne, werden, der Welt entsagen und mich nur noch spirituellen Dingen widmen? Das dürfte unwahrscheinlich sein. Ich blickte hinüber zu Paul, der ganz bequem auf seinem Stuhl saß. Entgegen meinen Erwartungen, sah er weder müde noch mitgenommen durch die Sitzung aus, sondern erfrischt.

Wir erörterten die möglichen Bedeutungen seiner Visionen, und ich suchte auch noch andere Gurus in Harmony Grove auf, aber die Botschaft war stets die gleiche: Ich sollte eine Menge bei einem langen, schwierigen Aufstieg führen. Ich sollte die Heilkunst ausüben, doch nicht als Arzt, Medizinmann oder Nonne. Irgendwie mußte ich einen Weg finden, in der Welt zu sein, aber ihr nicht anzugehören. Wie die blühenden Steine in Pauls Vision mußte ich Leben und Farbe finden, wo zuvor nur Stein und Dunkelheit waren.

Ich kam aus Harmony Grove zurück ohne die leiseste Idee, was ich als nächstes tun sollte.

Jimmy, achtzehn, war auf der nahegelegenen University of California in San Diego. Zu Gesicht bekam ich ihn anscheinend nur, wenn er die Big Macs satt hatte und zur guten Hausmannskost zurückkehrte – und dabei vielleicht auch ein bißchen an dem Buchmanuskript arbeitete. Über sein Studium redete er nicht viel (was verstand ich auch schon von Computern?), doch seine Noten sprachen für sich.

Tommy war fünfzehn und freundete sich mit einer Clique an, die für die Schule wenig übrig hatte. Eines Tages erklärte er mit: »Heut sind ein paar Typen von der Army in die Schule gekommen. Der Vortrag von dem Werbeoffizier war wirklich Klasse. Was würdest du machen, wenn ich Soldat werde?«

Ich brummte: »Wenn du ins Gefängnis mußt, bring ich dir

jeden Tag Reis. Wenn du zur Army gehst, würd ich dich nicht mal begraben, falls du getötet wirst. Beantwortet das deine Frage?«

Daraufhin ließ er seine unerschöpfliche Energie dankenswerterweise an einer Ringkampfmannschaft aus, die sogar an den Meisterschaften im Staat Kalifornien teilnahm. Er mußte Mahlzeiten auslassen, um abzunehmen und sich für eine leichtere Gewichtsklasse zu qualifizieren, was mich heftig empörte. Wozu lebt man in Amerika, wenn man nicht alles essen darf, was einem die Mutter kocht?

Alans Leben verlief wesentlich ruhiger. Seine engsten Freunde stammten aus einer netten Filipinofamilie, deren Traditionen den unseren sehr ähnlich waren. Er geriet nie in irgendwelche Schwierigkeiten und war aus dem dunklen Loch, in das er sich nach dem Tod seines Vaters verkrochen hatte, wieder herausgekrabbelt. Als seine beiden älteren Brüder ihre eigenen Wege gingen, wurden wir die besten Freunde.

Die Zeit, die ich nicht mit meinen Söhnen oder im Hollylinh-Restaurant verbrachte, verwandte ich auf unseren Garten. An sonnigen Tagen pflanzte ich Blumen und jätete Unkraut, pflückte Bohnen und anderes Gemüse und begoß die trockene Erde von San Diego. Ich sang fast vergessene Lieder aus meiner Jugend, während ich das Haus meines Vaters mit seinen Zementmauern und dem Strohdach, mein Bambusbett und den sauber gefegten Küchenboden meiner Mutter deutlich vor Augen sah. Wenn ich die Zufahrt mit dem Schlauch besprengte, dachte ich daran, wie ich auf dem Zementsockel neben unserem Brunnen gestanden und mich abgeduscht hatte. Mit einem ganzen Schrank voll schönster amerikanischer Schuhe ging ich barfuß, so daß ich mir den Lehmboden von China Beach vergegenwärtigen konnte, und ich trug meinen zerlumpten schwarzen Pyjama anstatt ausgefallener Strandkleider. Nach einer Weile verwandelten sich die nickenden Bäume in meinen Vater, Phung Trong, und meinen Bruder, Sau Ban, die neben mir auf den Reisfeldern arbeiteten. Bei Sonnenuntergang verspürte ich das dringende

Verlangen, heimzukehren – nicht in meine amerikanische Villa, sondern *heim* nach Vietnam, wo meine alternde Mutter, meine Schwestern, Vettern und die Gebeine meiner Vorfahren immer hartnäckiger nach mir riefen.

Seit meiner endgültigen Flucht vor dem Krieg waren dreizehn Jahre vergangen. Meine Mutter war beinahe achtzig, und selbst unter den günstigsten Umständen (und Gerüchte und Briefe aus dem kommunistischen Vietnam berichteten nur von den schlimmsten) blieben ihr bloß noch wenige Jahre. Seit 1975 hatten sich außer Diplomaten, Juristen und Militärs kaum Menschen in das Land gewagt, und die meisten von ihnen kamen im offiziellen Regierungsauftrag, um nach Vermißten zu fahnden oder kriegsbedingte Forderungen geltend zu machen.

Tränen und Wünsche hatten mich durch viele Jahre in Amerika begleitet, aber mich keinen Schritt näher zur Tür meiner Mutter gebracht. Wenn ich dagegen etwas unternehmen wollte, mußte ich mich über eine Menge Widerstände hinwegsetzen und mit allen meinen Kräften herangehen.

Ich beschloß, ganz oben anzufangen, setzte Jimmy an seinen Computer und diktierte ihm einen Brief an Präsident Ronald Reagan.

»Aber Mom!« protestierte Jimmy. »So kannst du nicht an den Präsidenten schreiben. Erzähl mir, was du ihm sagen willst, ich bringe es dann in die richtige Form.«

Sagen wollte ich, daß ich unbedingt nach Vietnam zurück müsse. Ich wollte Präsident Reagan begreiflich machen, daß die Vietnamesen – wie fast alle Asiaten – starke Bindungen an ihre Angehörigen drüben haben. Ich wollte, ich *mußte* eine Pilgerfahrt in mein Dorf machen, um Mama *Du* Lebewohl zu sagen, bevor sie starb. Ich kümmerte mich nicht um Politik, ich wußte nichts von Kommunismus oder Demokratie, weder jetzt noch früher. Mein Mitgefühl galt jedem, der im Krieg Schaden genommen hatte, auf beiden Seiten. Aber ich war nur ein einzelner Mensch. Mir ging es darum, meine Mutter im Alter zu trösten, meiner Familie mit ein paar Geschenken aus Amerika zu helfen und am Grab meines Vaters zu beten. Könnte der mächtige Präsident der Vereinigten Staaten denn nicht einer kleinen Vietnamesin dazu verhelfen, ihre Familie zu besuchen?

Sicherheitshalber ließ ich Jimmy ähnliche Briefe an den Gouverneur von Kalifornien, an Senatoren, Abgeordnete und die Bürgermeister von San Diego und Escondido schreiben. Ich traf Verabredungen mit lokalen Politikern und überbrachte ihnen meine Briefe persönlich. Eine Kopie meines Schreibens an Präsident Reagan trug ich ständig bei mir für den Fall, daß ich durch Glück oder Zufall einem Menschen begegnete, der helfen konnte. Zugleich war das ein Talisman, eine Erinnerung an mein Ziel.

Außerdem fiel mir ein, daß Dan mir womöglich behilflich sein könnte. Gesehen hatte ich ihn zuletzt 1973 und das letzte Mal von ihm gehört im Jahre 1976. Die Briefe, die Ed nicht verbrannt hatte, wurden später von Dennis vernichtet, so daß ich nicht einmal eine Adresse hatte. Ich schrieb an das Verteidigungsministerium, erklärte, ich sei die vermißte vietnamesische Frau von Colonel Dante DeParma, was ja, in gewisser Weise, zutraf. Ich hatte seine Sozialversicherungsnummer, ein paar Fotos von uns mit Tommy und Jimmy und das Blatt, daß er mir bei unserer Evakuierung mit dem Hubschrauber aus An Khe zugesteckt hatte. Ich hielt es für eine Ironie des Schicksals, daß die Zeilen, die mir zu meiner Ausreise aus Vietnam verhelfen sollten, jetzt irgendwie als Paß in umgekehrter Richtung dienen könnten.

Ich erhielt eine verblüffende Antwort: Dans Adresse in Korea. Es war kurz vor Weihnachten, also kritzelte ich eine Nachricht auf eine Glückwunschkarte und schickte sie ab. Ich fiel beinahe in Ohnmacht, als ich Dans Antwort bekam.

Die schwerfällige Handschrift verriet sein Alter. Er freue sich riesig, nach so langer Zeit von mir zu hören, schrieb er. Von seiner ersten Frau hatte er sich, wie versprochen, scheiden lassen, aber kurz nach dem Abbruch unserer Beziehungen wieder geheiratet – etwa um die gleiche Zeit, als Dennis und ich uns in Mexiko trauen ließen! Er betrachte uns noch immer als seine ›Vietnam-Familie‹ und wolle gern weiter in Kontakt mit uns bleiben.

Ungefähr drei Monate nach dem Start meiner Briefkampagne gab ich dem Zureden meiner Freundinnen nach und machte mit Kathy Greenwood einen ›Nachtbummel für Damen‹. Die meiste Zeit saßen wir plaudernd in einer ruhigen Bar mit einem Klavierspieler, und ich merkte, daß sie recht hatten – ich brauchte eine Abwechslung. Ich ging in den Waschraum und fand bei der Rückkehr Kathy in ein Gespräch vertieft mit einem seriösen grauhaarigen Herrn am Nebentisch. Sie machte uns bekannt.

»Wie ich höre, möchten Sie nach Vietnam zurückgehen«, sagte er mit jenem nachsichtigen Lächeln, das ich in den letzten drei Monaten auf den Gesichtern von zahlreichen Beamten gesehen hatte.

»Allerdings.« Ich bemühte mich, nicht allzu hymnisch zu klingen. »Ich möchte meine arme alte Mutter vor ihrem Tod noch einmal sehen – und versuchen, mit den Angehörigen ins reine zu kommen, die ich zurückgelassen habe, als ich in die Staaten ging. Viel Glück habe ich dabei freilich nicht.«

»Wieso nicht? Mit wem haben Sie gesprochen?«

»Mit Gott und der Welt. Hier – sehen Sie selbst.« Ich zog Jimmys Brief an Präsident Reagan aus der Handtasche. Er verfehlte seine Wirkung nicht. Das nachsichtige Lächeln verschwand.

»Ich sehe schon, es ist Ihnen ernst damit«, meinte er und zog einen Füller aus der Hemdtasche. Auf der Rückseite einer meiner Geschäftskarten notierte er einen vietnamesischen Namen und Titel. »Hier, versuchen Sie's mal bei dem Mann.«

»Wer ist das?« fragte ich.

»Der Rechtsberater der vietnamesischen Mission bei den Vereinten Nationen in New York.«

Ich nahm an, es müsse sich um einen im Exil lebenden Republikaner handeln – einen der hohen Beamten, die immer noch Verbindung zur amerikanischen Regierung hielten in der Hoffnung, eines Tages wieder an die Macht zu gelangen. »Woher kennen Sie diesen Mann?« erkundigte ich mich.

Er lächelte. »Ich habe von Zeit zu Zeit mit den Vereinten Nationen zu tun. Meine Mutter lebte in New York. Aber ich war dauernd unterwegs und habe sie jahrelang nicht gesehen. Als ich sie dann endlich besuchen wollte, war sie bereits tot. Ich finde, so etwas sollte keinem passieren.«

Am Montag verband mich die Telefonzentrale der Vereinten Nationen mit der Vietnamesischen Vertretung. Es meldete sich eine Männerstimme mit starkem Akzent.

»Sprechen Sie Vietnamesisch?« fragte ich.

»*Van a, Chi muon hoi gi a* – Ja, natürlich, was wünscht die Schwester?«

Ich bediente mich jetzt unserer Muttersprache. »Bruder, ich bin Vietnamesin und möchte nach Hause fahren, um meiner Mutter meine Aufwartung zu machen, bevor sie stirbt. Sie ist achtundsiebzig, und ich glaube nicht, daß ihr noch viel Zeit bleibt.«

»Gewiß, ich verstehe. Warum fahren Sie denn nicht?«

»Ich kann Ihnen nicht ganz folgen.« Einen Moment dachte ich, er mache sich lustig über mich.

»Ich meine, warum bestellen Sie sich kein Ticket und fliegen? Wer hindert Sie daran?«

Dieser sogenannte Rechtsberater brauchte offenbar Nachhilfeunterricht. »Wer mich daran hindert? Nun, einmal bin ich jetzt amerikanische Staatsbürgerin, und der Süden wird von Hanoi kontrolliert. Wenn ich hinfahre, könnte die Regierung mich ins Gefängnis bringen oder mich in ein Umerziehungslager stecken. Und falls sie mich wieder herauslassen sollten, könnte mir die US-Regierung die Einreise verweigern. Ich habe mit vielen Flüchtlingen und amerikanischen Beamten gesprochen. Das ganze Problem liegt bei der kommunistischen Regierung.«

»Wissen Sie überhaupt, Schwester, mit wem Sie jetzt reden?«

»Hm … nein, eigentlich nicht.«

»Sie sprechen mit einem Kommunisten. Ich vertrete die Sozialistische Republik Vietnam. Wir haben hier eine kleine Vertretung, um die Beziehungen zu den Vereinten Nationen und den Vereinigten Staaten zu koordinieren. Wir hoffen auf eine volle diplomatische Anerkennung, aber ...«

Ich legte den Hörer auf.

Meine Hände zitterten so heftig, daß der Bleistift zu Boden fiel. Der letzte Kommunist – *Con San* –, mit dem ich wissentlich gesprochen hatte, stand neben einer Grube – *meinem Grab!* – nach meinem Scheingerichtsverfahren beim Vietcong. Mein Wächter, Loi, ein Bauernjunge, der nach Ankunft der Amerikaner Vietcong-Kämpfer geworden war, entschied sich für eine furchtbarere Strafe als einen Gnadenschuß. Statt dessen vergewaltigten er und sein Kamerad Mau mich und verboten mir, in mein Dorf zurückzukehren. Damit begann meine jahrelange Odyssee, die mich schließlich nach Amerika führte.

Mit zitternden Fingern verbrannte ich Weihrauch an meinem Schrein und sprach ein paar Gebete. Ich überlegte fieberhaft, was ich jetzt tun sollte. Wenn die Polizei die Telefone der Kommunisten abhörte, würde sie garantiert demnächst bei mir auftauchen, wahrscheinlich mitten in der Nacht wie die republikanischen und amerikanischen VC-Jäger, und mir einen Kopfschuß verpassen. Ich erkundigte mich bei meinen mitfühlenden Freundinnen, was sie über die UN-Mission von Hanoi wüßten, erfolglos. Wie sah die Alternative aus? Einfach aufgeben?

Nachdem eine Woche verstrichen war ohne einen Besuch vom FBI oder CIA oder sonstigen Dienststellen, faßte ich Mut zu einem neuen Anlauf. Ich sprach mit demselben Mann, Sy Liem, so daß ich Gelegenheit hatte, mich zu entschuldigen; ich erfuhr auch, daß ich nicht die erste Exil-Vietnamesin war, die in Panik geriet, als die Identität ihres Gesprächspartners offenbar wurde.

Wir unterhielten uns eine halbe Stunde, meine Mißverständnisse wurden bereinigt, wir faßten allmählich Vertrauen zueinander. Er erzählte mir eine Menge über die Verhältnisse im Land, ohne die übliche Schönfärberei der offiziellen Propaganda: Armut, Krankheit, die Spätfolgen des Krieges. Schließlich kamen wir zum eigentlichen Zweck meines Anrufs.

»Wenn Sie also wirklich wollen, daß Viet Kieu zu Besuch ins Land kommen, wo muß ich da anfangen?« fragte ich.

»Zunächst müssen Sie uns brieflich mitteilen, wann Sie reisen wollen, wie lang Sie zu bleiben beabsichtigen und wohin Sie gehen möchten. Wenn wir Ihr Gesuch in Händen haben, schicken wir Ihnen einen Visumsantrag. Eine Genehmigung der US-Regierung für die Aus- und Wiedereinreise brauchen Sie nicht. Buchen Sie einfach einen Flug nach Bangkok, Thailand, und dort machen Sie dann die Reservierung nach Ho-Chi-Minh-Stadt oder Hanoi. Gar keine Affäre. Wir schicken Ihnen eine Liste der Dinge, die Sie einführen dürfen. Wir wissen, daß Sie Ihren Angehörigen Geschenke mitbringen wollen, aber wir möchten den Absatz für unsere eigenen Erzeugnisse und Dienstleistungen nicht beeinträchtigen.«

Bei Liem hörte sich das alles kinderleicht und vergnüglich an, wie ein Urlaub in Acapulco, doch ich hatte meine Zweifel. Am besten dürfte es sein, bei der einfachen Wahrheit zu bleiben: Ich war eine Vietnamesin, die in Amerika Glück gehabt hatte und das nun mit ihren Verwandten teilen wollte. Dies und mein Heimweh waren die simplen Tatsachen, was brauchte es noch mehr?

Ich schrieb meinen Brief, verbrannte etwas Weihrauch und betete.

Nicht lange danach hörte ich, daß die University of California, San Diego, in La Jolla eine Schriftstellertagung veranstaltete. Ich wußte, daß ich nichts unversucht lassen durfte, und schickte meine Bewerbung, zusammen mit einem Probekapitel meines Buches. Da Tommy und Alan immer mehr von der Schule und ihren Freunden in Anspruch genommen wurden, verbrachte ich viel Zeit im Restaurant, wo ich zu beschäftigt war, um dauernd an das Manuskript und meine Reise zu denken.

Das Hollylinh florierte mehr denn je. Obwohl ich nicht täglich dort war, hatte ich rasch einige ›Stammgäste‹, die eigens nach mir fragten und mit denen ich ein Weilchen zusammensaß und ihnen Geschichten aus meiner Kindheit und Kriegserlebnisse erzählte.

Mit gleichgesinnten Gästen sprach ich manchmal auch über spirituelle Dinge, las ihnen nur zum Spaß auch gelegentlich aus der Hand oder legte ihnen die Karten. Anfangs nahm ich es auf die leichte Schulter, beantwortete ihre Fragen – »Werde ich mal reich? Liebt mich mein Freund? Werde ich bald heiraten?« – mehr oder minder scherzhaft, achtete streng darauf, keine irreführenden oder bedrückenden Aussagen zu machen. Auf die häufigste Fragen der Frauen »Wann werde ich den Richtigen finden?«, konnte ich nur entgegnen, nach dem hielte ich auch immer noch Ausschau und wüßte daher keinen Rat.

Mitunter vermittelten mir jedoch eine Handfläche oder ein ungewöhnlich verteiltes Kartenspiel sehr starke Eindrücke. Dann wurde aus dem Spaß Ernst, und ich sagte ihnen, ich sei wirklich nicht als Wahrsagerin qualifiziert. Doch sie ließen nicht locker, und so tat ich einfach dasselbe, was ich bei anderen Medien in vielen Seminaren, Konsultationen und Séancen erlebt hatte: Ich öffnete mich für die Gefühle, die sie durchströmten. Erst später erfuhr ich, daß dies tatsächlich der Ausgangspunkt für die meisten Medien ist: aus der Tiefe der eigenen Intuition den anderen zu erfassen suchen.

Schließlich sprach es sich herum, daß ›Miss Ly‹ allermindestens ein unterhaltsames Medium sei und, wenn die Sterne günstig standen, den Weg zu einigen sehr interessanten Einsichten eröffne. Obwohl ich nicht auf Bestellung arbeitete und auch nie etwas für meine Dienste verlangte, fühlte ich mich doch geschmeichelt durch die Aufmerksamkeit und bemühte mich stets, die professionellen Regeln zu befolgen: Erstens keine wirklich schlechten Nachrichten zu verkünden, etwa nahender Tod oder schwere Krankheit, da ein Irrtum vorliegen könnte; zweitens, alle Voraussagen als Möglichkeiten, nicht als unabänderliche zu Tatsachen hinzustellen, was ja ebenfalls der Wahrheit entsprach.

Eines Tages kamen fünf Personen zum Lunch und fragten nach Miss Ly. Alle fünf gutangezogene Weiße, sehr lebhaft und intelligent. Wir unterhielten uns ein wenig über Vietnam, einst und jetzt, und dann baten sie, ihnen wahrzusagen, was ich auch der Reihe nach tat. Alles verlief heiter und beschwingt, und sie gingen glücklich und zufrieden. Nach einer Woche erschien ein Artikel über das Hollylinh und seine Besitzerin, die ›faszinierende Miss Ly Hayslip‹ in der Lokalzeitung. Die fünf waren Reporter, darunter ein Restaurant-Kritiker. Der Artikel äußerte sich so begeistert, daß aus den Nachbarorten die Reservierungen nur so hereinströmten und ich Termine mit Gästen vereinbaren mußte, die mich konsultieren wollten – mit oder ohne *chow mein*.

Eine oder zwei Wochen danach kam wiederum eine Gruppe von Männern herein, diesmal freilich keine gutangezogenen, fröhlichen Reporter. Sie waren alle in meinem Alter oder ein wenig darüber und wie Arbeiter gekleidet. Manche hatten Bärte, andere humpelten; und alle hatten jenen verstohlenen, unsteten Blick, den ich instinktiv mit zornigen Soldaten in Verbindung brachte. Ich setzte mich an ihren Tisch – mit meinem Make-up und dem *ao dai* etwas fehl am Platz, aber das Eis war schnell gebrochen. Sie seien alle Vietnam-Veteranen und wollten etwas über ›die andere Seite‹ erfahren, erklärte einer. Trotz der insgesamt zehn bis zwölf Jahre ›im Land‹ gaben alle zu, so gut wie nichts über Vietnam, seine Bevölkerung, seine Kultur zu wissen, zu deren Vernichtung sie den weiten Weg zurückgelegt hatten. Ihnen war auch bekannt, daß ich den Krieg selber miterlebt hatte, den ihre Frauen und Freundinnen niemals verstehen konnten.

Wir unterhielten uns etwas eingehender über ihre Erfahrungen in ›'Nam‹, und ich erzählte ihnen von meinen Eindrücken als Fremde in Amerika. Das sprach sich herum, und es kamen immer mehr Veteranen, die bei mir Information, Trost, Gesellschaft und Aufmunterung suchten. Natürlich wollten nicht alle von ihnen den Krieg wirklich hinter sich lassen.

»Wir hätten nicht abziehen dürfen, bis über alle Vermißten Klarheit geschaffen war«, wetterte einer. Es sprach nicht für seine ganze Gruppe, aber ich entdeckte Zustimmung in ihren Blicken. »Und wir sollten jeden von diesen verdammten Bootsflüchtlingen dahin zurückschicken, wo sie hergekommen sind!« Er hätte Dennis sein können, trotz anderer Stimme und anderem Gesicht. Manche Veteranen waren auch erbost darüber, wie man sie nach ihrer Heimkehr behandelt hatte – die Regierung, die Veteran's Administration, die Öffentlichkeit, selbst ihre Familien, die sie mieden, als hätten sie eine ansteckende Tropenkrankheit.

Als ich ihren bitteren Erzählungen lauschte, wurde mir klar, daß sie, ebenso wie die anderen Veteranen, wenig über den Feind wußten, den sie immer noch so leidenschaftlich haßten. Sie stellten kaum Fragen, hatten aber jede Menge Antworten, die jedoch hohl und unzulänglich klangen.

Ein weiterer Veteran, Gary, erschien allein. Er hatte den Artikel über mich gelesen und mit einigen seiner Kumpel gesprochen, die das Restaurant bereits kannten. Er gebe die *Rancho News* heraus, erklärte er, und wolle einen fundierten Aufmacher veröffentlichen über meine Ansichten, den Krieg, Vietnam-Veteranen und das Leben in Amerika betreffend. Er fragte, ob er eine Reporterin zum Interview schicken dürfe, worauf ich zwiespältig reagierte. Wenn Frauen meine Geschichte hörten, flossen sie entweder vor Mitleid über und wollten mich bemuttern, oder sie fühlten sich so angewidert von meinen Erlebnissen, daß sie sich zurückzogen und nichts damit zu tun haben wollten.

»In beiden Fällen würden Sie keinen besonders guten Artikel kriegen«, beendete ich meine Erklärung. Er dachte kurz nach und beschloß dann, ihn selber zu schreiben.

Am nächsten Nachmittag saßen wir in meinem Büro und ließen die schlimmsten Jahre meines Lebens noch einmal Revue passieren: die Einberufung meiner Brüder durch Hanoi; die Gründung von ›Jugendbrigaden‹ der Republikaner und des Vietcong in unserem Dorf (von uns Kindern wurde verlangt, in beide einzutreten!); meine Folter durch die republikanische Armee und mein Gerichtsverfahren und die Vergewaltigung durch den Vietcong; meine Mutter und ich im Exil in Saigon; die uneheliche Geburt von Jimmy und meine Jahre auf dem Schwarzmarkt von Da Nang; und meine amerikanischen Jobs und Freunde, bevor Ed auftauchte und mich rettete. Es war das erste Mal, daß ich einem Amerikaner, meine Ehemänner eingeschlossen, alles erzählte, was mir widerfahren war.

Bedauerlicherweise interessierte sich Gary wenig für meine freundlicheren Erinnerungen: an das Dorfleben zwischen den Kriegen; an meine Familie und die Liebe zum Leben, die wir inmitten von Tod und Haß bewahrten – an all die Dinge, die mich aufrechterhielten und meinem Leben in diesen schrecklichen Jahren einen Sinn gaben. Indem er meine Geschichte nur halb erzählte, legte er die Gründe für meine Anschauungen offen, aber nicht, was ich daraus gelernt hatte. Ich befürchtete, der Artikel könnte verwirrte Seelen nur noch weiter verstören.

Meine Ängste waren wohlbegründet. Der Artikel schlug in unserer Gemeinde wie eine Bombe ein – niemand konnte ihn ohne starke emotionale Beteiligung lesen. Viele Menschen riefen an oder kamen vorbei, um ihre Betroffenheit zu bekunden und sich sogar für ihr Land zu entschuldigen, was absolut unnötig und eine Fehlinterpretation meines ganzen Lebens war. Die negativen Reaktionen waren noch heftiger.

»Wir wollen nichts essen, was so'n verdammter Vietcong

gekocht hat!« schrie ein Veteran vor dem Restaurant. Er hatte bereits drinnen eine Szene gemacht und war von zwei Kellnern und unserem Küchenchef gebeten worden, das Lokal zu verlassen. »Wir sollten wieder rübergehen und jeden von diesen verdammten Kommunisten mit 'ner Atombombe killen! So was wie ihr hat hier nichts zu suchen!«

Er stakste davon, und einige Angestellte befürchteten, er würde mit einem Schießeisen wiederkommen, aber das glaubte ich nicht. Ich hatte dagestanden und mir seinen Wutausbruch angehört, ohne zu protestieren. Ich schaute ihm in die Augen und nickte, daß ich ihn verstehe, auch wenn das nicht stimmte und ich ihm nicht beipflichten konnte. Letztlich versuchte er ja nicht, mich zu überzeugen, sondern mich nur ebenso wütend und ängstlich zu machen, wie er es selber war. Wir hatten beide viel gelitten im Krieg, und jetzt erkannte auch er, daß dies uns irgendwie verband.

Meine Partner und unsere Angestellten blieben besorgt.

»Auch wenn der Typ nicht zurückkommt«, sagte ein Kellner, »was ist, wenn jemand anders Brandbomben ins Lokal wirft oder im Vorbeifahren auf uns schießt?«

Kenneth meinte, ich gefährde das Geschäft mit dem ganzen Gerede über meine Vergangenheit, und ich konnte nicht widersprechen. Sie beschlossen, unsere Anzeigen zu ändern und ausdrücklich zu betonen, daß wir ein *chinesisches* Restaurant seien, kein vietnamesisches, was ja auch stimmte. Aber daß ich mich nicht mehr zum Krieg oder zu meinen Ansichten über Vietnam und Amerika äußern würde, konnte ich nicht versprechen. Tatsächlich war ich im Gegensatz zu den übrigen mehr denn je begierig, von den verbiesterten, verstörten Veteranen zu hören. Ihr Weltbild war zu wichtig und zu weitverbreitet, um es zu ignorieren, nur weil ich nicht damit übereinstimmte. Ob es sich um posttraumatischen Streß, schlechtes Karma oder nur um saure Trauben handelte, ich mußte meiner Meinung nach mehr über diese traurigen, zornigen, verschreckten Männer erfahren und dabei auch mehr über mich und meine Bestimmung in diesem Leben. Außerdem schrieb ich ein Buch. Die Menschen brauchten jetzt mehr denn je ein Motiv, einen konkreten Anlaß, über Krieg und Verzweiflung hinweg zu Verständnis und Versöhnung zu finden. Ich mußte das Vermächtnis meines Vaters antreten.

Meine vielfältigen Obliegenheiten im Restaurant kosteten eine Menge Zeit. Normalerweise fuhr ich um zehn Uhr früh von zu Hause weg und kam erst um Mitternacht zurück. Jimmy war dann noch im College, und Tommy und Alan lagen längst im Bett. Ich hatte ein erfülltes, erfolgreiches Leben – finanzielle Sicherheit, wohlgeratene Söhne und unzählige Freunde –, doch im tiefsten Innern fehlte mir immer noch etwas. Es war, als sei mein tolles Haus in Escondido, das von außen so imposant wirkte, völlig unmöbliert. Ich war vollauf damit beschäftigt, die geheimnisvolle ›Mission‹ zu entdecken, die Paul prophezeit hatte, und spürte instinktiv, daß sie etwas mit den verstörten Vietnam-Veteranen zu tun hatte. Manche sagten schon, nach einer Stunde bei mir fühlten sie sich ausgeglichener als nach zehn Jahren konventioneller Therapie. Aber auch das erschien nicht richtig. Was immer ich an Weisheit besaß; kam aus meinem Herzen und aus meiner Intuition, nicht aus erworbener Gelehrsamkeit und irgendwelchen Großtaten. Was für eine ungewöhnliche ›Mission‹ kann es für eine derart gewöhnliche Person geben? Ich ahnte es nicht.

Zudem war ich einsam. Das Leben meiner Söhne spielte sich immer mehr außerhalb des Hauses ab, und die Erinnerungen an Ed und Dennis, die guten wie die schlechten, verblaßten, so daß ich das Verlangen nach einem Menschen hatte, mit dem ich mein Leben teilen konnte. Die Sorgen um meine Verwandten in Vietnam, vor allem um meine Mutter, wurden ebenfalls ständig größer. Je wahrscheinlicher die Möglichkeit für einen Besuch wurde, desto mehr befürchtete ich eine Art ›kosmischen Countdown‹: ein Wettlauf zwischen meiner Initiative und Findigkeit und den Mächten (Krankheit, Armut, Alter, Unterdrückung), die meine Lieben bedrohten.

Im Februar 1986 rief mich Sy Liem aus New York an und teilte mir mit, daß mir ein Visum für einen zweiwöchigen Besuch zum Tet-Fest erteilt worden sei.

Ich war sprachlos. Zum Glück redete er weiter: »Ihr Visum gilt drei Monate, also müssen Sie nicht sofort die Koffer packen. Lassen Sie sich Zeit, bis Sie sich ganz sicher sind. Inzwischen schicken wir Ihnen eine Liste mit den Regeln und Vorschriften für Ihren Besuch. Wenn Sie sich entschlossen und Ihr Ticket gekauft haben, schicken Sie uns einfach eine Fotokopie davon zurück.«

Ich dankte ihm, so gut ich es vermochte, legte auf und setzte mich. Jetzt verstand ich den Sinn der Redensart: »Sei vorsichtig bei deinen Wünschen, sie könnten womöglich in Erfüllung gehen!« Mein sehnlichster Wunsch stand kurz vor der Verwirklichung. Keine Träume mehr, kein Wunschdenken. Jetzt war es an der Zeit, Nägel mit Köpfen zu machen, wie Ed sagen würde.

Ich war bereit, für eine Rückkehr nach Vietnam einige Risiken in Kauf zu nehmen, aber wieviel Risiko war zu viel? War ich gewillt zu riskieren, daß ich meine Söhne nie wiedersah? War ich zu dem Risiko bereit, meine Angehörigen zu gefährden? Bei aller Leutseligkeit ihrer UN-Vertreter wußte ich doch sehr wohl, daß ihre lokalen Kader und Kommissare sehr unangenehm und hitzig reagieren konnten, wenn es darum ging, das ›Volksgericht‹ ein zurückgekehrtes schwarzes Schaf, eine Schwarzmarkt-›Verräterin‹ und die Familie, die ihr Trost und Unterstützung gewährte, aburteilen zu lassen. Bloß – wo endeten meine Risiken, und wo begannen die meiner Lieben, die ihnen ohne ihr Zutun auferlegt wurden?

Ich testete den Reiseplan bei Kenneth. »Ich hab gute Neuigkeiten«, erzählte ich. »Man hat mir ein Einreisevisum nach Vietnam erteilt! Jetzt kann ich meine Mutter besuchen!«

Kenneth seufzte und schüttelte den Kopf. »Sind Sie sicher, daß Sie das Richtige tun? Sind Sie sicher, daß man Sie wieder ausreisen läßt?«

»Natürlich bin ich nicht sicher«, erwiderte ich nonchalant. »Den Luxus kann ich mir auch gar nicht leisten. Was das betrifft, könnte ich heute abend auf dem Heimweg durch einen Verkehrsunfall umkommen. Der einzig sichere Weg ist, zu Hause zu bleiben, und meine Mutter wird sterben, und ich werde sie nie wiedersehen. Ich werde nie mehr Gelegenheit haben, ihr zu sagen, daß ich sie liebe und vermisse, daß ich Opfer darbringen werde für sie, wenn sie tot ist, und ...«

»Okay, schon gut.« Kenneth legte mir den Arm um die Schulter wie ein großer Bruder. »Ich möchte ja bloß, daß Sie zufrieden sind mit Ihrer Wahl – daß Sie wissen, worauf Sie sich da einlassen. Wir möchten Sie alle heil zurückkommen sehen.«

Ein vietnamesischer Kellner, der noch nicht allzu lange in Amerika war und seine schreckliche Flucht noch frisch im Gedächtnis hatte, brummte: »Die UN-Mission muß Sie für 'ne Kommunistin halten. Warum sonst würden die Sie reinlassen? Um sie auszuspionieren? Um Unzufriedenheit zu säen? Höchstwahrscheinlich, um Sie zu schnappen und vor Gericht zu stellen. Oder um Sie schnurstracks in ein Lager zu schicken – das ist mehr ihr Stil. Ich find's 'ne Schnapsidee.«

Er gab mir die Nummer eines ›hohen Beamten‹ im alten Regime, wie er es nannte, der vor seiner Flucht viele Jahre in Umerziehungslagern verbracht hatte. »Rufen Sie ihn an«, sagte der Kellner, »der wird Ihnen erzählen, was Sie zu erwarten haben.«

Zu Hause griff ich sofort zum Telefon. Der Mann beantwortete meine Bitte um Information mit langem Schweigen, dann sagte er: »Sobald Sie den Fuß auf vietnamesischen Boden gesetzt haben, wird man Sie festnehmen. Man wird Sie in eine kleine Zelle sperren und dort sich selbst überlassen. Sie werden nichts zu essen haben, kein Wasser, keine sanitären Einrichtungen. Die Luft wird so dünn und heiß sein, daß Sie meinen, es zerreißt Ihnen die Lunge. Wenn Sie das nicht umbringt, wird man Sie draußen schlagen und foltern. Man wird Sie auffordern, Ihre Verbrechen zu bekennen. Wenn Sie dann gestanden haben, daß Sie Ihre Familie lieben, Gott anbeten und unsere alten Bräuche und Traditionen in Ehren halten, wird man Sie in der neuen Gesellschaftsordnung unterweisen. Wenn Sie alles tun, was man Ihnen sagt, aufrichtig klingen und dabei sehr viel Glück haben, wird man Sie vielleicht in ein Arbeitslager verfrachten, wo Sie zumindest auf einer Matte schlafen und eine reguläre Latrine benutzen können, sofern Sie nicht verhungern oder an einer Krankheit sterben. Oder vielleicht bringt man Sie auch nur ins Freie und erschießt Sie. Ihre Variante von Kommunismus hat nichts mit Politik zu tun, sondern mit dem Besitzanspruch auf die Seelen der Menschen.«

Seine Worte trafen mich wie der Gewehrlauf Lois an meinem Grab. Faktisch wußte ich immer noch nichts über Kommunismus, und dieser Mann stellte ihn als eine missionarische Religion dar, die mit Ungläubigen strenger und gefährlicher verfuhr als die Kreuzzüge oder die Inquisition. Und von christlichen Kreuzfahrern wußte ich bereits mehr als genug!

Einer der Köche, der mit den amerikanischen Gesetzen Ärger hatte, meinte: »Die Vietnamesen können Sie vergessen, die sind nichts im Vergleich mit den Bundesbehörden. Die US-Regierung hat die Kommunisten jahrelang bekämpft. Die vietnamesischen Kommunisten hassen sie ganz besonders, weil die den Krieg gewonnen haben. Wenn die Ihnen nicht Ihre Staatsbürgerschaft aberkennen und Sie ausweisen, machen die Ihnen hier das Leben zur Hölle. Das FBI wird Sie für 'ne Spionin halten, und die CIA wird versuchen, Sie bei Ihrer nächsten Auslandsreise als Agentin anzuheuern. Wenn Sie nicht kooperieren, werden sie bei Ihren sämtlichen Freunden, Gästen und Angestellten so lange Lügen über Sie verbreiten, bis Sie's doch tun. Glauben Sie mir, ich kenne die Brüder!«

Eine junge Kellnerin hatte andere Befürchtungen. »Auch wenn die Kommunisten Sie ausreisen und die Staaten Sie wieder einreisen lassen, wird Ihnen Little Saigon die Hölle heiß machen. Ich hab von Leuten gehört, denen man ihre Häuser gesprengt und ihre Läden angezündet hat, nur weil sie davon *gesprochen* haben, nach Vietnam zu fahren. Wenn Sie's wirklich tun, werden die Leute Sie für 'nen Vietcong halten. Die lassen Ihnen keine Ruhe mehr. Sie müssen den ganzen Krieg noch mal durchmachen. Wollen Sie das wirklich?«

Den ganzen Krieg noch mal durchmachen! Genau das passierte mir mit meinen eigenen Leuten – die Paranoia, die unentwegten zu späten Ratschläge und die beklemmende Angst, was immer man tat, würde sich für irgend jemanden als verhängnisvoller Fehler erweisen. Und meine Freunde waren ebenfalls davon erfaßt, wurden *chup mu* – argwöhnische Wichtigtuer. Furcht machte sie angriffslustig oder fatalistisch, besorgt, daß ein freundliches Lächeln oder ein Händedruck als Komplizenschaft mit ›dem Feind‹ mißverstanden würde, wer immer das auch sein mochte. Wenn ich eins in den ersten zwanzig Jahren meines Lebens gelernt hatte, dann dies, daß Kriege nicht nur mit Waffen, Panzern und Bomben geführt wurden, sondern auch mit dem Herzen des Menschen.

Schließlich wandte ich mich ratsuchend an meinen Mönch. Ich unterbreitete ihm sämtliche Warnungen, die ich erhalten hatte, und fragte dann: »Was meinen Sie? Soll ich fahren oder soll ich bleiben?«

Er entgegnete lächelnd: »Ich antworte auf deine Frage mit einer Gegenfrage. Wenn dein Haus brennen würde und du könntest nur eine Person retten, wer wäre das: dein Kind, dein Mann oder deine Mutter?«

»Ganz einfach«, erwiderte ich prompt, »mein Kind.«

»Aha. Die Wahl der Mutter. Denkst du, Buddha hätte das gleiche getan?«

»Was meinen Sie damit?«

»Ich meine, du denkst wie eine Weiße im Westen, nicht wie ein Kind des kosmischen Gottes, des Gottes unseres Heimatlandes. Erinnere dich, unsere oberste Pflicht ist *nang tinh* –

Treue zu unseren Vorfahren. Du kannst einen anderen Mann heiraten und ein neues Kind empfangen, aber deinen Erzeuger zu ersetzen, ist unmöglich. Die Wahl eines Nachkommen heißt, so zu tun, als sei man Gott selbst. Wählst du die Person, die dir das Leben geschenkt hat, ehrst du damit Gott, den Schöpfer, über allen anderen – Ehemann und Kinder eingeschlossen. Die Welt kann schmerzhaft sein, Schmerz aber ist nur grausam, wenn er unrecht ist. Wie kann jemand dich der Grausamkeit oder des Unrechts bezichtigen, wenn du im Einklang mit unserem höchsten Naturgesetz handelst?«

»Sie raten mir also, meiner Mutter gegenüber meine Pflicht zu tun. Nach Vietnam zu gehen, auch wenn es mich und meinen Sohn und meine anderen Angehörigen gefährdet?«

»Ich rate dir lediglich, in dein Herz zu schauen und das zu tun, von dem du weißt, daß es richtig ist. *Trong cay nhan, hoi qua tat* – Ein guter Samen trägt nur gute Frucht.«

Zu meinem Erstaunen verließ ich den Tempel mit einem Gefühl von Ruhe und Entschlossenheit. Auch wenn der Geist meines Vaters sich seit meiner Séance bei Paul ungewöhnlich ruhig verhalten hatte, glaubte ich doch, in den Worten des Mönchs seine Stimme zu hören.

Ich fuhr geradewegs zu meinem Reisebüro und buchte einen Flug nach Bangkok in einem Monat.

Die Schriftstellertagung der Universität San Diego brachte eine Menge neuer Bekanntschaften, darunter Redakteure, Agenten und Autoren, sowie Vorschläge für mein Manuskript. Doch davon konnte ich nichts umsetzen – zumindest nicht gleich. Ich hing fest zwischen Himmel und Erde, zwischen meinen geistigen und menschlichen Verpflichtungen. Doch ich hatte einen Weg gewählt. Irgendwann zwischen jetzt und Mitte April würde ich entweder im Schlamm versinken – *troi trong* –, wie ein Sünder von der Erde auf Nimmerwiedersehen verschluckt, oder in die dünne Höhenluft von ›Pauls Berg‹ treten.

Ich konsultierte Milton Low, meinen Anwalt und Freund

der Familie, der mir riet, meine Angelegenheiten zu ordnen. Das hieß, ein Testament verfassen und letzte Anweisungen zu hinterlassen, was mit meinem Hab und Gut, den Schulen und den Kindern geschehen solle. Außerdem mußte ich mich mit dem State Department in Washington wegen letzter Beratung und Information in Verbindung setzen. Das erste war leicht; das zweite schwerer, als es aussah.

Mein Gesprächspartner im State Department war höflich, aber entmutigend.

»Sie wissen vermutlich, daß wir keine formalen diplomatischen Beziehungen zu Vietnam haben«, begann er. »Wir unterhalten keine Botschaft dort und umgekehrt. Amerikanischen Staatsbürgern ist es verboten, vom US-Territorium aus direkt nach Vietnam zu reisen, und amerikanische Firmen dürfen mit der kommunistischen Regierung keine Handels- oder Geschäftsbeziehungen unterhalten. Sollte Ihnen etwas zustoßen, haben wir so gut wie gar keine Möglichkeit, helfend einzugreifen. Höchstens durch die Vereinten Nationen Protest einlegen, aber die sind offiziell nicht befugt, in solchen Fällen zu intervenieren. Zu Ihrer Information – derzeit werden zwei US-Bürger von der vietnamesischen Regierung festgehalten. Wir versuchen seit mehreren Monaten, ihre Freilassung zu erreichen – oder zumindest Dritten, etwa dem Roten Kreuz, Gelegenheit zu geben, daß sie sich selbst ein Bild von ihrem Gesundheitszustand machen können, bislang aber ohne Erfolg. Ich kann Ihnen nur den gleichen Rat geben wie den Betreffenden seinerzeit: Seien Sie sehr vorsichtig bei allem, was Sie tun, mit wem Sie zusammenkommen und was Sie sagen.«

Ich grübelte darüber nach und begann zu packen. Als erstes machte ich mir klar, daß es bei dieser Reise nicht um ein Entweder-oder ging. Ich sollte sie in Abschnitte gliedern, wie ein Bergsteiger, der einen hohen, gefährlichen Gipfel in Angriff nimmt. Bei jedem Schritt würde ich genau auf meine rationalen und intuitiven Kräfte hören. Zum Beispiel blieben mir in Bangkok mehrere Tage, die Lage in der vietnamesischen Botschaft zu peilen, während ich mir mein Visum abstempeln ließ.

Die UN-Mission übermittelte mir eine Liste der Gegenstände, die ich einführen durfte. Strengstens verboten waren nützliche Artikel wie Fahrräder und Nähmaschinen, die Vietnam selber produzierte und bei denen es keine ausländische Konkurrenz duldete. Meine jüngeren Freundinnen (viele waren zu jung, um sich an den Krieg zu erinnern) meinten, ich sollte Luxuswaren mitnehmen – etwa aufwendige elektronische Geräte –, die in Vietnam einfach nicht erhältlich waren. Ich bedankte mich für ihre Vorschläge, blieb jedoch bei praktischen Dingen wie Medikamenten, Tee, Kinderkleidung, schwarzen Stoffen für selbstgenähte Arbeitskleidung und auch ein paar Süßigkeiten – Dinge, die meinen Verwandten das Leben ein wenig erträglicher machen würden. Die meisten Sachen kaufte ich in Little Saigon, Orange County, teils um den dortigen eingewanderten Händlern zu helfen, aber auch, um meinem Sinn für Symmetrie zu frönen: amerikanische Waren, die durch vietnamesische Hände in Amerika in vietnamesische Hände im Heimatland gelangten. Je mehr ich einkaufte und packte und plante, desto fröhlicher und zuversichtlicher wurde ich.

Als alles so gut wie fertig war, beschloß ich, mir noch einmal wahrsagen zu lassen – in erster Linie, was meine Familie anging, aber auch, um festzustellen, ob sich in mir etwas verändert hatte. Ich suchte Mr. Vu Tai Loc auf, den Wahrsager, von dem es allgemein in Little Saigon hieß, er sei der beste. Ich erinnerte mich ebenfalls an seinen Namen aus dem ›richtigen‹ Saigon, wo er mit seinen verblüffenden Visionen und genauen Voraussagen einen legendären Ruf genoß.

Er wohnte in einer hübschen, mittelständischen Umgebung und begrüßte mich lächelnd an der Haustür, verneigte sich wie ein Mönch, obwohl er ein Sporthemd, lange Hosen und Sandalen trug. Sein graues Haar bezeugte die fünfundfünfzig Jahre dieser Inkarnation, doch er sah unendlich viel älter und weiser aus – vor allem wegen des langen Haars, das aus einem Muttermal am Kinn sproß. Wir unterhielten uns an seinem Eßtisch. Die Fenster im Haus waren abgedunkelt, und es roch überall nach Weihrauch und Ingwer.

»Streiche dein Haar zurück, mein Kind, damit ich dein Gesicht ganz sehen kann«, sagte er als erstes. Er betrachtete mich eingehend und fing sofort an – ohne vorherige Meditation oder Beschwörungen. »Du fährst weit weg – *di xa* –, das steht fest.«

»Ja.« Ich war verblüfft. »Ich gehe nach Vietnam, um meine Mutter zu sehen. Woher wissen Sie das?«

»Wenn ich das nicht wüßte, wärst du enttäuscht, nicht wahr?« lächelte er. Dann verdüsterte sich seine Miene. »Ich rate jedenfalls davon ab. Es ist noch nicht der richtige Zeitpunkt.«

Um das zu hören, war ich ja wirklich nicht gekommen. »Aber ich hab doch schon mein Ticket. Das Visum hab ich auch, außerdem Geschenke gekauft und alles geregelt für meine Kinder und so weiter. Wie lange müßte ich denn warten, bis der richtige Zeitpunkt gekommen ist?«

Er schloß die Augen. »Ich sehe die Zahl *zweiundvierzig*.«

»Ja?« fragte ich hoffnungsvoll. »Bedeutet das zweiundvierzig Stunden oder zweiundvierzig Tage?«

Er zuckte die Achseln. »Vielleicht bedeutet es zweiundvierzig Monate oder auch, bis du zweiundvierzig bist.«

»Ich glaube, meine Mutter kann keine fünf Jahre mehr warten, bis ich zweiundvierzig bin.«

»Keine Sorge, deine Mutter wird da sein für dich. Dein seelischer Kraftquell ist ganz auf diese Reise fixiert. Seine leuchtenden Farben überdecken die dunkleren Schatten. Wo du nur die Freude des Wiedersehens und die klare Atmosphäre gegenseitigen Verstehens wahrnimmst, sehe ich einen zerstörten Tempel.«

»Was für einen Tempel?« Das Bild erschreckte mich.

»Ich sehe einen zerstörten Tempel«, wiederholte er. »Das Bild ist sehr klar. Mach daraus, was du willst. In Amerika betrachten manche Leute ihren Reichtum als Tempel, andere ihren Körper. Manche beten in Tempeln, die ihnen völlig unbekannt sind bis zu ihrem Todestag.«

Vielleicht bezog sich die Vision auf mein großes Haus in Escondido und den ›Konsumtempel‹, zu dem es geworden war in meinem Bestreben, es zum perfekten amerikanischen Heim zu machen. Brauchte ein Heim wirklich erlesene Möbel und teure Teppiche und elegante Vorhänge? War das ärmliche Haus meines Vaters in Ky La mit seinen Zementmauern und dem Strohdach denn nicht das schönste Heim, das ich je gekannt hatte?

»Könnte es mein Geschäft darstellen? Ich besitze ein Restaurant und zwei Mietshäuser.« Vielleicht meinte er das Münzamt – den Geldtempel, der auf Dollarnoten und Aktienzertifikaten abgebildet ist. »Wie steht's mit meinen Investitionen?«

»Der zerstörte Tempel war ziemlich imposant, ja. Du darfst dein Geschäft nicht vernachlässigen, wenn du es behalten willst. Hast du Partner?«

»Ja, zwei.«

Er beugte sich vor und nahm mein Gesicht in die Hände, strich das Haar weg und musterte mich gründlich. »Das ist nicht gut. Du mußt die Erste unter Gleichgestellten sein. Du bist *cao so* – zu Hohem ausersehen – und darfst nicht mit den Interessen einer niedrigeren Ebene belastet werden. Das mag grausam klingen, aber es ist wahr. Du mußt die Erste sein, immer an der Spitze. Das gilt für Ehemänner ebenso wie für Geschäftspartner, und da du das Schicksal anderer in den Händen trägst, werden deine Siege von vielen geteilt. Du bist *nguoi gieo nhan* – eine Säerin. Deine Aufgabe ist es, das Saatgut zu streuen und zu pflanzen. Den anderen obliegt die Pflege und Ernte. Wenn du jetzt fährst, werden die Samen, die du kürzlich eingepflanzt hast, eingehen, daran besteht kein Zweifel. Ich sage es noch einmal, du solltest deine Reise verschieben. Kümmere dich um dein Geschäft, das heißt, zahle deine Partner aus oder verkaufe ihnen deine Anteile und warte auf zweiundvierzig.«

Auf der langen Rückfahrt nach Escondido dachte ich über diesen Rat nach. Der Wahrsager hatte einen tadellosen Ruf. Jeder, der ihn konsultiert und auf ihn gehört hatte, brauchte es nicht zu bereuen. Aber meine Reise hatte bereits eine Eigendynamik angenommen und war nur noch mit enormem Kraftaufwand zu stoppen. Und was würde ich dann dabei gewinnen? Dem Wahrsager zufolge nicht mehr, als ich schon besaß. Ich mußte mich fragen: War meine Pflicht gegenüber meiner Mutter, wie sie der Mönch beschrieb, das Ungemach wert, das der Vermögensverlust meinen Söhnen bringen würde? Das Weltgesetz und meine Gefühle bejahten das. Ohne meine Mutter gäbe es weder mich noch das Vermögen. Wenn mein Tempel abbrennen mußte, sollte ich aus der Asche wenigstens die retten, die mich geboren hatte. Im Krieg hatte ich mein Dorf verlassen, als mein Vater mich am meisten brauchte, und er starb, als ich fort war. Wenn sich der Wahrsager auch nur in einem Punkt irrte und meine Mutter starb, bevor ich zweiundvierzig war oder was auch immer, würde ich mir das nie verzeihen. Ich beschloß, die gleiche Sünde nicht zweimal zu begehen.

Ein paar Tage vor meinem Abflug versammelte ich meine drei Söhne, Anhs Kinder (Chanh und Tran), meine Schwester Lan und Milton, meinen Anwalt um mich. Ich teilte ihnen mit, daß ich mich endgültig und unwiderruflich zu der Reise entschlossen hätte, woraus sich die sehr reale Möglichkeit ergäbe, daß ich vielleicht nicht zurückkäme. Meine Handlungsweise sei nicht fahrlässig, betonte ich, weder in bezug auf mein Leben noch meinen Söhnen gegenüber, aber ich hätte eine höhere Verpflichtung meiner Mutter gegenüber. Auch wenn sie das jetzt nicht verstehen könnten, später würden sie es bestimmt.

Weiter erklärte ich, daß ich mein Leben nicht überbewerten wolle. Ich gab zu, zum Tod meiner beiden Ehemänner beigetragen zu haben. Wenn die bedauernswerten Männer mich nicht geheiratet hätten, könnten sie vielleicht immer noch leben. Ihre Hinterlassenschaft wurde zum Grundstock des Vermögens, dessen wir uns jetzt erfreuten. Ich hatte so vieles in meinem Leben falsch gemacht, daß der Verzicht auf etwas, das mir ja gar nicht wirklich gehörte, als geringer Preis dafür erschien, einmal etwas Richtiges zu tun. Dennoch erteilte ich Milton Generalvollmacht, mein Vermögen zugunsten meiner Söhne zu verwalten, bis Jimmy alt genug war, das selber zu übernehmen.

»Sollte ich am 15. April nicht zurück sein«, erläuterte ich Milton, »dann verkaufen Sie meinen Anteil am Restaurant und legen den Erlös sicher an. Als Vormund für die Jungen denke ich in erster Linie an Lan, aber wenn sie das nicht übernehmen kann oder will, dann müßten Sie den Behörden bei der Suche nach einem geeigneten Pflegeplatz behilflich sein.«

Sie würde die Jungen sehr gern aufnehmen, aber ich hatte in dieser Hinsicht meine Erfahrungen und wollte kein Risiko eingehen.

»Prima«, sagte ich anerkennend, fügte jedoch nachdrücklich hinzu: »Lan wird für das leibliche Wohl der Jungen sorgen, aber um das Geld kümmert sich Milton.«

»Wie steht's mit Tran und Chanh?« warf Jimmy ein. »Sie sind beide mündig, warum können sie denn nicht die Vormundschaft für uns übernehmen?«

Anhs Söhne waren hart arbeitende, vernünftige junge Männer, und obwohl ich meine Schwester liebte und es gern gesehen hätte, daß meine Söhne bei einer leiblichen Verwandten aufwuchsen, kam ich doch zu der Auffassung, sie könnten, angesichts der Vorgeschichte zwischen Lan und mir, bei Jimmys Halbbrüdern besser aufgehoben sein.

»Was meinen Sie dazu, Milton?« fragte ich. »Würde das dem Gericht irgendwelche Schwierigkeiten bereiten?«

»Nicht, wenn Sie schriftlich bestätigen, daß Sie diese Lösung bevorzugen, und die Jungen zustimmen, und wenn Chanh und Tran sich bereit erklären, die Verantwortung zu übernehmen.«

Lan wirkte enttäuscht, aber ich fühlte mich erleichtert, und die Jungen ebenso. Den Rest des Abends gingen Milton und ich meine Aktiva und Passiva durch.

Tags darauf machte ich bei der *San Diego Tribune* einen letzten Versuch, aktuelle Informationen über die Lage in Vietnam zu erhalten. Auf der Schriftstellerkonferenz hatte ich eine Kolumnistin des Blattes kennengelernt und erfahren, daß sie einen Experten hatten, der sich über die jüngsten Entwicklungen in Südostasien stets auf dem laufenden hielt.

Es stellte sich heraus, daß sie sehr wenig Informationen besaßen, aber viele von mir haben wollten.

»Um Ihnen die Wahrheit zu sagen«, gestand der Redakteur, »ich kenne niemanden, der kürzlich dort war. Wenn Sie einverstanden sind, würde ich Sie gern vor Ihrer Abreise und nach Ihrer Rückkehr interviewen. Unsere Leser wären bestimmt an Ihren Eindrücken interessiert.«

Trotz meiner Zweifel wegen des früheren Artikels und der heftigen Reaktionen wurde mir etwas wohler bei dem Gedanken, daß eine große Zeitung mich im Auge behielt – und auf meine Rückkehr achten würde –, und ich willigte ein. Der Reporter war ein junger Mann um die Dreißig – viel zu jung für nennenswerte Erinnerungen an den Krieg. Wir tranken zusammen Tee und unterhielten uns den ganzen Nachmittag. Danach versprach ich, Tagebuch zu führen – schriftlich und auf Tonband –, auf das wir dann beim zweiten Interview nach meiner Rückkehr – sollte sie denn stattfinden – zurückgreifen könnten. Er bedankte sich für den Tee, stellte mir ein baldiges Erscheinen des Artikels in Aussicht und meinte, kurz bevor er in seinen Wagen stieg, ich sollte die Reise doch lieber abblasen.

In den nächsten paar Tagen packte ich die letzten Sachen zusammen und verabschiedete mich von meinen Freundinnen. Ich hatte zwei große Kisten mit Geschenken und einen kleinen Koffer mit meinen persönlichen Sachen, wobei ich mir nicht recht vorstellen konnte, daß ich meine Kleider wieder zurückbringen würde. Meine Freundinnen weinten und ich ebenfalls, obwohl ich wußte, daß einige mich hinter meinem Rücken *noi doc* – gerissene Lügnerin – nannten. Daß jemand, der sich aus der Hölle auf Erden in Sicherheit gebracht hatte, jemals freiwillig zurückkehren wollte, ging den Leuten einfach nicht in den Kopf. Vielleicht dachten sie, ich würde zwei Wochen in Bangkok verbringen und sonnengebräunt mit einem Haufen Geschichten zurückkommen.

Am Tag vor meinem Abflug erschien der Artikel in der *Tribune*. Er war, im Gegensatz zu dem früheren, durchaus fair, nicht sensationsgierig, sondern berichtete auch von meinen Erinnerungen an friedliche Zeiten und Familienleben und meinem Streben nach Versöhnung. Das Telefon klingelte freilich den ganzen Tag über ununterbrochen. Ich stand damals noch im Telefonbuch, und so konnte jeder, der sich eine Meinung über mein Leben gebildet hatte, ob gut oder schlecht, mir diese auch persönlich mitteilen. Also beantwortete ich nur die ersten paar Anrufe und zog dann den Stecker heraus, um mir Zweifel und Vorwürfe zu ersparen. Mein Entschluß stand fest, ich war mit mir innerlich im reinen.

Jimmy, Tommy, Alan und ich saßen abends ruhig beim Dinner zusammen. Wir waren uns alle bewußt, daß dies unsere letzte gemeinsame Mahlzeit sein könnte, und so ließen wir uns Zeit, freuten uns einfach an der Gegenwart. Jimmy hatte beschlossen, Vorlesungen zu schwänzen und mich zum Flugplatz zu fahren. Alan wollte mich ebenfalls begleiten, ich schrieb ihm eine Entschuldigung für die Schule. Tommy hatte den ganzen Abend über rote Augen, unterdrückte aber seine Tränen. Er ging früh auf sein Zimmer, um zu ›lernen‹, und dann zu Bett. Er könnte es sich nicht leisten, die Schule zu versäumen, behauptete er, deshalb könne er nicht mitfahren zum Flugplatz. Meiner Meinung nach hatte er Schwierigkeiten, meinen Entschluß zu akzeptieren. Er hatte in seinem kurzen Leben schon zuviel Schweres durchgemacht – erst seinen eigenen Vater und dann seinen Stiefvater verloren – und wollte den Abschied von seiner Mutter vermeiden, die er vielleicht auch nicht wiedersehen würde. Wir drei verstanden sein Verhalten.

Nachts irrte ich in verworrenen Träumen umher, bis ich zur Tür unseres alten Hauses in Ky La gelangte. Mein Vater hockte auf der Erde, rauchte seine Zigarre zu Ende. Aus irgendeinem Grund konnte ich nicht nahe herangehen, etwas hielt mich zurück. Aber ich konnte ihn hören und seine Gegenwart spüren.

»Du tust das Richtige, kleine Pfirsichblüte«, sagte er und blies eine Rauchwolke aus. »Du hast gute Arbeit geleistet für dich und deine Kinder. Nun ist es an der Zeit, noch mehr zu tun.«

DRITTER TEIL

AUF DEM LANGEN WEG ZURÜCK

(1987–92)

8
WEG DER TAUSEND MEILEN

Der Jetliner, der mich über den Pazifik nach Vietnam brachte, übersprang nicht nur einen Tag an der Datumsgrenze, sondern katapultierte mich darüber hinaus in eine Zeit, als mein Heimatland und meine Seele noch jünger waren. Nachdem ich durch die Begegnung mit der Gegenwart meines Landes *troi dat doi thay* – als der Himmel zur Hölle wurde – meine Vergangenheit wiederentdeckte, war ich auf dem Weg zurück in die Zukunft.

Ich hatte keine Vorstellung davon, was diese Zukunft beinhaltete. Ich wußte nur, daß dies in nichts meinen früheren Jahren in Vietnam oder Amerika gleichen würde.

In erster Linie war meine Pflicht meiner Mutter gegenüber erfüllt worden, wenn auch nicht ohne Überraschungen. Das kommunistische Vietnam war keineswegs so, wie es seine Befürworter oder Kritiker schilderten. Ich erwartete, ein Land vorzufinden, das von Polizisten in Schaftstiefeln und Panzern an jeder Ecke in Schach gehalten wurde. Womit ich nicht rechnete, war das, was meine schmächtige, aber standfeste Mutter und meine gealterte Schwester Hai mir erzählt hatten, daß »der Krieg immer noch weitergehe« in den Herzen und Köpfen aller hier, das Problem nach wie vor existiert. Paranoia wütete, packte jeden, auch jedes Mitglied meiner Familie – und schließlich mich. Ich erwartete, ein sehr armes Land vorzufinden, wie Mexiko. Ich erwartete nicht, Menschen immer noch betteln und auf der Straße verhungern zu sehen; Alte und Junge, von Sprengsätzen und chemischen Kampfstoffen entstellt, verstümmelt; Kinder von amerikanischen

Vätern (manche schon junge Erwachsene), die wie Aussätzige in einem Land umhergingen, das sie ausschließlich ihrer Eltern wegen haßte; und schwer arbeitende Menschen mit moralischer Stärke und Begabung – wie Jimmys Vater, Anh, und mein Bruder Bon Nghe –, die ein ärmliches Dasein fristen mußten und deren Fähigkeiten von einer aufgeblähten Zentralregierung falsch eingesetzt wurden.

Andererseits war ich erstaunt, Beamte eben dieser Regierung freimütig über ihre Schwierigkeiten sprechen zu hören, wie bei einem Abendessen, das Anh zur besseren Verständigung gegeben hatte. Das Regime im Norden hatte sich in vierzig entbehrungsreichen Jahren so daran gewöhnt, zu allem nein zu sagen, und darüber ganz vergessen, wie man neue Ideen bejaht – scharfsichtige, wenngleich riskante Vorschläge, dem gewöhnlichen Volk ein besseres Leben zu verschaffen. Jetzt räumten sie ein, daß Vietnam nicht als ein ›Paria‹ überleben könne. Um seine Bevölkerung zu ernähren, sie medizinisch zu versorgen und das Land wiederaufzubauen, mußten sie den ehemals verhaßten Gegnern, dem gesamten Westen – insbesondere den Vereinigten Staaten – die Hand reichen. Hanoi, das Amerika in einem schrecklichen Zermürbungskrieg erschüttert und überdauert hatte, fühlte sich Amerika im Frieden nicht gewachsen.

Bei meiner Ankunft in Vietnam hatte ich das starke Gefühl, ich brauchte nur zu meiner Mutter und meinem Geburtsland zurückzukehren, um ein neues Leben zu beginnen. Erstaunlicherweise war es Anh, Jimmys Vater, der mir für meinen nächsten Lebensabschnitt einen neuen Weg wies – die Phase, in der ich »Berge besteigen und Steine in Blumen verwandeln« würde und »das Gelernte weitergeben«. Er wurde zum Schutzgeist, der mich aus meinem alten Leben in das neue führte. Wir unterhielten uns stundenlang sehr ernsthaft im Haus seiner Schwester in Saigon. Seine Direktiven waren einfach.

»Em Ly, du mußt den Menschen helfen, den Schmerz des Krieges zu überwinden – vertrauen zu lernen, wo sie Mißtrauen empfinden; die Vergangenheit in Ehren zu halten und sie gleichzeitig loszulassen; all diese Dinge zu lernen, damit sie sie ihrerseits weitergeben können. Nur so läßt sich der Teufelskreis von Rache und Vergeltung, der uns erstickt, aufbrechen und in eine sich ständig erweiternde Sphäre der Erleuchtung verwandeln.«

Ich möge ja aus einem feudalen ›Schloß‹ im Westen gekommen sein, wie der legendäre Siddharta Gautama, damit mir die Augen geöffnet wurden für die Härte des Lebens im Vietnam der Nachkriegszeit, sei aber kein ›Buddha‹, wie er es geworden war, setzte ich Anh auseinander. Ich sei höchstens ein einfaches Bauernmädchen, das sich zwischen Politikern und Geschäftsleuten und ihren großen Plänen und noch größeren Ambitionen unbehaglich fühlte. Wie konnte ich die Leiden Vietnams heilen, wenn es mir so viel Schwierigkeiten machte, meine eigene kleine Familie zu behüten?

Darauf stellte mir Anh eine verblüffende Frage. »Auch wenn du nichts als Ärger mit der Liebe hattest, hat dich das jemals gehindert zu lieben?«

Das konnte ich nur verneinen.

»Na also.« Er lächelte. »Laß dich durch die Kürze deines Arms nicht abhalten, ihn weit auszustrecken. Wie ich dich zu seinem Bruder Bon sagen hörte: ›Nichts geschieht, das nicht zuerst erdacht wurde.‹ Wenn du unserem Volk helfen willst, fang bei den Herzen und dem Verstand an, danach werden Körper und Seele mit Sicherheit gesunden.«

Ich dachte über Anhs Rat nach auf dem Rückflug nach Los Angeles, wo mich alle drei Söhne erleichtert lächelnd in Empfang nahmen. Auf der langen Fahrt nach Escondido erzählte ich meinen Jungen probeweise von einigen Ideen: »Jimmy, dein Vater möchte Onkel Bon und mir beim Bau einer Klinik für mein altes Dorf behilflich sein, ist das nicht toll? Vielleicht kannst du eines Tages zurückgehen und ihn treffen; vielleicht selber dazu beitragen, daß Vietnam wieder auf die Füße kommt. Das Land ist so schön, aber die Menschen sind so arm. Vielleicht wirst du viele Krankenhäuser bauen und ...«

Ich schnatterte wie ein Affe, aber die Jungen waren anscheinend schon glücklich, meine Stimme zu hören. Doch als sie zu lange stumm blieben, fragte ich: »Na, und was war hier los während meiner Abwesenheit?«

Sie sahen sich betreten an, und schließlich antwortete Jimmy, der am Steuer saß: »Du hattest 'nen Anruf vom FBI. Die wollen dich sprechen, wenn du zurückbist.«

»Das FBI? Meine Güte – worum geht's denn?«

»Das haben sie nicht gesagt. Sie wollten bloß wissen, wann du zurückkommst.« Jimmy lächelte boshaft. »Sieht aus, als ob du mal wieder in der Klemme steckst!«

Wir lachten, aber ich merkte, wie ich, sowieso schon durch die Zeitverschiebung beeinträchtigt, flügellahm wurde. Nachdem die Regierung mir bei diesem Besuch meiner Familie auch nicht die geringste Hilfestellung gegeben hatte, bekundete sie jetzt großes Interesse daran, wo ich gewesen war und was ich dort getan hatte. Es war genau wieder so wie in Vietnam, nur schlimmer, weil ich dergleichen in Amerika nicht erwartet hatte! Doch vielleicht ließ ich mich abermals von meiner Paranoia leiten – ein automatischer Reflex selbst nach wenigen Tagen im ›Paradies des Volkes‹. Ich beschloß, eine höhere Bewußtseinsebene einzuschalten und keine Brücken zu überqueren, ehe ich überhaupt zu ihnen gelangt war, auch keine, die vom FBI bewacht wurden.

Binnen einer Stunde nach meiner Rückkehr begann sich das Wohnzimmer mit neugierigen Nachbarn und Freunden zu füllen, darunter auch mein Anwalt Milton, der erleichtert aufatmete, weil er nun meine Verfügungen für den Notfall nicht durchführen mußte, und Lan, die es kaum glauben konnte, daß ich nicht nur auf Urlaub nach Thailand gefahren war.

Am folgenden Tag rief Agent James Treacy vom FBI an, um einen Termin zu vereinbaren. Ein hochgewachsener Mann, dunkles Haar, ebenso dunkler Anzug. Er war sehr höflich, schickte jeder Frage eine freundliche Bemerkung voraus, wie ein Banker, der sich anschickt, einen Darlehensantrag abzu-

lehnen. Auf seiner Visitenkarte stand in großen Lettern FE-
DERAL BUREAU OF INVESTIGATION, wie der Titel eines Fernseh-
Kriminalserie mit dem Hauptdarsteller JAMES H. TREACY, SPE-
CIAL AGENT. Ich wußte sehr wenig über das FBI, nur das, was
ich auf dem Bildschirm sah, und dann die Fragebögen, die
Dennis für seinen Job bei der Zollbehörde ausfüllen mußte.
Andererseits wußte ich eine Menge über *Cong An Chim*, die
südvietnamesische Geheimpolizei. Wenn die während des
Krieges an die Tür klopfte, war es ratsam, aus dem Fenster zu
klettern.

»Kommen Sie bitte herein und nehmen Sie Platz«, sagte ich,
führte ihn ins Wohnzimmer und bot ihm grünen Tee an. »Es
ist das erste Mal, daß ich mit dem FBI spreche. Bitte entschuldigen Sie, wenn ich ein bißchen nervös bin.«

»Das brauchen Sie nicht«, erwiderte er liebenswürdig. »Wie
war denn Ihr Besuch in Vietnam?«

»Wunderbar! Natürlich ist das Land bitter arm – Sie würden es nicht für möglich halten! Waren Sie mal in Tijuana? Es
ist noch schlimmer dort. Woher wußten Sie übrigens, daß ich
nach Vietnam gefahren bin?«

Er lächelte. »Wir haben's in der *Tribune* gelesen. Wir bezie-
hen viele Informationen aus den Zeitungen, genau wie jeder
andere. Ich würde Sie jetzt nicht belästigen, aber wir haben es
uns zum Prinzip gemacht, jeden zu interviewen, der aus
einem kommunistischen Land zurückkommt.« Wie ein Reporter zog er Notizblock und Bleistift heraus. »Könnten Sie
mir zunächst sagen, wie lange Sie dort waren?«

»Ungefähr zwei Wochen. Ich bin auf dem Hin- und Rückflug ein paar Tage in Bangkok geblieben.«

»Aha. Haben Sie Ihre Angehörigen besucht?«

»O ja. Ich habe meine Mutter, meinen Bruder, meine beiden
älteren Schwestern und meine Nichte gesehen.«

»Und geht es allen gut?« Es hörte sich an, als sei er daran ehrlich interessiert. Vielleicht hatte er auch Brüder und
Schwestern irgendwo in der Ferne.

»Ja, es geht ihnen ausgezeichnet, vielen Dank.«

Er machte sich eine kleine Notiz. »Vietnam liegt sehr weit weg. Wie Sie wissen, verbietet das State Department direkte Reisen dorthin. Wer hat Ihnen zur Einreise verholfen?«

»Niemand speziell.« Ich zeigte ihm die Kopien der Briefe, die ich an Beamte der US-Regierung geschrieben hatte, sein Chef, Ronald Reagan, eingeschlossen. »Sie sehen, ich habe so gut wie jedem geschrieben, aber die Leute haben entweder nicht geantwortet oder versucht, es mir auszureden. Schließlich habe ich zufällig in einer Bar einen Herrn getroffen, und der gab mir den Namen eines Vertreters der Vietnam-Mission bei den Vereinten Nationen, den ich anrufen sollte. Und die haben mir das Visum beschafft.«

»Erinnern Sie sich an den Namen dieses Herrn?«

»Nein. Ich sagte ja schon, wir sind uns rein zufällig begegnet.«

»Würden Sie ihn wiedererkennen?«

Ich blickte seufzend zur Decke. »Na ja, er war groß und gutaussehend, daran erinnere ich mich. Er hatte graues Haar und trug einen dunklen Anzug – wie Sie – nur dreiteilig, wie ein Geschäftsmann. Er sprach sehr leise und erzählte, daß er aus New York kommt. Das wär so ungefähr alles, woran ich mich noch erinnere.«

Agent Treacy schrieb eifrig mit, fragte dann: »Hat er erwähnt, was er in New York macht? Weswegen war er in San Diego?«

»Das hat er mir alles erzählt, aber ich hab's vergessen. Tut mir leid.«

»War er allein oder in Begleitung?«

»Ich glaube, es saßen noch ein paar Leute an seinem Tisch, aber wir wurden nicht vorgestellt, und ich hab nicht mit ihnen geredet. Kathy und ich waren ...«

»Kathy?« Agent Treacy strahlte auf. »Wer ist Kathy?«

»Kathy Greenwood. Meine ehemalige Chefin und eine gute Freundin.«

»Verstehe. Könnte ich ihre Adresse und Telefonnummer haben?«

Jetzt wurde mir bei der ganzen Sache ziemlich mulmig. Agent Treacy hatte zuviel Ähnlichkeit mit den lokalen Kadern und ›Aufpassern‹ im Dorf, die uns mit hinterhältigen Fragen und Anspielungen auf Herz und Nieren zu überprüfen pflegten. Ihre Spezialität war, verschiedene Personen immer wieder dasselbe zu fragen, bis sich die ersten Umstimmigkeiten zeigten.

»Mr. Treacy...«

»James«, korrigierte er lächelnd. »Sie können mich James nennen.«

»James – ich hab ja nichts dagegen, daß Sie mich zu Hause aufsuchen, um über meine Reise zu reden. Ich weiß, Sie sind beunruhigt wegen Terroristen und Spionen und Drogenschmugglern, und da helfe ich Ihnen gern nach Kräften. Ich hab bloß etwas dagegen, Ihnen all diese Auskünfte über Menschen zu geben, die gar nichts mit meiner Reise zu tun haben. Das sind nur Freunde und Bekannte. Ich finde es nicht richtig, wenn ich sie in all dies reinziehe.«

»In was alles reinziehen, Mrs. Hayslip?«

Ich holte tief Luft. *Es fing wieder an!* Ich verstummte.

James legte Block und Bleistift hin. »Sehen Sie, Mrs. Hayslip – Le Ly –, ich glaube, wir müssen mehr über diesen Mann ausfindig machen, der Ihnen behilflich war. Vielleicht haben Sie recht, und er ist lediglich ein hilfsbereiter Mitbürger, aber er könnte auch ein kommunistischer Spion sein. Ich meine, finden Sie das denn nicht eigenartig, daß ein Mann, der *ganz zufällig* die von Ihnen benötigten Informationen besitzt, *ganz zufällig* an dem Abend in der Bar aufkreuzt? Glauben Sie mir, das ist genau die Methode, nach der diese Leute arbeiten.«

»Okay, schon gut.« Ich gab ihm Kathys Privatnummer, sagte ihm jedoch nicht, wo sie arbeitete, oder irgendwelche sonstigen Einzelheiten. »Von den Leuten müssen Sie sich Ihre Informationen schon selber beschaffen.« Mein Ton war nicht besonders freundlich.

Agent Treacy steckte seinen Schreibblock ein. »Okay, ich glaube, ich hab vorerst genügend Material.« Er stand auf, ich begleitete ihn zur Tür. »Darf ich mich wieder melden, falls ich weitere Informationen benötige?«

»Selbstverständlich«, antwortete ich unverbindlich. »Aber viel mehr hab ich eigentlich nicht zu erzählen. Sie scheinen ein netter junger Mann zu sein. Ich halte Sie für aufrichtig – in dem, was Sie glauben und wie Sie Ihren Job machen. Sie sollen nur wissen, daß ich für niemand spionieren werde, okay? Nicht für die Vietnamesen, nicht für die amerikanische Regierung, nicht für sonst jemand. Sehen Sie, ich hab nämlich vor, humanitäre Arbeit für meine Leute zu leisten, nicht für die kommunistische Regierung, sondern für die Bevölkerung, wie das Rote Kreuz. Das bedeutet, ich muß irgendwann wieder ins Land reisen. Und dabei kann ich kein Mißtrauen gebrauchen, weder von der einen noch von der anderen Seite. Ich muß alles daransetzen, unparteiisch zu bleiben.«

»Das ist eine noble Idee, Mrs. Hayslip«, entgegnete Agent Treacy. »Aber Sie müssen sich auch klarmachen, daß zahlreiche andere Menschen nicht so denken. Ich habe dafür zu sorgen, daß unser Land keinen Schaden nimmt, auch nicht unabsichtlich.«

Nachdem er gegangen war, kam meine Paranoia auf Hochtouren. Ich dachte an die Formulare, die ich in Vietnam ausgefüllt hatte, vor und nach der Trauung mit Ed – Angaben über Herkunft und Leumund. Eine Darstellung mit einer anderen zu vergleichen, war eine alte Polizeitechnik, um Leute, die etwas zu verbergen hatten, aufzuspüren.

Besonders beunruhigt war ich wegen meines Bruders, Bon Nghe. Ich war sicher, ihn auf den alten Formularen als ›gefallen‹ oder ›vermißt‹ aufgeführt zu haben (was durchaus möglich gewesen wäre – seit 1954 hatte ihn niemand mehr gesehen!), was implizierte, aber nicht ausdrücklich gesagt wurde, daß er Soldat der südvietnamesischen Armee war. Daß Bon sich während des Krieges auf der Seite Nordvietnams große Verdienste erworben hatte und jetzt als höherer kommunistischer Beamter in Da Nang arbeitete, hatte ich Agent Treacy nicht mitgeteilt. Der würde jetzt zweifellos eine penible Ge-

genkontrolle meiner Antworten anhand meiner Akten im State Department und bei der Einwanderungsbehörde vornehmen. Vielleicht würde er mich sogar bei meinen Fahrten durch die Stadt ›beschatten‹ – um festzustellen, ob ich ein unerwünschtes Rendezvous mit dem geheimnisvollen Mann aus New York hatte. Er könnte sogar mein Telefon anzapfen. In Vietnam hatte es während des Krieges seitens der Regierung Postzensur gegeben, so könnte auch meine Privatkorrespondenz einen raschen Abstecher ins Federal Building im Zentrum machen, bevor sie schließlich in meinem Briefkasten landete. Und natürlich lag mein Manuskript überall verstreut, für jeden leicht auszumachen – von FBI-Agenten, getarnt als Bautrupps, die nach ›undichten Stellen in den Gasleitungen‹ suchten, bis zu nächtlichen Einbrechern. Was würde ein heimlicher Leser wohl von meinen Berichten halten, wie ich als Teenager zum Vietcong beordert wurde? Und wie konnte ich sicher sein, daß jemand, den ich in Zukunft kennenlernte, nicht womöglich doch ein FBI-Agent oder einer aus ihrer schwarzen Liste war? Es war unglaublich! In den letzten zwei Wochen in Vietnam wußte ich, daß ich ›überwacht‹ wurde – manchmal von einem Nachbar in einem Wagen oder einem Bus oder an einem Restauranttisch, manchmal von einer vagen Gestalt aus der Ferne mit einem Feldstecher – und es hatte mich überhaupt nicht gestört. Von einem kriegsbeschädigten, paranoiden, totalitären Regime erwartete ich nichts anderes. Jetzt, zurück im ›Land der Freiheit‹, wurde mir irgendwie die Schuld an etwas zugeschoben, das ich nicht getan hatte und dessen ich auch nicht beschuldigt worden war!

Nach ein bis zwei Tagen nahm ich die Arbeit im Hollylinh wieder auf. Das Personal, meine Partner und die meisten meiner Stammgäste begrüßten mich wie einen zurückgekehrten Astronauten – mit tränenfeuchten Küssen, Umarmungen, sogar Blumen. Ich war gerührt, nicht nur von ihrer Zuneigung, sondern auch, daß sie meine Reise offensichtlich billigten und begriffen, was sie eigentlich bedeutete: daß die Tür, die so lange zwischen Amerikanern und Vietnamesen so fest geschlossen war, sich jetzt wenigstens einen Spalt breit geöffnet hatte. Ich sprach – vielleicht etwas zu unbedacht, da ich eigentlich noch keinen Plan hatte – über die Absicht, Geld zu sammeln für eine Klinik in Quang Nam, verheißungsvoll nahe bei Ky La, um kriegsverletzten Bauern zu helfen.

Das fand keine einmütige Zustimmung.

»Sie müssen vorsichtig sein, Ly«, sagte eine Kellnerin während der Pause nach meiner Schicht. »Jeder lächelt und lacht jetzt, aber ein paar vom Personal sind überzeugt, Sie müssen eine Kommunistin sein. Warum hätte die vietnamesische Regierung Sie denn sonst wieder rausgelassen?«

»Das ist lächerlich«, erwiderte ich. »Die haben mich rausgelassen, weil sie keinen Grund hatten, mich dazubehalten, aber jeden Grund, meine Rückkehr zu wünschen. Sie wollen, daß alle Viet Kieu zurückkommen und beim Aufbau des Landes mithelfen.«

Auch Kenneth war beunruhigt, aber aus anderen Gründen. Er zeigte mir die Abrechnungen aus den letzten beiden Wochen.

»Schauen Sie sich das an, Ly«, begann er mürrisch. »Das Restaurant hat während Ihrer Abwesenheit dreitausend Dollar Verlust gemacht. Die Leute sind reingekommen und haben nach Ly gefragt, und als wir ihnen erklärten, daß Sie verreist wären, haben sie kehrtgemacht und sind gegangen. Sie müssen das ganze blödsinnige Gerede über den Bau von Krankenhäusern vergessen, wenigstens 'ne Zeitlang. Sie müssen zuerst mal ans Geschäft denken.«

Ich bat die Kellnerin, den skeptischen Kollegen zu sagen, sie sollten sich keine Sorgen machen, ich sei die gleiche Ly, die sie von jeher gekannt hatten. Kenneth versprach ich, daß ich mich bemühen würde, mehr Zeit für das Restaurant zu erübrigen, vor allem während der Stoßzeiten, eines aber konnte ich keinem versprechen – daß meine erste Reise ins Nachkriegs-Vietnam auch meine letzte sein würde.

Unter diesen Umständen schleppte sich das tägliche Leben

nur so dahin. Meine zunehmende Unzufriedenheit zeigte sich in meinem Gesicht und in meinen Worten. In meinen Träumen wimmelte es von hohläugigen Mischlingskindern, verkrüppelten Bettlern und verhungernden Bauern. Die Rechnungen, die sich während meiner Abwesenheit angesammelt hatten, vermehrten sich jetzt wie die Karnickel. In meinem Mietshaus in San Diego zogen Mieter aus, für die ich schnell Ersatz finden mußte, um mit meinen schwindelerregenden Hypotheken- und Versicherungszahlungen nicht in Verzug zu geraten. Meine übrigen Investitionen beanspruchten mehr Zeit. Kenneth hielt mich ganz schön in Trab, um die durch meine Abwesenheit entstandenen Verluste wieder wettzumachen, und die reizenden, begüterten Pensionisten, die ich mit Liedern und Wahrsagen zu unterhalten pflegte, wirkten jetzt ausgesprochen grotesk – überfressene, überprivilegierte Schmarotzer, die Lebensmittel, Medikamente und Wohnraum horteten und vergeudeten, mit denen in Vietnam Tausende monatelang auskommen würden. Ich verlor meinen Blick für Proportionen – und die Fähigkeit zu lächeln.

Am schlimmsten war, daß es auch in meinem häuslichen Umfeld auf eine Zerreißprobe zusteuerte. Mein Sohn Jimmy – gewissenhaft, selbständig, hart arbeitend wie ›Großpapa Phung‹ – absolvierte gerade die anstrengendsten Kurse in Informatik und hatte obendrein einen Teilzeitjob; er meldete sich selten zu Hause, auch wegen Geld. Die Studienberater von Tommys High School dagegen riefen unentwegt an, um sich zu beschweren, weil er zu spät kam oder zu oft schwänzte. Auch der kleine Alan, der erst vor kurzem mit seinem schweren Schicksal ins reine gekommen war, geriet wieder ins falsche Fahrwasser – verkroch sich in sein Schneckenhaus, ließ seine Freunde links liegen, zeigte kaum Interesse am Lernen oder an der großen weiten Welt.

Je mehr die Anforderungen der täglichen Realitäten wuchsen, desto geringer wurde mein Wille, es mit ihnen aufzunehmen. Ich kam aus dem Restaurant nach Hause, setzte mich an den Schreibtisch und versuchte, den Berg von Rechnungen und Papierkram zu sortieren. Für Arbeiten, die mich vor der Reise zehn Minuten gekostet hatten, brauchte ich jetzt eine Stunde. Manchmal schlief ich am Schreibtisch ein und erwachte mit schrecklichen Kopf- oder Rückenschmerzen. Ein anderes Mal streckte ich mich auf der Couch aus und versuchte erst gar nicht, den langen Weg über die Treppe zu meinem Bett einzuschlagen.

Ob es mir nun paßte oder nicht, ich war zur Sklavin meines Reichtums geworden – *danh loi:* Ich hatte die Oase mit dem glitzernden Schatz erreicht, nach der sich jeder arme Bauer sehnt. Doch ich stellte fest, daß Sicherheit und Komfort und jeder erdenkliche Luxus, erst einmal gekostet, schnell ihren Reiz verlieren und einen schalen Nachgeschmack hinterlassen.

Und jetzt war Agent Treacy wieder am Telefon und bat um ein weiteres Gespräch.

Ich nahm mir den Vormittag frei und bereitete mich innerlich auf den Termin vor, las Bücher über Spiritualismus und Philosophie und hörte New-Age-Musik zur Beruhigung. Agent Treacy hatte sich nicht näher über den Zweck dieses zweiten Interviews geäußert, so daß ich nur annehmen konnte, er habe meinen Background überprüft und sei auf Widersprüche gestoßen.

James war höflich wie immer, als ich ihm Tee einschenkte. Diesmal erschien er, mit einer dicken Mappe bewaffnet, die er behutsam, wie einen geladenen Revolver, auf dem Couchtisch deponierte.

»Ich habe Ihren Antrag von 1969 auf ein Visum und Ihre Heiratserlaubnis durchgesehen«, erklärte er. »Das meiste konnte ich nicht lesen, deshalb muß ich Sie um Hilfe bitten.«

Er holte Notizblock und Bleistift hervor, und ich wußte, daß mir nun ein strenges Kreuzverhör bevorstand. Auch wenn meine Akte größtenteils Schriftstücke in vietnamesischer Sprache enthielt, hätte das FBI sie sich zweifellos übersetzen lassen können. Er beabsichtigte eindeutig, mich mit meiner eigenen Geschichte reinzulegen: festzustellen, wie weit die Erinnerungen einer sorgenfreien naturalisierten Bürgerin sich mit den Angaben einer verängstigten jugendlichen Mutter vor sechzehn Jahren deckten.

»Als erstes – wie viele Brüder und Schwestern haben Sie? In dem Punkt ist die Aktenlage leider nicht sehr klar.«

Ich gab ihm eine Kurzfassung meiner Familiengeschichte, meinen aus der Art geschlagenen ›Hanoi-Bruder‹, Bon Nghu, eingeschlossen. Er machte sich eifrig Notizen. Ich widerstand dem Drang, Geschichten zu erfinden, die er meiner Meinung nach hören wollte. Mir war noch durchaus geläufig, was man mir vor meiner Abreise über Funktionäre in kommunistischen Umerziehungslagern erzählt hatte; sie zwangen die Insassen, ihre Lebensgeschichte immer und immer wieder zu schreiben – ihre ›politischen Irrtümer‹ zu rekapitulieren, so lange, bis Gedächtnisfehler und gegenteilige Meinungen als krimineller Tatbestand erschienen. Ich machte mir keine Gedanken mehr über das, was ich vor sechzehn Jahren geäußert hatte, und sagte nur Dinge, von denen ich wußte, daß sie heute stimmten. Erstaunlich genug, die simple Wahrheit funktionierte hervorragend.

Als meine Vergangenheit zu seiner Zufriedenheit abgehakt war, erkundigte sich Agent Treacy nach meiner Zukunft.

»Haben Sie sich nach Ihrer Rückkehr mit der vietnamesischen Mission in Verbindung gesetzt?«

»Ja, zweimal«, erwiderte ich, überrascht, daß er nicht einfach die Mitschnitte meiner Telefongespräche abhörte – es sei denn, natürlich, die Leitung war nicht angezapft. »Beim ersten Anruf habe ich mich dafür bedankt, daß sie mir zu einem Wiedersehen mit meiner Mutter verholfen haben. Beim zweiten erbat ich Informationen, wie ich zur Behebung der Kriegsfolgen in Vietnam beitragen könnte.«

»Und was hat man Ihnen geantwortet?«

»Sie sagten, ich müsse meine Beiträge über private Kanäle leiten, da die Vereinigten Staaten die Regierung in Vietnam nicht offiziell anerkennen. Sie haben mir eine Liste von Wohltätigkeitsorganisationen geschickt, die gegenwärtig Hilfsprogramme in Vietnam durchführen, und Listen von den am dringendsten benötigten Dingen auf dem medizinischen, pädagogischen und industriellen Sektor. Sie sagten, falls ich mich für ein eigenes Projekt entscheide – wir sprachen über den Bau eines kleinen Krankenhauses in meinem Heimatdorf –, müßte ich mir den Plan von der Regierung genehmigen lassen. Ich erklärte ihnen, daß ich ein paar Leute vom UN-Personal kennenlernen wolle, damit ich weiß, mit wem ich es zu tun habe, bevor ich andere Amerikaner mit einbeziehe. Ich wohne ja sehr schön, aber ich bin keineswegs begütert. Um die Sache zu verwirklichen, bin ich daher ganz auf Spenden angewiesen. Und in Vietnam gibt es immer noch massenhaft Korruption. Ich würde mich persönlich verpflichtet fühlen, darauf zu achten, daß die Gelder nicht vergeudet werden oder an die falschen Leute gehen oder für andere Zwecke verpulvert werden.«

»Wann werden Sie mit den UN-Vertretern zusammenkommen?«

»Nicht so bald. Ich habe zuerst noch einen Haufen Probleme zu klären – mit meinem Geschäft und mit meinen Kindern.«

»Haben die Leute in der UN-Mission Sie um irgendwas gebeten – eine Gefälligkeit –, auch ganz harmlose Sachen, zum Beispiel, Papiere mitzunehmen und zu überbringen?«

»Nein, sie haben mich nicht gebeten, als Kurier oder als Spionin oder etwas dergleichen zu fungieren. Um eins haben sie mich allerdings gebeten …« Ich legte die Hand vor den Mund, um nicht loszukichern.

»Was war das?«

»Ich sollte ihnen am Telefon ein paar Lieder vorsingen. Ich hatte ihnen erzählt, daß mein Vater uns eine Menge lustige Lieder beigebracht hatte, die vom Vietminh und Vietcong, von Republikanern und Amerikanern im Krieg handelten. Ich glaube, die Männer in New York hatten ein bißchen Heimweh. Ich hörte, wie sie lachten und allen im Büro zuriefen, sich in die Nebenanschlüsse einzuschalten. Ich kam mir vor wie Bob Hope bei der Truppenbetreuung.« Ich lachte schallend. Agent Treacy lächelte gequält.

»Haben Sie sich nun entschieden, Ihr Krankenhausprojekt in Angriff zu nehmen?«

»Ich habe beschlossen, die Sache zu prüfen. Ich weiß ja bereits, daß ich von unserer Regierung eine Genehmigung brauche, um drüben etwas zu bauen. Das State Department muß mir eine amtliche Erlaubnis erteilen und die Freistellung von dem Gesetz, das ›Handel mit dem Feind‹ verbietet, obwohl ja gerade denen klar sein sollte, daß der Krieg vorbei ist.«

»Seien Sie sehr vorsichtig, wenn Sie mit den Leuten verhandeln, Ly«, empfahl James, als er seinen Schreibblock zuklappte. »Kommunisten sind mit allen Wassern gewaschen. Sie tun so, als wären sie Ihre besten Freunde, dann plötzlich, peng, braut sich was zusammen, ohne Ihr Wissen. Und sobald sie genügend Beweismaterial gegen Sie in der Hand haben, sind Sie ihnen ausgeliefert. Ich kenne das, ich hab's schon öfter miterlebt – bei Soldaten, Geschäftsleuten, sogar Hausfrauen.«

Er nahm seine dicke Mappe, ich begleitete ihn zur Tür.

»Um mich müssen Sie sich keine Sorgen machen«, sagte ich, leicht gereizt, daß ich das überhaupt betonen mußte. »Ich bin jetzt amerikanische Staatsbürgerin, und das bedeutet mir sehr viel. Amerika ist sehr gut zu mir gewesen, und Landesverrat ist für mich tabu. Aber ich bin auch eine Tochter Vietnams, und seine Bewohner sind meine Brüder und Schwestern. Sie brauchen meine Hilfe, und daß ich ihnen die gebe, sollte mir keine Regierung verwehren, weder die eine noch die andere. Wir haben ein Sprichwort: *An trai nho ke trong cay* – Wenn du eine Frucht von einem Baum pflückst, denke daran, wer ihn gepflanzt hat. Ich verdanke mein Leben beiden Ländern. Und ich wünsche mir, daß beide den besseren Weg einschlagen – den Krieg hinter sich zu lassen und es im Leben weiterzubringen.«

»Das ist ein wunderschöner Gedanke.« James lächelte und schüttelte mir die Hand. »Wir sprechen uns wieder.«

Ich wußte, er hatte mit beidem recht.

Sobald er weggefahren war, griff ich zum Telefon und rief die vietnamesische UN-Mission an. Es war zwar schon spät nach New Yorker Zeit, aber Mr. Tan, mit dem ich das letzte Mal telefoniert hatte, war noch im Büro.

»*Chao anh Tan*«, begrüßte ich ihn, bemüht, heiter zu klingen. »Hallo, Bruder Tan. Hier spricht Schwester Ly in Kalifornien.«

»Oh, Chi Ly. Wie geht es Ihnen?«

»Ausgezeichnet. Ich rufe an, um Ihnen mitzuteilen, daß ich wieder eine Zusammenkunft mit dem FBI hatte. Sie interessieren sich sehr für die Vietnamesen, mit denen ich in den Vereinigten Staaten spreche. Meiner Meinung nach befürchten sie, daß Sie von mir verlangen könnten, ich soll für Sie spionieren oder so was. Ich möchte Ihnen nur sagen, daß ihre Besuche den Zweck hatten, mich zu befragen. Bisher haben sie mich noch nicht gebeten, für sie zu spionieren, und wenn sie's tun, werde ich nein sagen – genauso, wie ich's bei Ihnen täte. Für mich ist der Krieg vorbei.«

Er lachte. »Für uns auch, Chi Ly. Erzählen Sie ihnen ungeniert, was Sie wollen – von uns, von dem, was Sie in Vietnam gesehen haben –, alles. Wir bemühen uns intensiv, gute Beziehungen zur US-Regierung herzustellen. Wir haben Verständnis für ihre Besorgnisse und wissen, daß sie das Recht haben, solche Fälle zu untersuchen. Wir hoffen nur, daß man Sie und andere dadurch nicht von der Absicht abbringt, nach Vietnam zurückzugehen und uns zu helfen. Also sagen Sie ihnen die Wahrheit und erzählen Sie ihnen alles. Wenn sie erkennen, daß sie keinen Grund zur Besorgnis haben, wird man Sie in Ruhe lassen, da bin ich ganz sicher.«

Seine Worte machten mir Mut. »Ich bin sehr froh, daß Sie so denken, denn ich möchte gern einen Gesprächstermin in New York vereinbaren. Ich möchte Ihnen von den Plänen erzählen, mit denen ich den Menschen in meinem Dorf helfen will. Könnten wir uns irgendwann in den nächsten Wochen treffen?«

»Selbstverständlich.« Das klang erfreut. »Lassen Sie uns bloß wissen, wann Sie in der Stadt sind, ich mache dann einen Termin für Sie aus.«

Um den Schutzgeistern zu danken, die mich auf meiner Reise begleitet hatten, beschloß ich, ein ganzes gebratenes Spanferkel auf meinem Familienaltar zu opfern. Es war erst das zweite Mal, daß ich eine solche Geste machte. Die erste, als Teenager in Da Nang, sollte meine miserablen Aussichten, das Land zu verlassen, etwas aufbessern. Die Geister nahmen mein Angebot wohlwollend auf, und eine Woche später lernte ich Ed kennen, und das kosmische Getriebe wurde in Bewegung gesetzt, das mich schließlich nach Amerika brachte. Jetzt wollte ich abermals ein spektakuläres Opfer darbringen, um mein karitatives Vorhaben in Schwung zu versetzen.

Im Supermarkt konnte ich kein ganzes Spanferkel bekommen, deshalb bat ich meine Freundin Hong, eins beim vietnamesischen Lebensmittelhändler zu besorgen, wenn sie zu uns kam. Wir wollten das vietnamesische Erntedankfest gemeinsam feiern. Während ich auf sie wartete, schmückte ich meinen Altar mit Blumen und Früchten und verbrannte Weihrauch und Papiergeld und Geisterkleidung.

Doch die vereinbarte Zeit verstrich, und Hong war nirgends zu sehen. Nach zwei Stunden rief ich bei ihr an und erfuhr, daß sie sogar zu früh losgefahren sei, um etwas Spielraum zu haben.

Als weitere zwei Stunden vergingen, war ich außer mir vor Sorge. Ich wollte gerade die Polizei anrufen, da klingelte das Telefon. Es war eine Frau, die Hong bei einer Panne auf der Autobahn geholfen hatte. Sie wollte mir bloß mitteilen, daß meiner Freundin nichts passiert war und sie sich etwas verspäten würde.

Zitternd vor Erleichterung ging ich zum Altar und bat die Geister, am nächsten Tag zu ihrem ›Festmahl‹ wiederzukommen. Dann unternahm ich einen Spaziergang und machte mir bittere Vorwürfe, daß ich meiner Fantasie freien Lauf gelassen hatte. Der neue Kurs, den ich eingeschlagen hatte, bot reichlich Gelegenheit für falsches Denken und Panik. Wenn ich dem jedesmal nachgab, würde ich nicht nur bei meiner neuen Aufgabe scheitern, sondern den Verstand und vielleicht sogar mein Leben verlieren. Am meisten brauchte ich jetzt Klarheit über Ziel und Vision. Ich wußte, ohne Preis war das nicht zu erlangen.

Bald nachdem Hong und ich unser verspätetes Erntedankfest gefeiert hatten, traf ich mich privat mit Kenneth in seinem Büro. Er war glücklich, daß der Betrieb im Restaurant wieder zugenommen hatte. Da wir jetzt mit dem Geld wenigstens hinkamen, konnte Kenneth gar nicht verstehen, weshalb ich unglücklich war.

»Ich kann nicht mehr hier arbeiten«, gestand ich. »Ich denke dauernd an Vietnam – was ich tun kann und wie ich helfen sollte. In Da Nang und Saigon stehen vor Restaurants wie unserem den ganzen Tag lange Schlangen von Krüppeln und Bettlern nach etwas Eßbarem an. Von den Resten, die wir täglich wegwerfen, könnten sich diese Menschen eine Woche ernähren. Das ist einfach nicht richtig. Vor meinem Abflug haben Anh und ich in einem kleinen Restaurant gegessen, und ich bat schließlich den Geschäftsführer, jedem der draußen Stehenden eine reguläre Mahlzeit zu servieren und mir auf die Rechnung zu setzen. Er hat einem Dutzend Menschen ein Festessen gegeben, und mich hat das nur fünf Dollar gekostet. *Fünf Dollar!* Hier arbeite ich wie verrückt und kriege für all die Mühe nur noch mehr Rechnungen, noch mehr Sorgen und Kopfschmerzen. Bin ich wirklich so viel besser dran mit zwei Häusern anstatt einem, oder mit drei Häusern anstelle von zweien? Wo führt das hin? Wann lande ich im Krankenhaus? Wenn ich tot bin?«

Ich erzählte ihm die Geschichte von dem reichen Bauer, der sich in einem hohlen Baumstamm begraben lassen wollte, wie ich sie von meinem Vater gehört hatte. »Mir geht es genauso, Kenneth. Es ist an der Zeit, daß ich mein Schatzhaus einreiße und den Menschen etwas zurückgebe, die geholfen haben, mich auf diese Lebensbahn zu bringen.«

»Hören Sie, Ly ...« Kenneth rutschte unbehaglich auf seinem Stuhl hin und her. »Sie wissen ja, ich glaube eigentlich nicht an diesen ganzen spirituellen Hokuspokus. Ich meine, es ist 'ne nette Show für die Gäste, und vielleicht ist auch was dran, aber ich bin Geschäftsmann, klar? Ich komme eben aus 'ner anderen Ecke. Aber ich weiß, Sie meinen's gut. Sie sind mein Partner und haben meiner Familie geholfen, Geld zu verdienen, und das respektiere ich. Wenn Sie nicht mehr im Restaurantgeschäft bleiben wollen, sagen Sie's einfach, und ich suche einen Investor, um Sie auszuzahlen. Ehrlich gesagt, im Personal sind manche der Meinung, daß Sie sowieso schon lange genug hier rumhängen. Sie haben Angst, daß der ganze Rummel um Ihre Reise uns in Gefahr bringt. Hier, sehen Sie sich das mal an.«

Kenneth entnahm einer Schublade einen Artikel aus der *Los Angeles Times*. Es ging um einen Vietnamesen aus Little Saigon namens Tran Khanh Van, der während meiner Reise angeschossen und schwer verletzt wurde, weil er offen davon gesprochen hatte, der Bevölkerung in Vietnam zu helfen. Die Einzelheiten überflog ich nur – der Geschäftsmann wollte vietnamesische Schulen mit Computern versorgen oder etwas in der Art. Ich bin sicher, er sah im Geist meinen Namen, und vielleicht auch seinen, in den Schlagzeilen.

»Sie wissen doch, wer das getan hat, nicht wahr? Der Chong Cong – die vietnamesischen Erzkonservativen. Die Khan Chien- und Phuc Quoc-Organisationen rennen tatsächlich in schwarzen Pyjamas und Sandalen rum und üben Guerillataktik in Camp Pendleton – ja, die CIA sorgt für Ausbildung und Ausrüstung! Sie wollen den Krieg in den Herzen und Köpfen der Menschen fortführen und der kommunistischen Regierung mehr, nicht weniger Schwierigkeiten bereiten. Sie wollen einen Aufstand oder eine Invasion anzetteln. Wenn ein Vietnamese sie nicht unterstützt, nehmen sie an, er oder sie ist Kommunist, und dann brennen sie deren Haus oder Geschäft nieder. Ihre Jugendlichen formieren sich zu Gangs – Süden kontra Norden, halten Sie das für möglich?

329

Deswegen haben sie den Anschlag auf den armen Kerl verübt, und deswegen versuchen sie vielleicht das gleiche bei Ihnen. Auch die Art, wie Sie mit dem FBI Händchen gehalten haben, paßt den Leuten nicht. Viele sind mit falschen Papieren oder mit geschmuggeltem Gold und Schmuck ins Land gekommen und möchten sich von der Polizei möglichst fernhalten. Wie gesagt, Ly, für mich sind Sie ein wunderbarer Mensch, und ich finde großartig, was Sie da vorhaben, aber meine Restaurants und meine Angestellten brauchen diese Scherereien nicht. Wir versuchen nur, uns irgendwie durchzumogeln, klar? Und unser Bestes zu tun.«

Durchmogeln und unser Bestes tun. Wie oft hatte ich genau das gehört und gedacht während der letzten paar Jahre im Kriegsgebiet. Alle sehnten sich so sehr nach Frieden, daß sie in die Vereinigten Staaten gingen – häufig mit großem Risiko – und dann prompt den Anlaß ihrer Reise vergaßen. Buddhistische Tempel sind überall entstanden, aber auf die Tempelglocken hören wir immer noch nicht. Es war, als habe niemand von uns die Heimat verlassen! Hatten wir gar nichts aus dem Krieg gelernt?

»Okay, Bruder Kenneth.« Ich legte ihm die Hand auf den Arm. »Wir sind uns einig. Wenn ich etwas auf meiner Reise gelernt habe, dann war es, daß ich kein Recht habe, diejenigen, die ich liebe, einfach dadurch zu gefährden, daß ich ihnen zu helfen versuche. Sie haben meine Einwilligung, einen Käufer für meinen Geschäftsanteil zu suchen. Ich bin sicher, Sie werden einen fairen Preis festsetzen. In zwei Wochen fliege ich nach New York, um herauszufinden, ob diese ganze Idee mit dem Bau eines Krankenhauses eine reale Möglichkeit oder bloß ein Wunschtraum ist. Wenn es realistisch erscheint, möchte ich sehr schnell vorgehen.«

»Gut.« Kenneth zwinkerte mir lächelnd zu. »Ein bewegliches Ziel ist schwer zu treffen!«

Kurz vor meinem Abflug nach New York rief mein alter Freund Agent Treacy an und fragte, ob ich bereit wäre, mich mit seinem Kollegen vom State Department zu unterhalten – einem gewissen Christopher Mayhew. Natürlich sagte ich zu, hauptsächlich, weil eine Absage sie nur noch mißtrauischer machen würde. Außerdem war mir klar, daß ich irgendwann sowieso mit dem State Department verhandeln mußte wegen der Ausfuhrgenehmigung für die medizinischen Instrumente und Geräte, die ich nach Vietnam zu verfrachten hoffte.

Die Besuche von Agent Treacy wurden jetzt zur Routine. Als er, pünktlich wie immer, an der Haustür läutete, standen der grüne Tee und chinesische Plätzchen bereits neben dem Sofa.

Ich schüttelte Christopher Mayhew die Hand. »Ich ahnte ja gar nicht, daß mein Familientreffen so wichtig sein könnte, Sie den weiten Weg von Washington hierherzuführen«, sagte ich lächelnd.

»Jeder amerikanische Kontakt mit der Sozialistischen Republik Vietnam ist wichtig, Mrs. Hayslip«, entgegnete er freundlich. »Ob Sie's glauben oder nicht, unsere Regierung wünscht sich aufrichtig bessere Beziehungen zwischen den beiden Staaten. Wir sind auf Menschen wie Sie angewiesen, die die Initiative ergreifen und den Diplomaten vorausgehen –, damit sie uns sagen, was wir zu erwarten haben, und uns wissen lassen, wie wir helfen können.«

»Na, das ist eine angenehme Überraschung!« Ich schenkte James einen freundlicheren Blick. Vielleicht war ich mit dem jungen Polizisten zu hart umgesprungen, dessen größte Sünde, wie bei meinem Bruder Bon Nghe, darin bestand, bei seinem Job allzu zielstrebig vorzugehen.

Ich zeigte Mayhew dieselben Reiseaufnahmen, die Agent Treacy bei seinem letzten Besuch gesehen hatte – Schnappschüsse von meiner Familie, von Mischlingskindern, von verschiedenen Krankenhäusern. Er blätterte sie rasch durch und stellte dazu ebenso oberflächliche Fragen. Für einen Menschen, der dem vietnamesischen Volk helfen wollte, schien er sich nicht sonderlich für dessen Probleme zu interessieren.

»Sagen Sie, Mrs. Hayslip, haben Sie drüben militärisches Inventar gesehen? Zum Beispiel Panzer oder Flugzeuge – irgendwas in der Art?«

»Nein – nur die alten amerikanischen Flugzeuge in Tan Son Nhut.«

»Und Militär auf den Straßen? Artillerie? Jeeps?« Beide hatten jetzt ihre Notizblöcke aufgeschlagen.

»Nein, nur Straßenpolizisten. Und eventuell ein paar Jeeps.«

»Jeeps, sagen Sie? Russische oder amerikanische?«

»Tja, ich weiß eigentlich gar nicht, wie ein russischer Jeep aussieht. Sie wirkten allerdings ziemlich neu, nicht wie die alten GI-Jeeps, die ich aus dem Krieg in Erinnerung habe.«

Mayhew warf James einen Blick zu. »Möglicherweise sowjetisch.« Er wandte sich wieder an mich. »Wie steht's mit russischen Soldaten? Wer fuhr in den Jeeps – Vietnamesen oder Europäer?«

»Darauf hab ich wirklich nicht geachtet …«

»Wann fahren Sie wieder hin?«

»Nächste Woche hab ich einen Termin bei der UN-Mission in New York. Ich hoffe, dort wird man mir einen Weg zeigen, wie ich ein paar Hilfsgüter für mein Dorf mitbringen kann – Sie wissen schon, Medikamente, Verbandsmaterial, vielleicht einen Brutkasten für Frühgeburten …«

»Wenn Sie sich zur Reise entschlossen haben, rufen Sie mich bitte an.« Mayhew gab mir seine Karte. »Ich hätte gern, daß Sie ein paar Dinge für uns tun – zur Verbesserung der Beziehungen, versteht sich.«

»Was sind das für Dinge?«

»Ach, reine Routine – Dinge, um die wir jeden Bürger bitten, der in ein Land reist, zu dem wir keine diplomatischen Beziehungen unterhalten. Vor allem geht es uns darum, inwieweit die Sowjets involviert sind. Unsere Satelliten können uns zwar eine Menge verraten, aber sie sind kein Ersatz für zwei aufmerksame Augen am Boden. Wir möchten wissen, ob Sie irgendwelche sowjetischen Waffen oder Truppen sehen. Irgendwelche Einrichtungen für ihre Armee oder Marine oder russische Kampfflugzeuge auf den Flugplätzen.«

Für einen Diplomaten hörte sich Christopher Mayhew allmählich stark nach einem Spion an. »Tut mir leid, aber ich denke, Sie mißverstehen mich. Wenn ich zurückgehe, dann will ich meine Familie wiedersehen und möglichst viel Hilfsgüter für mein Dorf mitnehmen. Ich hätte wirklich keine Zeit, mich nach dieser Art von Informationen umzutun, und würde das auch nicht tun, selbst wenn es erlaubt wäre.«

»Selbstverständlich, klarer Fall.« Mayhew hob die Hände. »Kein Problem. Vielleicht könnten Sie jemand in Vietnam finden, der bereit wäre, das für uns zu tun. Vielleicht einen Verwandten oder einen Freund. Jemand, der Ihnen vertraut. Vertrauen ist zwischen Vietnamesen und Amerikanern schwer herzustellen, stimmt's? Ich bin überzeugt, Sie kennen drüben jemand, der das gleiche Ziel hat wie wir – jemand, der es zu schätzen wüßte, ein klein bißchen besser zu leben.«

Ich traute meinen Ohren nicht! »Ich halte eine solche Möglichkeit für ausgeschlossen.« Ich stand unvermittelt auf. »In meiner Familie kann keiner lesen oder schreiben. Sie sind alle einfache Bauern.«

Meine ›Gäste‹ erhoben sich ebenfalls zögernd. »Wie ich höre, sind Sie mit einem Norweger zusammen eingereist, einem Abgesandten des technologischen Ausbildungsstabs der UN in Vietnam, ist das richtig?« fragte James.

Mein Gott, er spricht von Per – dem netten Europäer, der mir in Bangkok zur Seite stand, als ich vor der Weiterreise nach Vietnam kalte Füße bekam. Ohne sein Mitgefühl und seine Ausgeglichenheit wäre ich weder in den Jetliner gestiegen noch heil durch das Kuddelmuddel beim vietnamesischen Zoll gekommen. Was um alles in der Welt konnten sie denn mit ihm vorhaben?

»Ja, ich habe einen UN-Mitarbeiter kennengelernt, das ist richtig«, entgegnete ich vorsichtig. »Warum fragen Sie?«

»Kein besonderer Grund«, sagte Mayhew. »Hat er Ihnen Geld angeboten, damit Sie für ihn arbeiten?«

Das war bisher die eigenartigste Frage! »Er hat sich mir gegenüber lediglich wie ein guter Freund verhalten – sehr hilfsbereit und einfühlsam. Worum geht's hier eigentlich?«

Mayhew lächelte strahlend. »Um nichts. Um gar nichts!« An der Tür streckte er mir die Hand hin, die ich lustlos schüttelte. »Besten Dank für Ihre Kooperation, Mrs. Hayslip. Ich hoffe, wir hören von Ihnen, wenn sich Ihre Pläne konkretisieren. Ach, übrigens kenne ich vermutlich jemand, der bereit wäre, Ihre Reisekosten zu übernehmen…«

»Sie meinen, jemand, der mir das Flugticket schenken würde?«

»In etwa. Außerdem wäre er vielleicht auch gewillt, eine gewisse Summe für Ihre medizinischen Geräte zu stiften. Diese Apparate sind furchtbar teuer, verstehen Sie. Selbstverständlich müßten Sie dann die Informationen mitbringen, über die wir gesprochen haben. Daran ist er äußerst interessiert.«

»Das reicht!« brüllte ich. »Ich bin keine Spionin, für niemand! Ich denke nicht daran, Amerikanern nachzuspionieren, und ich werde auch den Vietnamesen nicht nachspionieren! Was denken Sie eigentlich, mit wem Sie hier reden? Bei solchem Unfug bin ich als Kind fast draufgegangen! Ich lasse mich nicht wieder in so was reinziehen, keinesfalls! Für Sie ist das bloß ein großes Spiel, aber für Menschen wie mich kann es außer Kontrolle geraten und zu einer Sache von Leben und Tod werden. Und wenn Sie hier immer wieder aufkreuzen, hilft das kein bißchen weiter. Als ich meine Mutter besuchen wollte, hat niemand von der Regierung auch nur mit mir geredet. Jetzt, wo ich plane, wieder hinzufahren, wollen Sie mich dafür bezahlen, daß ich Ihre dreckige Arbeit mache. Und das werde ich nicht tun, verstehen Sie? Also fragen Sie mich bitte auch nicht wieder!«

Mayhew lehnte, sichtlich entmutigt, an der Tür. Agent Treacy dagegen wirkte keineswegs überrascht.

»Tut mir leid, Mrs. Hayslip«, sagte Mayhew. »Ich wollte Sie nicht aufregen. Aber das sind nun mal die Fakten. Vietnam ist ein kommunistisches Land. Sie mögen Sie dort anständig behandelt haben, trotzdem bringen sie in diesem Augenblick, während wir uns unterhalten, Menschen in Kambodscha um. Sie haben die Russen ins Land geholt und sie aufgefordert, sämtliche von Amerikanern erbauten Einrichtungen in Besitz zu nehmen. Unsere Satelliten zeigen russische Atom-U-Boote, die im Hafen von Cam Ranh Bay ein- und auslaufen. Sie halten das vielleicht nicht für wichtig, Ihre Regierung dagegen schon. Unsere Aufgabe ist es, für die Sicherheit dieser Nation zu sorgen, Mrs. Hayslip, und auch die Bürger zu schützen, die unsere Sicht nicht teilen.«

»*Cong san, Tu ban* ...« Ich hielt inne, holte tief Luft und begann abermals auf englisch. »Sie erinnern mich an meinen Bruder Bon Nghe. Immer mißtrauisch. Nie bereit, ein Risiko eingehen und der anderen Seite zu vertrauen. Sehen Sie das denn nicht? Sie sagen beide das gleiche, nur in einer anderen Sprache!«

Ich habe Christopher Mayhew nicht wiedergesehen. Je mehr ich über ihn und über meinen Bruder nachdachte, desto frustrierter wurde ich. Warum konnten welterfahrene Männer wie Mayhew nicht die Warmherzigkeit des vietnamesischen Volkes ebenso wahrnehmen wie den kalten Stahl von Panzern und Raketen? Warum konnte Bruder Bon nicht zugeben, daß die meisten Amerikaner gute Menschen waren, genauso wie die meisten Vietnamesen – daß nicht jeder versuchte, sein Land an sich zu bringen?

In jener Nacht plauderte ich im Traum mit meinem Vater.

»Na, Bay Ly, du hast es wieder getan, nicht wahr?« fragte er.

»Was meinst du?«

»Tja, du sitzt mal wieder zwischen zwei Stühlen, stimmt's? Die Amerikaner denken, du arbeitest für die Vietnamesen, und die Vietnamesen denken, du arbeitest für die Amerikaner. Was wirst du tun?«

»Die sind dumm. Sie haben nichts weiter im Kopf als den Krieg.«

»Stimmt, aber das hungrigste Kind hat Anspruch auf die größte Portion, ist das nicht richtig? Du solltest keinem, der in Bedrängnis ist, den Rücken kehren, kleine Pfirsichblüte. Aufgebrachte Gemüter bedürfen ebenso der Heilung wie der hinfälligste Bettler in Da Nang. Der Bettler ist geheilt, wenn sein Magen gefüllt wird, aber seelische Wunden brauchen viel länger, bis sie sich schließen.«

»Aber wie kann ich beiden helfen, den Bedürftigen und den Zornigen? Die eine Hälfte möchte Frieden und die andere Krieg!«

»Baue ein Zentrum, Bay Ly – eine Stätte, wo beide Seiten zusammenkommen können, wo die Obdachlosen und Verkrüppelten sich einfinden, um ihren Körper und ihr Leben zu regenerieren und die Zornigen Frieden schließen können mit ihrer Seele. Mach es zu einer Stätte, wo *jeder* mit offenen Armen empfangen wird, auch wenn seine Wunden nicht sichtbar sind. Sag mir, was wärst du bereit, für eine solche Stätte zu zahlen?«

»Die wäre alles wert, was ich besitze, Vater, und noch mehr!« rief ich.

»Damit hast du den Preis genannt. Ich werde zwei *am binh* schicken, um dich zu beschützen: den einen zu deiner Linken, einen Soldaten; den anderen zu deiner Rechten, einen Mönch. Doch den richtigen Weg können nur deine Füße finden. Bereite dich auf eine lange, gewundene Strecke vor.«

Kurz vor meinem Abflug nach New York erhielt ich zwei weitere Nachrichten, die mein Leben verändern sollten.

Die erste war ein Brief von Per, dem Norweger. Er beantwortete ein Schreiben, das ich an seine Geschäftsadresse gerichtet hatte und in dem ich ihn wegen Hilfe für Vietnam um Rat bat: welche Hilfsgüter am dringendsten benötigt wurden, mit welchen Dienststellen ich verhandeln und welche Organisationen ich besser ausklammern sollte. Er schickte mir eine Liste von Einzelpersonen, denen er vertraute, und die Namen von internationalen Organisationen und Verbänden, die mir bei der Herstellung von Kontakten zu potentiellen Spendern behilflich sein konnten. Das Beste aber war die Mitteilung, daß er zur gleichen Zeit wie ich in New York – bei den Vereinten Nationen – sein würde. Ich schrieb schnell ein paar Zeilen mit meinem Terminplan und möglichen Daten für ein Treffen.

Außerdem bekam ich einen Anruf von Dan. Er klang sehr alt und fern, und ich hätte ihm am liebsten ein paar persönliche Fragen gestellt, nur um mich zu vergewissern, daß die Stimme tatsächlich dem Mann gehörte, den ich in Erinnerung hatte. Er sei ein paar Wochen im Land, sagte er, zu einem Seminar in Washington, und rufe zwischen den Sitzungen an, um zu fragen, ob ich rüberfliegen und ihn besuchen und mit ihm die paar Urlaubstage nach dem Seminar verbringen wolle. Ich müsse sowieso nach New York, erwiderte ich, und würde sehr gern kommen, sobald ich meine Angelegenheiten erledigt hätte.

Nachdem wir uns verabschiedet hatten, begann mein Gehirn auf Hochtouren zu arbeiten. Zunächst fragte ich mich, wieso Dan sich nach all den Jahren ausgerechnet jetzt zu diesem Anruf entschlossen hatte. Wir hatten gelegentlich voneinander gehört, und ich wußte, daß er inzwischen Lieutenant Colonel war und eine sehr erfolgreiche Karriere bei der Army hinter sich hatte. Er hatte in vierzehn asiatischen Ländern Dienst gemacht, mit Auszeichnung, und lebte jetzt auf Hawaii. Er sprach nicht nur Vietnamesisch, sondern auch Mandarinisch und Koreanisch, besaß also eine mehr als oberflächliche Kenntnis der asiatischen Kultur. Aus seiner elfjährigen Ehe mit Tuyet, einer Vietnamesin, stammten zwei Kinder (neben den beiden, die er und seine erste Frau adoptiert hatten). Der Ton unserer Briefe hatte sich im Lauf der Jahre beträchtlich abgekühlt. Wir waren nicht mehr die zwei verlorenen, liebeshungrigen Seelen in einem Kriegsgebiet, sondern reife Menschen in mittleren Jahren, jeder mit einem eigenen Leben, eigenen Hoffnungen und Wünschen. Ein Wiedersehen mit Dan wäre zweifellos hübsch, doch den drängenden Unterton in seiner Stimme konnte ich nicht recht verstehen – wieso er mich unbedingt den weiten Weg nach Washington machen lassen wollte, während er doch genausogut auf dem Rückflug nach Hawaii Zwischenstation in San Diego hätte einlegen können.

Mein Treffen mit Mr. Tan im Gebäude der Vereinten Nationen glich eher dem Besuch bei einem freundlichen Hausarzt als bei einem hohen Diplomaten. Reif, aber nicht ältlich und immer noch ausgemergelt vom Krieg – wie so viele seiner Landsleute. Seine Ausdrucksweise sprach für eine erstklassige Erziehung, seine Umgangsformen für ein erstklassiges Elternhaus. Ich gab ihm ein kurzes Schreiben, in dem ich meine bescheidenen Pläne für ein Krankenhaus in der Nähe meines Heimatdorfes erläuterte. Ich hatte inzwischen festgestellt, daß es für mich am besten war, die Ausrüstung und das Zubehör – Medikamente, Röntgenfilm, Verbandsmaterial, Spritzen und so weiter – aus den Vereinigten Staaten zu beschaffen und Gelder für das Baumaterial zu besorgen, sofern Vietnam die Arbeitskräfte zur Verfügung stellte. Ich hoffte auch, ein paar Ärzte und Krankenschwestern zu finden, die freiwillig nach Vietnam gingen, hatte aber bisher noch keine bindenden Zusagen. Kostenvoranschläge, Arbeitspläne und Listen von Förderern konnte ich auch noch nicht vorlegen. Ich wollte den UN-Vertretern lediglich zeigen, daß es mir ernst war, daß ich die erforderlichen Fähigkeiten hatte und keinerlei Interesse daran, mich irgendwo politisch zu betätigen.

Tan studierte meinen Brief gründlich und sagte dann: »Mir gefällt Ihr Wunsch zu helfen, Chi Ly. Ich werde Ihr Schreiben an meine Vorgesetzten in Hanoi weitergeben. Inzwischen rate ich Ihnen, mit dem State Department zusammenzuarbeiten. Es darf nichts verschifft werden, ehe Sie nicht die erforderlichen Freigabebescheinigungen haben. Ich warne Sie, es wird eine schwierige Prozedur. Doch auch wenn Sie scheitern, werden einflußreiche amerikanische Politiker Ihre Aktion registrieren. Und wenn erst einmal genügend Amerikaner so denken und handeln wie Sie, werden schließlich auch diese sinnlosen Beschränkungen fallen, und Ihr Dorf wird sein Krankenhaus bekommen und noch mehr, davon bin ich überzeugt.«

Ich war ziemlich klein und häßlich, als er mich hinausbrachte. Bestimmt sah er in mir wieder eine wohlmeinende Hausfrau mit etwas Geld und Freizeit, deren hochfliegende Pläne schnell in sich zusammenfallen würden, sobald die ersten Hürden auftauchten.

Meine Zusammenkunft mit Per verlief ermutigender, da er viel mehr Wege kannte, wie man das Ziel erreichen konnte. Pers Lösung sah vor, etablierte Organisationen einzuschalten, die bereits die Genehmigung hatten, in Vietnam humanitäre Hilfe zu leisten. Das leuchtete ein, zumal ich ein Niemand war, während große Organisationen wie die UN und das Rote Kreuz über Geld, Personal und wichtige Verbindungen verfügten. Sein Rat und seine praktischen Hinweise waren unbezahlbar.

Auf dem kurzen Flug nach Washington war ich nervös wie ein kleines Mädchen. Ich hatte Dan vierzehn Jahre nicht gesehen. Aus seinen Briefen und der Stimme am Telefon wußte ich, daß er sich verändert hatte – genau wie ich. Mit enttäuschten Erwartungen fertig zu werden, kann zeitraubend und sehr schmerzlich sein. Deshalb hielt ich es für weitaus besser, Dan unbefangen und frei von Emotionen wieder gegenüberzutreten, als ihn mit Ballast aus alten Zeiten zu überfrachten.

Der Pendelbus brachte mich vom Jetliner zum Terminal, und als ich mich mit meinem Handgepäck durch die Menge drängte, erspähte ich Dan im Paradeanzug, lang und senkrecht wie eine Fahnenstange. Ich ließ meine Tasche fallen, und wir umarmten uns wie alte Freunde. Merkwürdigerweise vermied ich es, ihm direkt ins Gesicht zu blicken, sondern nahm die Falten, die grauen Schläfen, die dicken Brillengläser und das schlaffe Kinn nur verstohlen wahr, als wir mein Gepäck holen gingen.

»Wie war der Flug?« erkundigte sich Dan, der mich ebenfalls einer kurzen Musterung unterzog.

»Trostlos. Ich saß neben einer Asiatin, und wir haben die ganze Zeit nur über unsere Familien geschwatzt. Die Dame war sehr neidisch, daß ich meine Mutter wenigstens ein letztes Mal gesehen habe. Aber wie geht's dir denn? Du siehst noch genauso toll aus wie bei unserem letzten Zusammensein!«

»Das macht die Uniform«, scherzte er. »Ich bin immer noch derselbe blöde Itaker, den du in Erinnerung hast. Wie geht's den Jungen?«

»Jimmy ist ein Computer-As auf dem College. Er hilft mir bei meinem Buch. Tommy ist auf der High School – Mädchen und Baseball schätzt er mehr als den Unterricht. Alan macht sich gut in der Grundschule, aber ich denke, er ist ein bißchen einsam. Er hat Anspruch auf ein besseres Zuhause, als ich es ihm momentan biete.«

»In meinen Augen haben sie immer noch die großartigste Mutter der Welt«, sagte Dan, als ob er davon überzeugt wäre. »Und eine der attraktivsten. Du bist nicht einen Tag älter geworden – ehrlich!«

Wir suchten seinen Mietwagen, unterhielten uns auf der langen Fahrt zu seinem Hotel über die alten Zeiten, aber nicht über das, was uns wirklich beschäftigte: wie unser Leben verlaufen wäre, wenn wir zusammengeblieben wären, und was die Zukunft uns womöglich noch bringen mochte.

Nach dem Dinner begann ich von dem großen Trost zu sprechen, den ich bei meinen Studien in der spirituellen Welt gefunden hatte, merkte aber, daß Dan abschaltete. Das erstaunte mich, denn bei seiner Kenntnis Asiens und langjährigen Ehe mit einer Vietnamesin hätte ich von ihm erwartet, daß er für diesen ausschlaggebenden Teil unseres Wesens tiefes Verständnis empfand. Irgendwie kam ich mir wieder vor wie das unwissende kleine Bauernmädchen, das er in An Khe kennengelernt hatte. Andererseits fühlte ich mich wiederum als Mönch: die alte Jungfer Ly, die endlich ihre irdischen Sorgen und Kümmernisse hinter sich gelassen hatte – zumindest die kleinen. Ich wußte, daß die meisten Amerikaner, selbst die sehr religiösen, Spiritualismus, Transzendenz und östliche Philosophie geringschätzig abtaten, weil sie ihre Andacht am Altar der Wissenschaft verrichteten.

Dan bot mir an, mit ihm das Zimmer zu teilen und so an den Hotelkosten zu sparen. Ich nahm das dankbar an und erklärte, ich wolle die Couch nehmen. Er war offensichtlich etwas enttäuscht, daß wir nicht miteinander schlafen würden, meinte aber, ganz Gentleman, ein alter Soldat sei besser für die Couch geeignet als eine hübsche Frau, also tauschten wir. Für ein altes Liebespaar eine etwas seltsame Art, die Nacht zu verbringen, doch vermutlich die einzig richtige.

Am nächsten Tag fuhr Dan zu seinem Seminar ins Pentagon, und ich gönnte mir eine schnelle Besichtigungstour durch die Hauptstadt meiner Wahlheimat. All diese imposanten Monumente und ausgedehnten Gebäudekomplexe standen in krassem Gegensatz zu den dürftigen Denkmälern und trostlosen Bürohäusern, in denen die vietnamesische Regierung amtierte. Besonders beeindruckten mich die gewaltigen Standbilder von Thomas Jefferson und meinem Liebling, Onkel Abe Lincoln, der wie ein Buddha auf mich herabblickte, allwissend und ein wenig traurig darüber.

Als Dan von der Arbeit kam, gingen wir zum Vietnam War Memorial. Es überraschte mich nicht, daß der Entwurf von einer jungen asiatischen Architektin stammte. Für mich verkörperte es die dunkle Verbindung zwischen Himmel und Erde, das Urthema des Krieges. Langsam wanderten wir an dem riesigen Grabstein entlang: männliche und weibliche Angehörige der US-Streitkräfte, umgekommen im Krieg. Ich erschauerte, als eine Geisterstimme rief: »*Lan leo co don qua* – Mir ist kalt, ich bin einsam, warum bin ich hier?« Ich antworte im stillen: »Weil es dein Karma war.« Ich schaute hinunter auf die ordentlich arrangierten Blumen rings um die Mauer und fügte hinzu: »Wenigstens hat eure Familie sich an euch erinnert.« Ich überlegte, ob es den Amerikanern klar war, wie sehr dieses große Denkmal einem Buddha-Schrein ähnelte.

Ich dachte auch darüber nach, wieviel länger, höher und trauriger dieses wunderbare Monument wäre, wenn die Namen *aller* im Krieg getöteten Menschen hinzukämen – die Millionen von Vietnamesen, einschließlich Frauen und Kinder. Das würde uns daran erinnern, daß Krieg nur eine Fabrik ist, in der schlechtes Karma produziert und blinde Rache vervielfacht wird – und nicht eine Art Sportarena, in der Meisterschaften in Heldenmut und Patriotismus ausgetragen werden. Selbstverständlich würden es die Geister in den Riesenstatuen der Politiker niemals zulassen, daß ein solches Monument gebaut wird. Wenn ihnen eine derart schreckliche Wahrheit ins Gesicht starren würde, könnten Männer, denen eine Frau das Leben schenkte, ihre Söhne nie wieder in den Krieg schicken.

Nach Besichtigung der Mauer hatten Dan und ich ein ruhiges Dinner, obwohl es in meinem Innern alles andere als ruhig aussah. Je mehr ich über meine Gefühle reden wollte, desto mehr schien er sich zurückzuziehen. Für ihn waren Fragen des Geistes am besten beim Kaplan aufgehoben. Das Erteilen und Befolgen von Befehlen gehörte zum Soldatenleben – er nahm den Tod ebenso hin wie seinen Sold. So sehr er Kinder liebte, seine eigenen und meine eingeschlossen, würde er sie doch ohne Zögern in die Schlacht schicken, auch wenn er wüßte, daß sie nur als Namen auf einer Mauer zurückkehren würden. »So ist das Leben beim Militär«, hatte Dan mehr als einmal geäußert. »Dafür werden wir ausgebildet: zu töten oder getötet zu werden.«

Ich fühlte mich so entmutigt durch meinen ›Seelengefährten‹, daß mir nichts mehr einfiel. Nachdem ich eine ganze Weile verstummt war, fragte Dan, gezwungen lächelnd: »Na, was hast du nun vor, wenn du aus der Gastronomie raus bist?«

»Ich denke dran, irgendeine Organisation aufzuziehen zur

Hilfe für meine Landsleute in Vietnam.« Ich bemühte mich, das einfach und geschäftsmäßig auszudrücken – ohne Spiritualismus –, lediglich Organisation und Aufgabe, Begriffe, die Dan verstand.

»Das find ich toll! Ich weiß, die Vietnamesen brauchen jede Hilfe, die sie kriegen können. Meine Frau hat nämlich ihre Familie besucht, nicht lange vor dir. Ihr Onkel ist ein im Norden ausgebildeter Arzt. Wenn wir geahnt hätten, daß du hinfährst, hätten wir dir ein paar Tips geben können.«

»Was du nicht sagst! Tuyet ist nach Vietnam zurückgegangen? Obwohl du ein hochrangiger Offizier bei der Army bist?«

»Klar. Mein Background hat damit gar nichts zu tun. Sie hat einfach einen Visumsantrag gestellt und ist gefahren.«

»Und sie hat keine Besuche vom State Department oder vom FBI gekriegt?«

»Nein, warum sollte sie?«

Ich verstummte wieder, aber diesmal vor Verwirrung. »Na, jedenfalls versuche ich, ein Buch über mein Leben und meine Familie zu vollenden«, fuhr ich dann fort. »Wenn ich den Amerikanern schildern kann, wie das Leben in den Dörfern früher war, werden sie den Krieg besser verstehen, und manche fühlen sich vielleicht zum Helfen bewogen.«

»Das ist sehr bewundernswert, Ly. Aber wie wirst du dich und die Jungen in der Zeit durchbringen?«

»Tommy und Alan bekommen noch etwas Geld aus der Sozialversicherung von Ed und Dennis. Ich kriege eine gewisse Summe, sobald mein Anteil am Restaurant verkauft ist. Außerdem hab ich noch drei Häuser in Südkalifornien, auch wenn die Mieten gerade die Hypothekenzinsen decken. Etwas hab ich auch in Aktien und Wertpapieren angelegt, und dann ist da noch der Rechtstitel auf das alberne Grundstück in Idaho, das Dennis gekauft hat. Vielleicht zieh ich auf meine alten Tage dorthin und baue Reis und Süßkartoffeln an!«

Dans Gesicht leuchtete auf. »Wie hoch schätzt du deine

Vermögenswerte insgesamt?« Er holte einen Kugelschreiber heraus und drehte eine Serviette um.

Über den Wert meines Hauses in Escondido war ich mir ziemlich sicher, aber bei dem Grundstück von Dennis und unserem alten Haus in San Diego konnte ich nur schätzen. Das Haus in Temecula (in dem das Personal vom Hollylinh untergebracht war) besaßen wir noch nicht lange genug, um nennenswerte Überschüsse anzusammeln. Auch über mein Wertpapierdepot fehlte mir der Überblick. Also schätzte ich, so gut ich konnte, aber vorsichtig, während Dan alles zusammenzählte.

»Mein Gott, Ly!« Er pfiff. »Du bist Millionärin!«

Als Endsumme stand auf der Papierserviette: »$ 1 300 000.« Ich war sprachlos. Alle machten ihre Witze über amerikanische Millionäre, doch ich wäre nie auf die Idee gekommen, daß ich dazugehörte. Die Häuser waren für mich eine Alterssicherung, wenn ich nicht mehr arbeiten konnte – wie die Reisfelder, auf denen dann die erwachsenen Söhne und Töchter ihre Eltern versorgten.

»Auf das Wohl des kleinen Bauernmädchens aus Ky La.« Er hob sein Cocktailglas. »Du hast einen weiten Weg zurückgelegt, Baby!«

Ich grinste als Antwort auf seinen Toast, doch meine Gedanken weilten weit voraus, überlegten, wie die ›Neueste Millionärin‹ von Escondido ihren plötzlichen Reichtum nutzen könnte, um ihren Traum für ihr Land zu verwirklichen. Ich merkte erst nach einer guten Minute, daß Dan etwas sagte. »Entschuldigung, was hast du gesagt?«

»Ich sagte, da du jetzt eine wohlhabende Frau bist, solltest du einen Mann haben, der sich um dein Vermögen kümmert.«

Ich zuckte die Achseln. »Ich weiß nicht. Anscheinend komme ich doch ganz gut zurecht.«

»Sicher, momentan.« Dan war lebhafter, als ich ihn bisher gesehen hatte. »Aber was passiert, wenn du von deiner Organisation ganz in Anspruch genommen wirst? Was passiert, wenn du mehr Zeit in Vietnam verbringen möchtest oder wegen Spenden herumreisen mußt oder in den Medien über dein Buch reden sollst? Was geschieht mit Tommy und Alan, wenn niemand da ist, an den sie sich mit ihren Problemen wenden können?«

Das waren lauter gute Fragen, und ich hatte, ehrlich gesagt, über keine davon nachgedacht. Ich hatte mir irgendwie vorgestellt, ich könnte Gelder auftreiben, Hilfsgüter beschaffen, Transporte koordinieren, mein Buch schreiben – und all das zu Hause tun. Was brauchte ich außer meinem Schrein, meiner Küche und einem Telefon? Doch Dan war ein Mann, der mit beiden Füßen auf dem Boden der Wirklichkeit stand, nicht im spirituellen Weltraum schwebte. Ich durfte seinen Rat nicht ignorieren.

Abends saßen wir in Dans Zimmer zusammen, in Bademänteln, ohne Schuhe, und redeten wie ein altes Ehepaar. Etwas stockend räumte Dan ein, daß sein Leben mit Tuyet nicht die reine Idylle gewesen war, die er mir vorgegaukelt hatte.

»Um dir die Wahrheit zu sagen, Ly, eben deshalb hab ich dich nach Washington eingeladen. Ich wollte dich wiedersehen, wollte mit deiner Hilfe zu einer Entscheidung kommen über die Trennung von Tuyet. Die Kinder sind der einzige Grund, aus dem wir zusammenbleiben, aber ich finde allmählich, das wäre ein großer Fehler.«

Dan bettete den Kopf in meinen Schoß. Ich streichelte ihm über das silbrig melierte dunkle Haar und bedauerte ihn aufrichtig – und mich ebenfalls.

»Weißt du, ich war all die Jahre eifersüchtig auf Tuyet – verheiratet mit dem einzigen Mann, den ich je geliebt habe, während ich mein Leben mit Dennis vergeudete. Ich hab mich von ihm zur Ehe breitschlagen lassen. Wenn ich stärker gewesen wäre, hättest du mich geheiratet, nicht Tuyet, und die ganzen Probleme wären dir erspart geblieben.«

Fest umschlungen schliefen wir ein, genau wie vor vierzehn Jahren in An Khe, bevor die Raketen des Vietcong unser Paradies für immer zertrümmerten.

Der nächste Tag war mein letzter in Washington, und Dan beschloß, ihn aufs beste zu nutzen. Nach einer weiteren Besichtigungstour fuhr er mit mir hinaus zu einem malerischen Fleckchen am Potomac, wo er eine eisgekühlte Flasche Champagner und zwei Plastikgläser aus dem Kofferraum holte. Mein Magen revoltierte – der Abschiedsschmerz fing bereits an –, aber ich wollte ihm nicht die Stimmung verderben.

»Was ist denn der Anlaß?« erkundigte ich mich und nahm das Plastikglas entgegen.

»In fünf Jahren gehe ich als Colonel in den Ruhestand. Bis dahin kann ich mir den Arbeitsplatz aussuchen – ich denke dabei an Indonesien oder Malaysia. Die Army beschafft mir eine schöne Unterkunft und ein Haus voll Personal. Ich veranstaltete tolle Partys und lade dazu Diplomaten und Geschäftsleute aus der ganzen Welt ein. Danach nehme ich einen zivilen Job an, der mir mit über hundertzwanzigtausend Dollar im Jahr offeriert wurde. Und jetzt kommt das Angebot. Du möchtest den Menschen in Vietnam helfen, und ich möchte dir helfen. Wenn du in Asien lebst, wird es viel leichter für dich, Vietnam zu besuchen und zu kontrollieren, ob mit den von dir beschafften Hilfsgütern auch alles richtig läuft. Wenn du nun einen guten Mann hast, der auf dich und deine Jungen achtgibt, hast du den Kopf frei und kannst dich auf deine Aufgabe konzentrieren. Das biete ich dir an, Ly. Ich möchte, daß wir da anfangen, wo wir aufgehört haben. Zwischen Tuyet und mir ist es aus. *Anh yeu em nhieu lam minh oi* – Ich liebe dich noch immer. Du bist die einzige Frau, mit der ich mein Leben teilen möchte, aber nur, wenn du einen großen, dummen Itaker wie mich noch haben willst!«

Ich umarmte ihn stürmisch, verschüttete dabei meinen Champagner. »Natürlich möchte ich dich immer noch! Ich wollte dich in all den Jahren. Vielleicht hat Gott uns warten lassen, damit wir beide zuerst unsere Erfahrungen mit der Ehe machen und es diesmal richtig anpacken, was meinst du?«

Er umarmte mich ebenfalls, wir küßten uns wie Teenager, er trank seinen Champagner aus und dann meinen.

»Natürlich muß ich das mit meinen Jungen besprechen«, sagte ich. »Sie sind jetzt in Amerika zu Hause. Vielleicht wollen sie nicht weg aus Kalifornien.«

»Keine Sorge.« Dans Begeisterung kannte keine Grenzen. »Ich bin in Honolulu stationiert. Das ist genauso wie San Diego, nur besser: schönere Strände, schönere Mädchen – und jede Menge Big Macs. Es gefällt ihnen bestimmt.«

Alles ging so rasant, mir blieb buchstäblich die Luft weg. Eben war ich noch eine einsame Witwe, die sich um keinen Preis unterkriegen lassen wollte; und jetzt *duyen dên!* Ich war eine Braut, und die ganze Welt lag vor mir.

»Was machen wir als erstes?« fragte ich. Mir schwirrten tausend Kleinigkeiten durch den Kopf.

»Zuerst solltest du nach Hawaii umziehen – gleich, vor Ende des Sommers. Dann können die Jungen mit dem Herbstsemester in der Schule anfangen, und wir sind zusammen, während wir unsere Hochzeit und unser neues Leben planen.«

»Ich kann doch nicht einfach zusammenpacken und abhauen. Das braucht etwas Zeit.«

Dan lächelte. »Ich bin fünfundzwanzig Jahre bei der Army, Ly. Alles, was ich brauche, alles, was wirklich zählt, paßt in einen Kleidersack, den da – oder den hier ...«

Er legte eine Hand aufs Herz. Ich küßte ihn abermals.

»Ich zahle jedenfalls alles«, sagte er. »Such dir einen Verwalter, der die Häuser vermietet. Die Dinge, die du nicht brauchst, lagerst du ein. Tuyet und ich haben kürzlich Papiere verkauft, ich schicke dir also gleich nach meiner Rückkehr dreißigtausend Dollar. Hilft dir das, deine Angelegenheiten zu regeln?«

Ich sah keinerlei Grund – weder einen praktischen noch sonst einen –, Dan mit Nein zu antworten. Wir fuhren ins Hotel zurück und nahmen unsere Flitterwochen vorweg. Es kam jener goldenen Woche in An Khe so nahe wie nichts anderes, was ich seither erlebt hatte. Ich war sicher. Durch meine Reise nach Vietnam und die Wiederkehr hatte ich den ersten großen Kreis meines Lebens vollendet. Ich hatte meine Lebensaufgabe entdeckt und machte mich bereit, sie zu erfüllen. Meine Söhne waren gesund und entwickelten sich zu prächtigen jungen Männern und guten Amerikanern – ein Verdienst ihrer Vorfahren Phung. Ich würde jetzt die Liebe meines Lebens heiraten und wie Lao-tzu den ersten Schritt auf meinem ›Weg der tausend Meilen‹ tun, um an seiner Seite zu sein. Ich hatte endlich meine Schuld – *hi sinh* – beglichen und war mein eigenes Selbst im Universum. Mein nächster Lebenskreis öffnete sich mit der Macht der Liebe – des lächelnden Buddha – hinter mir.

Was konnte da nur schiefgehen?

9

KREIS DER VERGELTUNG

Zu einem innerstädtischen Umzug gehören tausend Kleinigkeiten; zu einem nach Übersee eine Million. Meine Freunde mahnten, ich könne nicht alles auf einmal tun, was mich freilich nicht hinderte, es unermüdlich zu versuchen.

Meine erste Herausforderung war wirtschaftlicher Natur. Dan ging es gut, aber ich wollte nicht von ihm – oder irgendeinem Mann – abhängig sein. Ich rief meine Freundin Annie an, eine intelligente, sensible Person, die als Immobilienmaklerin arbeitete, und bat sie um einen Termin beim Ressortleiter für Hausverwaltungen. Bei drei Mietshäusern konnte ich das nicht von Honolulu aus erledigen.

Annies Teilhaber, Thomas, war ein gutaussehender, unbekümmerter junger Mann, bei dem ich mich fragte, ob er für diese Aufgabe die nötige Härte und Energie mitbrachte. Wir unternahmen eine Rundfahrt durch mein ›Reich‹ – von Temecula über Escondido nach San Diego. Wie eine strenge Mutter erzählte ich Thomas, womit ich für jedes Haus rechnete, und fragte abschließend: »Glauben Sie, daß Sie das hinkriegen können?«

Thomas lachte in sich hinein. »Sie sprechen immerhin mit dem Meister im Inkasso. Damit verdiene ich mir meine Brötchen. Keine Sorge.«

»Und was kostet mich das, sorgenfrei zu bleiben?«

»Für drei Häuser? Sechs Prozent von den Bruttoeinnahmen.«

»Und Annie hilft Ihnen dabei?« Ich war mir nicht sicher, ob ich alles Thomas überlassen wollte.

»Klar!« Er zwinkerte. »Was sollte ich denn ohne sie anfangen?«

Sechs Wochen danach war alles entweder verpackt oder eingelagert, und wir kampierten in dem leeren Haus in Escondido. Die Jungen standen dem Gedanken, sich von ihren Freunden zu trennen, zuerst ablehnend gegenüber, auch die Aussicht auf Bikinis und tropische Strände konnte daran nichts ändern, aber Dan war ein gewiefter Vertreter. Der versprochene Scheck für unsere Umzugskosten traf zwar aus dem einen oder anderen Grund nie ein, doch dafür schickte er laufend Zeitungsausschnitte und Informationen – von Lebensmittelpreisen und Wettervorhersagen bis zu Veranstaltungskalendern, so daß die Jungen sahen, wir würden nicht ans Ende der Welt gehen. Für Jimmy legte er sogar einen Aufnahmeantrag für die University of Hawaii bei, doch der wollte sein Studium lieber in San Diego abschließen. Er würde mir fehlen, aber ich hatte mich inzwischen daran gewöhnt, ihn als selbständigen, erwachsenen Menschen zu nehmen.

Ich bekam auch einen freundlichen Brief von Dans Frau, der mich überraschte. Tuyet bestätigte seine Version, daß sie sich beide zur Trennung entschlossen hatten. Sie trage ihm nichts nach, schrieb sie, denn ihr sei klar, daß er mich seit langem liebte. Als vietnamesische ›Schwestern‹ sollten wir gemeinsam versuchen, die Übergangszeit so reibungslos wie möglich zu gestalten, in Anbetracht von Dans ›Problemen‹. Ich hatte keine Ahnung, was sie damit meinte, außer daß sie anscheinend dachte, man könne Dan nicht trauen, und er habe nicht sehr gut für seine Familie gesorgt. Ich hielt das für das Gerede einer gekränkten Ehefrau und ließ es dabei bewenden. Um so wichtiger erschien es mir, an Dans Seite zu sein.

Thomas tauchte regelmäßig auf, um potentiellen Mietern das Haus zu zeigen. Alle waren sehr angetan, schreckten aber vor der hohen Miete zurück, die ich verlangte. Ich war schon fast entschlossen, mit dem Preis herunterzugehen, als Tho-

mas mit den Parrys vorbeikam, einem netten Ehepaar aus
Oklahoma. Cliff Parry war hochgewachsen und stämmig wie
ein Cowboy, seine Frau, Nancy, gutangezogen und sehr still.
Sie hatten vier Kinder und besichtigten alles so eingehend, als
ob sie das Haus nicht mieten, sondern kaufen wollten, was sie
offenbar auch vorhatten.

»Unser Haus in Tulsa wird gerade zum Verkauf angeboten«, sagte Cliff Parry. »Würden Sie in Erwägung ziehen, das
Anwesen zu verkaufen?«

»Nicht im Augenblick«, erwiderte ich und fragte mich,
wieso Thomas das nicht von vornherein klargestellt hatte.
»Ich würde es gern noch eine Zeitlang behalten.«

»Sehr vernünftig.« Parry zwinkerte mir zu. »Auf dem kalifornischen Wohnungsmarkt steigen ja die Preise astrono-
misch. Sie haben da wohlüberlegt investiert.«

Ihr Hausrat sei mit einem Transport aus Oklahoma unterwegs, erklärten sie, sie wollten zwar noch ein paar weitere
Angebote besichtigen, aber das Haus gefalle ihnen besonders
gut, sie würden sich bald entscheiden. Als sie zu ihrem neuesten Luxusmodell eines amerikanischen Straßenkreuzers gingen, bat ich Thomas, sein möglichstes zu tun und die beiden
zu kapern. Sie schienen nicht nur in der Lage zu sein, eine
hohe Miete zu zahlen, sondern dachten auch wie Hausbesit-
zer und würden sich bestimmt um alles kümmern.

Mein Instinkt hatte mich nicht getrogen. Drei Stunden später teilte Thomas telefonisch mit, die Parrys hätten sich entschlossen, das Haus vom nächsten Ersten an zu nehmen. Sie
hätten noch eine weitere Bitte, ob wir bereit wären, etwas
früher auszuziehen, damit ihre Sachen gleich eingeräumt
werden könnten. Cliff Parry, der offenbar die Dinge gern wie
ein Ölmagnat regelte, bot an, uns in einem Hotel unserer
Wahl unterzubringen und die Kosten dafür bis zu unserem
Abflug nach Hawaii zu übernehmen. Zusätzlich spendierte er
Freikarten für eine große Sportveranstaltung, von der die Jungen gesprochen hatten, so daß meine Söhne als eifrige Lobby-
isten für ihn auftraten. Das mußten sie gar nicht. Ich war es

leid, in meinem Haus zu kampieren, und die Aussicht auf etwa eine Woche in einem hübschen Hotel mit Zimmerservice und Swimmingpool – ein Urlaub vor unserem Urlaub – war viel zu verlockend, um sie nicht zu nutzen. Ich nahm Parrys Angebot dankbar an.

Auf dem Flug nach Honolulu dachte ich an das Horoskop, das ich mir nach der Rückkehr aus Washington stellen ließ. Darin hieß es, daß ich in diesem Jahr des Hundes eine ›Gehaltserhöhung‹ zu erwarten hätte, Reichtum erwerben und beginnen würde, meine Träume zu verwirklichen, auch meinen Traum von einer Liebesheirat. Ein paar Wolken würden den Horizont verdunkeln, sagte der Astrologe, sich jedoch rasch verziehen und mir einen neuen Tag zeigen. Soweit stimmte es zumindest mit der Wirklichkeit bestens überein.

›Colonel Daddy‹ holte uns am Flugplatz ab, mit Blumenkränzen und einem breiten Grinsen. Nachdem er mich umarmt und den Jungen die Hände geschüttelt hatte, unterhielt er sich mit ihnen von Mann zu Mann. Ihm sei klar, sagte Dan, daß beide eine Menge aufgeben mußten, um hier bei ihm zu leben, und er verspreche ihnen, daß ihr Opfer belohnt würde – mit Liebe und Möglichkeiten, die sie sich niemals hätten träumen lassen. Selbst in solchen kleinen Dingen zeigte sich mein Ritter in der schimmernden Rüstung als fabelhafter Anführer ›seiner Truppe‹.

Er half beim Kofferschleppen zu einer verrosteten, mit Staub bedeckten alten Klapperkiste, über die ich mich wunderte. Vermutlich hatte ich eine Dienstlimousine erwartet – ich erinnerte mich an ihn ja nur im Jeep! Doch aus irgendeinem Grund sah ich in der alten Blechkiste ein schlechtes Omen…

»Ich muß den Wagen heut nachmittag meinem Sohn zurückgeben«, erklärte Dan, als der Motor endlich ansprang. »Tuyets Toyota konnte ich mir ja nicht gut ausleihen, deshalb hab ich einen Mietwagen für dich bestellt. Gleich da drüben, das geht ganz fix.«

Er fuhr auf den Ladeplatz und sagte, ich solle mir im Büro ›den Papierkram abholen‹, er bliebe währenddessen bei der Klapperkiste.

Der Angestellte hatte keine Unterlagen für einen Leihwagen auf den Namen DeParma, jedoch auf meinen. Ich unterschrieb die Empfangsbestätigung und wollte gehen, aber der Angestellte hielt mich zurück.

»Entschuldigung, Mrs. Hayslip, ich muß Ihre Kreditkarte noch registrieren, das ist Vorschrift.«

Draußen überlegte ich, ob Dan dieses Prinzip der getrennten Kassen wohl für unsere Ehe vorschwebte, und wartete, bis der Angestellte mit dem Wagen vorfuhr.

»Na, prima!« sagte Dan, als das saubere kleine Vehikel hielt. »Jetzt kannst du mit den Jungen hinter mir herfahren bis zu eurem Hotel.«

»Hotel?« fragte ich. »Ich dachte, wir fahren zu deinem Haus.«

Dan errötete. »Das war auch der Plan, aber Tuyet ist noch nicht ausgezogen. Keine Bange – das Hotel ist nicht weit. Ihr werdet euch dort sehr wohl fühlen.«

Als ich die Umgebung sah, in der wir uns nach Dans Meinung wohl fühlen sollten, verlor ich beinahe die Fassung. Das Motel lag in Aica, in der Nähe der Kasernen, mit jeder Menge Pornotheatern, Sexshops und Matrosenkneipen. Ich empfand nicht nur eine leise Verachtung für Dan wegen all dieser ›Überraschungen‹, sondern regelrechte Enttäuschung. Ich wollte mit meinem Mann schlafen, unser neues Leben sofort beginnen und nicht allein fröstelnd in irgendeinem billigen Hotelbett liegen, während er weiter mit einer Exfrau zusammenlebte.

»Hol dir drinnen den Zimmerschlüssel«, sagte Dan und machte sich daran, den Kofferraum auszuladen.

Der Portier informierte mich lässig über den grotesk hohen Preis, den ich zu zahlen hätte – bar oder Abbuchung, keine Schecks –, für die erste Übernachtung im voraus. Als ich mich eintrug, wurde mir ausgesprochen schlecht. Weniger, weil ich selber die Unkosten tragen mußte (was ich freilich nicht unbegrenzt konnte), sondern weil Dan vorher kein Wort darüber gesagt hatte – über Tuyets Verweigerung, über die Transportschwierigkeiten, die erforderliche Hotelunterbringung, ob komfortabel oder nicht. Dennoch befanden wir uns in einer Übergangsphase. Was bedeuteten schon ein paar Nächte in einem schäbigen Hotel gegenüber dem, was wir bereits durchgemacht hatten – und dem, was die Zukunft verhieß?

In den nächsten paar Stunden unternahmen wir eine Besichtigungstour, kehrten aber frühzeitig zurück, weil wir müde waren und Dan den Wagen seines Sohnes zurückbringen mußte. Er hinterließ uns zum Trost ein paar Lebensmittel aus dem Supermarkt.

Ich merkte, daß Tommy und Alan über das Ganze ebenso konsterniert waren wie ich, deshalb erörterten wir in einem ›Familienrat‹ die Lage, in die ich sie gebracht hatte. Wir kamen überein, den Dingen mehr Zeit zu lassen, daß der Preis, der am Ende der Durststrecke winkte, einige Opfer wert sei. Wir mußten uns nur den Glauben daran bewahren.

Am nächsten Morgen gab Dan den Jungen etwas Geld für Busfahrten und Lunch und schlug vor, sie sollten »die Insel auf eigene Faust erforschen«. Dann fuhr er mit mir in meinem Leihwagen in Richtung Fort Shafter, wo er arbeitete. Unterwegs sagte er: »Ly, ich hatte gestern abend ein langes Gespräch mit Tuyet. Es wird noch 'ne Weile dauern, bis sie auszieht, darum halte ich's für das Beste, wenn du dir eine Wohnung nimmst. Ich hab schon was Hübsches gefunden, direkt vor dem Tor. Nicht allzu teuer, ich glaube, du wirst dich da wohl fühlen, und wir bringen alles ins reine.«

Die Wohnung lag, wie er gesagt hatte, am ›Hintereingang‹ der Kaserne – wo die Leute den Müll abluden. Es war eine Bruchbude, nicht einmal die Hälfte der stolzen $ 875 wert, die der Hauswirt verlangte. Die Umgebung erinnerte mich an Da Nang: schmutzige Märkte, Bettler, Gangs und Dealer. Bloß um hier herauszukommen, schrieb ich sofort einen Scheck für die Kaution aus, gelobte mir aber, nicht einzuziehen, bevor eine Menge Fragen über Dan und diese ganze bizarre Episode geklärt wären.

Wir holten die Jungen ab und fuhren auf dem Weg zum Dinner im Officer's Club an Dans Haus vorbei. Tuyet war daheim, deshalb hielt Dan es nicht für richtig, uns hineinzubitten. Das Anwesen wirkte noch verwahrloster als die Wohnung: ein baufälliges Fachwerkhaus, abblätternder Anstrich, morsche Treppe und ein ungepflegter Rasen voller Unkraut.

»Hier wohnt ein Colonel?« fragte Tommy, nachdem Dan drinnen verschwunden war, um Tuyet Bescheid zu sagen, wohin wir fuhren.

»Ich denke schon. Wohnraum ist in Hawaii sehr teuer.« Ich wußte nicht, was ich sagen sollte. Es würde schon schwierig genug werden, den Jungen die feuchte Wohnung zu zeigen, die sie sich gegen ihr großes Haus in Escondido eingehandelt hatten, geschweige denn ihnen zu sagen, daß sie, wenn sie großes Glück hatten, genau *hier* in den nächsten paar Jahren wohnen würden.

»Ich schätze, Colonels verdienen nicht sehr viel«, fügte Alan hinzu.

»Auf Geld kommt's nicht an«, log ich, denn ich erkannte jetzt, wieviel Geschmack wir alle an unserem komfortablen kalifornischen Lebensstil gefunden hatten. »Daß wir zusammensein werden, darauf kommt es an. *Tinh thuong quan cung nhu nha, nha tranh co nghia hon toa ngoi xay* – Mit Liebe ist ein Schuppen ebensogut wie ein Haus; eine Hütte voll Liebe ist besser als eine Villa, in der sie fehlt.« Trotzdem war mir klar, daß ich kein liebestrunkenes kleines Bauernmädchen mehr war, das sich bereitwillig mit allem abfand, nur um bei ihrem Liebsten zu sein. Zumindest lernte man im reiferen Jahren ein wasserdichtes Dach über dem Kopf und ein sauberes Bett zu schätzen.

Nach dem Dinner setzten wir die Jungen vor einem Kino ab und fuhren in die Berge zu einem romantischen Plätzchen mit Blick auf die Stadt.

Nach kurzem, belanglosen Geplauder sagte ich: »Weißt du, Dan, besonders gut sieht's ja hier nicht gerade für dich aus. Wenn du mir erklären würdest, was eigentlich los ist, könnte ich dir vielleicht helfen.«

Seine Hände umklammerten das Lenkrad so fest, daß die Knöchel weiß hervortraten. »Die Schwierigkeit ist Tuyet. Sie war krank und hat's fertiggekriegt, daß alle meine Gehaltsschecks an sie gehen. Zum Teufel – ich stottere immer noch das Darlehen ab, das mir meine Eltern 1976 gegeben haben, als ich wieder heiratete. Ich stecke bis zum Hals in Schulden bei der Kreditgenossenschaft. Meine beiden Adoptivsöhne sind arbeiten gegangen, um mir da ein bißchen unter die Arme zu greifen, aber ich bin fast bankrott. Sie hat mich bis aufs Hemd ausgezogen, und wenn die Scheidung erst mal rechtskräftig ist, schluckt sie nur noch mehr.«

Je länger Dan redete, desto miserabler fühlte ich mich – nicht wegen seiner Probleme oder weil er kein Geld hatte; damit konnte ich sehr gut umgehen. Am meisten entsetzte mich, daß er sich fast genauso anhörte wie Dennis.

»Was kann ich tun, um dir zu helfen?« fragte ich.

»Ich brauche dich, damit du für unseren Lebensunterhalt sorgst, bis ich in Pension gehen und den zivilen Job annehmen kann. Wenn ich beim Militär bleibe, kriegt Tuyet alles, und ich komme nie wieder auf die Beine. Ich werde dann nie imstande sein, dir und den Jungen das zu geben, worauf ihr Anspruch habt, und dir bei der humanitären Arbeit zu helfen, die dir so viel bedeutet.«

»Du hast mir nie was über diesen tollen, wichtigen Job erzählt. Findest du nicht, daß du das jetzt tun solltest? Worum handelt sich's dabei? Wer ist dein Arbeitgeber? Was verlangt man von dir für so viel Geld?«

»Also das ist streng vertraulich – es bleibt zwischen uns beiden, okay? Bei der Regierung gibt's bestimmte Vorschriften, welche Art von Jobs man annehmen darf nach einer Laufbahn wie meiner, und der hier ist ziemlich delikat. Aber glaub mir – das wird dir ermöglichen, alles das zu tun, was du möchtest: dein Buch zu schreiben, deinem Dorf zu helfen, alles.«

»Dan – was ist das für ein Job?«

»Waffengeschäfte vermitteln.«

»Ich versteh nicht ...«

»Waffen verkaufen.«

»Was? Soll das ein Witz sein?«

»Nein. Was glaubst du denn, was ich die letzten fünfundzwanzig Jahre gemacht habe? Was denkst du, was ein militärischer Berater tut? Ich gehe in Länder, denen die Vereinigten Staaten helfen, und bringe ihnen bei, die in Amerika hergestellten Waffen zu gebrauchen, die ihnen unsere Firmen liefern.«

»Das kann ich nicht glauben! Du machst das seit fünfundzwanzig Jahren?«

»Mehr oder weniger. Aber als Zivilist werde ich an den Waffen selbst verdienen, nicht nur so 'nen schäbigen GI-Scheck einstecken. Deshalb läßt die Regierung auch höhere Offiziere nur mit größter Vorsicht Jobs bei bedeutenden Unternehmen unmittelbar nach der Pensionierung annehmen. Man möchte vermeiden, daß die Offiziere ihre internen Informationen dazu benutzen, der einen Firma gegen die andere zu helfen; oder daß sie mit Hilfe ihrer freundschaftlichen Beziehungen zu noch aktiven Kollegen tolle Geschäfte machen.«

Ich war wie vom Donner gerührt. »Ich möchte jetzt wissen, ob du Waffen an Regierungen verkaufst, mit denen die dann Frauen und Kinder in die Luft jagen können!«

Dan zuckte die Achseln. »Hör mal, Ly, setz dich nicht aufs hohe Roß. Eben deshalb wollte ich's dir ja nicht erzählen, ich wußte, du würdest es nicht verstehen.«

»Vom Krieg versteh ich so viel wie jeder andere, Dan! Vergiß nicht, mit wem du sprichst!«

»Dann weißt du auch, wenn wir den Leuten keine Waffen verkaufen würden, dann täte es eben ein anderer – vielleicht die Kommunisten. Wäre uns denn damit gedient?«

Waffen und Kommunisten! Ist das alles; woran jeder in Amerika denkt? »Aber Dan, wie kannst du Waffen verkaufen, wenn du weißt, daß sie unschuldige Menschen verletzen werden?«

Er zuckte wiederum die Achseln. »Das ist mein Leben, Ly. Das einzige, wovon ich was verstehe. Wenigstens kriege ich dann mehr dafür bezahlt – fast zweihunderttausend im Jahr mit meinem Ruhegeld. Macht dich das denn nicht glücklich?«

»Ob mich das glücklich macht? Hast du denn nie zugehört, wenn ich dir was erzählt habe?«

»Du meinst den ganzen spirituellen Krempel?« Er schnitt eine Grimasse und starrte aus dem Fenster.

»Nicht nur das – von meiner Familie, über mein Leben! Wir sind uns fremd, Dan. Wir wissen überhaupt nichts voneinander!« Wir schwiegen kurz, dann sagte ich: »Außerdem hast du mich in Washington angelogen.«

»Ich wußte, du würdest sonst nicht herkommen. Es war bloß eine Notlüge, 'ne kleine Schwindelei, damit du das Richtige tust. Ich wußte, wenn du erst mal hier wärst, würden wir glücklich sein.«

Ich war jetzt so wütend, daß ich nicht mehr klar denken konnte. »Bring mich nach Hause«, war alles, was ich herausbrachte, obwohl ich wußte, daß es auf dieser Insel niemals ein Zuhause geben konnte.

Am nächsten Morgen schliefen die Jungen noch, als ich draußen in der tropischen Sonne bei einer Tasse Kaffee versuchte, etwas Ordnung in das Ganze zu bringen. Am bittersten enttäuschte mich, daß Dan mich belogen hatte: nicht nur über seine persönlichen und finanziellen Schwierigkeiten, sondern über seine ganze Lebensweise, und auch das nicht bloß in Washington, sondern seit unserer ersten Begegnung. Ich wußte, daß er Berufssoldat war – mit sämtlichen positiven und negativen Seiten. Ich hatte nie irgendwelche moralischen Probleme mit Soldaten, und habe sie auch jetzt nicht. Es gibt gute und schlechte Soldaten, genauso, wie es gute und schlechte Mönche oder Lehrer oder Politiker gibt. Männer in Uniform sind im besten Fall stark, selbstdiszipliniert und fest davon überzeugt, das Rechte zu tun. Im schlimmsten Fall können sie kaltblütige Killer sein, die mit der Uniform ihre Verbrechen tarnen. Und Dan schien sich als Glied in jener widerlichen Kette betätigt zu haben, die am menschlichen Leid Geld verdient – Waffenhändler, Waffenfabrikanten und ehrgeizige Politiker.

Aber ich hatte auch persönlichere Gründe, Dan zu mißtrauen und ihn zu fürchten. Selbst wenn ich ihm die Lügen und seine ganze Lebensweise verzeihen könnte, war ich mir nicht sicher, ob ich je darüber hinwegkommen würde, die Stimme von Dennis aus seinem Mund zu hören. Irgendwie war es immer die ›vietnamesische Ehefrau‹, die hinterrücks ein Komplott schmiedete, um sein Leben zu zerstören. Ich wußte, Scheidungen konnten furchtbar sein und Ehefrauen jeder Rassenzugehörigkeit durcheinanderbringen, aber wie lange würde es wohl dauern, bis meine ehelichen Differenzen mit Dan zu ›subversiven Plänen‹ wurden, die ihn vernichten sollten? Natürlich hinderte ihn seine Ablehnung jeder Spiritualität daran zu erkennen, daß sein eigenes schlechtes Karma zu seinen Problemen beitrug.

Nach der Arbeit holte Dan mich im Motel ab. Wir machten einen langen Spaziergang an dem schönen Strand, und ich sagte ihm alles, was ich auf dem Herzen hatte.

»Ich halte es für keine besonders glückliche Idee, daß wir heiraten, Dan. Ich könnte einfach nicht von Blutgeld leben, das aus Verkäufen stammt, die anderen den Tod bringen. Aber selbst wenn ich akzeptieren könnte, was du in deinem neuen Job tun wirst, wie sollte ich den Leuten in die Augen sehen, auf die ich bei meiner humanitären Arbeit angewiesen bin? Wie kann ich Menschen bitten, Geld und Hilfsgüter zu spenden und ihre ganze Arbeitskraft einzusetzen, um Kriegswunden zu heilen, während du dabei bist, neue zu schaffen?«

»So ist nun mal der Lauf der Welt, Ly«, erwiderte er. »Ich kann nichts daran ändern, und wenn ich's könnte, täte ich's nicht. Aber lassen wir all das mal im Augenblick beiseite –

denk an alles, was wir durchgemacht haben. Bedeutet das denn gar nichts?«

»Natürlich bedeutet es sehr viel. Du bist der einzige Mann, den ich je geliebt habe. Du bist einer der besten Freunde, die ich je haben werde. Aber ich erkenne jetzt, daß wir innerlich zu verschieden sind für wahre Seelengefährten. Es gab eine Zeit, in der ich über all das vielleicht hinweggesehen hätte – und ich habe auch wirklich über solche Dinge hinweggesehen, aber das führte stets zu schlimmen Fehlern. Die will ich nicht wieder machen.«

»Willst du damit sagen, daß du den halben Pazifik überquert hast, nur um mir eine Freundin zu sein. Meine gute Nachbarin. Das kapier ich nicht.«

»Nein. Ich bin nach Hawaii umgezogen im Vertrauen auf ein Versprechen und mein eigenes Wunschdenken. Da sich nun das Versprechen und die Gedanken als falsch erwiesen haben, werde ich andere Pläne machen.«

»Verstehe. Du bist stocksauer, weil ich dir das Geld für den Umzug nicht geschickt hab. Du bist wütend, weil du für den Wagen und das Hotel selber zahlen mußt. Du mußt hier nicht Theater spielen. Sei ehrlich.«

Ich seufzte. »Du verstehst überhaupt nichts. Es stimmt, ich habe nicht viel flüssige Mittel – alles, was ich besitze, ist irgendwo festgelegt. Ich mußte auf meine Ersparnisse zurückgreifen, um herzukommen – aber das ist schon in Ordnung. Entweder wäre alles glatt verlaufen, oder ich hätte die Wahrheit erfahren. So oder so bin ich davor bewahrt geblieben, weitere Fehler zu machen. Du solltest auch dankbar sein. Wenn wir nicht heiraten, bleibt dir der ganze Kummer erspart, den Ed und Dennis durchgestanden haben. In einer Ehe gibt es nicht nur einen glücklichen Partner, das hab ich jedenfalls gelernt. Wenn's dem einen miserabel geht, dann auch dem anderen. So ist es nun mal im Leben. Aber wir haben trotzdem eine Menge, worüber wir glücklich und zufrieden sein können. Vor langer Zeit warst du meine einzige wahre Liebe. Du hast geholfen, meine Kinder zu retten und uns nach Amerika zurückzuschicken, und dafür kann ich nur dankbar sein. Das ist eine Schuld, die ich niemals zurückzahlen kann. Wie könnte ich dir das damit vergelten, daß ich dich wissentlich unglücklich mache?«

Wir blieben stehen und gingen dann zur Kaserne zurück. »Und was soll das nun heißen?« fragte Dan. »Daß du aufs Festland zurückkehrst?«

»Vielleicht. Oder vielleicht versuchen wir auch, hier ein neues Leben aufzubauen. Die Jungen sind in der Schule angemeldet, und ich habe keine Bleibe. Ich besitze zwar drei Häuser, aber die sind alle von anderen bewohnt! Mach dir um uns keine Gedanken. Wir kriegen das prima hin. Denk lieber darüber nach, wie du dein Leben in Ordnung bringst. Wenn ich dir dabei helfen kann, ohne dich zu heiraten, will ich's selbstverständlich versuchen. Mein Leben habe ich jedenfalls momentan fest im Griff. – Das ist etwas, worauf ich niemals verzichten kann.«

Dan sah mich nachdenklich an. »Du bist wirklich 'ne überspannte Lady, stimmt's nicht?«

Er sagte das wie ein Kompliment, aber ich war mir nicht sicher. Unabhängig zu sein und sich innerlich fest in Griff zu haben, ist eines. In der Welt allein dazustehen, etwas anderes.

Von Tag zu Tag fühlten Dan und ich uns mehr in unserem Entschluß bestärkt, die Hochzeit abzublasen. Vielleicht hatte er ein schlechtes Gewissen, daß er mich unter Vorspiegelung falscher Tatsachen nach Hawaii gelockt hatte, ich wußte es nicht, aber er benahm sich wie ein Gentleman und bedrängte mich nicht. Die Ähnlichkeit mit meiner Beziehung zu Dennis bestürzte mich: je näher ich den beiden kam, desto unerträglicher wurde unser Leben, erfüllt von Täuschung, Eifersucht und Verrat.

Die Kaution für die Bruchbude, die Dan uns zugedacht hatte, büßte ich gern ein und fand auch eine angemessenere Bleibe in einer schöneren Umgebung und nicht sehr viel teurer. Wir hatten nun eine Wohnung im siebten Stock eines

Hochhauses mit Zwillingstürmen, zur Linken mit Aussicht auf den Pazifik, zur Rechten auf dichtbewaldete Berge. Als mein braver alter Toyota endlich aus Kalifornien eintraf, fand ich mein Leben fast wieder im Gleis.

Während die Jungen in der Schule waren, machte ich mich ernstlich an die Planung für mein Hilfswerk in Vietnam. Daß ich als Einzelperson wenig ausrichten konnte, war mir klar; nur durch Gründung einer gemeinnützigen Einrichtung konnte ich mir die richtigen Wege erschließen und den Einfluß nutzen, den ich brauchen würde, um Türen, Herzen und Scheckbücher für die Menschen zu öffnen, die der Krieg hinterlassen hatte.

Zuerst wollte ich die Stiftung nach meinem Vater, Phung Trong, nennen, aber irgendwie hatte ich das Gefühl, das wäre ihm nicht recht. Und als er in keinem meiner Träume in Honolulu zu mir sprach, ließ ich die Idee fallen. Dann kam ich nach längerem Überlegen zu dem Schluß, daß Vietnam kein Monopol auf Hilfe hatte – an Leib und Seele verwundete Menschen gab es auf beiden Seiten des Meeres. Was ich *wirklich* tun wollte, war, ein Band zu knüpfen zwischen meiner alten und meiner neuen Heimat – einen Beitrag zum Heilungsprozeß zu leisten, wenn beide sich über Zeit und Raum hinweg die Hände reichten. So wurde *East Meets West – Dong Tay Hai Ngo*, die Tochter meiner Seele – geboren, zumindest im Geist.

Nach ungefähr einem Monat bekamen die Jungen den ›Inselkoller‹. Sie sehnten sich nach ihren Freunden und all ihren Lieblingsplätzen in Südkalifornien. Ich fühlte mich ebenfalls etwas isoliert. Briefe von meinen Freunden auf dem Festland kamen mir immer viel zu selten, und mein Geld ging zur Neige. Entweder mußte ich einen Job in Hawaii finden, wo ich keinen Menschen kannte, oder nach San Diego zurückkehren. In jedem Fall mußte ich eines meiner Häuser verkaufen, um wieder flüssig zu sein. Zum Glück kannte ich bereits einen Interessenten.

Nach geschwinden Anrufen bei Cliff Parry und Thomas erwischte ich einen Flug zum Festland, um für mein Haus in Escondido die Eigentumsübertragung einzuleiten.

Cliff holte mich ab und fuhr mich zu dem Hotel, in das er mich für das Wochenende eingeladen hatte.

»Dafür bin ich Ihnen wirklich dankbar, Cliff«, sagte ich. »Mir geht das Geld aus, und da ist jede Hilfe willkommen.«

»Machen Sie sich doch darüber keine Gedanken.« Cliff lächelte breit. »Mir tut's nur leid, daß die Geschichte mit Colonel DeParma schiefgelaufen ist. Annie sagt, Sie beide kannten sich schon sehr lange.«

»Ja, wir haben uns kurz vor Kriegsende in Vietnam kennengelernt. Aber es ist so am besten. Ich will den Bauern bei der Überwindung der Kriegsfolgen helfen. Das hätte sich mit Dans geschäftlichen Interessen einfach nicht in Einklang bringen lassen.«

»Wissen Sie, ich war auch in Vietnam stationiert«, sagte Cliff.

Das hörte ich zum erstenmal. Vielleicht erklärte das seine ungewöhnliche Freundlichkeit mir und meinen Söhnen gegenüber. »Ach ja. Wo denn?«

»Im Süden – in den Bergen. Ich war bei den Special Forces.«

»Oh, ein Green Beret! Ich komme aus Da Nang. Dort soll meine Stiftung ihre Arbeit anfangen – in Ky La, meinem Heimatdorf.«

»Wie sieht denn Ihr Plan aus?«

»Also zuerst hoffe ich auf eine Veröffentlichung meines Buches, das ist meine Lebensgeschichte mit allem, was die Bauern im Krieg durchgemacht haben. Die anderen Bücher über Vietnam wurden durchweg von Generälen, Soldaten, Politikern oder Wissenschaftlern geschrieben – niemand hat den Amerikanern erzählt, wie der Krieg für gewöhnliche Menschen, für Dorfbewohner und Bauern gewesen ist.«

Nach kurzem Schweigen sagte Cliff: »Merken Sie mich als ersten Spender vor, Ly. Ich hab auch so einiges hinter mir und möchte gern helfen. Vielleicht können wir uns vor Ihrer Abreise mal darüber unterhalten.«

Ich hatte mehrere Veteranen getroffen, die nach Vietnam zurückgehen oder etwas tun wollten, um den Opfern zu helfen – aber den meisten fehlte es zwar nicht am guten Willen, doch an der dicken Brieftasche. Cliff gehörte zu den wenigen Veteranen, denen ich begegnet war, der sowohl den Wunsch als auch die Mittel hatte, seine guten Absichten in die Tat umzusetzen.

Am folgenden Tag unterzeichneten wir sämtliche Papiere, darunter einen Brief, den Cliff für mich vorbereitet hatte und in dem ich ihn bevollmächtigte, alle während der juristischen Prozedur auftretenden Fragen, das Haus betreffend, zu erledigen.

»Eine reine Formsache«, erklärte Cliff, »es entlastet uns beide. Ich bin ja jetzt sozusagen mein eigener Mieter, da besteht doch kein Anlaß, Thomas im Team zu behalten, und Sie sind ein paar tausend Kilometer weit weg; da kann ich doch genausogut die Dinge in Fluß halten, damit Sie Ihr Geld und ich mein Haus baldmöglichst kriegen. Sind Sie damit einverstanden?«

»Sicher, natürlich. Warum nicht?«

Nachdem wir den Papierkram erledigt hatten, lud Cliff mich zum Lunch ein.

»Wie denken denn die vietnamesischen Amerikaner über Ihre Absicht, zurückzugehen?«

»Das kommt darauf an, mit wem Sie sprechen. Die sehr Alten und sehr Jungen halten es anscheinend für eine gute Idee. Die Alten wollen unsere Bräuche in Ehren halten, und die Jungen sind neugierig auf ein Land, das sie nie gesehen haben oder an das sie sich nicht erinnern können. Nur die Menschen, die sich an den Krieg und das Leid erinnern – die haben die meisten Einwände. Sie sind wie Kinder, die ihre Eltern verloren haben. Wenn sie keine Mom und keinen Dad haben können, dann wollen sie nicht, daß andere Kinder welche haben. Folglich lassen sie ihre eigenen Verwandten leiden und sterben, wenn dadurch der Sturz des Hanoi-Regimes beschleunigt wird. Sie halten, im Gegensatz zu mir, weitere

Tote nicht für sinnlos und unverantwortlich. Deshalb möchte ich mein Hilfswerk schleunigst anlaufen lassen. Falls Sie irgendwelche Vorschläge haben, wie man so eine kleine Stiftung organisiert, würde ich sie gern hören.«

Cliff grinste. »Das werden Sie auch, Ly, verlassen Sie sich drauf!«

Ich kehrte nach Hawaii zurück, doch was ich auch anfing, es endete im Leerlauf – hauptsächlich bei meinem Buch. Vermutlich brauchte ich einen erfahrenen, englischsprachigen Autor, um meine Geschichte wirksam für amerikanische Leser aufzubereiten, und so begab ich mich auf die Suche nach einem Mitarbeiter. Doch all meine Bemühungen blieben erfolglos.

Während dieser Zeit sprachen Dan und ich nur gelegentlich miteinander, und die Jungen gingen nach der Schule nicht mehr zum Surfen, sondern saßen trübsinnig zu Hause herum. Ich konnte es ihnen nicht verübeln – was Heimweh war, wußte ich besser als jeder andere. Trotzdem hatte ich meinen ganzen Hausrat hier, und selbst wenn ich zurück nach Kalifornien wollte, konnte ich die Umzugskosten erst aufbringen, wenn alle Formalitäten in Escondido abgeschlossen waren.

Zum Glück kam der gutmütige Thomas mit einem Rettungsanker, als er mich eines Abends anrief. »Ly, schlechte Neuigkeiten! Ihr Mieter in San Diego hat gekündigt, und ich finde sehr schwer einen Ersatz. Sieht ganz so aus, als ob das Haus 'ne Weile leersteht. Tut mir leid – aber mehr kann ich auch nicht machen.«

»Was? Das ist ja toll!« Ich quietschte vor Vergnügen.

»Wie bitte?«

»Vergessen Sie den Nachmieter. Ich ziehe selber dort ein. Das ist genau die Chance, auf die ich gewartet habe!«

»Von mir aus, wenn es Sie glücklich macht, Geld zu verlieren – ich verdopple einfach mein Honorar und setze Ihre anderen Mieter an die Luft!«

Ich rief die Jungen und verkündete ihnen die gute Nachricht: *Wir fahren nach Hause!* Trotz aller Schwierigkeiten, die wir damals hatten, waren die Erinnerungen von Tommy und Alan an unser Haus in San Diego ungetrübt, und außerdem wohnten die meisten ihrer Kumpel noch in der Gegend. Und ich war in den vergangenen fünf Jahren ein neuer Mensch geworden, ich hatte eigene Leistungen vorzuweisen und eine Lebensaufgabe. Die Blicke meiner Nachbarn brauchte ich nicht mehr zu scheuen.

Ich informierte Cliff Parry telefonisch über unsere Pläne. Er reagierte erstaunlich begeistert.

»Jetzt haben wir Gelegenheit, gemeinsam an Ihrer Stiftung zu arbeiten«, sagte er.

Wir landeten an einem Dienstag spätnachmittags. Als wir unser Gepäck geholt hatten, wollte ich ein Taxi rufen, doch da tauchte ein Mann in Livree mit einem Schild ›FAMILIE HAYSLIP‹ auf. »Entschuldigen Sie, sind Sie Le Ly Hayslip?« fragte er.

»Ja, aber ich nehme an, Sie suchen jemand anders. Ich habe keinen Wagen bestellt.«

»Stimmt«, lächelte er. »Aber Mr. Parry. Würden Sie bitte mitkommen?«

Er führte uns zu einer weißen Limousine und öffnete die Türen. Er holte ein Dutzend rote Rosen aus dem Fond und überreichte sie mir schwungvoll. »Von Mr. Parry zur Begrüßung!«

Dann sausten wir über die Autobahn in Richtung Osten. Ich klopfte an die gläserne Trennscheibe. »Entschuldigen Sie, wohin fahren Sie uns?«

Die Scheibe wurde heruntergelassen. »Mr. Parry hat für Sie eine Suite im Radisson Hotel in Mission Valley reserviert – als seine Gäste selbstverständlich, bis Ihr Haus benutzbar ist. Er hofft, diese Regelung findet Ihren Beifall.«

Natürlich tat sie das, trotzdem war ich sprachlos. Die Jungen jubelten und malten sich aus, was sie alles essen und trinken würden, sie schwelgten förmlich, ich dagegen weniger. Warum tat dieser nette Mensch das alles für uns? Freilich hatte er ein finanzielles Interesse daran, mich bei Laune zu halten, zumindest, bis die Formalitäten für den Hausverkauf über die Bühne gegangen waren. Aber das hier war bei weitem übertrieben. Ich beschloß, ihn sofort nach unserer Ankunft im Hotel anzurufen.

Das erübrigte sich. Kaum betraten wir unsere prachtvolle Suite, da klingelte auch schon das Telefon.

»Sind Sie das, Cliff?« Ich erkannte sein Glucksen.

»Ich hoffe, Sie fühlen sich herzlich willkommen!« sagte er lachend.

»Natürlich. Aber das ist wirklich zuviel!«

»Ruhen Sie sich aus und genießen Sie's. Sie haben's verdient. Ich komme morgen vormittag vorbei. Dann unterhalten wir uns.«

Er legte auf – aber ich empfand das nicht als unhöflich. Er war eben ein ›Beschützer-Typ‹. Meine weiblichen Instinkte reagierten darauf zwar positiv, besonders nach den schlechten Erfahrungen mit Dan, trotzdem blinkten Warnlichter auf. Ich hatte genügend Geld bei mir, um notfalls die Hotelkosten selber zu bezahlen, und die Jungen stritten sich bereits, welchen Kabelkanal sie einschalten sollten. Ich konnte es mir leisten, mindestens noch einen Tag abzuwarten, was nun wirklich hinter diesem Wohltäter steckte.

Cliff holte mich in einem Straßenkreuzer ab und überreichte mir die Schlüssel – unser Leihwagen, bis mein Toyota aus Hawaii eintraf. Beim Lunch in einem Strandrestaurant fragte ich ihn abermals: »Warum tun Sie das, Cliff? Raus mit der Wahrheit – was – was ist eigentlich los?«

Er senkte den Blick und spielte mit dem Besteck herum wie ein kleiner Junge. »Ich sagte doch, ich will Ihnen helfen. Das ist eben meine Art, es zu tun. Beeilen Sie sich jetzt, ich möchte Ihnen und den Jungen noch was zeigen.«

Wir fuhren nach Mount Helix im exklusiven Vorort La Mesa, dem ›Beverly Hills‹ von San Diego und hielten vor einem prachtvollen Haus – halb Hotel, halb Schloß, einfach märchenhaft!

»Schauen wir uns doch mal innen um, was meinen Sie?«
Cliff führte mich und die Jungen durch das imposante Portal
und machte mich mit dem Besitzer, einem freundlichen Mann
namens Al, und dessen Freundin bekannt, die mit uns das pa-
lastartige Anwesen besichtigten. Es enthielt fünf Schlafräume
(jeder mit eigenem Kamin), eine komplett eingerichtete Sport-
halle und Sauna und ein zum Büro ausgebautes oberes Stock-
werk mit Telefonen, Computern, Schreibtischen und Akten-
schränken. Um das zweite Geschoß führte eine Terrasse mit
einem atemberaubenden Rundblick. Unter dem breiten Dach
hätten alle meine bisherigen Häuser mühelos Platz gefunden.

»Wie gefällt es Ihnen?« erkundigte sich Cliff, als ich wie benommen das Terrassengeländer umklammerte.

»Es ist wundervoll! Wer wohnt hier?«

»Na, Sie natürlich!« Cliff strahlte.

»Ich verstehe nicht ...«

Er lehnte sich ans Geländer. »Ich muß Ihnen ein Geständnis
machen, Ly. Seitdem ich Ihnen begegnet bin, ist etwas in mir
vorgegangen. Sie sind ein ganz besonderer Mensch, natürlich
sehr selbständig und intelligent – wenn man bedenkt, woher
Sie kommen und wie weit Sie's gebracht haben. Aber Sie sind
auch überaus mitfühlend, das gehört ebenso zu Ihnen wie
Ihre Art, zu gehen, zu sprechen und die alten vietnamesischen Lieder zu singen. Die Sache ist nun die, daß ich in der
Lage bin, etwas zu tun, wozu nur wenige Menschen auf dieser Welt jemals Gelegenheit finden. Ich habe die Chance, an
jemand, der viel zuviel gelitten hat im Leben, wenigstens
etwas wiedergutzumachen. Damit will ich sagen, Ly – ich
möchte, daß Sie und die Jungen hier wohnen. Ziehen Sie ein,
und schreiben Sie Ihr Buch. Nutzen Sie die Räumlichkeiten
für Wohltätigkeitsveranstaltungen oder zu anderen Zwecken,
damit Sie Ihren Traum, anderen zu helfen, verwirklichen
können. Ich komme für alles auf, Sie brauchen sich um gar
nichts zu kümmern.«

»Aber das ist so ein riesiges Haus! Als ob ich im Radisson
als einziger Gast wohne!«

»Wenn Sie von reichen Leuten Geld zusammenbringen wollen, müssen Sie das von gleich zu gleich machen. Treten Sie zu ärmlich auf – wie Mutter Teresa –, werden sie mißtrauisch. Sie denken dann, Sie versuchen sie einzuwickeln – oder Sie handeln womöglich ganz planlos. In einer solchen Umgebung wie hier fühlen sie sich wie zu Hause und halten Sie für ihresgleichen. Glauben Sie mir, Ly, ich weiß, wovon ich rede.«

Das glaubte ich ihm ja – aber *trotzdem!*

»Wenn Ihr Buch fertig ist und Ihr Hilfswerk läuft und Sie sich dann in mich verlieben, ziehe ich hier ein, und wir heiraten. Was könnte es Besseres geben?«

»Was? Wovon sprechen Sie, Cliff? Sie sind ein verheirateter Mann!«

»Nein, stimmt nicht. Nancy ist nicht meine Frau, sondern Witwe, genau wie Sie. Ihr Mann war Polizist und ist im Dienst umgekommen. Wir haben uns in Tulsa kennengelernt, da hab ich sie und ihre Kinder unter meine Fittiche genommen, weil sie mir leid tat. Sie wollte nach Kalifornien übersiedeln und ein neues Leben anfangen, da hab ich's ihr eben ermöglicht.«

»Aber Sie leben doch als Ehepaar zusammen!«

Er zuckte die Achseln. »Ich geb's ja zu, auch ich fühle mich einsam wie jeder andere Mensch.«

»Ich weiß, was Sie meinen.« Trotzdem kam ich mir wie betäubt vor. So etwas konnte es doch nicht geben! »Das ist alles viel zu schön, um wahr zu sein. Da kann irgendwas einfach nicht stimmen!«

Doch Cliff war auf alles gewappnet. Er reichte mir eine weitere Geschäftskarte. »Das ist mein amtlich zugelassener Wirtschaftsprüfer – ein angesehener Bursche. Rufen Sie ihn an, wann immer Sie wollen. Er wird Ihnen alles erklären.«

»Ich weiß nicht, was ich sagen soll, Cliff ...« Ich war buchstäblich sprachlos. »Ich hoffe, Sie lassen mir ein paar Tage Zeit, das alles gründlich zu überlegen«, brachte ich schließlich hervor.

»Klar. Wir müssen 'ne Menge besprechen, und das ist jetzt nicht der geeignete Augenblick. Al und ich haben einen Termin bei der Bank zur Unterzeichnung des Kaufvertrags. Fahren Sie doch ins Hotel zurück und reden mit Ihren Söhnen über das Ganze. Lassen Sie sich soviel Zeit, wie Sie wollen.«

Als erstes rief ich vom Hotel aus Thomas an. »Es ist sehr wichtig. Sagen Sie mir bitte die Namen im Mietvertrag für das Haus in Escondido.«

»Gern.« Gleich darauf war er wieder am Apparat: »Clifford Parry und Nancy Mills. Was dachten Sie denn?«

»Wie lauten die Vermögensauskünfte?«

»Parry hat eine eigene Firma in San Bernardino. Er hat mir massenhaft Vermögensauskünfte geschickt, Steuerrückzahlungen – wieso? Was ist eigentlich los?«

»Alles und nichts. Vielen Dank, Thomas. Ich ruf Sie später wieder an.«

Am frühen Abend wählte ich die Nummer des prachtvollen Hauses, das wir besucht hatten. Eine Männerstimme meldete sich. »Hallo – spreche ich mit Al?«

»Ja.«

»Mein Name ist Le Ly – wir haben uns heute nachmittag kennengelernt?«

»Richtig – zusammen mit Mr. Parry. Wie geht es Ihnen?«

»Danke, bestens. Ich möchte Ihnen ein paar Fragen stellen, okay? Wann sind Sie Mr. Parry zum erstenmal begegnet?«

»Vor ungefähr drei Monaten. Er hat sich das Haus angesehen und erzählt, daß er von Oklahoma herzieht. Netter Kerl, aber besonders interessiert wirkte er nicht – bis letzte Woche. Da meldete er sich wieder und fragte, ob das Haus noch zu haben sei. Ich bejahte, so ein Objekt kann sich schließlich nicht jeder leisten. Wir wurden uns jedenfalls handelseinig und beauftragten meinen Grundstücksmakler mit der Erledigung der Formalitäten.«

»Was passierte dann? Haben Sie die Eigentumsübertragung eingeleitet?«

»Aber ja. Er hat Sie als Eigentümerin eintragen lassen. Das

Ganze beläuft sich auf eine halbe Million bar und ein geschätztes Darlehen von siebenhunderttausend. Er wollte auch die komplette Einrichtung drin haben. Es ist ein vorzeitiges Hochzeitsgeschenk, sagt er. Ein toller Knabe, oder?«

»Ja, das ist er. Okay, Al, vielen Dank für alles. Auf bald.«

Im November 1986 zog ich in die Villa in La Mesa ein. Das setzte eine Kette von Ereignissen in Gang, die ich bis zum heutigen Tag noch nicht verarbeitet habe. Sobald ich von Cliff abhängig wurde, sah ich ihn weniger denn je. Er reiste ständig herum, und ich erfuhr über die Häuser in Escondido und La Mesa Näheres meistens nur durch Nancy oder Al. Wenn Tommy an den Wochenenden kam, berichtete er über all die Umgestaltungen, die an dem alten Haus vorgenommen wurden – neuer Patio und neue Veranda und neue Landschaftsgärtnerei (einschließlich Wasserfall!) anstelle meines tropischen Gartens.

Wenn Cliff sich gelegentlich einmal in der Stadt aufhielt, kam er in der Villa vorbei und lud uns zum Dinner und einer Show ein oder zu einer Sportveranstaltung, für die er offenbar immer Plätze in der ersten Reihe hatte.

Kurz vor Weihnachten 1986 erschien er in der Villa zu einem ›offenen und ehrlichen‹ Gespräch. »Na, wie geht's denn voran mit dem Buch und der Stiftung?« erkundigte er sich.

»Ausgezeichnet – wie denn sonst?« Ich hatte endlich einen Agenten gefunden, und wir waren mit mehreren guten Autoren im Gespräch wegen der Ausarbeitung erstklassiger Exposés für große Verlage. Und ich hatte alles Erforderliche gelernt, wie man eine gemeinnützige Einrichtung in Kalifornien organisieren mußte.

Cliff lächelte – zufrieden, nachsichtig, *väterlich*. »Das ist ja prima«, sagte er. Dann wurde er ernst. »Wir müssen über einige Dinge reden, Ly – Dinge, die mir sehr wichtig sind. Erstens sollen Sie wissen, daß ich etwas länger als geplant mit Nancy zusammenbleiben werde. Sie findet sich nicht so schnell mit ihrem neuen Leben zurecht, wie ich gehofft hatte.

Aber keine Sorge, wir werden bald zusammensein. Wenn Sie und Ihr Wahrsager damit einverstanden sind, möchte ich den Termin für unsere Hochzeit auf den 7. März festsetzen. Wir werden die tollste Tet- und Verlobungsfeier veranstalten, die diese Stadt je erlebt hat! Sie können Ihre sämtlichen Freunde einladen. Danach beginnt unsere Romanze – der erste Tag unseres gemeinsamen Lebens. Na, wie hört sich das an?«

»Machen Sie sich um mich keine Gedanken, Cliff«, erwiderte ich, erleichtert, daß er nicht demnächst einziehen würde. Ich konnte mir nur eine Neuauflage meines Lebens mit Ed und Dennis vorstellen, und das Risiko wollte ich tunlichst vermeiden. Mit Fantasie und Wunschdenken lebte es sich viel leichter. »Ich komme gut zurecht. Was haben Sie sonst noch auf dem Herzen?«

Nach kurzem Schweigen antwortete er: »Ich möchte Ihnen von meinen Erlebnissen in Vietnam erzählen. Das wollte ich schon seit langem, aber ich hatte, ehrlich gesagt, nicht den Mut dafür.«

»Wieso brauchen Sie denn Mut, mir davon zu erzählen?« Ich legte ihm die Hand auf den Arm. »Ich habe den Krieg genauso mitgemacht wie Sie. Viele andere GIs haben mir von ihren Erlebnissen erzählt, und die meisten fühlten sich danach leichter. Zögern Sie nicht länger. Sie werden sich wundern, was ich verkraften kann.«

Er bekam feuchte Augen, als er anfing. »Ich hab mich 1965 freiwillig gemeldet, ich war damals blutjung, gerade einundzwanzig. Nach der Ausbildung kam ich nach Vietnam und wurde der Operation Phoenix zugeteilt. Wissen Sie, was das war?«

»Wie ich gehört habe, ein amerikanisches Programm, bei dem US-Berater, republikanische Agenten und Dorfpolizisten lokale Vietcong und VC-Sympathisanten umbrachten.«

»Genau. Wenn die Agenten der Regierung für ein bestimmtes Gebiet eine Namensliste erstellt hatten, wurde ich beauftragt, die Anführer zu töten.« Er verstummte, unschlüssig.

»Weiter – bitte.« Ich nahm seine Hand.

»Sie werden sich unschwer vorstellen können, Ly, daß ich schließlich eine ganze Menge Menschen getötet hatte. Manchmal drei bis vier in einer Nacht, gelegentlich sogar zwanzig. Meistens benutzten wir Messer, um jeden Lärm zu vermeiden. Wir schlitzten ihnen die Kehle auf und ließen sie dann im Dschungel verbluten. Aber das war noch nicht das Schlimmste. Manchmal folterten wir das Opfer zuerst – nicht, um Informationen zu kriegen, sondern weil wir die Schweinehunde zutiefst haßten. Wir schnitten ihnen die Ohren ab oder stachen ihnen die Augen aus und nahmen sie als Beweisstücke mit. Wenn uns einer richtig nervte, haben wir ihm den Pimmel abgeschnitten und in den Mund gestopft, bevor wir ihn umlegten. Unsere lokalen Agenten haben diese Morde immer dem VC angelastet, aber das haben ihnen wohl nicht viele Dorfbewohner abgenommen. Uns machte das nichts aus.«

Cliffs Stimme schwankte, er brach in Tränen aus. »Ich hab diese Arschlöcher gehaßt – nicht nur, weil sie Kommunisten waren und meine Kumpel töteten, sondern weil sie mich dazu brachten, ihnen das anzutun! Es war alles ihre Schuld! Es mußte ihre Schuld sein, sonst wär ich übergeschnappt! Vielleicht bin ich das sowieso!«

Er verstummte. Tränen strömten ihm über das Gesicht, und ich hielt ihn in den Armen – dieser hünenhafte, selbstsichere Millionär, der sich um jeden kümmern und die Welt verbessern wollte, war jetzt hilflos wie ein Säugling.

Cliff angelte sich sein Taschentuch und schneuzte sich. Als er sich wieder etwas gefaßt hatte, fuhr er fort: »Ich wurde jedenfalls so gut in dem Job, daß man mich zum CIA beorderte. Dort wurde eine bestimmte Auswahl getroffen – große Fische wie Cho Lon, ein reicher Chinese, der angeblich eine lokale VC-Einheit finanzierte. Der CIA saß damals mächtig in der Scheiße – Drogen, Waffenschmuggel, Mädchenhandel. Einmal hat ein anderer Agent die Vietnamesin, mit der ich zusammenlebte, aufs Kreuz gelegt. Uns war jeder außerdienstliche Kontakt mit Vietnamesen untersagt, da haben sie sie einfach abgemurkst – ihr den hübschen Hals von einem Ohr zum anderen aufgeschlitzt, halten Sie so was für möglich? Ich war auf hundert – richtig wütend. Das hab ich natürlich an meinem Job ausgelassen. Wenn ich auf einen angesetzt wurde, nahm ich nicht nur ihn ins Visier; Ich hab die Frau des armen Teufels, seine Kinder, die Haushälterin, den Gärtner und jeden, der das Pech hatte, in der Nähe zu sein, gleichfalls erledigt. Ich war in der Hölle, Ly, in der schieren Hölle. Aber ich hatte keine Ahnung, wie ich da rauskommen sollte. Ich konnte nur weitermorden, und je mehr ich umbrachte, desto besser wurde ich, und desto mehr Zielobjekte gaben sie mir. Wissen Sie, wie das ist, wenn man ein solches Geschäft betreibt? Es frißt einen innerlich auf.«

Er weinte einige Minuten lang, und ich hielt ihn nur fest. Mir fiel nichts ein, was ich hätte sagen oder tun können. In ihm war der ganze Krieg personifiziert: Täter und Opfer.

»Was wird mit mir geschehen, Ly?« schluchzte er. »Ich hab solche Angst.«

Ich klopfte ihm mütterlich auf den Rücken. »Das weiß ich nicht, Cliff. Sie sind Christ. Sie und Nancy gehen jeden Sonntag in die Kirche. Vielleicht könnten Sie beichten und bei Ihrem Gott Vergebung finden. Ich als Buddhistin kenne nur die Gesetze von Ursache und Wirkung: *Soi giay oan cuu, nghiep chuong nang me.* Sie haben sehr schlechtes Karma erzeugt, und Ihre Seelenschuld wird fällig, wenn nicht in diesem Leben, dann in einem nächsten.«

»Ja!« Er sah hoch und trocknete sich die Wangen. »Jetzt wissen Sie, woher das alles kommt – das große Haus, der Luxuswagen, Hilfe für Nancy und ihre Kinder, Hilfe für Sie. Das ist der einzige Weg, den ich kenne, um Unrecht wiedergutzumachen.«

Ich drückte ihn wieder fest an mich und schlug einen etwas anderen mütterlichen Ton an. »Cliff, ich verstehe das ja, aber ich denke, Sie liegen falsch. Wenn Sie mir helfen wollen – helfen, mein Buch zu vollenden und ein Hilfswerk zu organisieren –, ist das prima. Aber für meine Aufgabe brauche ich nicht in einer Villa zu wohnen. Sie erfordert keinen großen Wagen. Das Zuhause für meine Aufgabe ist die Welt, als Transportmittel dienen ihr die Herzen und Gedanken der Menschen. Verstehen Sie?«

»Ich versuch's, Ly. Ich will es wirklich versuchen.« Cliff beruhigte sich und wusch sich das Gesicht. Das Telefon klingelte; es war für Cliff, ganz ungewöhnlich in der Villa. Als er zurückkam, sagte er: »Ich muß gehen. Es ist was Unerwartetes passiert, vielleicht dauert's 'ne Weile, bis ich wiederkomme. Ich bin wirklich froh, daß wir dieses Gespräch hatten, Ly. Vielen Dank. Wir unterhalten uns später weiter.«

Ich hatte inzwischen gelernt, keine Fragen zu stellen, wenn Cliff verschwand.

Am 30. Dezember 1986 veranstalteten wir eine Weihnachts- und Verlobungsfeier für rund hundert Personen. Alle meine Freundinnen kamen, wir lachten und weinten wie die kleinen Kinder, die wir vor dem Krieg waren. Ich war Aschenputtel auf dem Ball, hatte aber vergessen, was nach Mitternacht geschieht.

Ein paar Tage später rief Cliff an. Ich meldete mich fröhlich, doch er klang fürchterlich. »Tut mir leid, Prinzessin«, keuchte er. »Die Dinge sind aus dem Ruder gelaufen.«

»Wovon redest du?« Mir stockte der Atem. »Wo bist du?«

»Kann ich dir nicht sagen. Nur daß ich in einem Krankenhaus bin. Ich wurde von ein paar Typen zusammengeschlagen.«

»Was? Was ist passiert? Bist du überfallen worden? Weiß Nancy Bescheid?«

»Um Himmels willen – nein! Und sie darf nie was erfahren – davon, von Vietnam, von allem. Sie ist nicht so stark wie du, Ly.«

»Was ist passiert?«

»Kann ich dir jetzt nicht sagen. Vielleicht später. Ich wollte dich bloß wissen lassen, daß ich okay bin – wollte deine Stimme wieder hören. Ich liebe dich.«

Er hängte ein.

Mir schossen sämtliche grauenhaften Möglichkeiten durch den Kopf, die ich in den vergangenen Wochen sorgfältig verdrängt hatte. *War Cliff irgendwie immer noch mit dem CIA liiert? Hatte er sich womöglich sogar mit seinen ehemaligen Partnern zusammengetan, die sich nach dem Krieg als Söldner verdingten, Waffen und Drogen schmuggelten und gegen Bezahlung Menschen umbrachten?* Das wäre gewiß eine hinreichende Erklärung für das viele Geld und seine langen, geheimnisumwitterten Exkursionen. Es würde ebenfalls erklären, wieso man ihn zusammenschlug und er sich versteckt halten mußte. So heftig ich mich auch bemühte, ich konnte mir keine harmlose oder auch einfache Erklärung vorstellen für das Verhalten dieses merkwürdigen, vielschichtigen Mannes.

Was noch schwerer wog – für meine Söhne und mein eigenes Karma –, ich hatte mich von Cliff abhängig gemacht und damit mich selbst und die Zukunft meiner Mission mehr und mehr in seine Gewalt gegeben, und meine Fähigkeit, meine Situation klar und deutlich zu sehen, war durch diese Abhängigkeit getrübt. Ich brauchte Beratung, und zwar schnell. Zur Polizei oder zum FBI konnte ich nicht gehen – ich hatte keinerlei Beweise, nur mein eigenes schlechtes Urteilsvermögen und mein Wunschdenken. Ich kam zu dem Schluß, daß ich am besten bei meinem Mönch anfangen sollte.

Ich rief im Tempel an und bat meinen *su* um seinen Besuch. Er dürfte Schwierigkeiten haben, meine unglaubliche Geschichte zu glauben, das war mir klar und ebenso, daß die riesige, leere und jetzt bedrohlich wirkende Villa ein beredtes Zeugnis für den Wahrheitsgehalt dieser bizarren Episode abgeben würde.

Nach einer raschen Besichtigung der eleganten, sterilen Räume zogen wir uns in mein Refugium zurück, wo mein Schreibtisch sowie Schreibmaschine und Schrein standen – den Raum, in dem ich nicht nur arbeitete und las, sondern jetzt auch oft schlief und meine Mahlzeiten einnahm. Wir beteten und meditierten eine Zeitlang, dann berichtete ich ihm alles, was ich über Cliff wußte.

»Was wird seiner Seele widerfahren, Meister?« schloß ich. »Ich bin sehr beunruhigt. Sein schlechtes Karma hat ihn jetzt anscheinend eingeholt. Meiner Meinung nach mache ich alles nur noch schlimmer für ihn und für mich.«

»Zuerst, *phat tu,* mußt du selbst mit deinem verstörten Geist Frieden schließen. Darüber haben wir schon früher gesprochen, vielleicht siehst du das erst jetzt richtig ein. Haß und Gewalt –Vergewaltigung und Mord – sind ebenso Teil des natürlichen Universums wie Geburt und Güte. Jedes ist zugleich eine Lehre an sich und Gegenstand für künftige Lehren. Ein Mensch, der tötet, wird selber durch Mord bestraft werden, wenn er nicht die Lektion der Gewaltlosigkeit lernt. Deshalb sollten wir Diebe und Mörder niemals hassen, sondern ihnen unser Mitgefühl und Gelegenheit bieten, etwas über Wachsen und Geben zu lernen.«

Wie so häufig war der Rat des Mönchs unzweifelhaft richtig, bot jedoch keine Lösungen. Ich beschloß, Annie zu befragen, die Cliff von Anfang an kannte. Nachdem sie meine Geschichte gehört hatte, war sie fast ebenso alarmiert wie ich.

»Garantiert ist er in irgendeine illegale Sache verwickelt«, meinte sie. »Du solltest mit meinem Verlobten reden. Er ist Privatdetektiv und weiß bestimmt, was da zu tun ist.«

Leider entfachte dieser Jack meine schwelenden Ängste erst richtig. Er untersuchte das Haus mit elektronischen Geräten auf ›Wanzen‹ (es gab keine) und zitierte sogar einen Leibwächter herbei, einen Hünen mit zwei Maschinengewehren!

Das war entschieden zuviel.

»Es reicht«, schrie ich. »Raus mit euch!«

Im gleichen Augenblick rief Cliff an, »nur um sich nach uns zu erkundigen«, aber ohne nähere Angaben, wo er sich befand und was er machte. Ich teilte ihm mit, daß ich so nicht mehr leben könne und ihn nicht wiedersehen wolle, solange er nicht bereit sei, mir reinen Wein einzuschenken. Danach

rief ich Al an und informierte ihn, daß ich höchstwahrscheinlich ausziehen würde. Er klang enttäuscht, räumte indes ein,
daß Cliff seine geschäftlichen Angelegenheiten schon auf eine
recht ›ungewöhnliche‹ Art zu handhaben pflege. Trotzdem
wollte er den Verkauf durchziehen und erinnerte mich daran,
wie großzügig sich Cliff mir und meinen Söhnen gegenüber
verhalten habe.

»Ich finde, Sie sollten ihm eine Chance geben, bevor Sie
überstürzte Schritte unternehmen.«

Um zwei Uhr früh läutete das Telefon. Cliff.

Seine früher kräftige, selbstsichere Stimme klang gebrochen. »Ly, ich rufe an, um dir Lebewohl zu sagen. Du hörst
heute zum letztenmal von mir. Ich erhoffe mir für dich und
die Jungen ein glückliches Leben. Und ich hoffe, daß sich all
deine Träume verwirklichen. Meine haben's nicht getan. Es
ist an der Zeit, sich zu verabschieden.«

Die Leitung war tot. Ich hatte keine Ahnung, von wo Cliff
anrief oder was sein dramatischer ›Abschiedsgruß‹ bedeutete.
Wollte man ihn ermorden, mußte er fliehen oder was sonst?
Doch ich kannte jemanden, der vielleicht wußte, wo er steckte
und was eigentlich los war – eine Person, die auf Cliffs Bitte
schon allzu lange ›herausgehalten‹ wurde. Trotzdem mußte
ich vorsichtig sein.

Ich rief einen alten Freund in Escondido an und fragte ihn,
ob er wohl in unserem früheren Haus nach dem Rechten
sehen könnte. Ich befürchtete da Schwierigkeiten und wüßte
gern, wie es Nancy ging.

Eine Stunde später rief er zurück. »Sie hatten recht, Ly. Da
unten hat's 'ne Masse Ärger gegeben. Ich hab gerade mit Pastor Sam gesprochen, der ist bei der Familie. Mr. Parry liegt
offenbar im Krankenhaus. Er hat einen Selbstmordversuch
gemacht.«

Ich bedankte mich. Die Krise schien zwar vorbei zu sein,
das Rätsel aber blieb nach wie vor ungelöst. Ich wollte Nancy
nicht belästigen, mußte andererseits unbedingt eine Antwort
finden, was ich mir für den folgenden Nachmittag vornahm.

Am nächsten Morgen weckte mich ein Hämmern an der Haustür. Al. »Wo zum Teufel steckt Cliff?« fragte er.

»Im Krankenhaus. Wieso?«

»Nichts, was Sie betrifft, zumindest vorläufig«, erwiderte er brüsk. So außer sich hatte ich Al noch nie erlebt, schon gar nicht über Cliff. »Warum ist er im Krankenhaus?«

»Offenbar hat er versucht, sich umzubringen. Vielleicht sollten Sie mir lieber sagen, was eigentlich los ist, Al. Bitte – kommen Sie rein und trinken Sie einen Kaffee. Beruhigen Sie sich und lassen Sie uns zusehen, ob wir das Knäuel nicht gemeinsam entwirren können.«

Als Geschichte war kurz, aber alles andere als erfreulich. »Tja, Ly, die Transaktion mit der Villa hier ist gestorben. Alles läuft wieder auf meinen Namen, auch der Titel auf Ihr altes Haus in Escondido.«

»Was? Cliff und ich haben die Sache mit dem Haus bis jetzt noch nicht abgeschlossen. Es gehört nach wie vor mir! Auch wenn bei Cliff was passiert ist und Sie Ihre Meinung über dieses Geschäft geändert haben – das Haus in Escondido hat damit gar nichts zu tun!«

»Leider doch. Cliffs Scheck ist geplatzt. Ich habe Verluste und Forderungen – Schadenersatzansprüche. Daher habe ich die Pfändung von Cliffs Vermögenswerten veranlaßt. Laut Auskunft der Verwaltung ist Ihr Haus einer dieser Vermögenswerte.«

Sobald Al gegangen war, rief ich bei der zuständigen Behörde an. »Ja«, bestätigte der Beamte, »Mr. Parry war hier mit einer beglaubigten Aufstellung Ihrer Bank über seine Anzahlung auf das Haus in Escondido – rund fünfundzwanzigtausend Dollar. Wir haben die Eigentumsübertragung am 19. Dezember abgeschlossen. Erinnern Sie sich, Sie haben ihm eine schriftliche Handlungsvollmacht erteilt. Wieso – stimmt irgendwas nicht?«

Wie betäubt rief ich Pastor Sam an, der sich seit Cliffs Selbstmordversuch dauernd bemüht hatte, mich zu erreichen. Sam war außerdem Vietnam-Veteran und Eheberater, und ich habe ihn immer für offen und ehrlich gehalten. Wir trafen uns in seinem Haus in Escondido.

»Wir müssen über vieles reden, Ly«, begrüßte er mich. »Über Cliff, über das, was er Ihnen und Ihren Kindern angetan hat und warum.«

»Das weiß ich doch!« Ich bemühte mich nicht einmal, meinen Zorn zu verbergen. »Er hat jeden belogen und mein Eigentum gestohlen!«

»Ja, und das bereut er zutiefst. Mehr, als Sie glauben. Dies ist sein zweiter Selbstmordversuch, müssen Sie wissen. Den ersten hat er vor ein paar Wochen gemacht.«

Das erklärte seinen seltsamen Anruf aus dem Krankenhaus!

»Nun schämt er sich aber zu sehr über das, was er getan hat, um Ihnen die Zusammenhänge persönlich zu erklären. Er hat mich gebeten, das für ihn zu übernehmen in der Hoffnung, daß Sie ihm verzeihen.«

»Nur zu, Sam, lassen Sie mich die ganze Geschichte hören.« Offensichtlich war Cliff ein professioneller Hochstapler – ein pathologischer Lügner und Betrüger – mit einer langen Liste angenommener Namen. Verklagt hatten ihn Ärzte, Landschaftsarchitekten, drei Banken, eine Versicherungsgesellschaft und der Besitzer des großen Hauses in La Mesa – und das allein in Kalifornien. Seinen aufwendigen Lebensstil finanzierte er dadurch, daß er zur Kostendeckung eines Geschäfts immer die Aktiva aus dem vorangegangenen benutzte. Als ihn das alles schließlich einholte, versuchte er, sich das Leben zu nehmen. Es war eine alte Geschichte, so alt wie Krieg und Geld und Korruption, ich konnte es nicht fassen, daß ich da prompt hineingeschlittert war – diesmal als Opfer. Sam beantwortete mir alle Fragen bis auf eine, die für mich vielleicht die wichtigste war.

»Sagen Sie, Sam, war Cliff jemals in Vietnam?«

Er zuckte die Achseln. »Wer weiß? Er ist ein perfekter Lügner.«

Ich spürte, wie sich etwas in mir löste. Cliff, oder wie

immer er in Wirklichkeit hieß, mochte eine Menge in seinem Leben zu bereuen haben, aber vielleicht hatte das Abschlachten meiner Landsleute nicht dazu gehört. Ich konnte nur hoffen und beten, daß auch seine Kriegsgeschichten erlogen waren – aber wer konnte da schon sicher sein?

Von Sam fuhr ich direkt zu meinem Tempel. Ich erzählte meinem Mönch alles, was seit unserer letzten Begegnung geschehen war.

»Nun, *phat tu*, wie fühlst du dich?« fragte er.

»Gut, weil Cliff vielleicht doch kein Mörder ist. Aber ich komme mir auch dumm vor, weil ich auf Schmus und honigsüße Worte reingefallen bin, über die ich in Da Nang bloß gelacht hätte. Cliff hat meine sämtlichen Schwächen durchschaut und verstand es eben, damit sein Spiel zu treiben. Man nehme ein armes Bauernmädchen und schenke ihr eine Villa – klarer Fall. Oder eine, die einen Kreuzzug führt, um die Welt zu retten, und der biete man eine traurige Kriegsgeschichte mit dem Versprechen, ihre Träume zu verwirklichen. Oder eine Mutter, die sich um ihre vaterlosen Söhne sorgt, und denen gebe man Gemeinschaft und Freikarten für Sportveranstaltungen. Ich war eine Törin, Meister, und habe jede Lehre mißachtet, die mir das Leben erteilt hat. Ich habe jetzt nur eine einzige Frage – warum? Warum ist das mir widerfahren, und warum habe ich das mitgemacht?«

Der Mönch tadelte mich nicht wie ein Lehrer, sondern sprach sanft und tröstlich wie eine Krankenschwester. »Vielleicht hattest du in diesem Bereich eine Seelenschuld zu begleichen, mein Kind. Vielleicht warst du in einem früheren Leben eine Hochstaplerin. Wichtig ist jetzt allerdings, wohin dich das gebracht hat. Prüfe dein Inneres. Ist je ein Mann in dein Leben getreten, der dir nicht eine Lehre zu erteilen hatte: Soldaten in deiner Jugend? Deine Ehemänner? Dan? War eine dieser Lehren so bitter, daß du diesen Männern nicht später dafür gedankt hast für ihre Hilfe, dich zu befreien von *soi day oan nghiep* – deiner karmischen Seelenschuld?«

Vom Tempel fuhr ich an den Strand in Del Mar, der fast

menschenleer war. Ich befolgte den Rat des Mönches und dachte über alle Männer in meinem Leben nach und über die Lehre, die sie mir erteilt hatten. Yin und Yang, Liebe und Haß, Frau und Mann – Kräfte, die nur zusammen ein Ganzes bilden. Nach dieser Ganzheit hatte ich mein ganzes bisheriges Leben gesucht.

Außerdem hatte ich mit schlechtem Karma zu kämpfen. Auch wenn ich in früheren Leben weder Soldat war noch gefoltert, vergewaltigt oder betrogen hatte, so bewahrte mich doch jeder Mann mit diesen Merkmalen, dem ich begegnete, vor noch Schlimmerem. Die republikanischen und Vietcong-Soldaten mißbrauchten mich, doch sie brachten mich auf einen Weg, abseits vom Krieg. Anh nutzte mich aus, aber er brachte mich auf einen Weg, der zu Ed und nach Amerika führte. Weil ich als junges Mädchen Liebe und Geborgenheit in einer Familie gekannt hatte, empfand ich ihren Verlust in diesem fremden Land nur noch stärker und ließ es zu, daß das, was ich gelernt hatte, von diesem Schmerz überdeckt wurde. Dan befreite mich von meinem Irrtum bei Ed und lehrte mich, als Frau zu lieben, doch wenn wir zusammengeblieben wären, hätte mich sein schlechtes Karma einen Schritt nach rückwärts in Richtung Krieg geführt. Dennis hielt mich, trotz all unserer Probleme, von Dan fern, und dafür kann ich ihm nur danken. Verdient Cliff, der mir eine letzte Lektion über Vertrauen und Güte erteilte, weniger Dankbarkeit?

Jeder Mensch sucht etwas, das sein Leben zu einem Ganzen macht. Ich meinte, einen Mann zu brauchen, um die durch den Verlust meines Heimatlandes, meiner Familie, meiner Unschuld verursachte Lücke zu schließen. Was ich dabei nun entdeckte, war das Wesen meines wahren höheren Ichs: daß es mein Karma ist, die Menschheit mehr zu lieben als einen bestimmten Mann. Diese Erkenntnis verwandelte die Männer in meinem Leben nicht etwa in Heilige, machte mir indes klar, daß sie auch keine Teufel waren. Ich fuhr nach Hause und versammelte die Jungen zum Familienrat.

»Die Polizei sagt, wir waren nicht die einzigen, die Cliff

hereingelegt hat«, teilte ich ihnen mit. »Sie will wissen, ob ich Anklage zu erheben gedenke. Ihr seid jetzt alle erwachsen genug, um mir zu sagen, was ich eurer Meinung nach tun soll.«

Jimmy, mit Zwanzig der Älteste, antwortete als erster: »Ich denke, das lohnt sich nicht. Cliff hat kein Geld mehr, und selbst wenn du den Prozeß gewinnst, was hast du davon? Im Vergleich zu seiner Familie geht's uns doch recht gut. Wir haben noch zwei Häuser und einen Wagen und ausreichend zu essen. Erinnerst du dich noch, wie dir zumute war, als du aus Vietnam zurückkamst?«

Jimmys Sicht deckte sich völlig mit meiner, aber ich wollte auch meine beiden anderen Söhne zu Wort kommen lassen. »Tommy?«

Sein hübsches Gesicht verdüsterte sich. »Ich finde, wir sollten ihm die Autoreifen aufschlitzen und die Fenster einwerfen. Ich hasse die Parrys! Wir sollten es ihnen wirklich heimzahlen!«

Ich unterbrach ihn nicht, sondern ließ seinem Kampfgeist und dem jugendlichen Überschwang freien Lauf. Als er fertig war, wandte ich mich dem zwölfjährigen Alan zu.

Er blickte auf, mit traurigen Augen, wie ein kleiner alter Mann, und sagte: »Ich weiß nicht, Mom. Haben wir denn nicht schon genug Schwierigkeiten? Ich finde, wir sollten uns nicht noch mehr machen.«

Mir traten die Tränen in die Augen – Tränen der Hoffnung und Liebe und Dankbarkeit. Wie viele unnötige karmische Leiden hatten Dennis und Cliff dem kleinen Alan erspart? Ich begann zu ahnen, daß der Körper meines jüngsten Sohnes eine sehr alte Seele beherbergte.

»Dann hätten wir also entschieden«, sagte ich und trocknete mir die Augen. »Wenn wir gegen Cliff vorgehen, halten wir nur alte Wunden offen. Es wäre klüger, unseren Kummer zu begraben und neu anzufangen. Jedesmal, wenn wir das früher so gemacht haben, ist es uns besser ergangen, stimmt's?«

Die Jungen pflichteten mir bei, auch Tommy.

Al ließ uns aus der großen Festung in La Mesa exmittieren, genauso wie Nancy und ihre Kinder aus meinem alten Haus in Escondido. Ich ließ ihm das Eigentumsrecht an dem Haus, nur um den diversen Pfändungsbeschlüssen und Schulden zu entgegen, auch der größten von allen: Cliffs Seelenschuld, *soi day oan nghiep*. Die Parrys zogen zu Pastor Sam und lebten von der Mildtätigkeit ihrer Nachbarn. Cliff sah sich bald mit zivil- und strafrechtlichen Folgen seiner Handlungen konfrontiert. Alle seine Opfer und Gläubiger, bis auf einen, zogen ihn erbarmungslos zur Rechenschaft, preßten auch noch den letzten Cent aus ihm heraus und brachten ihn für lange Zeit ins Gefängnis.

Die eine Ausnahme war ich.

Ich verkaufte mein Haus in San Diego und erwarb ein kleineres in den Bergen von Escondido. Es war nicht allzu weit von unserer früheren Umgebung entfernt, aber mit Blick auf ein ausgedehntes Panorama. Außerdem lag es in der Nähe einer alten indianischen Grabstätte, und deren große spirituelle Energie gab meiner müden Seele neue Kraft und Inspiration.

Aschenputtel hatte sich in ihr Urbild zurückverwandelt. Aber für ein altes Bauernmädchen aus Da Nang war das eigentlich gar nicht so schlecht.

10
GEISTER DER VERGANGENHEIT

Die Episoden mit Dan und Cliff überzeugten mich, daß ich mehr über ›Ursache und Wirkung‹ lernen mußte – lernen, die Dinge so zu sehen, wie sie wirklich waren, wenn ich tatsächlich die Menschheit zum Gegenstand meiner Liebe, zu meinem Lebensgefährten machen wollte.

Ich begann, vieles klarer zu sehen, darunter auch, was die Kunst ausmacht, ein Buch zu schreiben und ihm Seele einzuhauchen. Wenn ich Jimmy die Rohfassung meiner Geschichte diktierte, durchlebte ich jeden Augenblick von Qual und Schrecken noch einmal. Doch das den Lesern zu vermitteln, erforderte mehr, wie die Reaktionen der verschiedenen Verlage zeigten. Mehrere Versuche, einen Schriftsteller zu finden, der meinen Intentionen angemessenen Ausdruck verleihen konnte, waren gescheitert, bis ich schließlich Jay Wurts traf. Er war etwa in meinem Alter, aber mit einer sehr ›alten Seele‹ – ein Mensch, der, zumindest in meinen Augen, hinreichende karmische Zyklen erlebt hatte, um das Wesentliche an meiner Geschichte zu erfassen, sie nachzufühlen und in Worte zu kleiden.

Während unser überarbeitetes Exposé in den Verlagen geprüft wurde, richtete ich meine ganze Energie auf die Stiftung. Ich lernte eine Menge dazu über die verschiedenen Aufgabengebiete von Wohltätigkeitseinrichtungen und fand nah und fern tatkräftige Unterstützung. Allein oder mit Freunden besuchte ich Vorträge der verschiedensten humanitären Organisationen. Wenn irgend möglich, half ich mit bei Wohltätigkeitsveranstaltungen – Dinners, Seminaren, Aufführungen –, um etwas über die Effizienz der einzelnen Institutionen zu erfahren.

Einmal hörte ich den Vortrag eines alten Mannes, der sich dafür einsetzte, daß Mütter gegen Kernwaffen protestieren sollten. Er sprach vieles aus, was ich seit zwanzig Jahren gedacht hatte: daß Mütter als Hüterinnen des Lebens auf diesem Planeten fungieren, daß ihre Söhne und Töchter nicht als Faustpfand in den tödlichen Kämpfen ehrgeiziger Männer benutzt werden dürften. Zu meinem Erstaunen erfuhr ich, daß dieser freundliche Alte, der mit solchem Nachdruck sprach, während des Vietnam-Krieges *fünfmal* inhaftiert wurde wegen ganz ähnlicher Äußerungen. Vor allem lernte ich von Dr. Benjamin Spock, daß man ins kalte Wasser springen muß, um Aufmerksamkeit zu erregen – daß das Böse nur durch Untätigkeit der Gutwilligen gedeihen kann.

Außerdem faszinierte mich eine Gruppe, die sich Youth Ambassadors of America (YAA) nannte und sich für ›Bürger-Diplomatie‹ einsetzte – um die Beziehungen zwischen den Vereinigten Staaten und der Sowjetunion durch direkte zwischenmenschliche Kontakte zu verbessern. Unmöglich, in den Vereinigten Staaten zu leben und nicht zu wissen, daß viele das ›Reich des Bösen‹ der Sowjets als Ursache der meisten Übel in der heutigen Welt ansahen. Ich hatte immer noch keine klare Vorstellung vom ›Kommunismus‹, außer da er offenbar gegen das System war, das mir ein besseres Leben in den Vereinigten Staaten ermöglichte, und daß ihn die Redefreiheit, die wir genossen, schreckte. Wenn ich durch die Verhältnisse gezwungen wurde, mein Hilfswerk für Vietnam in Zusammenarbeit mit (oder zumindest ohne Behinderung seitens) einer kommunistischen Regierung zu betreiben, dann sollte ich wohl etwas mehr darüber wissen. Was könnte da lehrreicher sein als ein direkter Kontakt mit dem Volk, das dieses System erfunden hatte?

Die für die Teilnahme an einer Lehrer-Delegation in die westliche Sowjetunion erforderlichen dreitausend Dollar rissen ein großes Loch in meine Ersparnisse, doch die dabei zu gewinnenden Einblicke und Kontakte ermutigten mich, das Risiko einzugehen (oder rechtfertigten zumindest den Leichtsinn!).

Die Reiseroute von YAA führte über Finnland. Ich hatte zwar den Rat bekommen, mich warm anzuziehen, doch die Definition von Kälte war bei unseren Moskauer Gastgebern und einem kalifornischen Touristen ebenso unterschiedlich wie die beiden Regierungssysteme. Die Folge war, daß ich Rußland die meiste Zeit nur hinter vereisten Fenstern von Zügen, Bussen und Hotels zu Gesicht bekam.

Wie jede andere Nation schien auch die Sowjetunion durch ihre Kriege geprägt worden zu sein – insbesondere durch den Zweiten Weltkrieg. Während meine Landsleute und die Franzosen den Japanern Widerstand leisteten (oder sich unter ihrer Herrschaft abrackerten), opferten die Sowjets eine ganze Generation, um Hitlers Kriegsmaschinerie Einhalt zu gebieten. Nur wenige Länder hätten die Verluste und die Not erdulden können, die ihnen der Große Vaterländische Krieg abverlangte – und die sich nicht nennenswert von den Opfern und Entbehrungen unterschieden, die den Vietnamesen in den Auseinandersetzungen mit Franzosen und Amerikanern auferlegt wurden.

In Leningrad und Moskau bot sich das gleiche Bild: saubere Straßen, unermüdliche Arbeiter, imposante, aber seelenlose Bauten, lange Schlangen vor und leere Regale in den Geschäften. Bei jedem Aufenthalt trafen wir mit Familien zusammen und wurden von ihnen mit Speisen und Getränken bewirtet, die sie sich vom Munde absparen mußten. Das wahre Geschenk, das sie uns machten, war jedoch ihre Freundschaft. Unsere hübsche russische Reiseleiterin, die gerade von einer Tour durch Amerika zurückgekehrt war, faßte es am besten zusammen:

»Amerikanerinnen sind reizend, aber sehr verwöhnt. Sie gleichen niedlichen kleinen Kindern, die gar nicht wissen, was sie haben, bis sie ohne das auskommen müssen. Den Männern wiederum steht es frei, alles zu sagen oder zu tun, was sie wollen, doch sie tun wenig, sondern bleiben zu Hause und beschweren sich über die Regierung. Glauben Sie mir, Freiheit, die nicht genutzt wird, ist gar keine. Warum sie sich selbst zu Gefangenen ihrer eigenen Trägheit machen, ist mir schleierhaft.«

Höhepunkt der Reise war für mich der Besuch von mehreren Schulen und danach ein Treffen mit zwei ranghohen Funktionären. Zu meiner Überraschung boten die Kinder fehlerlose Kurzfassungen von *Pinocchio* und dem *Zauberer Oz*. Sie trugen ordentliche marineblaue Uniformen mit roten Halstüchern und wollten sehr viel über Amerika wissen. Wir hatten Gelegenheit, zahlreiche Mißverständnisse und falsche Vorstellungen über unser Land zu klären, die das Fernsehen sowohl in den Vereinigten Staaten wie in der Sowjetunion hervorgebracht hatte. Die Nachrichtensendungen und Filme, die Demonstrationen, Schlangen von Arbeitslosen, Festnahmen von Drogenhändlern und Massenmördern zeigten, seien beachtenswert, weil es sich um Ausnahmen handele, sagten wir ihnen. Unserer Meinung nach spreche es für das amerikanische Volk, daß es sich seine Schwierigkeiten und nicht seine Errungenschaften offen vor Augen hielt, damit die Probleme gelöst werden konnten und nicht in Vergessenheit gerieten.

Die Hauptschwierigkeit beim sowjetischen Fernsehen liege darin, erzählten uns die Lehrer, daß es über wirkliche Probleme nicht berichtete, um statt dessen das Volk als ›eine große, glückliche Sowjetfamilie‹ darzustellen. Ich erkannte jetzt, daß in Vietnam das gleiche ablief, und das nicht nur wegen der Kommunisten. Es ist eine alte östliche Tradition, Mißhelligkeiten ›in der Familie‹ zu belassen – *tot khoe xau che* –, nur das Gute vorzuzeigen und das Schlechte zu kaschieren. Zum erstenmal würdigte ich die Bedeutung der qualvollen Nachrichtensendungen richtig, die ich mir bei den Munros auf dem Höhepunkt des Vietnam-Krieges angesehen hatte. Probleme, die von der Bildfläche verschwanden, gerieten rasch in Vergessenheit, womit keinem gedient war, außer den Unruhestiftern, die davon profitieren, egal, in welchem Land.

In dem anschließenden Treffen mit den Regierungsbeamten stellten wir Fragen und tauschten Ansichten über mehr allgemeine Themen aus: Wirtschaftsreform, Kulturaustausch, Krieg und Frieden. Ich fragte unsere Gastgeber: »Ich bin eine vietnamesische Amerikanerin und im Kriegsgebiet aufgewachsen. Neulich kam ich von einem Besuch in meinem Heimatland zurück, erschüttert über die Armut dort. Während des Krieges gab Amerika Milliarden Dollar an den Süden für Waffen und Unterstützung, und Sie lieferten Waffen und Nachschub an den Norden für Milliarden Rubel. Jetzt findet eine deutliche Verbesserung der Beziehungen zwischen den USA und der Sowjetunion statt. Meine Frage lautet: Was geschieht mit Vietnam? In beiden Ländern erinnert man sich anscheinend nicht mehr an die Vietnamesen – keiner möchte ihnen helfen, jetzt, da der Krieg vorbei ist.«

Ein Funktionär rechtfertigte sich: »Wir tun unser Bestes – wir entsenden immer noch Hilfsgüter und Berater –, aber Sie sehen ja, wir haben selber unsere Probleme. Ihre Wahlheimat hingegen verweigert nicht nur Hilfe, sondern stellt sich Nationen, die es versuchen wollen, massiv in den Weg. Amerika hindert die Weltbank, den Vietnamesen Darlehen zu gewähren, und hält seine Verbündeten davon ab, Handel mit dem ehemaligen Feind zu treiben. Vielleicht könnten Sie als amerikanische Staatsbürgerin ihre Regierung dazu bringen, ihre Politik zu überprüfen. Wir würden nichts lieber sehen, als wenn unsere alten Freunde in Vietnam und unsere neuen Freunde in Amerika sich die Hand reichen und ihre alten Schwierigkeiten vergessen würden, wie sie es mit den Deutschen und den Japanern gemacht haben.«

Mir war klar, daß zwei Beamte noch keine Regierung ausmachen und ein paar Schulkinder und ›genehmigte Gastfamilien‹ nicht repräsentativ für ein Volk sind. Doch wir alle nahmen den gleichen grundlegenden Eindruck mit: daß der Kalte Krieg eine Erfindung von Generälen und Politikern war, nicht von Bauern, Arbeitern und Kaufleuten. Kommunismus und Kapitalismus – keiner von beiden war besser oder schlechter als die Menschen, die im jeweiligen System regierten oder es tolerierten. Sich selbst überlassen, weiß jeder Durchschnittsmensch sehr wohl, was für ein besseres Leben erforderlich ist. Ich habe auf beiden Seiten noch nie die Meinungsäußerung gehört, Krieg und Haß seien die notwendigen Ingredienzen.

Zurück in San Diego, meldete ich mich beim YAA als Sponsorin für einen Amerika-Aufenthalt von zwei Kindern aus der Sowjetunion. Da ich die Kosten von dreihundert Dollar nicht selber ausbringen konnte, war dies ein erster Eignungstest für mich als Spendensammlerin, bei dem ich zu meiner Freude viel Unterstützung fand.

Iwan und Nikolaus waren zwei Teenager, die man nicht wegen ihrer brillanten Englischkenntnisse zu Demonstrationszwecken ausgewählt hatte, so daß ihre Begegnung mit Amerika meiner Meinung nach echt und verhältnismäßig vorurteilsfrei ausfallen dürfte. Sie unternahmen Besichtigungstouren und wohnten zwei Wochen mit mir, Tommy und Alan zusammen (genau wie unsere Pflegekinder!). Doch im Gegensatz zu unseren vietnamesischen Schützlingen paßten sie mit ihren blonden Haaren, den blauen Augen und den neuen amerikanischen Sachen ohne weiteres zu den einheimischen Surfern an den warmen Stränden von San Diego, die sich neben den reich ausgestatteten Supermärkten als größte Attraktion erwiesen. Jimmy veranstaltete für sie eine Abschiedsparty im Haus eines Freundes in Del Mar, und sie nahmen zwei greifbare Zeichen für das angebrochene Tauwetter im Kalten Krieg mit in ihre Hauptstadt: ein Paar Baseballmützen von den San Diego Padres sowie einen Ball und einen Schläger um den ›großartigen amerikanischen Zeitvertreib‹ in Moskaus frostigen Parks zu organisieren.

Kurz vor Neujahr 1987 teilte mir mein Agent telefonisch mit, daß unser Exposé angenommen sei.
Mein Buch war angenommen!

Ich brach weinend zusammen. All die Menschen, die stumm litten – nicht nur ich und meine Angehörigen, sondern die vietnamesischen Bauern im ganzen Land –, würden endlich Gehör finden. Ob meine Geschichte von irgendwelchen wichtigen Leuten zur Kenntnis genommen wurde oder nicht, ob sich mein Leben dadurch verändern würde oder nicht, ob ich sie selber gedruckt sehen würde oder nicht, war unerheblich. Es zählte nur, daß meine amerikanischen ›Brüder und Schwestern‹ – Menschen wie Mom Munro und Erma und Dennis' Schwester und der Kassierer im Supermarkt und alle anderen, die lesen konnten – jetzt Zugang hätten zu einer verborgenen Seite in ihrem eigenen nationalen Erfahrungsbereich. Ich hatte Gedanken und Gefühle gesät wie Reis, und die waren zu Worten gereift, um den Geist meiner Leser zu nähren.

Ich hatte das Werk meines Vaters zu Ende geführt und wußte, das würde ihn freuen.

Ich fühlte mich jetzt sicher, was meine Zukunft und den Fortschritt meiner Mission betraf. Mein Anwalt, Milton Low, stellte den Antrag, meine gemeinnützige Organisation unter dem Namen *East Meets West* zu registrieren. Ich begann unverzüglich eine Rückkehr nach Vietnam zu planen. Dabei verfolgte ich drei Ziele.

Erstens wollte ich eine Bestandsaufnahme machen vom medizinischen Bedarf in meiner Heimatprovinz Quang Nam. Ich hatte festgestellt, daß Leute, die bei Geldspenden für anonyme ›gute Werke‹ zögerten, nur allzu gern einen Scheck für ein bestimmtes Projekt oder für ein medizinisches Gerät unterschrieben.

Zweitens mußte ich herausfinden, welche Beamten für welche Aktivitäten Genehmigungen erteilten. Bei meinem letzten Besuch hatte mein Bruder Bon Nghe Hilfe angeboten, aber selbst er wußte nicht, wo er in dem Labyrinth von Ministerien, Beamtenapparat und Funktionären anfangen sollte.

Schließlich wollte ich unbedingt ein Vorhaben in die Tat

umsetzen: die Rückkehr in mein Heimatdorf Ky La – um Weihrauch am Schrein meines Vaters zu verbrennen und in dem Haus zu schlafen, das er mit eigenen Händen gebaut hatte.

Im Reisebüro traf ich eine Vietnamesin, etwas älter als ich, die zum erstenmal zurückging. Sie hatte eine Todesangst, ließ aber trotzdem, genau wie ich, nicht von ihrer Absicht. Als ich ihr erzählte, daß ich im vergangenen Jahr nach Vietnam geflogen sei und demnächst wieder hinfahren wolle, brach sie in Tränen aus und bat mich, mit ihr zusammen zu reisen. Zuerst redete ich ihr gut zu, aber je mehr ich sie zu überzeugen versuchte, daß ihre Ängste grundlos seien, desto mißtrauischer wurde sie. Das gleiche galt für die Veteranen, mit denen ich in den letzten Jahren gesprochen hatte. Worte sind billig, Taten zählen. Also sagte ich ihr, ich würde meine Reise um ein bis zwei Tage verschieben und sie begleiten. Wie sich dann herausstellte, veränderte diese kleine Verzögerung den Verlauf meiner Mission ganz wesentlich, wenn nicht mein Leben.

Da ich nun einen zusätzlichen Tag zur Verfügung hatte, bemühte ich mich, die Ortsgruppe Ohio der Vietnam Veterans of America – VVA – zu kontaktieren, die laut Zeitungsberichten etwa um die gleiche Zeit Vietnam besuchen wollte. Aus meiner bisherigen Arbeit wußte ich, daß kleinere humanitäre Gruppen durch ›kooperative‹ Vorgehensweise häufig Resultate erzielten, anstatt sich auf ihre guten Absichten zu beschränken. Außerdem hielt ich, da mein Buch im kommenden Jahr erscheinen sollte, den Zeitpunkt für richtig, *East Meets West* gleichgesinnten Amerikanern bekanntzumachen. Leider war die VVA-Gruppe bereits unterwegs, doch der Zufall führte uns auf dem großen Jetliner nach Bangkok zusammen.

Don Mills, der die Gruppe von fünfzehn nach Vietnam zurückkehrenden GIs leitete, entsprach keineswegs dem typischen Bild eines Veteranen. Gepflegter Bart, hochgewachsen, leise sprechend, rätselhafter und zugleich flehender Blick, so vermittelte er den Eindruck eines entschlossenen Träumers.

Ich machte mich mit ihm bekannt, und er stellte mich der Gruppe vor.

Für die meisten war es die erste Rückkehr ›über den großen Teich‹, und sie hatten, wie meine Reisegefährtin, entsprechende Angst – nicht aus legalen oder politischen Gründen, sondern davor, wie sie auf die Vergangenheit reagieren würden.

Eine der drei mitreisenden Frauen war Barbara Cohen, eine adrette, robuste ehemalige Nervenärztin bei der Army mit flaumigem graubraunen Haar. Durch ihren Beruf und ihre Kriegserfahrung fanden wir sofort zu einem guten Kontakt. Als erfolgreiche Frau in von Männern dominierten Institutionen hatte sie seit langem gelernt, ihre Gefühle zu beherrschen. Sie schrieb ebenfalls an zwei Büchern: ein Roman, der den Krieg aus vietnamesischer Sicht thematisierte, und einen Reiseführer über Vietnam für Amerikaner, von denen sie hoffte, daß sie in ihre Fußtapfen treten würden. Wir waren seelenverwandt.

Einer von Dons Veteranen war schon öfter zurückgegangen: Bill Fero, ein Mensch mit großem Herzen, strahlendem Lächeln, starken Armen und keinen Beinen. Er hatte es schon vor Jahren geschafft, das Grauen des Krieges und sein eigenes schweres Leid hinter sich zu lassen, und dafür bewunderte ich ihn sehr. Darüber hinaus nutzte er die ihm verbliebene Kraft, um Veteranen oder Veteranenfamilien auf beiden Seiten zu helfen, die am Krieg zerbrochen waren. Sein Rezept war ganz einfach: »Ich sage ihnen, daß ich ihnen verzeihe, dann bitte ich sie, mir zu verzeihen. Manchmal machen wir eine wahre Hölle durch, um dahin zu gelangen, aber das ist es allemal wert. Vietnam hat mich eine Menge gekostet, aber es hat mir eine Menge mehr geschenkt.«

Bill hatte seine Beine durch eine Vietcong-Mine ›südlich von Da Nang‹ verloren, irgendwo in der Nähe meines Dorfes. Ich erinnerte mich an die Sprengfallen, die ich als Kind für Amerikaner und Republikaner gebastelt hatte: flache Vertiefungen, gefüllt mit angespitzten Bambuspfählen oder Nägeln, von denen wir uns erhofften, daß sie die dicken Stiefel des Feindes ruinieren würden. Die Fallen mit den Nägeln wurden oft von Minensuchgeräten aufgespürt, und da ich selten mit Sprengstoff hantiert hatte, bezweifelte ich, daß Bills Unglück unmittelbar von mir verschuldet wurde. Trotzdem war mir in dem Augenblick zumute, als hätte ich den Stolperdraht selber gezogen.

»Und wie behandeln die Vietnamesen nun einen GI, der seine Beine an sie verloren hat?« fragte ich.

Bill brachte es fertig zu lachen. »Mein Empfang war eine Riesenüberraschung. Ich dachte, alle würden mich hassen für das, was ich verkörperte. Sie müssen bedenken, mein letzter Blick auf das Land war durch die Tür eines Kampfhubschraubers über zwei blutige Stümpfe hinweg. Meine Beine lagen da draußen irgendwo im Elefantengras. Ich haßte jeden Vietnamesen – Nord oder Süd –, weil ich meinte, ich würde sterben. Nachdem ich wußte, daß ich leben würde und *wie* ich leben würde, haßte ich sie noch mehr. Als ich aus dem Lazarett entlassen wurde, haßte ich jeden, der irgendwas mit dem Krieg zu tun hatte, die meisten Amerikaner eingeschlossen. Ich vermute, das erste Mal ging ich nach Vietnam zurück in der Hoffnung auf eine Konfrontation – in der Hoffnung, ihnen zu zeigen, wie ich ihnen überlegen war, zumindest psychologisch. Großer Irrtum. Sie behandelten mich wie einen König – wie einen Lieblingsonkel.« Sein Gesicht erstarrte zu einem Lächeln, aber Tränen liefen ihm über die Wangen. Er wischte sie harsch weg, mit einer Farmerhand. »Ich dachte – eine Reise, um die Geister zu töten, und damit Schluß. Jetzt bin ich unterwegs zu meinem dritten Besuch. Wer hätte das vermutet?«

Später gestand Bill, wie sein Wandel sich vollzogen hatte.

»Nach meiner Entlassung kehrte ich auf unsere Farm in Wisconsin zurück. Farmer im Rollstuhl sieht man nicht so viel, da können Sie sich vorstellen, wie hart das anfangs war. Ich war wirklich verbittert. Jedenfalls begannen 1975, nach dem Zusammenbruch des Südens, die Flüchtlinge ins

Land zu kommen, und ich sponserte so viele, wie ich nur konnte. Ich wollte, daß sie auf meiner Farm arbeiteten – aber nicht aus den Gründen, die Sie vermuten. Ich wollte diese kleinen Mistkerle unter meiner Fuchtel haben, damit ich's ihnen heimzahlen könnte, was sie mir angetan haben. Meine Güte – ich war ein richtiges Arschloch! Ich hab die Schweinehunde von früh bis spät zu Hungerlöhnen schuften lassen. Ich hab sie verflucht und ihnen gedroht, ich würd sie zu den Kommunisten zurückschicken, wenn sie nicht alles richtig machten. Und wissen Sie was? Je grober ich mit ihnen umsprang, desto mehr bemühten sie sich, mich zufriedenzustellen. Verdammt noch mal, für sie war ich der Retter und konnte gar nichts Unrechtes tun. Vielleicht dachten sie, sie müßten Buße tun, weil sie ihr Land verloren hatten. Ich weiß es nicht. Jedenfalls erkannte ich allmählich, daß diese Menschen Opfer waren, genau wie ich. Der große Unterschied bestand darin, daß sie versuchten, weiterzuleben und etwas aus sich zu machen, während ich lediglich den Krieg noch einmal ausfocht. Da kam ich auf die Idee, nach Vietnam zurückzugehen, mich der entscheidenden Prüfung zu unterziehen. Als ich in die Staaten zurückkehrte, wußte ich, daß die Vietnamesen meine Brüder und Schwestern sind. Ich meine das ernst. Ich liebe diese Menschen wie meine eigene Familie.«

Ich hatte jetzt Tränen in den Augen und drückte Bill fest die Hand. »Das ist also Ihre dritte Reise? Was haben Sie diesmal vor?«

»Tun, was ich nur kann. Bei jedem Besuch bringe ich Medikamente und Kleidung mit und helfe in einem großen Waisenhaus in Saigon, aber das ist bloß ein Tropfen auf den heißen Stein. Bis die US-Regierung endlich ihre Handels- und Reisebeschränkungen aufhebt, verarzten wir eine riesige klaffende Fleischwunde mit ein bißchen Heftpflaster.«

Den vietnamesischen Zoll zu passieren, ernüchterte mich. Sobald sich in der vietnamesischen Gemeinde herumgesprochen hatte, daß ich abermals zurückging, wurde ich von Viet Kieu bestürmt, Briefe an ihre Angehörigen mitzunehmen: Briefe, die Mitteilungen, Fotos und Gedanken enthielten, die sie nicht von der Postzensur kontrollieren lassen wollten. Viele wollten außerdem Dollarscheine und Blattgold als *li xi nam moi* – Glückwünsche für Tet –mitschicken, was bedeutete, daß ich die Briefe, eingenäht in meine Kleider oder ins Kofferfutter, durchschmuggeln müßte. Eine durchaus übliche Praxis, die ich jedoch ablehnte.

Ich wollte keinen Konflikt mit den Behörden riskieren und damit alles aufs Spiel setzen, was ich mit meiner Stiftung gerade erst zu starten versuchte. Für ihre Kurierdienste berechneten die Viet Kieu überlicherweise einen prozentualen Anteil auf jeweils hundert Dollar, die sie ins Land schmuggelten, oder sie wechselten die Devisen auf dem Schwarzen Markt in *dong* ein, tauschten sie dann zum amtlichen Wechselkurs zurück und erzielten so einen stattlichen Profit. Gelegentlich unterschlugen die Kuriere auch einfach die Wertgegenstände oder ersetzten ein kostbares Schmuckstück durch ein minderwertigeres, so daß die Verwandten trotzdem berichten konnten, daß »die Plätzchen gut angekommen« seien.

Die vietnamesischen Zollbeamten gingen jedenfalls sehr streng vor und behandelten mich bei meiner zweiten Einreise sogar noch rigoroser, so daß ich keine Anstrengung unternahm, meine tausend Dollar ›Tet-Geld‹ (manche Viet Kieu brachten bis zu dreißigtausend mit!) und die achtundzwanzig Briefe zu verheimlichen. Man sollte meinen, sie würden die Viet Kieu ermuntern, so viel zu schicken, wie sie wollten, einschließlich Dollar, und alles lediglich besteuern, so daß die Bürger und der Staat dringend benötigte Devisen bekämen, aber das war nicht ihr Stil. In einer Gesellschaft, der bedingungsloser Gehorsam als Erfolgsmaßstab galt und nicht materielles, physisches oder geistiges Wohlbefinden, ergaben solche Vorgehensweisen durchaus Sinn.

»Warum sagen Sie uns nicht die Wahrheit, Miss Ly«, monierte der Inspektor. »Wir wollen keinen Ärger mit unseren zurückkehrenden Landsleuten. Sie haben viele Briefe, aber wenig Geld. Das paßt doch nicht zusammen.«

»Ich hab es Ihnen schon erklärt, Bruder, ich bin zum Tet-Fest gekommen und nicht, um Geschäfte auf dem Schwarzmarkt zu machen. Durchsuchen Sie bitte alles nochmals, wenn Sie wollen, aber ich habe nichts weiter zu deklarieren.«

Sie wühlten weiter in meinen Sachen herum, und dann gesellte sich ein dritter Inspektor dazu. Sie konnten es einfach nicht fassen, daß ich so arm (oder geizig) war, wie es den Anschein hatte, und die Situation wurde rasch ungemütlich.

»Warum haben Sie alle diese Briefe dabei, wenn Sie kein Geld mitbringen?« fragte der dritte Beamte.

»Nächste Woche ist Tet. Wenn meine Freunde die Briefe mit der Post geschickt hätten, wären sie zu spät eingetroffen. Es war das mindeste, was ich tun konnte.«

»Dann wissen Sie also nicht, was die Briefe enthalten? Woher wollen Sie wissen, daß es keine subversive Propaganda ist?«

»Nein, so etwas würden meine Freunde niemals tun.«

»Woher wissen Sie das? Tut mir leid, wir müssen die Briefe konfiszieren und gründlich kontrollieren.« Er wies auf einen verglasten Büroraum: »*Moi chi di hop* – Gehen Sie da rüber, damit wir reden können.«

Ich hielt es einfach nicht für möglich! Die beiden anderen Inspektoren folgten mit meinen Sachen.

In dem kleinen Büro schrieb ein vierter Beamter, offensichtlich ein Vorgesetzter, auf brüchigem braunen Papier eine Vorladung aus und überreichte sie mir.

»Da sind Sie ja, Miss Ly«, begrüßte er mich. »Ich muß Sie leider vorladen wegen *lam trai luat chinh phu*.« Was fast alles bedeuten konnte – wörtlich war es ein ›nicht spezifiziertes Vergehen gegen die Regierung‹.

»Sie werden zu diesem Termin vor Gericht erscheinen müssen im Zentrum von Ho-Chi-Minh-Stadt. Wenn Sie uns einfach sagen, wo Sie das Geld versteckt haben, kann ich die Vorladung natürlich zerreißen.«

Ich starrte das Papier ungläubig an. »Ich wünschte, ich hätte Ihnen etwas zu zeigen, Bruder. Aber Sie haben wirklich schon alles gesehen. Mehr kann ich einfach nicht tun.«

»Sie können das ja ohne weiteres behaupten«, sagte der Vorgesetzte, »doch was ist, wenn wir mehr Geld oder Schmuggelware finden? Was meinen Sie, was dann passiert?«

»Ich würde natürlich für mein Vergehen büßen. Aber das wird nicht geschehen, weil ich nichts Unrechtes getan habe.« Ich hätte gern gefragt: *Warum glauben Sie mir nicht?*, aber ich kannte die Antwort bereits. Mißtrauen – Paranoia – war der operative Standard. Während wir uns unterhielten, hatten die anderen Beamten sich schon meine Sachen vorgenommen: sie nahmen den kleinen Kassettenrecorder auseinander, den ich für Tinh mitgebracht hatte, und drückten die ganze Zahnpasta aus der Tube – ein beliebtes Versteck für Edelsteine.

»Was ist das?« fragte ein Inspektor und hielt ein Metallgefäß in die Höhe.

»Wenn Sie etwas heißes Wasser bringen«, erwiderte ich, allmählich in Wut geratend und auch in Angst, »dann mache ich Ihnen einen ausgezeichneten Kaffee – *ngon lam*, köstlich geröstet, französische Art, es sei denn, Sie finden das zu subversiv.«

Nach drei Stunden umständlicher Durchsuchung, bei der sie auch sämtliche Absätze meiner Schuhe aufbrachen, sagte der vorgesetzte Beamte endlich: »Okay, schafft sie weg.«

Ich wurde in einen spärlich möblierten Raum ohne Fenster geführt – kein gutes Zeichen. Drinnen war ein netter, väterlicher Endfünfziger, der mir einen Stuhl anbot. Seine freundliche Stimme stellte eine wohltuende Abwechslung dar gegenüber dem zunehmend aggressiveren Ton seiner Genossen.

»Ich bedaure diesen unerquicklichen Zwischenfall, Miss Ly«, sagte er. »Das ist nicht der Empfang, den wir unseren *con em Viet Kieu* – unseren in Übersee lebenden Töchtern – zu bereiten suchen. Aber Sie werden zugeben, der Schwarze Markt ist eine schreckliche Sache. Er nahm überhand im

Krieg, und jetzt ebenfalls. Das ist der einzige Grund, weshalb wir so scharf vorgehen. Wir haben alle Besseres zu tun. Wenn Sie uns nun einfach die Wahrheit sagen und zeigen oder erzählen, wo das Geld versteckt ist, unterzeichne ich diesen Passierschein, und Sie können gehen. Keine Vorladung, keine Geldstrafe, keine Gerichtsverhandlung, gar nichts. Als ob das alles nie passiert wäre.«

Ich sank auf meinem Stuhl zusammen. Das war genauso wie das Verhör im Bezirksgericht in meiner frühen Jugend. Man hatte mich abwechselnd geschlagen und beschwatzt, um mich gefügig zu machen. Damals wie heute fühlte ich mich zu Recht unschuldig. Ich erinnerte mich auch, wie irrelevant das war.

»*Bac, con noi roi* – Onkel, ich habe es Ihnen bereits gesagt, ich habe nicht mehr Geld.«

Er wirkte sehr enttäuscht, stand auf und ging hinaus. Gleich darauf erschienen zwei Frauen und befahlen mir, mich auszuziehen. Sie hatten keine Schläuche oder elektrische Schlagstöcke, was mich etwas beruhigte. Ich gehorchte, aber sich vor Fremden zu entkleiden, ist eine der schlimmsten Demütigungen, die es in einer bäuerlichen Kultur geben kann. Die zwei Matronen, offensichtlich Polizistinnen aus der Großstadt, zeigten kein Erbarmen, untersuchten meine Hemdbluse, lange Hose, Büstenhalter und Schlüpfer, dann mußte ich mich mit gespreizten Beinen an die Wand stellen und wurde gründlicher inspiziert, als es je ein Arzt tun würde.

Als sie fertig waren, schob die eine meine zerknüllten Sachen über den Tisch und befahl mir, mich anzuziehen. Die andere ging zur Tür.

»*Khong co gi het anh a!* – Wir haben nichts gefunden, Bruder«, rief sie.

Gleich darauf war ich wieder im vorderen Büro. Der höhere Beamte war gegangen, ein Gehilfe deutete auf meine Koffer, die aussahen wie nach einer Bombenexplosion, und eröffnete mir, ich könne sie wieder einpacken. Ich warf ihm giftige Blicke zu und schob meine Sachen zusammen, so fix ich konnte. Ich war gerade fertig und verließ das Büro mit meiner verspäteten Zollbescheinigung, als die Landung des zweiten Fluges aus Bangkok angekündigt wurde – der Maschine, die den Rest der VVA-Gruppe mitbrachte.

»Was ist denn passiert, Ly?« erkundigte sich Don, der Bills Rollstuhl schob. Mich hätten sie zuallerletzt am Flughafen erwartet. »Sind Sie okay? Ist irgendwas passiert? Wollten sie Geld von Ihnen?«

Ich biß die Zähne zusammen und spürte, wie mir Tränen in die Augen stiegen. Am liebsten hätte ich die borniertren Bürokraten lauthals verflucht, doch das wäre für die sowieso schon reichlich nervösen GIs auch nicht gerade ermutigend gewesen. »Ja, es ist was passiert, aber nichts Wichtiges. Ich bin okay. Keine große Sache. Da hab ich schon Schlimmeres hinter mir.«

Das entsprach der Wahrheit, doch ich fühlte mich trotzdem von den beiden Matronen und dem ganzen paranoiden System vergewaltigt. Nachdem ich ihnen drei Stunden lang ohne Erfolg die Wahrheit gesagt hatte, wünschte ich nur, meine Peiniger stünden neben Bills Rollstuhl, um mich jetzt mit Erfolg lügen zu hören. Was mich vielleicht am meisten erboste, war die Tatsache, daß die Viet Kieu, die große Summen einschmuggeln wollten, das mit Bestechung der Beamten auch schafften, und kleine Fische wie ich alles ausbaden mußten. Im Krieg hatten wir eine Redensart: Räuber sind diejenigen, die bei Nacht stehlen; diejenigen, die bei hellem Tageslicht stehlen, nennt man Beamte!

Als ich den Terminal verließ, sah ich zu meiner freudigen Überraschung vertraute Gesichter, die sich an das Aussichtsfenster drückten. Anh, Jimmys Vater, Yen, seine zweite Frau, und mehrere ihrer Kinder. Wir begrüßten uns wie alte Freunde, die wir ja auch geworden waren, und Anh erkundigte sich, was zum Teufel denn in den vergangenen drei Stunden mit mir beim Zoll passiert sei. Ich gab ihnen eine noch knappere, klinisch gereinigte Version meiner Geschichte, während wir zum Bus gingen – ein gewaltiger Unterschied zu der Limousine, die Anh während der amerikanischen Besatzung für seine Fahrten zum und vom Flughafen zu benutzen pflegte.

Nachdem ich Yen beim Dinner und beim Zubettbringen der Kinder geholfen hatte, entschuldigte ich mich und legte mich ebenfalls hin, wenngleich der Schlaf lange auf sich warten ließ. Der Ärger über die konfiszierten Briefe, die man mir anvertraut hatte, verfolgte mich. Jetzt würden achtundzwanzig hiesige Familien alle möglichen ›amtlichen Gebühren‹ entrichten müssen – sofern die Briefe überhaupt zugestellt wurden. Ich hörte schon manche Freunde hinter meinem Rücken murren: »Was ist eigentlich mit Ly los? Erst lehnt sie es ab, Geld für unsere Familien mitzunehmen, dann wirft sie die Briefe weg, sobald wir außer Sichtweite sind! Was ist das für eine Freundschaft?«

Noch mehr Sorgen machte ich mir um meine ›gerichtliche Vorladung‹. Selbst wenn der Fall abgewiesen wurde, pflegten derartige Akten nicht von der Bildfläche zu verschwinden – ein dunkler Punkt, den man gegen mich verwenden konnte. Wenn es etwas gab, was die repressive Bürokratie in Vietnam perfekt beherrschte, so war dies die gründliche Protokollierung. Falls man mir bei jeder Reise einen solchen Empfang bereitete, würde es mir niemals gelingen, kompliziertes medizinisches Gerät, leicht verderbliche Medikamente, Kisten mit Verbandszeug und Hunderte von anderen Gegenständen zu denen durchzubekommen, die sie benötigten. Sollten meine Hilfsgüter zurückgehalten oder konfisziert und ich wie eine Verbrecherin behandelt werden, so wären meine guten Werke am Ende, noch ehe sie angefangen hatten.

Die VVA-Gruppe versammelte sich am nächsten Morgen Punkt 8 Uhr in der Lobby ihres Hotels. Meine Reisegefährtin sollte mit uns kommen, doch sie erschien nicht, und ich machte mir deshalb keine Sorgen. Sie hatte bereits nach der Zollabfertigung viel weniger ängstlich ausgesehen, und ich wußte ja, wie solche Familientreffen abliefen.

Unseren ersten Halt machten wir, wie alle Besucher von Saigon, beim berüchtigten ›Waisenhaus Nr. 6‹, in dem die körperlich und seelisch am meisten geschädigten Kinder untergebracht waren, danach fuhren wir zum Waisenhaus Nr. 1, Nha Tre Mam Non, einem größeren Schwesterinstitut am Stadtrand von Saigon. Die knappen Mittel reichten kaum für Betreuung und Verpflegung der Insassen, daher wurde das Freizeitgelände vernachlässigt und wirkte auf Heranwachsende nicht gerade einladend – auf die wenigen, denen das überhaupt vergönnt war. Als wir hineingingen, zeigte Bill auf eine der drei fetten Milchkühe, die neben dem verrosteten Eisentor grasten.

»Sehen Sie die Kuh?« fragte er wie ein stolzer Vater. »Unsere vorige Reisegruppe hat zusammengelegt und sie für die Kinder gekauft. Sie war trächtig, wie sich rausstellte, und jetzt haben die Kinder ein Kälbchen, das sie betreuen. Sie geben Liebe und kriegen dafür Milch. Ein ganz gutes Geschäft, oder?«

Drinnen blätterte blaßblaue Farbe von abbröckelnden Betonmauern unter einem stark geflickten Dach. Die Kinder, die uns begrüßten, hatten ordentlich geschnittene Ponies und saubere Gesichter. Sie trugen ihre besten Konfektionskleider mit dem obligatorischen roten Halstuch.

Nachdem sie ihr munteres Willkommenslied geschmettert hatten, begrüßten uns die Direktorin, eine Fünfzigerin namens Nhu, und der Dolmetscher (ein magerer Kerl, für einen aktiven Soldaten zu jung, aber alt genug, um den Krieg miterlebt zu haben) und führten uns in den für Gäste vorgesehenen offiziellen Raum, wo sie uns mit Tee bewirteten.

»Diese ganze Einrichtung wurde von den Amerikanern geschaffen«, erzählte Nhu auf vietnamesisch, gefolgt von der englischen Übersetzung des jungen Mannes. »Die Lehrer, Unterrichtsmaterial und Lebensmittel wurden sämtlich durch die katholische Kirche gestellt. Während des Krieges schickten viele wohlhabende Vietnamesen ihre Kinder in diese Schule, weil sie amerikanische Lehrer hatte.«

Don fragte sie, was sie getan habe, um eine derart verantwortungsvolle Position zu erringen.

»Ich war selber hier Lehrerin, zugleich Vietcong-Agentin. Ich registrierte alles, was die reichen Kinder über die Aktivitäten ihrer Eltern erzählten, und gab es über entsprechende Kanäle weiter. Sie würden sich wundern, wieviel wir durch diese unschuldigen Augen und Ohren über die Kriegsanstrengungen der Regierung erfahren haben, wenn auch eine Menge entstellt war, wie nicht anders zu erwarten. Nach dem Krieg wurden meine Dienste von Hanoi gewürdigt, und ich bekam das Direktorat.«

Ich erinnerte mich an meine eigenen Erfahrungen als Schulkind während des Krieges, nicht alle so angenehm. Beide Seiten versuchten, die Kinder auszunutzen und zwangen sie, an ›patriotischen‹ Kriegsspielen und politischen Versammlungen teilzunehmen. Bei Tag spielten wir ›Regierungssoldat‹ und gaben vor, den Vietcong zu töten, stolzierten mit Plakaten herum, auf denen Präsident Diem gepriesen wurde. Bei Nacht sangen wir Revolutionslieder, und unsere Taten (geringfügige Sabotageakte oder Spionieren) wurden auf der ›Ehrentafel‹ des VC vermerkt. Anstatt uns zu indoktrinieren, wie es die Initiatoren beabsichtigten, erreichten sie mit solchen Taktiken lediglich, daß wir den Krieg als ein Spiel ansahen – allerdings nur so lange, bis wir miterlebten, wie unsere Angehörigen umgebracht wurden. Die Kinder in dieser Schule waren zwar bedauernswerte Waisen, wurden aber wenigstens nicht durch Artilleriefeuer geweckt oder mußten endlose Nächte in den Erdbunkern ihrer Familie verbringen.

Nach dem Tee machten wir einen Rundgang durch die Anlage. Hölzerne Tische und Bänke voller Kratzer, in den Schlafsälen wacklige Betten, doch nirgends Spiele, Sportgeräte oder wenigstens ein Farbtupfer. Den traurigsten Anblick bot die ›Fabrik‹ an der Rückfront, wo die älteren Kinder (und die meisten der verkrüppelten Waisen, etliche von Agent Orange verunstaltet) Reispapier anfertigten, das an den Staat und an private Käufer veräußert wurde. Ein Teil der Räumlichkeiten befand sich in einem Zwischenstock, für Bill mit dem Rollstuhl ein Problem. Ohne ein Wort von ihrer Direktorin, hob eine Gruppe von größeren Kindern den Rollstuhl behutsam nach oben. Wir waren sprachlos vor Rührung.

Unsere Besichtigung endete, wo sie begann, in dem Teeraum neben den Kühen und einer neuen Wasserpumpe, ein Geschenk von anderen amerikanischen Spendern. Hier, unter dem grellen Licht von der Videokamera eines Veteranen, überreichte Don das Geschenk seiner Gruppe formell – Kisten mit Medikamenten, Vitaminpräparaten und Süßigkeiten. Ich legte eine Hundertdollarnote auf eine Schachtel und sprach noch ein paar Worte, aber die Gaben waren beredter als wir.

Miss Nhu bedankte sich mit einer liebenswürdigen Rede und beendete sie mit einem Plädoyer für bessere amerikanisch-vietnamesische Beziehungen. Wir alle waren etwas verblüfft über die herzliche Atmosphäre im Raum, als habe der Krieg – und all das Leid ringsum – niemals stattgefunden.

Als sie verstummte, passierte etwas Seltsames. Unser Übersetzer, der bisher jedes Wort ruhig und sachlich wiedergegeben hatte, schlug plötzlich die Hände vors Gesicht und brach weinend zusammen. Don, der am nächsten stand, schaute bestürzt drein, dann rollten auch ihm Tränen über die Wangen. Er nahm den jungen Vietnamesen in die Arme und wiegte ihn wie ein Baby. Die Scheinwerfer erloschen. Alle schnüffelten, klatschten Beifall, als der junge Mann, wieder gefaßt und lächelnd, sich der Umarmung entzog, die Augen mit einem Taschentuch betupfte und seine Übersetzung zu Ende brachte.

Am Morgen meiner ›gerichtlichen Vorladung‹ nahm ich ein *siclo* zur Zollverwaltung, einem alten Zementbau am Fluß. Der Richter erklärte, er habe nicht genügend ›Beweismaterial‹, um den Fall zu entscheiden, und ordnete an, ich solle nach Hause gehen und ein *tuong trinh* anfertigen – einen schriftlichen Bericht, der den Zwischenfall aus meiner Sicht schilderte. Ich hatte nicht vor, meine begrenzte Zeit auf diese

Weise zu verbringen, aber keine andere Wahl. Wie von vielen anderen westlichen Annehmlichkeiten hält das neue Regime auch nichts von Anwälten.

Ich warf schnell einen vier Seiten umfassenden Bericht hin, der zwar nichts beschönigte, aber zumindest meine Verachtung für das ganze Verfahren verschleierte. Ich brachte ihn dem Richter noch am gleichen Nachmittag in der Hoffnung auf eine beschleunigte Erledigung. Statt dessen blickte er finster auf die Seiten und ersuchte mich, am nächsten Morgen zu seinem Urteilsspruch zu erscheinen.

Tags darauf betrat der Richter sehr feierlich den Raum und holte meine Akte hervor, die mittlerweile erschreckend angeschwollen war.

»Warum haben Sie all diese Briefe ins Land gebracht?« fragte er und wedelte mit dem Stapel.

»Aus Gefälligkeit für Freunde. Auf dem Postweg wären sie nicht mehr vor Tet angekommen.«

Er entgegnete stirnrunzelnd: »Sie behaupten, sie nicht gelesen zu haben. Wenn Sie sie aber nicht gelesen haben, woher wissen Sie dann, daß es sich nicht um *phan dong* – um reaktionäre Propaganda handelt?«

»So etwas würden meine Freunde niemals tun.«

»Nun, wenn sie's doch taten, würden Sie zu einer Geld- und Gefängnisstrafe verurteilt. Haben Sie darüber schon einmal nachgedacht?«

»Daran habe ich ständig gedacht. Eben deshalb habe ich meine Freunde so sorgfältig ausgesucht.«

Der Richter blätterte einige Briefe durch, die, wie wir beide wußten, schon von anderen gründlich überprüft worden waren. Ihm war klar, daß von subversiv keine Rede sein konnte. Trotzdem merkte ich, daß er nicht die Absicht hatte, mich unbeschadet davonkommen zu lassen.

»Nun, eine Übertretung sehe ich jedenfalls.«

Ich machte große Augen. »Und das wäre?«

»Bei diesen Briefen handelt es sich um internationale Postsachen. Dadurch, daß Sie sie persönlich ins Land befördert haben, haben Sie die vorschriftsmäßige Frankierung unterlassen. Hiermit verurteile ich Sie zu einer Geldstrafe in Höhe des Portos, das für diese Briefe erforderlich gewesen wäre. Der Fall ist abgeschlossen.«

Nach dem Jahrhundertprozeß von Saigon fuhren die Gruppe und ich nach Da Nang, wo wir uns vorübergehend trennten. Ich konnte mir kein Hotel leisten, und Tinh wollte mich aufnehmen, dem Klatsch der Nachbarn zum Trotz. Ihrer Meinung nach müßte es ein Opfer für mich bedeuten, in ihrem baufälligen Haus zu wohnen, doch nichts lag mir ferner.

Meine Nichte, auf jedem Arm ein Kind, begrüßte mich an der Tür. Ein herzerwärmender Anblick, obwohl es mir immer noch schwerfiel, mir das magere kleine Bauernmädchen, mit dem ich aufgewachsen war, als Mutter von sechs Kindern vorzustellen. Sie habe ›Großmutter Phung‹ erzählt, daß ich zum Fest nach Hause käme, sagte Tinh, und meine Mutter sei auch hier und jetzt zu Besuch bei Freunden, wir beide könnten also inzwischen auf den Markt gehen.

Auf dem alten Markt von Da Nang herrschte das übliche Gedränge, obwohl es wenig zu kaufen und noch weniger Geld gab. Worauf es ankam, war der *Geist* des Tet-Festes. Ich trank die Blumendüfte und den süßlichen Rauch der verbrannten Opfergaben, der aus Schloten aufwallte. Ich trank auch etwas Obstsaft, was sich als schwerer Fehler erwies.

Meine Mutter war im Haus, als wir zurückkehrten. Sie benahm sich, als sei ich seit meinem Besuch im Vorjahr ununterbrochen dagewesen.

»Putz dir die Füße ab, Bay Ly«, nörgelte sie, wie ein Gnom über ihren Reisigbesen gebeugt. »Ich hab eben vor der Tür gefegt!«

»Wie geht's dir, Mama *Du?*« Ich ließ meine Bündel fallen, umarmte und küßte sie. Anders als bei unserem ersten Wiedersehen wich sie nicht zurück. Ich wußte, daß meine beiden Schwestern Hai und Ba (mit Familie) später vorbeikommen wollten, doch von meinem Bruder hatte Tinh nichts gesagt. »Wo ist Bon Nghe?«

Meine Mutter mied meinen Blick. »Er ist vorigen Monat in den Süden gezogen. Ich glaube nicht, daß er dieses Jahr kommt.« Eingedenk der kaltherzigen Bürokraten argwöhnte ich, daß es für meinen Bruder vermutlich schwieriger war, zum Tet-Fest ein paar hundert Kilometer anzureisen, als für mich die Ozeanüberquerung.

Nach dem Dinner und einem harmonischen Zusammensein mit meinen Schwestern begann ich mich krank zu fühlen. Mein Magen hatte schon den ganzen Tag rebelliert, und zur Schlafenszeit brach der dumpfe Schmerz explosionsartig aus. Brechdurchfall hielt mich die Nacht über unentwegt in Trab, und als es Zeit wurde für den VVA-Bus nach Hue, das ich nicht kannte und brennend gern sehen wollte, konnte ich vor Schwäche und Erschöpfung das Bett nicht verlassen.

Unglücklicherweise saßen bei vielen Veteranen Ängste und Wut in bezug auf Hue tief, dem Schauplatz der schwersten Kämpfe während der berüchtigten Tet-Offensive von 1968. In den monatelangen blutigen Auseinandersetzungen hatte einer der besten Freunde meiner Pflegekinder beide Eltern verloren, und mein Vater hatte nicht lange danach Selbstmord verübt. Die Tet-Offensive war für ihn und viele andere Vietnamesen, was Gettysburg für die Konföderierten im amerikanischen Bürgerkrieg gewesen war: der Anfang vom Ende. Der Vietcong betrachtete das Scheitern der Tet-Offensive als seine größte Niederlage. Bei vielen Amerikanern dagegen beseitigte es die letzten Reste einer patriotischen Selbsttäuschung, ihr allmächtiges Land sei irgendwie prädestiniert, um jeden Preis zu gewinnen. Ein typisches Paradox in einem Krieg, der bekanntlich die Dinge auf den Kopf stellte. Ich hatte Don und Bill versprochen, bei jedem Wetter zur Stelle zu sein und mit Rat und Tat zu helfen.

Wenige Stunden nach Abfahrt des Busses fühlte ich mich wieder wohl genug, aus dem Bett zu kriechen, meine Sachen zu packen und meiner Mutter einen Abschiedskuß zu geben.

Von meinem angegriffenen Magen abgesehen, war mir gar nicht wohl, mitten im Fest wegzufahren, und ich versprach, sobald als möglich zurückzukommen. Ich mietete einen Wagen, der mich nach Hue bringen sollte – für $ 120, die ich mir nicht leisten konnte und besser für meine Familie ausgegeben hätte –, aber entweder mußte ich der Gruppe auf schnellstem Wege nachfahren oder Menschen gegenüber wortbrüchig werden, die sich fest auf mich verließen.

Ich kam nachmittags in Hue an nach einer erholsamen Fahrt durch einige der atemberaubendsten Landschaften, die ich je gesehen hatte. Überall überwucherte üppiges Grün diese vom Krieg einst so grausam gezeichnete Gegend. Doch als wir vor dem Song Huong-Hotel hielten, stellte sich jenes flaue Gefühl wieder ein.

Die Dien Binh, die Siegesparade der nordvietnamesischen Armee war gerade zu Ende. Die VVA-Gruppe wirkte mitgenommen, und keiner wollte reden. Sie verzogen sich in ihre Zimmer, um sich zum Dinner fertig zu machen. Man merkte ihnen deutlich an, daß sie sich noch nie so einsam und verlassen gefühlt hatten wie jetzt und am liebsten ganz woanders wären.

Inmitten von Blumen, Fahnen und bereitliegenden Feuerwerkskörpern versammelten wir uns im Bankettsaal des Hotels zum feierlichen Toast auf das Jahr des Drachens. Musiker spielten *ty ba* – eine birnenförmige asiatische Gitarre –, und so beschloß ich, die Gesellschaft mit einem Lied etwas aufzulockern, was die Aufmerksamkeit von zwei anderen Gruppen am Ende des Saales erweckte, beide aus Vietnamesen bestehend. Da zu unserer Party ›Ehrengäste‹ aus dem Ausland gehörten, tischte der Geschäftsführer den besten Reiswein, Importbier, chinesischen Champagner und sogar ein paar alte Flaschen amerikanischen Whiskey auf, was den anderen Vietnamesen nicht entging. Als ich ihre neugierigen Blicke bemerkte, ging ich zu ihnen hinüber und fragte, ob sie sich nicht zu uns setzen wollten. Das ließen sie sich nicht zweimal sagen.

Als erster erschien ein älterer Mann in einer alten Uniformjacke, reich dekoriert mit verrosteten Orden. Er nahm zwischen mir und Bill am Kopfende des Tisches Platz, gegenüber von Don, so daß ich zwischen ihnen dolmetschen konnte. Zunächst hielt ich den dreisten, verschrobenen Typ für einen Schnorrer – vielleicht ein obdachloser Veteran der nordvietnamesischen Armee, der in eine vietnamesische Party hineingeplatzt war auf ein Gläschen Freibier. Wir fielen beinahe vom Stuhl, als wir erfuhren, daß er Phung-Van war, der Vietcong-Führer, der den kommunistischen Aufstand in und um Hue während der Tet-Offensive organisiert hatte. Im ganzen heutigen Vietnam wurde er als Held verehrt, man sah in ihm den ›John Wayne des Vietcong‹.

Zuerst wußten Don und Bill nicht, wie sie reagieren sollten. Ich sah ihnen den inneren Kampf zwischen ziviler Höflichkeit und soldatischem Ehrgefühl deutlich an. Weil ihm nichts Besseres einfiel, bat Don, Phung-Van möge ihm doch seine Orden erklären –was die meisten Veteranen in jeder Armee nur allzugern tun. Van bildete da keine Ausnahme. Nach wenigen Momenten holte Don seine Orden und Ehrenzeichen hervor – und andere aus seiner Gruppe ebenso. Die ganze Runde, Vietnamesen und Amerikaner, begannen einer nach dem anderen zu nicken, zu lächeln, bewundernde Blicke und Komplimente auszutauschen.

Plötzlich nahm Don einen seiner Orden und heftete ihn an Vans Hemd. Der alte Soldat bekam feuchte Augen, stand auf und hob sein Glas. Das Geplauder am Tisch verstummte sofort. Ich übersetzte Vans Worte.

»In unserem schmutzigen Krieg sind viele gute Leute getötet und verwundet worden. Wir alle haben zu viele Jungen gesehen, die nach ihren Freunden und Angehörigen verlangten, kurz ehe der Tod ihnen die Augen schloß. Lassen wir diese gefallenen Kameraden in Frieden ruhen. Unsere Aufgabe als Überlebende ist die Zukunft. Mein Vietnam ist arm, aber stolz – stolz genug, Amerika bescheiden um Hilfe zu bitten. Laßt uns alle zusammen für die Sache des Friedens marschieren.«

Mit feuchten Augen trank die Gesellschaft auf seinen Toast, auf das Wohl dieses bemerkenswerten alten Mannes. »Mögen Sie noch viele Tet-Feste erleben«, antwortete Don, hob sein Glas, und auch darauf tranken alle.

Um Mitternacht explodierten nach einem kurzen Moment der Stille Millionen von Feuerwerkskörpern, und aus Lautsprechern ertönten überall Gesänge, die das Jahr des Drachen willkommen hießen. Scharen junger Nachtschwärmer drängten sich zum Fluß hinunter, um dort im Mondschein zu singen und zu tanzen. Die Glocken des Thien-Mu-Tempels, Hues berühmtester Pagode, läuteten das Nachtgebet der Mönche ein: um Nahrung, Frieden, Gesundheit und um ein Erstarken der Liebe zwischen Brüdern und Schwestern in Vietnam und überall in der Welt.

Die Veteranen im Hotel klopften sich auf den Rücken, umarmten einander und stießen mit klirrenden Bierflaschen an und sangen die Liedtexte des einen Landes zu den Melodien des anderen und umgekehrt. Da blieb nichts mehr zu übersetzen.

Tags darauf besichtigten wir die prachtvollen Grabstätten der dreizehn großen Könige Vietnams und fuhren dann ab nach Da Nang. Unterwegs baten wir den Fahrer, am Soldatenfriedhof in An Hoa zu halten. Die GIs kletterten hinaus, mit gezückten Kameras; sie wollten unbedingt ein paar Aufnahmen machen von diesem vietnamesischen Gegenstück zum Nationalfriedhof Arlington in Washington. Als Don losknipsen wollte, bemerkte er einen alten, schwarzgekleideten Mann, der gut zehn Meter entfernt bedächtig die Grabreihen entlangging.

»Könnten Sie bitte mal schauen, Ly, was der alte Knabe da treibt?« fragte Don, vermutlich in der Hoffnung auf ein fotogenes Ritual.

»*Thua Bac, bac tim ai a?* – Onkel, wonach suchen Sie?« erkundigte ich mich höflich.

Der Alte blickte verwirrt auf, dann an mir vorbei zur

Gruppe. Seine Stimme war so leise wie der Windhauch um die Grabsteine.

»Er sagt, er sucht seinen Sohn, der gegen die Amerikaner gekämpft hat.«

Don ließ die Kamera sinken. »Sie meinen, er will am Grab seines Sohnes beten?«

»Nicht direkt. Ich meine, er weiß buchstäblich nicht, wo sein Sohn begraben ist – auf diesem Friedhof oder irgendwo anders. Er weiß nicht mal, ob sein Sohn überhaupt beerdigt worden ist.« Ich dachte an meinen Bruder, Sau Ban – einen vermißten Vietcong –, und spürte, wie es mir die Kehle zusammenschnürte. Die Vietnamesen hatten über 300 000 Vermißte.

»Kommen Sie, wir helfen ihm«, sagte Don.

Mit dem gebrechlichen Alten im Schlepptau schritten wir Reihe um Reihe ab. Die meisten Gedenksteine trugen Namen, aber auf vielen stand auch nur MAT TICH – Vermißt – oder CHIEN SI VO DANH – Ein unbekannter Held. Der Alte zeigte mit dem Daumen auf die Gruppe und flüsterte mir ins Ohr: »Miss, sind das Russen?«

»Nein, Onkel – Amerikaner.«

Er blieb stehen, ließ die letzte Reihe außer acht und stapfte durch das Tor davon.

Ich sehnte mich nach meiner Familie, um mit ihr die letzten paar Stunden des Festes zu verbringen. Der Fahrer setzte mich vor Tinhs Haus ab. Bevor ich ausstieg, erkundigte ich mich bei dem staatlichen Reiseführer, der auch als unser Sicherheitsbeauftragter fungierte, nach dem Reiseplan der Gruppe.

»Morgen fahren wir in die Marmorberge – ein sehr schönes Ausflugsziel. Kennen Sie's?«

»Natürlich. Ich stamme aus Ky La – Entschuldigung, der neue Name nach der Befreiung ist Xa Hoa Qui –, ein Dorf direkt südlich der Stadt. Vielleicht möchten Sie mit der Gruppe mein Dorf besuchen, nachdem Sie die Buddhas und VC-Höhlen besichtigt haben?«

411

Er kratzte sich die Wange. »Ein Bauerndorf besuchen? Ich weiß nicht. Wir müssen abwarten, was die Gruppe unternehmen möchte, und ich muß das natürlich mit dem örtlichen *du lich*, dem Mann vom Tourismus-Komitee, abklären. Ich gebe Ihnen morgen früh Bescheid.«

»Ich verstehe. Ich muß auch meine Mutter fragen, ob's ihr was ausmacht, wenn all diese Amerikaner rumschnüffeln.«

Der Reiseführer blickte an mir vorbei auf die elende Hütte, in der Tinh hauste.

»Also hier wohnt Ihre Familie?« Er schüttelte den Kopf. Wie so viele andere wußte auch er nicht recht, was er aus mir machen sollte. Er muß mich für eine Spionin gehalten haben – für den CIA oder den *cong an*, die staatliche Geheimpolizei, und die bescheidene Behausung meiner Verwandten für eine Art Tarnung. Nach Ansicht der meisten Vietnamesen mußte jeder, der amerikanische Angehörige hatte, in Saus und Braus leben. Vielleicht überzeugte ihn die armselige Hütte meiner Nichte, daß ich als Spionin wenigstens für Hanoi arbeitete, also ebenso arm war wie alle anderen. Meine Bitte brachte ihn jedenfalls in ein Dilemma – zwischen dem, was er mit eigenen Augen sah, und dem, was er seiner Meinung nach glauben sollte. Alles weitere konnte ich nur ihm und dem Mann vom Komitee überlassen und auf das Beste hoffen.

Drinnen bei Tinh waren sie mit dem Dinner beinahe fertig. Alle begrüßten mich mit Umarmungen und Küssen, und ich bewunderte Tinhs wunderschöne Dekorationen. Sämtliche vorhandenen Tische waren zusammengerückt und festlich gedeckt, mit Pfirsichblüten und Weihrauch dazwischen. Tinh setzte mich auf den Ehrenplatz, neben meine Mutter, und gab mir einen großen Teller, voll beladen. Ich rührte das Essen kaum an, meine Magenbeschwerden und die Begegnung auf dem Friedhof wirkten noch nach.

Nachdem der Tisch abgeräumt war, gingen die Männer ins andere Zimmer, um die Füße hochzulegen, und die Kinder machten sich zum Schlafen bereit. Ich fragte meine Mutter: »Mama *Du*, ich möchte nach Hause ins Dorf fahren und *dot nhung cho cha* – Weihrauch am Schrein meines Vaters verbrennen. Außerdem würde ich gern ein paar Amerikaner mitbringen, damit sie sehen können, wie wir Bauern nach dem Krieg leben.«

Ich machte mich auf das Schlimmste gefaßt. Im vergangenen Jahr hatte diese Bitte einen Entsetzensschrei ausgelöst. Diesmal zuckte meine Mutter lediglich die Achseln. »Ich wüßte nicht, was dagegen spricht.«

»Mama *Du!* Das glaub ich einfach nicht! Letztes Jahr bist du fast in Ohnmacht gefallen, als ich dir die gleiche Frage gestellt hab! Was ist denn passiert, daß du deine Meinung geändert hast?«

»Ich hab mich nicht geändert. Die Regierung ändert sich. Die Dinge liegen jetzt anders, deshalb ist auch meine Einstellung anders. Man sagt uns, wir sollen die Viet Kieu ermuntern, nach Hause zu kommen. Die Funktionäre wollen den Amerikanern zeigen, wie offen wir sind. Jetzt mit Amerikanern gesehen zu werden, ist ein echtes Statussymbol. Du würdest mich bei den Leuten vom Komitee zu einer Berühmtheit machen. Wie kann ich da nein sagen?«

Ich drückte ihr die Hand. *Ich konnte mein Glück nicht fassen!* »Natürlich habe ich noch keine Genehmigung vom Komitee in Da Nang«, fügte ich hinzu.

»Und ich werde das Komitee im Dorf fragen, aber da sehe ich keine Schwierigkeiten. Die Amerikaner sind reich. Mit ihrem Besuch zu Tet werden sie jedem Glück bringen.«

Ich war so aufgeregt, daß die Tour mit der VVA-Gruppe am nächsten Tag wie im Nebel verschwamm. Der Marmorberg ist berühmt durch den Außenposten des Marineinfanteriekorps auf dem Gipfel und die buddhistischen Schreine im Innern. Ironischerweise beherbergte er außerdem, tief in die Felsen eingebaut, ein Lazarett des Vietcong.

Die Veteranen und ich verbrannten Weihrauch und baten die Schutzgeister um Erlaubnis, die riesige Höhle zu betreten. Drei Öffnungen in der Gewölbedecke wiesen uns den Weg wie Scheinwerfer, als wir in die Haupthöhle hinunterstiegen, in der Reliquien, Buddhas, verschiedene Schreine und jetzt auch ein Vietcong-Museum zu besichtigen waren. Don fand es verblüffend, daß ›der Feind‹ ein so riesiges unterirdisches Areal nutzen konnte, ohne von den Truppen auf dem Gipfel entdeckt zu werden.

»Das ist kein besonderes Geheimnis«, erklärte ich und zeigte ihnen eine Weggabelung. Der eine Pfad führte hinauf zum Gipfel, der andere hinunter in das Labyrinth von Tunnels, die vom Vietcong benutzt wurden. »Jeder wußte von der großen Höhle, den Schreinen und dem ›Pfad zum Himmel‹ auf den Gipfel, aber die Mönche sagten, der zweite Pfad führe geradewegs in die Hölle. Wenn Sie einen Trupp Soldaten zu führen hätten, würden Sie dann dem zweiten Pfad folgen?«

So koexistierten beide Seiten während des Krieges: die Marine-Basis, die ohne ihr Wissen den Berg vor Luftangriffen schützte; die VC-Einrichtung wiederum schützte die Marines vor Saboteuren – vielleicht ein Modell für Kooperation zwischen beiden Ländern in der Nachkriegszeit.

Barbara Cohen schien zum erstenmal auf dieser Reise überwältigt zu sein.

»Ich war oft hier«, erinnerte sie sich und lächelte unter Tränen. »Für kampfmüde GIs ein sehr tröstlicher Ort. Wenn diese Wände reden könnten, hätten sie sicher unglaubliche Geschichten zu erzählen! Übrigens, Ly, ich möchte unser altes Krankenhaus besuchen. Haben Sie Lust mitzukommen?«

Der Reiseführer hatte sich noch nicht zu meiner Bitte geäußert, die Gruppe nach Ky La zu bringen – auch wenn die ›Gruppe‹ nur aus einer Person bestehen würde, nämlich mir! Es sähe den Bürokraten ähnlich, alles so lange hinauszuzögern, bis es zu spät war, und sich so einer Entscheidung zu entziehen.

»Eigentlich hoffte ich, nachmittags mein Dorf besuchen zu können und am Schrein meines Vaters Weihrauch zu verbrennen. Es ist ganz in der Nähe, von hier bequem zu Fuß zu erreichen. Vielleicht würden Sie mich gern begleiten, dann können wir den Bus zu Ihrem Lazarett nehmen.«

Ein wahres Wunder – sie willigte ein! Ich erklärte dem Reiseführer, wir wollten uns die Gegend näher anschauen, bevor wir nach Da Nang zurückkehrten. Falls er darunter die Marmorberge und China Beach verstand – die größte Touristenfalle –, um so besser. Es war ja keine Lüge, bloß nicht die volle Wahrheit. Auf diese Art schienen die meisten Dinge im neuen Vietnam gehandhabt zu werden.

Nach Abfahrt der Gruppe standen wir an der Autostraße, und ich prüfte kritisch, mit steigender Erregung, wie wir am günstigsten vorgehen könnten. Während wir noch dort standen, begannen sich die einheimischen Kinder zu sammeln – bestaunten die hochgewachsene Amerikanerin (»oder war sie Russin?«) und ihre kleine vietnamesische Begleiterin mit dem ›typisch westlich‹ gekräuselten Haar. Wir gingen die Straße hinunter, die Kinder folgten.

»Die Kleinen sind einfach goldig, nicht wahr?« Barbara kramte in ihrer Handtasche nach Kaugummi oder Süßigkeiten, um sie zu verteilen, was ich schleunigst verhinderte.

»Das würde ich lieber nicht tun«, sagte ich nervös. »Sobald sie wissen, daß hier was zu holen ist, erzählen sie's ihren Freunden weiter. Kein Witz – wir werden dann von der Rotte attackiert.«

Meine Befürchtungen bewahrheiteten sich schneller als gedacht. Die niedlichen Kleinen zogen ihre größeren Schwestern und noch größeren Brüder nach. Binnen kurzem verdrängten hochgewachsene, dunkelhäutige, abgebrühte Teenager – arbeitslos und vielleicht auf Krawall aus – die harmlosen Kinder. Ich mußte unwillkürlich an die Kriegsjahre denken, als weibliche Leichen – nicht nur Prostituierte, sondern immer Frauen ohne Begleitung – tagtäglich in Mülltonnen oder im Gestrüpp entdeckt wurden – mißhandelt, vergewaltigt, verstümmelt.

»Wir sollten schleunigst abhauen, Barbara«, drängte ich und ging fast im Laufschritt weiter.

Ich sah ein *xe lam*, ein motorisiertes *siclo* auf uns zukommen und wedelte heftig mit den Armen. Ein Glück – der Fahrer hielt. Vielleicht erkannte er unsere Notlage, vielleicht war er auch bloß neugierig oder auf Fahrgäste erpicht, jedenfalls winkte er uns aufzusteigen. Einige der aggressiveren Jugendlichen rannten noch eine Weile hinter uns her, gaben es jedoch auf, als ihnen klar wurde, daß wir nicht anhalten würden. Da erkannte ich, daß die ›schwerfälligen Bürokraten‹ vermutlich recht hatten, wenn sie von Besuchen auf dem flachen Land abrieten.

Nach ein paar Kilometern dirigierte Barbara den Fahrer zu einer kleinen Klinik – einer aus drei Räumen bestehenden Hütte, von den Amerikanern im Krieg auf einem Betonsockel errichtet. Zwei Hebammen, das einzige ›Fachpersonal‹ im Dienst, begrüßten uns an der Tür. Ich erklärte ihnen, daß Barbara eine Militärärztin auf Besuchsreise und ich eine Viet Kieu sei und ein Krankenhaus für die Landbevölkerung zu bauen hoffe. Hätte ich geahnt, was wir zu sehen bekommen würden, hätte ich hinzugefügt: »... und alte wie dieses abzureißen!«

Ich weiß nicht, wer mehr schockiert war: ich, als an den amerikanischen Standard im Gesundheitswesen gewöhnte Verbraucherin, oder Barbara, die von Berufs wegen zu unterscheiden wußte zwischen lediglich unschönen und wirklich gefährlichen Praktiken.

Im Entbindungsraum stand ein verrosteter Tisch, mit fleckigen Laken bedeckt. Die Fußböden waren zwar gefegt, aber weder gebohnert noch desinfiziert. Die verschmutzten Wände wurden offensichtlich nie geschrubbt, sondern nur gelegentlich von Spinnweben befreit. Die Arzneischränke waren leer, bis auf ein paar gewaschene Tücher. Zum Durchtrennen der Nabelschnur wurde eine verrostete Schere benutzt.

Im Erholungsraum ruhte eine junge Mutter auf einer Strohmatte mit ihrem Neugeborenen. Barbara knipste die beiden mit ihrer Polaroidkamera und schenkte ihnen die Aufnahme als Andenken. Sie weinte vor Freude, wir wünschten ihr alles Gute und hofften im stillen, daß sie und ihr Baby gesund blieben und diese Stätte bald verlassen könnten. Die

Hebammen jedoch sprachen stolz und begeistert von ihrer Einrichtung – ein von der Regierung unterhaltenes Schauobjekt, eine ›Belohnung‹ für die örtlichen Helden, die in China Beach gegen die Amerikaner gekämpft hatten.

Das Problem, wie ich nach Ky La kommen könnte, war immer noch ungelöst, als Don mich fragte, ob ich die Gruppe nach Hanoi begleiten wolle. Wie konnte ich das ablehnen?

Die Stadt war nicht nur für ihre alten und modernen Legenden berühmt, sondern wurde nach der Teilung des Landes im Jahre 1954 auch zur Heimat für meinen Bruder Bon Nghe und zahllose andere Jugendliche aus dem Süden. Umgekehrt zogen zur gleichen Zeit Zehntausende, vorwiegend Katholiken, von Hanoi in den Süden, weil sie meinten, ihre Religion unter dem Regime im Norden nicht ausüben zu dürfen. Wenn man jemand beschuldigt, »Kommunist zu sein«, nur weil er aus Hanoi stammt, beweist das nur eine Unkenntnis der vietnamesischen Geschichte.

Von einem Besuch in dieser altehrwürdigen Stadt haben Vietnamesen in allen Gegenden des Landes immer geträumt; sie galt ihnen als Zentrum ihres kulturellen Erbes. Manche der modernen Legenden über Hanoi sind freilich wenig schmeichelhaft. Unter amerikanischen Viet Kieu wurde geklatscht, Hanoi sei voll von im Süden erbeuteten Kunstschätzen, und davon wollte ich mich unbedingt selber überzeugen. Außerdem hatte ich noch den kleinen Vorrat an amerikanischen Medikamenten, der als Geschenk gedacht war. Wenn ich den einem Krankenhaus in Hanoi überließ, quasi unter den Augen des Gesundheitsministeriums, könnte ich damit vielleicht Punkte bei denen einheimsen, von denen der Erfolg künftiger Missionen abhing.

In meiner Vorstellung war Hanoi geschmückt mit Gärten, Monumenten, alten Tempeln und Palästen, wie es sich für eine Hauptstadt geziemt, zumal eine, von der die Kader des Vietcong in höchsten Tönen schwärmen. Die Wirklichkeit sah anders aus.

Beim Landeanflug sahen wir eine Landschaft, in der die massiven Angriffe von B-52-Bombern während des Krieges unzählige Krater hinterlassen hatten. Ein wahres Ruinenfeld die einstigen Wohngebiete, überall Schrottplätze. Selbst unbeschädigte Gebäude wirkten abbruchreif. Die öffentlichen Parks waren ungepflegt und von Unkraut überwuchert. Selbst das Wetter war kalt und feucht – glich eher dem koreanischen Klima –, und die wenigen Wagen, die wir auf den meist ungepflasterten Straßen passierten, steckten im Schlamm oder zwischen Horden mißmutiger Fußgänger fest. Im Vergleich zum desolaten Norden wirkte Saigon mit all seinen großen Schwierigkeiten wie eine sonnige Insel in der Karibik.

Alle Besucher von Hanoi pilgern zuerst zum ›Heim‹ ihres Gastgebers: zum Ho-Chi-Minh-Mausoleum, halb Kirche, halb Monument, ähnlich wie das Lenins in Moskau. Lange Schlangen warten manchmal Stunden, um einen Blick auf den legendären ›Onkel Ho‹, den Gründer dieses neuen, wiedervereinigten Vietnam, zu werfen. Für die Blumenläden im weiten Umkreis ist es ein glänzendes Geschäft.

Meine Aufregung stieg, je weiter die Schlange vorrückte. In den ersten zwanzig Jahren meines Lebens war kaum ein Tag vergangen, ohne daß ich den Namen Ho Chi Minh entweder preisen oder verfluchen hörte. Zwar konnten sich beide Seiten niemals einigen, ob er denn nun ein Heiliger oder ein Sünder war, aber alle stimmten darin überein, daß er mit seinen Idealen und seiner Persönlichkeit den Krieg ausgelöst und durchgehalten hatte. Mütter, wie meine eigene, opferten bereitwillig ihre Söhne, um seine Vision von einem unabhängigen Vietnam zu verwirklichen. Daß aus seiner Version von ›Unabhängigkeit‹ ein totalitäres System hervorging, das seine eigene Bevölkerung nicht ausreichend zu versorgen vermochte, spielte kaum eine Rolle. Ob Besucher nun kamen, um einen weisen Herrscher, die Seele seines Volkes, zu sehen oder ein abscheuliches Ungeheuer, keiner blieb unberührt von diesem winzigen, in Braun gekleideten Leichnam, der in seinem Reliquienschrein im ewigen Schlaf ruhte. Ich hatte nur den einen Gedanken, wie tiefgreifend der Einfluß dieses einen Mannes mein Leben gestaltet und den Lauf der Geschichte für meine alte wie für meine Wahlheimat verändert hatte. Die Mausoleumswärter müssen mich für Onkel Hos treueste Anhängerin gehalten haben. Woher sollten sie wissen, daß meine Tränen all den Seelen auf beiden Seiten galten, die niemals an meiner Stelle hier stehen oder in ihre ›Heimatdörfer‹ zurückkehren würden?

Barbara und ich machten uns Gedanken über die Wirkung, die das Mausoleum auf einige der Veteranen ausüben könnte, doch unsere Besorgnisse waren unberechtigt. Manche zogen sogar ihre Jacken, die sie als Vietnam-Veteranen auswiesen, zum erstenmal auf der Reise an.

Die eigentliche Bewährungsprobe stand uns allerdings noch bevor im Ban Tan Quan Doi, dem Nationalen Kriegsmuseum, wo ein wesentlicher Teil der im Süden erbeuteten amerikanischen Waffen im Wert von fünf Milliarden Dollar untergebracht war. Das Museum der Nordvietnamesischen Armee ähnelt einer Müllkippe, freilich nicht aus Geringschätzung. Dem Land fehlen schlicht die erforderlichen Mittel, seine Siege im Stil des Westens oder auch der alten vietnamesischen Könige eindrucksvoll zu demonstrieren. Beim Gang durch die Sammlung von aufgestapelten Gewehren, ramponierten Düsentriebwerken und zerfetztem Aluminium (manchmal mit den noch erkenntlichen Emblemen der US-Luftwaffe) kam es mir vor, als durchstöberte ich einen fremden Dachboden.

Der Führer ratterte Statistiken herunter: über 58 000 amerikanische Tote gegenüber 1,9 Millionen vietnamesischen – nahezu 33 vietnamesische Tote auf einen amerikanischen –, ohne Zweifel einer der kostspieligsten Siege in der Geschichte. Während amerikanische Politiker und erregte Angehörige wegen der verhältnismäßig geringen Anzahl der auf ihrer Seite verbliebenen Vermißten verbissen in alten Wunden wühlen, kann Vietnam über nahezu eine Drittelmillion seiner Brüder und Schwestern, Söhne und Töchter *immer noch* keine Rechenschaft ablegen. Und dazu kommt die entsprechende Anzahl von Kriegsinvaliden.

Besonders beunruhigten mich einige Veteranen, deren Krankengeschichte ein schweres posttraumatisches Streß-Syndrom beinhaltete (PTSD), zumal da sie am nächsten Tag den Heimflug antraten. Diese Veteranen waren völlig anders als die übrigen in unserer Gruppe, jedoch sehr ähnlich den Menschen, die ich im Dorf und in Da Nang nach allzu vielen Jahren von Bombardierungen, Folter und Angst erlebt hatte. Sie faßten nur schwer Vertrauen und blieben unter sich. Wenn sie sprachen, blickten sie gewöhnlich zu Boden, und ihre Stimmen klangen immer den Tränen nahe. Ihre Diskussionen richteten sich fast ausschließlich auf die Objekte ihres Hasses: die US-Regierung, die Leute, die sie geködert und dann im Stich gelassen hatten, die Ungerechtigkeit des Ganzen.

Nach unserer Tour durch Hanoi waren sie beängstigend still.

Ich fragte Don, was er davon hielt.

»Ich weiß es nicht, Ly«, antwortete er. »Ich muß wohl meine eigenen gemischten Gefühle hintanstellen. Manche haben mir bereits gesagt, die Reise hätte ihnen geholfen. Von anderen hört man kein Wort. Für sie gilt jedenfalls eins – sie haben mehr Mut aufgebracht als wir anderen zusammengenommen. Auf meiner letzten war einer, der jemand mit Jacke und Mütze der NVA sah und völlig ausflippte. Ich meine, er wurde hysterisch, rannte wie wild herum und brüllte nach seinem Gewehr. Wir mußten ihn zu fünft bändigen. Die Vietnamesen auf der Straße starrten uns nur fassungslos an. Ich kann mich nicht erinnern, was sie sagten...«

»*Dien cai dau?*« fragte ich spontan. »Verrückt im Kopf?«

»Ja, stimmt. Das ist wohl ihre Art, an PTSD ranzugehen. Viel besser machen wir's anscheinend auch nicht. Falls Sie selber mal Veteranen herbringen, Ly, passen Sie sehr, sehr gut auf, wen Sie in Ihre Gruppe aufnehmen. Jeder verdient eine Chance, mit sich ins reine zu kommen, aber nicht jeder ist auch dazu bereit. Wenn Sie nicht sicher sind, daß Sie mit ihnen fertig werden, verweisen Sie sie an uns. Zumindest haben wir im VVA das Ganze schon durchexerziert.«

Am nächsten Morgen dankte ich Don, Bill, Barbara und den übrigen für alles, was sie getan hatten, und winkte ihrem Bus nach, der sie zum Flughafen brachte.

In den letzten zehn Tagen hatte ich beobachtet, wie eine kleine Gruppe verstörter Seelen mit sich ins reine kam. Irgendwie hatte die Gruppe begonnen, Erinnerungen an Qual und Grauen umzusetzen in Akzeptanz, Vergebung und Hoffnung. Wenn sie jetzt und für den Rest ihres Lebens an Vietnam denken, werden sie einen Ort mit menschlichem Antlitz vor sich sehen: ihrem eigenen – und dem Antlitz Gottes. Wenn die Mönche recht hatten, daß nichts ohne Ursache geschieht, dann war es das Ergebnis meiner langen Flucht – von meinem zerbombten Dorf auf die Straßen von Saigon und Da Nang zu meinem Leben mit Ed und Dennis und schließlich auf mich allein gestellt –, an diesen Scheideweg zu gelangen.

Mein Leben lang war ich *festgeklemmt in der Mitte* – zwischen Süden und Norden, Amerikanern und Vietnamesen, Habgier und Mitgefühl, Kapitalismus und Kommunismus, nicht ganz Frieden und beinahe Krieg. Jetzt, anstatt mich gegen dieses Schicksal zu wehren, erkannte ich, daß es dieses *Dazwischen* war, wo ich hingehörte. Nur wer aufhört, sich den Kräften zu widersetzen, die sein Leben gestalten, und anfängt, sie seiner Seele nutzbar zu machen, findet das Glück – gleichgültig, wo er seine Zelte aufschlägt, oder wer an seiner Seite geht. Sicher konnte ich nicht für jeden Vietnamesen sprechen, doch ich war jedes Vietnamesen Schwester und, ob es uns gefällt oder nicht, unser aller Nabelschnur liegt in diesem Land. Ich konnte nicht für alle Amerikaner sprechen, aber als US-Bürgerin asiatischer Herkunft hatte ich das gleiche Recht auf meinen Platz im amerikanischen Schmelztiegel wie jede Weiße, Braune, Schwarze, die das Wesen Amerikas ausmachen. Unser selbstgewähltes Kredo – Freiheit und Unabhängigkeit, Verantwortung und Mitgefühl – ist der Kern unseres Menschseins. Wir können es ebensowenig ablehnen wie den Lebensfunken, den uns Schicksal, Glück oder Gott verliehen haben. Viele Menschen mögen sich durch Bildung oder Talent besser dafür eignen, diese Botschaft nach Ost und West zu tragen, doch ein Teil der Aufgabe ist mir zugefallen. Ich werde meinen Vater nicht enttäuschen.

Mein erster Weg nach dem Abschied von der VVA-Gruppe führte mich zur Zentralstelle für Ban Viet Kieu, die Behörde, die weltweit Verbindung zu den ausgewanderten Vietnamesen unterhielt. Ich wollte dort eine Kopie des Plans vorlegen, den ich der UN-Mission unterbreitet hatte, und mitteilen, daß ich die Genehmigung brauchte, kontinuierlich humanitäre Arbeit zu leisten. Ich wollte sie mit meiner Offenheit und meinen Fähigkeiten beeindrucken, aber auch gewisse Zusicherungen bekommen, daß sich beklemmende Erlebnisse wie die beim Zoll nicht wiederholen würden. Zu meiner Verblüffung übernahmen sie meinen Part.

Zwei Beamte entschuldigen sich für die Ungelegenheiten, die man mir bereitet hatte, und gaben mir sämtliche Informationen, wen ich aufsuchen sollte und welche Zollbescheinigungen ich benötigte. Zur Krönung luden sie mich ein, für den restlichen Aufenthalt in Hanoi ihr Gästequartier zu benutzen.

Die nächsten paar Tage führte ich Gespräche in buchstäblich sämtlichen Ministerien sowie mit einer Anzahl von Viet Kieu aus Europa. Ich lernte viel aus diesen Diskussionen, vor allem, daß die Leute gegenüber ›Menschenfreunden‹ immer mißtrauisch sind. Seltsamerweise schien der kapitalistische Westen der einzige Ort zu sein, wo wohltätige Werke für bare Münze genommen wurden.

Nach einer mit Interviews und unentwegten Notizen angefüllten Woche schwirrten mir tausend Einzelheiten im Kopf herum, während mir das Herz immer schwerer wurde. Ich hatte Sehnsucht nach meinen Jungen in Amerika und bedauerte die Zeit, die mir für meine Familie verlorenging. Jetzt war ich schon mehr als drei Wochen dort und hatte meinen einzigen noch lebenden Bruder, Bon Nghe, noch nicht gesehen!

Ich fuhr nach Da Nang zurück und direkt zu Tinh. Bis auf meine Nichte und zwei ihrer Kinder war das Haus leer.

»Wo sind denn die anderen?« fragte ich. »Ich dachte, Bon würde schließlich doch auf eine Stippvisite kommen.«

»Großmutter Phung ist im Dorf bei Hai«, erklärte Tinh. »Onkel Bon war hier, ist aber tags darauf nach Saigon zurückgefahren.«

»So kurz? Hat ihm denn keiner gesagt, daß ich da bin?«

Tinh antwortete nicht, bemühte sich aber, ein strahlendes Gesicht zu machen. Irgend etwas war im Gange.

»Sei ehrlich zu mir, Tinh. Warum ist Bon Nghe nicht länger geblieben? Warum ist er überhaupt nach Saigon gezogen? Er hatte doch einen guten, verantwortungsvollen Posten und wirkte so hilfsbereit. Was ist nach meiner Abreise passiert?«

»Du kennst doch die Menschen. Nach deinem Besuch letztes Jahr haben die Nachbarn zu reden angefangen. Ein paar sind zu Bons Boß gegangen. Gerüchte wollten wissen, daß du eine Menge Geld aus Amerika ins Land gebracht hast und wir alle reich sind – vor allem Onkel Bon. Trotz der neuen offiziellen Politik, Kontakte mit amerikanischen Viet Kieu zu fördern, fingen sein Chef und die Mitarbeiter an, ihm nachzuspionieren und herauszukriegen, was er mit all dem Geld macht. Vielleicht dachte auch jemand in der Regierung, daß er sich als Spion an die Amerikaner verkauft hat – wer weiß? Jedenfalls war Bon in seinen Gefühlen verletzt und wurde wütend. Eine solche Behandlung hätte er nicht verdient, sagte er, und beantragte seine Versetzung, was seine Abteilung nur allzu gern genehmigte.«

Ich konnte es nicht fassen! Vor zwanzig Jahren war ich nach Saigon ins Exil geflohen – ein Opfer von bösartigem, gefährlichen, kleinlichen, paranoiden Klatsch. Und jetzt geschah meinem Bruder das gleiche! Hatte der Krieg diese Menschen gar nichts gelehrt?

»Wie geht's seiner Familie?« fragte ich. Ich wußte ja, wie arg solche Dinge auch die Angehörigen des Opfers mitnahmen.

»Seine Frau Nhi ist okay. Im Norden gestählt, erinnerst du dich nicht? Aber sein Sohn Nam ist dauernd krank. Die Luft im Süden tut seinem Asthma nicht gut. Natürlich gibt's keine Medikamente, also muß er sehr vorsichtig sein.« Tinh begann ein paar Süßkartoffeln fürs Dinner zu schälen. Vor Wut kochend, nahm ich ein Messer und half ihr.

»Tante Ba und Großmama Phung wurden auch ein bißchen gepiesackt, aber aus anderen Gründen«, fuhr Tinh fort. »Das Volkskomitee beorderte sie in eine Versammlung, und ich dachte schon, die beiden kriegen einen Herzanfall. Dann stellte sich raus, die Versammlung war für jeden, der Verwandte in den Staaten hatte. Sie wurden gedrängt, Briefe an ihre Viet–Kieu-Angehörigen zu schreiben und sie zum Tet-Fest nach Hause einzuladen. Es war ein großes Regierungsprogramm. Weißt du, die Behörden tun nicht viel zur Unterstützung unserer alten Familientraditionen, aber wenn sie was wollen, dann sind sie fix dabei, das ganze Netzwerk von Großeltern, Tanten und Onkeln einzuspannen.«

Das war alles nicht zu fassen. Mit der rechten Hand versuchte die Regierung, mit mir handelseinig zu werden, daß ich medizinische Hilfe aus Amerika beschaffe für die Landbevölkerung, die bei solchen Maßnahmen immer an letzter Stelle steht. Dabei wurde sogar meine Familie zur Mitwirkung gedrängt. Mit der linken Hand terrorisierte man nun meinen Bruder, weil er mit eben der Frau ›gesehen wurde‹, die die Regierung zu gewinnen suchte. Die eigentliche Tragik lag darin, daß der ganze Widersinn in diesem neuen Vietnam durchaus Sinn machte.

Ich mußte etwas unternehmen. Folgerichtig sollte ich bei meiner Mutter anfangen, dem Mittelpunkt meiner Familie.

»Sag mal, Tinh, hat sich jemand vom hiesigen Ban-Viet-

Kieu-Büro mit dir wegen meiner Bitte, Ky La zu besuchen, in Verbindung gesetzt?«

»Vor ein paar Tagen sind zwei Männer vorbeigekommen und haben Bien mitgeteilt, es wäre in Ordnung, daß du bei uns und nicht im Hotel wohnst. Und wegen Ky La … Da ist ja Bien. Er kann's dir selber sagen.«

»Di Bay! Du bist wieder da!« begrüßte er mich lächelnd. »Alle haben dich vermißt. Dein Bruder Bon läßt dich grüßen.«

»Da hab ich aber was andres gehört.« Ich legte Kartoffel und Messer beiseite und rollte meine Hosenbeine herunter. »Ich muß mit der Familie alles in Ordnung bringen, bevor ich abfahre. Ich möchte am Schrein meines Vaters Weihrauch verbrennen. Ich weiß, er wird mit all seiner Kraft dafür sorgen, daß wieder Mitgefühl in die Herzen der Menschen einkehrt, wenn ich nur nach Ky La gelangen kann. Das ist der einzige Riß in meiner Seele, der noch heilen muß.«

»Nach Ky La gehen?« Bien kratzte sich am Kinn. »Ich weiß nicht. Die Leute vom Komitee haben gesagt, du darfst hier wohnen, aber vom Dorf war nicht die Rede – nur davon, was sie für Ärger kriegen würden, falls dir was passiert. Ich meine, sie wollen alles dem Dorf-Komitee überlassen, das geht sie dann nichts mehr an.«

»Verstehst du nicht? Das heißt, ich *muß* ins Dorf.« Ich war jetzt zu allem bereit, wollte aber niemand anders in Schwierigkeiten bringen. »Du hast doch mit denen vom Komitee in Da Nang gesprochen. Vielleicht kannst du mich begleiten.«

Tinh nickte. »Sie hat recht, Bien. Du kannst immer sagen, du wendest dich an den Dorfrat im Namen vom Komitee in Da Nang. Das Schlimmste, was Bay Ly tun könnte, wäre, daß sie versucht, allein hinzufahren. Dann würden alle erst richtig mißtrauisch.«

Bien war nicht ganz überzeugt. »Weißt du, Di Bay, wenn wir erwischt werden und sie mir meine Geschichte nicht abkaufen, könntest du im Gefängnis landen. Deine ganze Reise – alles, was du für unser Land tun willst – würde sich in nichts auflösen.«

Ich schluckte schwer. Wo lag die Grenze des Risikos? *Der Pfad ins Nirwana ist immer steil und gewunden*, hatte mein Mönch gesagt. In meinem Dasein klaffte eine Lücke, die nur dadurch ausgefüllt werden konnte, daß ich meinen Geburtsort und den Schrein meines Vaters mit Augen und Ohren in mich aufnahm.

»Es ist mir egal«, erklärte ich mit so fester Stimme, daß es mich selbst überraschte. »Das Risiko muß ich eingehen.«

»Okay«, erwiderte Bien. »Morgen im Laufe des Nachmittags sind die Kinder wieder in der Schule und die meisten Erwachsenen auf den Reisfeldern. Das ist für uns der richtige Zeitpunkt. Wir brechen morgen bald nach Tisch auf. Und nachdem wir alle unsere Gebete gesprochen haben.«

Bien unterzog mich einer letzten Musterung, bevor wir abfuhren. Ich trug Tinhs schwarzen Pyjama, Gummisandalen, einen spitzen Sonnenhut und kein Make-up. Bis auf mein nach amerikanischem Geschmack gekräuseltes Haar sah ich genau wie jede andere Vietnamesin aus, die sich auf der Fernstraße nach Süden in Richtung Marmorberge bewegte.

»Gut.« Er rückte meinen Hut zurecht. »Du siehst schrecklich aus. Genau wie wir.«

Wir fuhren zu zweit auf Biens Rad, bis ein mit Baumaterial und Arbeitern beladener wackliger Kleinbus hielt, um uns mitzunehmen. Bien kletterte mit dem Fahrrad aufs Dach, ich setzte mich neben den Fahrer. Die Bauern hatten mich sehr fix eintaxiert, denn es wurde auffallend ruhig im Bus. Seit dem Krieg war es gewöhnlich die beste Schutzmaßnahme, in Gegenwart von Fremden den Mund zu halten. Trotzdem war ich enttäuscht, daß meine Verkleidung so leicht durchschaut werden konnte. Bien ging es genauso.

Als wir an der schmalen Straße ausstiegen, die direkt in mein Dorf führte, sagte Bien: »Das wäre beinahe schiefgegangen. Mit dem Haar kannst du niemand hinters Licht führen. Wir müssen vorsichtiger sein.«

Die Schere fehlte, sonst hätte ich es auf der Stelle abgeschnitten. Wir waren so nahe an meinem Dorf, daß ich das Mittagessen in den Kochtöpfen riechen konnte.

»Vorwärts!« befahl Bien. »Und wenn wir in Ky La sind, trödle nicht rum. Verbrenn deinen Weihrauch fix, und dann machen wir, daß wir hier rauskommen.«

Ich schwang mich wieder auf seine Lenkstange. Bedauerlicherweise war Biens Fahrrad seinem Tempo nicht gewachsen. Wir blieben sofort in dem schweren, sandigen Boden stecken und mußten den Rest des Weges zu Fuß gehen. Eigentlich hätte ich es Bien im voraus sagen können, daß sein Fahrrad abseits der befestigten Straße zwei Personen nicht tragen würde. An dieser Stelle hatte ich immer auf meinen Bruder Sau Ban gewartet, wenn er von der Arbeit kam, und den Heimweg verkürzte uns dann der Dorfklatsch. Wenn ich jetzt nicht aufpaßte, könnte ich zur größten Sensation werden, über die auf diesen Feldern und in den Küchen seit langem getratscht wurde. Keine verlockende Aussicht.

Nach ein paar Minuten kamen wir an einer Baumgruppe und einigen Hütten vorbei. Links führte ein Weg durch Gestrüpp nach Khai Tay und Man Quang, wo mein Vater und meine Mutter geboren wurden. Rechts ging es nach Ky La und weiter nach Phe Binh und dem Sumpfgebiet, wo ich vergewaltigt und beinahe getötet wurde. Ich war verblüfft, wie dicht alles beieinander lag. Nach ein paar Schritten überquerten wir einen Friedhof, an den ich mich überhaupt nicht erinnerte.

»Was ist das?« fragte ich Bien.

»Nach dem Krieg hat man sämtliche Leichen, die hastig verscharrt worden waren, ausgegraben und umgebettet. Eine Menge Leute aus den umliegenden Dörfern sind hier beigesetzt. Ein Stückchen weiter ist der Soldatenfriedhof für den Vietcong.«

Ich dachte an all die VC-Kämpfer, an Verwandte und Dorfbewohner, die meine Familie im Lauf des Krieges beerdigt hatte. Sie wurden geschwind in Bambusmatten eingewickelt und in flache Gräber geschoben, um sie vor den republikanischen und amerikanischen Truppen zu verstecken. Ich fragte mich, wie viele wohl bei der Massenexhumierung weder entdeckt noch registriert wurden. Und ob mein Bruder Sau Ban auf einem ähnlichen Friedhof im Süden lag, ein weiterer ›unbekannter Soldat‹.

Bei unserer Ankunft in Ky La waren die Schatten bereits lang. Bien nahm einen Weg am Dorfrand, der zu dem alten Brunnen neben unserem Haus führte, aus dem ich als Kind so oft Wasser geholt hatte. Jetzt wirkte er trocken. Das Buschwerk hatte ich sehr hoch in Erinnerung, nun hätte sich kaum ein Erwachsener dahinter verbergen können, nicht einmal, wenn er so klein geraten war wie ich.

»Bleib hier und laß dich nicht sehen«, sagte Bien, als plane er einen Hinterhalt. »Ich geh weiter, und wenn's Neugierige gibt, lenke ich sie ab, damit du dich ins Haus schleichen kannst. Wenn ich deine Schwester Hai sehe, sag ich ihr, wo du bist. Ihr zwei könnt dann von hier aus alles im Auge behalten.«

Ich kauerte mich zusammen, als Bien davonging. Genau das hatte ich unzählige Male im Krieg gemacht, aber nach zwanzig Jahren in Amerika mit seinen Supermärkten und Highways kam es mir albern vor, Guerilla zu spielen, wie eine Rolle in einer Schüleraufführung. Die Strafe, wenn ich erwischt wurde, war allerdings bittere Wahrheit. Als Lohn für eine gute Vorstellung winkte – Überleben.

Während Biens Abwesenheit riskierte ich einen Blick auf mein Haus. Die Bäume ringsum waren viel höher und zahlreicher, als ich es in Erinnerung hatte. Nach meinem Weggang verstärkten sich die Kämpfe um Ky La. In einer Schlacht wurde das Dorf zur Hälfte zerstört und der Rest großenteils planiert als ›Todesstreifen‹ für einen amerikanischen Stützpunkt. Danach begann zwischen Bomben- und Granatenhagel und über der ganzen Gegend versprühten Chemikalien alles abzusterben. Das grüne Dorf, teilweise vom üppigen Dschungel umgeben, an das ich mich aus meiner Kindheit erinnerte, war zur lehmigen Einöde geworden, als ich wegging.

Jetzt forderte Mutter Erde zurück, was ihr gehörte, ob von der Natur oder vom Menschen geplant, wußte ich nicht. Ein wunderbarer Anblick.

Noch mehr überwältigte mich der Unterschied zwischen dem Haus, das ich vor mir sah, und dem, an das ich mich in Träumen und Halluzinationen erinnerte. Natürlich war es kleiner, moosbewachsen, nicht gestrichen, notdürftig repariert wie alle anderen und weniger imposant. Es war eines der ersten Betonhäuser, die in Ky La gebaut wurden, und eines der besten. Jetzt ließen andere Hütten, die nach Regierungsvorschriften an der Hauptstraße errichtet wurden, die Handarbeit meines Vaters in wesentlich bescheidenerem Licht erscheinen. Dennoch enthielt es die beiden Schreine, die er draußen gebaut hatte – einen für unsere Ahnen, die sich drinnen bedrängt fühlten, und einen für jeden umherirrenden Geist, der ein Obdach brauchte. Über der Eingangstür prangte die Jahreszahl 1962, die riesigen Ziffern kündeten vom Stolz des Erbauers. Das Haus ruhte im Schatten eines alten Pfefferbaums – *sau dau* –, der schon dort gestanden hatte, lange bevor unser erstes, später von den Franzosen niedergebranntes Haus erbaut wurde. Sicherlich hatten meine Erinnerungen ebensoviel zur Veränderung des Bildes beigetragen wie Zeit, Geschichte und Mutter Erde. Doch es war und blieb für immer mein *Zuhause:*

Ich war zu Hause.

Ich unterdrückte meine Tränen und versuchte, mich ruhig zu verhalten, was mir beides nicht sonderlich gelang. Ich konnte nur daran denken, wie sehr ich meinen Vater und Sau Ban vermißte. Das alte Haus hatte etwas von einer Mutter an sich, zwar liebevoll, aber genauso gleichgültig unserer Sterblichkeit gegenüber wie die Bäume. *Mein Gott – wie lang mein Leben gewesen ist!* Von 1949 bis jetzt – zwei Kriege und eine Reise in eine andere Welt! Ich kam mir verwittert und alt wie die Steine vor.

Bien hatte kehrtgemacht, schob sein Fahrrad jetzt und sichtete Hai, die mit Schulterjoch vom See auf ihn zukam. Sie sah

Bien, stellte die Eimer ab und winkte ihm zu. Bien ging zu ihr, sprach leise auf sie ein, und sie blickte direkt zum Brunnen. Mir war jämmerlich zumute, daß ich sie in die gleiche Panik versetzte wie bei meinem ersten Besuch 1986, als ich sie auf dem Markt in Da Nang ›überraschte‹, wo sie Schnecken verkaufte – doch was sollte ich sonst tun?

Bien schob sein Fahrrad weiter, betont zwanglos, und Hai eilte mit ihren Eimern ins Haus. Gleich darauf kam sie mit einem Beutel zurück und begann, den Enten und Hühnern Futter hinzustreuen, die ihr um das ganze Haus folgten wie bettelnde Kinder. Sie überblickte das Gelände ein paarmal prüfend, und als sie zufrieden feststellte, daß die neugierigen Augen anderweitig beschäftigt waren, winkte sie heftig in Richtung Brunnen. Ich hastete durch die Büsche und an den Hühnern vorbei ins Haus.

Als ich mich umdrehte, machte Hai bereits die Tür hinter mir zu. Drinnen war es dunkel wie in einem Grab.

»Was denkst du dir eigentlich dabei?« fragte sie, nicht gerade die erwartete Begrüßung, doch wahrscheinlich das, was ich verdiente. Ich wollte meine älteste Schwester, meiner Ersatzmutter (die jetzt mit Sechzig genau wie unsere Mutter aussah) respektvoll anschauen oder reumütig den Blick senken, während sie mich herunterputzte, aber ich vermochte es nicht. Ich konnte mich lediglich staunend im Haus umschauen. *Dort* war dasselbe Bambusbett und der abgetretene Fußboden, auf dem ich mit meiner Mutter geschlafen hatte. Dort war das Strohdach – mit den tausend winzigen Löchern, die Licht, Regentropfen und Geckos hereinließen. *Dort* stand der Schrein meines Vaters mit dem sepiabraunen Foto von Phun Trong, das bei Sau Bans Hochzeit aufgenommen wurde, ausstaffiert mit seinem besten Anzug, den ihm seine Töchter in Saigon gekauft hatten.

»Hörst du mir überhaupt zu, Bay Ly?« fragte Hai. »Setz dich!«

»Ja, Hai Ngai«, erwiderte ich und kauerte mich auf das Bett meiner Mutter. Ich schluchzte, plötzlich von Erregung übermannt. Daß der Anblick meines alten Zuhauses mich derart überwältigen würde, hatte ich nicht geahnt. Nach sechs Generationen war ich die erste meiner Familie, die Vietnam verlassen, in der weiten Welt Fuß gefaßt hatte und zurückgekehrt war.

»Warum bist du hergekommen? Was hast du vor?«

»Ich will nur Weihrauch verbrennen…«

»Ich weiß, was Bien gesagt hat!« fuhr sie mich an. »Verbrenn nur deinen Weihrauch und mach, daß du rauskommst, aber schnell! Du bringst uns immer nur in Schwierigkeiten! Ich kann's nicht glauben! Wußtest du, daß eine Frau aus dem Nachbardorf voriges Jahr, kurz nach deiner Abreise, eine amerikanische Viet-Kieu-Verwandte in Da Nang besucht hat? Sie kam stinkreich zurück – ist mit Schmuck behangen in eleganten Kleidern rumstolziert. Weißt du, wo sie jetzt ist?«

»Nein…«

»Sie mußte mit ihrer ganzen Familie wegziehen! Ihre Nachbarn haben ihr keine Ruhe gelassen, so haben sie ihren ererbten Hof verloren. Willst du, daß uns das gleiche passiert? Tu, wozu du hergekommen bist, dann laß uns in Frieden!«

Hai zündete die Altarlampe an, ging dann wieder nach draußen, ihre Enten zu füttern.

Ich näherte mich dem Altar und streichelte das Bild meines Vaters. Seine Augen blickten ruhig auf mich herab, leidenschaftslos, unsterblich. Ich erinnerte mich an das Jahr 1962, in dem meine Familie das letzte Mal zusammen war. Das kleine Porträt von Sau Ban stand allein auf einem kleineren Altar. Weil er so jung gestorben war, durfte er nicht neben den älteren Geistern aufgestellt werden.

Ich entzündete eine Schachtel mit *nhang* – einem Spezialweihrauch. Ich kniete nieder, legte die Hände aneinander und verneigte mich tief. Als ich gerade das rauchende Stäbchen in die dafür bestimmte Schale legen wollte, kam Hai wieder hereingestürzt. Sie löschte das Licht, schnappte sich das Räucherstäbchen, erstickte den Rauch und rollte es unter das Bett unserer Mutter. Wortlos packte sie mich beim Arm und drängte mich in das ›Geheimversteck‹ unserer Familie, an das ich mich recht gut aus dem Krieg erinnerte. Es war stockdunkel da drin, meine Augen gewöhnten sich jedoch langsam daran.

Draußen hörte ich die Stimme eines kleinen Mädchens. »Wer ist denn zu dir ins Haus gerannt, Di Hai?«

»Wovon redest du?« konterte Hai.

»Du weißt schon, die Person, die an dir vorbeigerast ist. Hast du sie denn nicht gesehen?«

»Nein, du dummes Ding. Ich hab das Geflügel gefüttert. Meinst du wirklich, jemand hat sich in mein Haus geschlichen?«

»Ja, sie war schwarz angezogen, aber sie war nicht von hier.«

»Na, dann wollen wir sie doch mal suchen.« Hai machte einen großen Auftritt daraus, als sie geräuschvoll von Zimmer zu Zimmer ging, was in dem kleinen Haus nicht lange dauerte. »Na, siehst du's? Kein Mensch da.«

»Aber ich hab ganz bestimmt jemand gesehen.«

»Nun, vielleicht hast du recht«, entgegnete Hai nachdenklich. »Du bist zu jung, um dich daran zu erinnern, aber da draußen bei dem alten Brunnen haben sie ein paar furchtbare Schlachten geschlagen …«

»Genau von da ist sie ja gekommen!« quietschte die Kleine.

»Na, siehst du? Was hab ich dir gesagt! Das sind Kriegsgeister. Die gibt's hier überall. Ich jage sie ja raus, aber sie kommen immer wieder zurück. Los, wir suchen noch mal nach ihnen!«

»Schon gut. Ich muß nach Hause zum Abendessen. Entschuldige, daß ich dich gestört hab. Wiedersehen, Di Hai …« Sie trippelte schleunigst davon.

Die Tür zum Versteck wurde aufgerissen, und Hai zerrte mich heraus.

»Das war knapp«, sagte sie. »Durchaus möglich, daß sie mit ihren Freunden gleich wieder aufkreuzt, um die Geister zu sehen. Also mach lieber Schluß und verschwinde.«

Ich beeilte mich, ohne dabei gegen die Pietät zu verstoßen. Ich bat die Geister unserer Ahnen um Vergebung, daß ich weder Papiergeld noch Kleider verbrannt hatte, wie es der Brauch war. Ich erbat besonderen Segen für meinen Vater und Sau Ban und alle umherirrenden Geister, die Trost brauchen mochten. Vor allem aber hatte ich den Hinweis des Ong Thay Dong in San Diego auf den uralten Geist im Sinn, der mir seit meiner Geburt gefolgt war, aber mir blieb keine Zeit, eine Verbindung aufzunehmen.

Bien steckte den Kopf durch die Tür. »Los, mach schon, Di Ly! Worauf wartest du denn noch?«

Ich beendete mein Gebet und ließ den Blick rasch durch den Raum schweifen, um mir alles einzuprägen. Die Sonne war jetzt hinter den Bergen im Westen verschwunden, und es wurde allmählich kühl, als ich Bien auf die Straße folgte. Ich schaute nicht einmal zurück, um Hai Lebewohl zu sagen. Bien war etwa zwanzig Meter vor mir und vergrößerte den Abstand weiter. Vermutlich wollte er nicht mit mir zusammen im Dorf gesehen werden und würde mich erst auf seiner Lenkstange sitzen lassen, wenn wir zur Hauptstraße gelangt waren.

»Ba-dien!« kreischte ein Stimmchen hinter mir. »Ba-dien bo ba vao tu! – Böse Frau, schließ sie weg!« Ich ging schneller und schaute mich nicht um. Ein paar Kinder hatten uns erspäht, und ich betete weiter, diesmal für mich. Schlurfende Schritte und noch mehr Kinderstimmen. Ich ging am neuen Friedhof vorbei, hielt indes den Blick starr auf Biens Rücken gerichtet.

Es war inzwischen dunkel geworden, die Kinder folgten uns zwar nicht über den Friedhof hinaus, aber ich hörte trotzdem Geister in den Bäumen rascheln. Ein paarmal rutschte ich aus und bekam nasse Füße, doch wir gelangten heil auf die Fernstraße.

Bien machte ein besorgtes und zugleich wütendes Gesicht, als ich aufstieg. Er sagte kein Wort, trat aber wie wild in die Pedale, während er dem Wind und den Scheinwerfern entgegenradelte. Ich umklammerte die Lenkstange, ließ die Beine baumeln und schloß die Augen. Als wir endlich gegen neun Uhr bei Tinh eintrafen, erwartete mich meine Mutter.

»Wo warst du?« fragte sie.

»Unterwegs.« Ich band den Sonnenhut ab, dann das Kopftuch und schüttelte mein Haar aus. »Ich war mit Bien zusammen, hat Tinh dir das denn nicht gesagt?«

»Ich weiß, wo du warst«, grollte meine Mutter. »Du bist ins Dorf gefahren. Dummes Ding! Jetzt muß ich nach Hause gehen und Hai beistehen! Unsere Nachbarn werden sie in Stücke reißen!«

»Nein, Mama *Du*.« Ich packte sie bei den Schultern und drückte sie fest an mich. »Draußen ist's dunkel und windig. Du kannst ihr morgen beistehen.«

»Du nimmst das nicht ernst, Bay Ly. Ach, warum tust du das deiner armen Mutter an?« Sie rang die Hände und raufte sich das Haar.

»Hör mal zu.« Ich klang genau wie Hai. »Du hast selber gesagt, die Regierung möchte, daß Viet Kieu zurückkommen. Ich hab gerade eine Woche mit ihren Beamten in Hanoi zugebracht. Jeder will, daß ich dem Dorf helfe. Auch wenn das nicht direkt eine offizielle Genehmigung ist, nach Ky La zu gehen und das Haus meines Vaters zu besuchen, so kommt's dem doch sehr nahe. Sei vernünftig.«

»*Lenh vua thua le lang* – Vernunft hat gar nichts damit zu tun!« fuhr mich meine Mutter an. »Ach, Bay Ly, hast du alles vergessen? Die Regierung ist das eine, aber die Leute sind was ganz anderes. Du bist jetzt nur mit Amerikanern zusammen. Sogar bei diesem Besuch – niemand weiß, wo du hingehst oder was du tust. Du läßt mir nicht mal Zeit, die Dinge beim Komitee zu klären. Bon Nghe ist erst über Tet nach Hause gekommen, als er wußte, daß du nicht hier bist. Er kann sich's nicht leisten, mit einer Außenstehenden gesehen zu werden. Du bringst ihn in Gefahr – und uns alle.«

»Mama *Du*, ich arbeite nicht für die Regierung – weder für die vietnamesische noch für die amerikanische. Wie kann ich dir das nur beweisen?«

»Das kannst du nicht. Erst die Zeit wird erweisen, ob du die Wahrheit sagst. Inzwischen halt dich aus allem raus. Überlaß es den Beamten, die Dinge zu regeln. Wie soll dir jemand trauen, wenn du auf eigene Faust rumschnüffelst?«

»Ich komme aus Amerika, Mama Du. Dort können die Menschen kommen und gehen, wie sie wollen.«

»Ja, du bist 'ne verwöhnte Amerikanerin – das ist wohl wahr! Aber du vergißt, wie's im Krieg war. Erinnerst du dich, wie wir Genehmigung beantragen mußten beim Vietcong, bei den Republikanern und den Amerikanern und der Polizei und beim Ortskommandanten im Dorf, wenn wir irgendwohin fahren wollten? Bring uns nicht um das kleine bißchen Freiheit, das wir heute haben!«

»Der Krieg ist vorbei!« Ich konnte es nicht fassen, daß ich mich mit meiner Mutter stritt, doch ich glaubte mich im Recht. Sie begriff es einfach nicht. »Ich hab allen erzählt, daß ich den Bauern in Quang Nam helfen möchte. Ich hab's ihnen in Saigon und in Da Nang, in Hanoi und New York und überall sonst erzählt. Ich weiß nicht, was ich noch tun kann!«

Meine Mutter brummte. »*Tram nghe khong bang mat thay!* – Etwas einmal zu tun, ist besser, als es hundertmal zu sagen! Zeig es denen im Dorf mit Taten, dann bekommst du auch die Freiheit, die du verlangst. Dann können wir alle nachts wieder gut schlafen!«

Ich seufzte. »Okay, Mama Du. Alles, wie du sagst.«

Meine Mutter schüttelte den Kopf. »Dummes Ding.«

11
ZWEI HÄLFTEN ERGEBEN
EINE GANZHEIT

Nach einer letzten Woche bei Tinh wurde mir klar, daß meine Mutter recht gehabt hatte. Taten sprechen lauter als Worte, auch wenn diese aus dem Herzen kommen. Es war an der Zeit, meine guten Absichten zu demonstrieren.

Sofort nach meiner Rückkehr in die Staaten schrieben Jimmy und ich ›Nachfaßbriefe‹ an meine sämtlichen Gesprächspartner auf der Reise, und ich stellte eine Fotodokumentation zusammen über den Krieg und seine Auswirkungen auf die vietnamesische Bevölkerung. Manches davon war ziemlich brutal, zum Beispiel meine Bilder vom ›Muster-Raum‹ im Tu Du-Krankenhaus, in dessen Regalen deformierte Fetusse mit drei Köpfen, klaffenden Bäuchen und monströsen Gesichtern lagerten – lauter Produkte von Agent Orange und anderen chemischen Kampfstoffen. Außerdem ließ ich mich in die Adressenkarteien so vieler humanitärer Organisationen aufnehmen, wie ich finden konnte.

Eine der ersten Antworten kam von Fredy Champagne, dem Gründer von Veterans-Vietnam Restoration Project. VVRP war eine gemeinnützige Organisation in Garberville, Kalifornien, die US-Veteranen nach Vietnam zurückbringt, um dort medizinische Einrichtungen zu bauen. Wir verabredeten, uns bei seiner bevorstehenden Spendenaktion in San Diego zu treffen.

Persönlich unterschied sich Fredy gewaltig von dem geschniegelten Managertyp, auf den ich in großen Stiftungen gestoßen war. Wie viele seiner Veteranen quälte sich Fredy mit den mittleren Jahren, während er mit seinem Vietnam-

Trauma ins reine kam. Anstelle von Krawatte und Anzug trug er Jeans, alte Tennisschuhe und T-Shirt. Sein struppiger Schnurrbart und die unvermeidliche Baseballmütze waren ebenso Markenzeichen wie sein spontanes Lächeln und die lebendigen Augen.

Ich erfuhr eine Menge Wissenswertes von Fredy über das Organisieren einer populären Einrichtung, er wiederum lernte viel von mir, wie man Kontakt zur vietnamesischen Bürokratie herstellt und Verhandlungen führt. Daraufhin suchte er die UN-Mission in New York auf und erhielt die Genehmigung, eine kleine Klinik im Dorf Vung Tau zu bauen.

»Wieso ausgerechnet Vung Tau?« fragte ich, als Fredy mir die gute Nachricht mitteilte. Ich war ein bißchen enttäuscht, daß wir nicht zusammenarbeiten und die erste Einrichtung bei Da Nang installieren konnten, wo bei einer größeren Bevölkerungsdichte ein dringlicherer Notstand herrschte.

»Weil meine Gruppe bei unserer letzten Reise durch Vung Tau gekommen ist und der Rat des Dorfes uns gebeten hat, eine zu bauen. Ich kannte keinen besseren Ort, und die Obermacher im Gesundheitsministerium waren dafür, weil ich schon die örtliche Genehmigung hatte. Es ist jedenfalls mal 'n Anfang. Beim nächstenmal ist Da Nang dran, das verspreche ich.«

Trotz meiner Enttäuschung war es eine gute Nachricht für Vietnam und ein guter Start für unsere beiden Organisationen. Unsere Zusammenarbeit wurde bald zu einem freundschaftlichen Wettstreit, wer mehr Spenden zusammenbringen konnte und am meisten zu unserem gemeinsamen Ziel beisteuerte. Fredys VVRP hatte den Vorteil, eine Adressenkartei, Beitragszahler und freiwillige Helfer zu besitzen. Ich hatte bisher nichts dergleichen zur Verfügung, und als die Unkosten von East Meets West hochschnellten – für Ferngespräche, Informationsmaterial, Reisen –, fiel es mir schwer, meine Rechnungen zu bezahlen. Überdies betrachteten mich eine Menge Menschen als ›den Feind‹ – ich war ja kein US-Veteran, sondern hatte im Krieg auf der falschen Seite gestanden. Doch was mir an persönlichen Hilfsmitteln fehlte, machte ich auf andere Weise wett.

Im Mai 1989 erschien mein Buch.

Buchstäblich über Nacht erfuhren Hunderttausende von Amerikanern, nicht nur Buchkäufer, sondern Leute, die meine Interviews oder die Buchkritiken hörten, sahen oder lasen, von meinem Leben während des Krieges und von meiner Rückkehr 1986, um meine Familie zu suchen.

Der erste Abschnitt meiner Lebensaufgabe war vollendet. Der steile Anstieg zu dem Ziel, das mir mein Vater gesetzt und das ich zögernd akzeptiert hatte, begann sich zu ebnen. In den von Vorurteilen und Haß aus der Kriegszeit versteinerten Herzen ringsum regten sich plötzlich auf wundersame Weise Verständnis und Mitgefühl. Wir waren auf dem richtigen Weg.

Nachdem ›Geboren in Vietnam‹ in den Buchhandlungen Einzug gehalten hatte, veränderte sich mein ganzes Leben. Bitten um Interviews und Einladungen zu Vorlesungen und Vorträgen häuften sich. Die größeren Zeitungen und Zeitschriften im ganzen Land empfahlen es ihren Lesern, nannten es einen einzigartigen Blick in das Gesicht des Feindes und die dunklen Schatten des Krieges.

Ich war schrecklich aufgeregt, aber erschreckend unvorbereitet. Ich wünschte sehnlichst, diesen großen neuen Leserkreis zu gewinnen, auf das Publikum einzuwirken, fühlte mich jedoch mit meinem Akzent, den alten Kleidern und den Umgangsformen eines Bauernmädchens dieser Aufgabe einfach nicht gewachsen. Den Mut durchzuhalten – diese Gelegenheiten wahrzunehmen und mich nicht davor zu drücken – fand ich, indem ich meinen eigenen Rat befolgte. Die Menschen begrüßten mein Buch, weil es die Botschaft der Versöhnung, des Verzeihens übermittelte, und das hieß, daß ich auch mir meine Fehler und Mängel verzeihen mußte. Es verlangte auch von mir, dankbar anzuerkennen, daß der

Zweck erfüllt war. Auch wenn ich morgen starb, wenn kein Krankenhaus gebaut wurde, wenn sich die Lage irgendwie verschlechterte, würde das Buch – meines Vaters Botschaft der Hoffnung – weiterleben, ein Leitstern, der einem anderen den Weg wies.

Und so kam die Lawine ins Rollen.

Die *Los Angeles Times* veröffentlichte in ihrem Sonntags-Magazin vom 5. Februar 1989 eine Titelgeschichte mit Auszügen aus dem Buch und vielen Familienfotos. Ich war gerade in New York, als die Zeitung erschien. Bei meiner Rückkehr waren auf meinem Anrufbeantworter (er und mein Küchentisch bildeten die ganze Ausstattung von East Meets West – ein richtiges Büro bekamen wir erst 1990, als ein Gönner uns in San Diego Räumlichkeiten zur Verfügung stellte) zahlreiche Nachrichten hinterlassen worden, nicht alle gratulierten mir.

»Ich bring dich um, du verdammtes Vietcong-Luder und Kommunistenfreundin!« – *piep* – »Schwester Ly, hier spricht Vertreter Tran von der UN-Mission, bitte rufen Sie uns umgehend zurück. Wir müssen über Ihren Artikel sprechen!« – *piep* – »Ly, hier spricht deine Schwester Lan. Hast du die vietnamesischen Zeitungen in Little Saigon gesehen? Die haben dich auf der Abschußliste! Was hast du denn angestellt?« – *piep!*

Zwar waren viele Anrufe durchaus positiv, mein Augenmerk konzentrierte sich aber natürlich auf die Beschwerden und Drohungen. Wie sich später herausstellte, hatten viele, die den Artikel mißbilligten, sich nicht einmal die Zeit genommen, ihn zu lesen.

»Ich sah nur das Wort ›Vietcong‹, und schon griff ich zum Telefon«, schrieb einer von ihnen, nachdem er das Buch vollständig gelesen hatte. »Motiviert dazu hatten mich meine alten seelischen Verletzungen und Vorurteile, nichts von dem, was Sie oder der Reporter gesagt haben. Offen gestanden – ich hatte nicht mal den Artikel gelesen.«

Diese Einstellung wurde auch von der Herausgeberin des

Magazins bestätigt, die mir erzählte, der Artikel habe die breiteste *negative* Reaktion ausgelöst von allen ähnlichen Beiträgen, die während ihrer jahrelangen Tätigkeit bei der Zeitung veröffentlicht wurden. Einer der in der Redaktion aufgezeichneten Anrufe beinhaltete eine durchaus glaubwürdige Drohung, die an das FBI weitergegeben wurde. Obwohl ich nicht mit meinem alten Freund Agent Tracy sprach, wurde der Fall an die örtliche Polizei weitergeleitet, die den Anrufer ausfindig machte und verhörte. Es war kein Vietnamese – kein Chong Cong, die rechtsextremistischen Militaristen (was mich enorm erleichterte) –, sondern ein US-Veteran, der den Umschlag des Magazins sah, als er mit seinen Kumpanen zechte, und bei denen Eindruck schinden wollte. Wie so viele andere Anrufer hielt er es für überflüssig, sich zunächst mit der ›anderen Seite‹ in Verbindung zu setzen, ehe er seine Rückschlüsse zog. Ich ließ dem Mann durch die Beamten mitteilen, ich würde keine Klage erheben, solange er das ganze Buch läse, auch wenn er sich's aus der Leihbücherei holen müßte. Ich habe nie wieder etwas von ihm gehört, meiner Meinung nach ein gutes Zeichen.

Ich erkannte, daß Wahrheit und Klarheit allein nicht ausreichten, bei manchen Menschen tiefsitzende Haß- und Angstgefühle zu überwinden. Wenn Bücher allein die Welt verbessern könnten, bräuchten wir nichts weiter als die Bibel, den Koran, das *Tu-Khe Tinh Tam* und die übrigen großen spirituellen Vermächtnisse.

Im gleichen Monat, in dem das Buch erschien, vollendeten Fredy Champagne und vierzehn seiner Veteranen aus Garberville den ersten Bau, den Amerikaner in Vietnam seit dem Krieg errichtet hatten: eine Klinik mit vierzehn Räumen im Küstendorf Vung Tau. In einem Fernsehinterview nach der Fertigstellung sagte Fredy: »Wir geben den Menschen das zurück, was wir während des Krieges weggenommen haben – Leben. Das erste Mal kamen wir mit Gewehren und Bomben. Jetzt kommen wir mit Hammer und Schaufel.«

Da Nang und mein Heimatdorf kamen als nächstes an die Reihe.

Ich erhielt vom Außenministerium in Hanoi die Arbeitsgenehmigung für East Meets West und fuhr danach mit Fredy nach Da Nang, wo wir mit Vertretern der Abteilung für Außenhandelsbeziehungen, des Internationalen Roten Kreuzes und des Gesundheitsministeriums zusammenkamen. Während einer Sitzungspause besuchte ich Tinh und erkundigte mich das erste Mal seit meiner Ankunft nach meinen Angehörigen. Die Nachrichten waren nicht gut.

»Deine Mutter ist sehr krank«, sagte Tinh, die plötzlich viel älter aussah als ihre fünfunddreißig Jahre. »Sie kann nicht mehr aufstehen. Hai pflegt sie, aber es sieht nicht gut aus.«

Der Boden wankte unter mir. »Was ist mit Bon Nghe? Weiß er Bescheid? Hat er einen guten Arzt zugezogen? Er muß doch etwas tun können!« Ich konnte den Gedanken nicht ertragen, daß meine Klinik in Ky La nicht rechtzeitig fertig würde, um dem Menschen, dem ich vor allem helfen wollte, das Leben zu retten.

»Er hat sie natürlich besucht, aber er wollte nicht hierbleiben. Er weiß, daß du im Land bist, und hat immer noch Angst, mit dir im Dorf gesehen zu werden.«

»Das ist doch absurd!« schrie ich. »Unsere Mutter ist krank, stirbt vielleicht, und er fürchtet sich immer noch vor dem Dorfkomitee? Das muß aufhören. Das geht alles zu weit!«

Ich verließ Tinh mit dem festen Entschluß, diesen endlosen kalten Krieg aus der Welt zu schaffen.

Diesmal hatte ich zu meiner Komitee-Sitzung Hilfstruppen mitgebracht – eine Gruppe amerikanischer Veteranen, keine simplen Touristen, sondern für ihr Hilfswerk in Vung Tau offiziell anerkannte Helden. Den Kommissaren blieb nichts anderes übrig, als meinen Besuch zu genehmigen, und das taten sie auch. Meine Eskorte nach Ky La waren die ersten weißen Amerikaner, die mein Dorf betraten seit dem Abzug der Marines 1973.

Fredy, drei Veteranen und ich trafen kurz nach Sonnenaufgang auf der alten Straße am Deich ein und gingen weiter zum Dorf. Die neugierige Kinderschar folgte uns wieder, aber diesmal in gebührendem Abstand, obwohl die amerikanischen ›Soldaten‹ Kameras und Einkaufstaschen mit Geschenken trugen, keine Gewehre und Handgranaten.

Wir zogen ins Dorf ein wie eine Zirkusparade. Mein Elternhaus war eines der ersten auf der rechten Seite, und ich steuerte geradewegs darauf zu. Ich sah Hai, die eben die Türen geöffnet hatte und uns erst verwirrt, dann entsetzt musterte.

»Ist schon okay«, sagte ich, als ich mich lächelnd näherte. Ich wollte nicht gegen das Dorfprotokoll verstoßen und meine ältere Schwester zu vertraulich oder zu forsch behandeln, schon gar nicht in Gegenwart von Amerikanern. »Wir haben die Aufenthaltsgenehmigung vom hohen Rat in Da Nang. Ich bin hier, um unsere Mutter zu sehen.«

Ich ging hinein und fand sie in einem abgenutzten Holzbett liegend, mit dem Gesicht zur Wand.

»Mama *Du*«, sagte ich leise. Hai, Fredys Leute und das halbe Dorf starrten durch Tür und Fenster herein. Das alte graue Gesicht drehte sich mir zu. Die dünnen, geröteten Lider öffneten sich über eingesunkenen Augen. Eine Hand, die Gelenke wulstartig verdickt, hart wie Holz, hob sich zitternd.

»Bay Ly«, flüsterten die trockenen Lippen, »Kleines. Ich hätte nicht geglaubt, daß ich dich noch einmal sehe.«

Ich weinte und schloß sie in die Arme – das, was noch von ihr geblieben war. Hinter mir hörte ich Kameras klicken, ein Schlag in die Magengrube. Ich wollte schreien: *Weg mit euch!*, aber es waren ja Freunde, der einzige Grund, daß ich die Erlaubnis erhielt, herzukommen. Ich biß die Zähne zusammen und ließ es über mich ergehen.

Ich zog ein Exemplar meines Buches aus der Tasche. Der Einband, war gelbbraun wie der Sand in China Beach, der Titel in blutroten Buchstaben, den Schutzumschlag schmückte ein Foto von mir in kaltem Blau.

»Als der Himmel zur Hölle wurde«, sagte ich und zeigte ihr das Buch. »Erinnerst du dich, wie du mir das bei meinem ersten Besuch gesagt hast? Als du mir erzählt hast, was nach dem Krieg passiert ist? Schau, da stehen deine Worte, direkt über meinem Bild! Auf der ganzen Welt werden die Menschen sie sehen. Wie findest du das?«

Ihre vom Betel geschwärzten Lippen kräuselten sich, ob zu einem Lächeln, konnte ich nicht erkennen. »Da wünsche ich mir ja beinahe, ich hätte lesen gelernt, Bay Ly.«

»Es ist die Geschichte unserer Familie – die Geschichte meines Lebens. Es erzählt davon, was alle, die wir kannten, im Krieg durchgemacht haben. Und von meinem Besuch vor drei Jahren. Du kommst auch darin vor, Mama *Du*, immer wieder!«

»Das kümmert doch keinen Menschen«, erklärte sie kategorisch.

»Es wird, Mama *Du*, das versprech ich dir.«

Sie sah zum Türeingang. »*Ho la ai?* – Wer sind all diese Leute?«

»Meine Freunde, Mama *Du*. Du hast gesagt, bring *Ong Ba My* – Mr. und Mrs. America – ins Dorf. Hier sind sie.«

»Okay, sie können bleiben. Aber die Kinder müssen weg. Die machen zuviel Krach.«

Hai scheuchte die Kinder hinaus, doch sie kamen prompt wieder, sobald sie damit aufhörte. Fredy und die anderen kämpften mit den Tränen.

Ich wandte mich an Hai. »Wo ist Bruder Bon?«

»Unterwegs, er macht Besorgungen.« Sie rückte langsam von Fredys Gruppe ab – immer noch Berührungsangst. »Ein paar von den Nachbarn haben ihm und Mama *Du* das Leben schwergemacht. Die denken, du hast ihr Unmengen Geld mitgebracht und können gar nicht verstehen, warum sie's nicht mit ihnen teilt. Bon ist verärgert, weil du den ganzen Schlamassel verursacht hast. Vor allem aber ist er enttäuscht, weil er gar nichts dagegen machen kann.«

Ich blickte wieder auf meine Mutter. »Du wirst doch nicht etwa sterben, Mama *Du*?«

»Nein, ich gedenke nicht zu sterben. Ich bin nur 'ne kranke

alte Frau. Da hab ich schon Schlimmeres hinter mir. Jetzt möchte ich einfach etwas schlafen.«

»Okay. Angenehme Ruhe, Mama *Du*.«

Ich küßte sie auf die Stirn und ging zum Familienschrein, um Weihrauch für meinen Vater zu verbrennen und für ihre Genesung zu beten.

Trotz der Sorge um meine kranke Mutter verlief die Arbeitssitzung in Da Nang sehr produktiv. Das Gesundheitsministerium hatte Pläne für eine kleine Klinik bei Ky La ausgearbeitet, sie aber wegen fehlender Geldmittel vorerst zurückgestellt. Fredy holte die Entwürfe hervor, die seine Gruppe für den Neubau in Vung Tau benutzt hatte und die einstimmig für besser befunden wurden – vor allem, weil von Amerikanern finanziert! Die geeignete Atmosphäre, die Probleme meines Bruders zur Sprache zu bringen.

»Einige von Ihnen wissen, daß ich meinen Bruder bei meinen letzten beiden Besuchen nicht gesehen habe.« Ich ließ den Blick die Reihe der Beamten auf der gegenüberliegenden Tischseite entlangwandern. »Die meisten von Ihnen wissen nicht, warum. Ich bin amerikanische Staatsbürgerin – eine Viet Kieu – und versuche, die Mittel meines neuen Landes zu nutzen, um meinem alten zu helfen. Wenn ich nicht hier bin, muß ich meine Angelegenheiten einem Menschen überlassen, dem ich vertrauen kann. Daß ich meinem Bruder vertrauen kann, weiß ich, aber er hat Angst, mir zu vertrauen. Er fürchtet, durch eine zu enge Verbindung mit mir Ihr Vertrauen und Ihre Achtung zu verlieren. Die neidischen Nachbarn meiner Mutter machen alles nur noch schlimmer. Ich erlaube mir, diesen Fall dem Komitee zu unterbreiten, damit wir nach einer Lösung suchen können.«

Zu meiner gelinden Überraschung ergriff Nguyen Dinh An, der stellvertretende Vorsitzende des Volkskomitees von Quang Nam, gleich das Wort.

»Wir haben das Problem bereits mit Ihrem Bruder erörtert und waren uns darin einig: Wenn er mit Ihrer Stiftung zu tun bekommt – zum Beispiel Material in Ihrem Namen in Empfang nimmt, um sicherzustellen, daß es nicht Schwarzhändlern in die Hände fällt –, dann muß er zuerst seine derzeitigen Aufgaben niederlegen, um jeden Interessenkonflikt auszuschließen. Ich bin bereit, einen schriftlichen Antrag einzureichen für seine Versetzung ins Gesundheitsministerium, zum Roten Kreuz oder jeder anderen von Ihnen und ihm gewünschten Institution. Was die Schwierigkeiten mit Ihren Nachbarn angeht, so schlage ich vor, wir halten eine öffentliche Sitzung in Ky La ab, auf der wir den Plan verabschieden, so daß sich jeder selbst vom Stand der Dinge überzeugen kann.«

Am folgenden Tag berief das Volkskomitee der Provinz Quan Nam eine ›Ratsversammlung‹ mit unserer Gruppe, Vertretern des Roten Kreuzes, des Gesundheitsministeriums, des Außenwirtschafts-Komitees und faktisch aller derzeit in Ky La Ansässigen ein. Als die Dorfbewohner sich um unseren langen Tisch drängten, war ich überrascht und erfreut und schließlich ein wenig betrübt, meinen Bruder Bon Nghe, würdevoll im sauberen weißen Hemd und dunkler Hose, hinter der Menge verschwinden zu sehen. Obwohl es bei dieser Versammlung vor allem um seine Zukunft ging, hatte er immer noch zuviel Angst vor der ›Dorfjustiz‹, um einen Platz am Sitzungstisch einzunehmen. Unsere Gruppe würde ja letztlich nach Amerika zurückkehren, die hohen Funktionäre wieder in ihren städtischen Amtssitzen residieren, die Bewohner von Ky La dagegen bleiben, um sich und ihresgleichen zu überwachen, wie sie es seit tausend Jahren getan hatten.

Ich war erstaunt, meine Schwester Hai als erste Sprecherin zu sehen.

»Schwester Ly«, rief sie laut in meine Richtung, während ihr Blick über die Menge wanderte, »du hast unserer Familie viel Kummer verursacht. Du kommst ins Dorf und redest über alles, was du tun willst. Du benimmst dich, als wärst du reich und könntest ein ganzes Krankenhaus einfach so bauen«, sie schnippte mit den Fingern, »kein Problem! Ich möchte dir klarmachen, Schwester Ly, daß die Leute reden. Sie sagen, wenn du reich genug bist, um das zu tun, dann bist du auch reich genug, deiner Familie Geld zu geben, obwohl wir nichts bekommen haben außer ein paar Kleidungsstücken, Süßigkeiten und Medikamenten. Trotzdem schwirren Gerüchte. So ist's gewesen, seitdem du zum erstenmal zurückgekommen bist – nichts als Ärger für jeden. Unsere arme Mutter hat keine Ruhe mehr. Ich hab keine Ruhe mehr. Wenn ich Schnecken auf dem Markt verkaufen will, fragen mich die Leute: ›Warum nimmst du nicht einfach deine amerikanischen Dollars und kaufst dir, was du möchtest?‹ Wenn unsere Mutter ihre Schale braunen Reis ißt, fragten die Leute sie: ›Warum nimmst du nicht einfach dein amerikanisches Geld und ißt Rindfleisch und Ente oder gehst in der Stadt in ein Restaurant?‹ Es ist jetzt immer nur ein und dasselbe – Geld, Geld, Geld! Ich wünschte, du wärst nie zurückgekommen!«

Hai setzte sich und schlug die Hände vors Gesicht, und ich spürte, wie mir das Blut zu Kopf stieg. Natürlich mußte sie vor den Nachbarn dick auftragen – zumindest mit einer symbolischen Geste mich und alles, was ich verkörperte, strikt ablehnen. Niemand vermochte sich vorzustellen, daß eine ›reiche‹ amerikanische Schwester nicht zuerst die Taschen ihrer Familie füllen würde, bevor sie irgendwelche wohltätigen Werke für ihr Dorf in Angriff nahm. Ich mußte mit einer ähnlichen, angemessenen Antwort aufwarten.

Ich stand auf und räusperte mich. »Okay, es ist an der Zeit, daß jeder erfährt, was eigentlich los ist. Ich bin eine undankbare Tochter und Schwester gewesen, und gebe das jetzt tiefbeschämt zu. Als ich 1986 das erste Mal zurückkam, hätte ich meiner Mutter, meinem Bruder und meinen Schwestern große Reichtümer bescheren können, doch ich tat es nicht. Ich fürchtete mich zu sehr, ins Gefängnis zu müssen. Als ich zum zweitenmal zurückkam, hatte sich mein Schicksal gewandelt und mir nicht viel Geld gelassen – gerade genug, um zum

Tet-Fest nach Hause zu fahren. In jener Zeit beschloß ich, mein Leben in Amerika dem Ziel zu widmen, den Menschen in meinem Heimatland zu helfen. Ich kann meinen Angehörigen hier das gleiche versprechen wie euch allen: das Geld, das ich künftig durch Spenden zusammenbringe, wird in Vietnam zum Wohl unseres Volkes ausgegeben – für Dinge, die jeder brauchen kann, wie diese Klinik. Ich bitte Sie lediglich um Ihr Einverständnis, daß mein Bruder Bon Nghe für Sie arbeitet – das Geld und das Material in Empfang nimmt, das ich dem Land für unser Werk schicke. Andernfalls werde ich nichts tun, und es wird für Sie alles so weitergehen, wie es immer war. Was meine Schwester Hai und meine Mutter betrifft, so bitte ich Sie, Mitleid mit ihnen zu haben wegen einer derart undankbaren Schwester und Tochter. Machen Sie ihnen die Last, die sie zu tragen haben, nicht noch schwerer. Das ist alles, was ich zu sagen habe.«

Die Sitzung wurde geschlossen, und Hai ging in Begleitung einiger Nachbarn nach Hause, die sie anscheinend trösteten. Bon Nghe jedoch machte sich unbemerkt davon. Fredy und seine Gruppe fuhren nach Da Nang, wo sie tags darauf den Rückflug antreten würden. Die Menge zerstreute sich, und ich kehrte leise zu unserem Haus zurück.

Meiner Mutter ging es besser, sie konnte sich aufsetzen und die Latrine draußen aufsuchen. Hai brachte Gemüse zum Abendessen mit, und wir umarmten uns verständnisinnig. Wenigstens war jetzt alles öffentlich bekannt, so daß Klatsch sich kaum noch lohnte. Nach dem Essen begannen die Leute vor dem Haus herumzulungern, um zu horchen, wobei sie aber eher wie neugierige Nachbarn wirkten und nicht wie neidische Spitzel.

»Bay La«, sagte meine Mutter, »jetzt liegt alles in deinen Händen – die Zukunft der ganzen Familie. Wenn du deine Klinik nicht baust, werden alle fest davon überzeugt sein, daß du das nur als Vorwand benutzt hast, um Geld für uns ins Land zu schaffen, und wenn sie uns nicht auf der Stelle umbringen, werden wir bis zum äußersten geächtet.«

»Mama *Du*, ich werde meine Klinik bauen. Du wirst mit hocherhobenem Kopf herumgehen und alle auslachen, die dir Ärger gemacht haben. Bon Nghe wird ein geachteter Mann sein und im ganzen Dorf beliebt, wie Vater vor dem Krieg.«

Ich mußte über das State Department die Genehmigung zum Export von Hilfsgütern nach Vietnam beantragen, dann gleichlautende Verzichterklärungen vom Finanz- und Handelsministerium beschaffen, um dem Gesetz zu genügen und Strafen zu vermeiden. Ferner benötigte ich Begutachtungen von verschiedenen Senatoren und Kongreßabgeordneten, die als Gegner oder Befürworter von normalisierten Beziehungen zu Vietnam bekannt waren. Man hätte annehmen können, ich kandidierte für ein Amt!

Um die Kampagne zu finanzieren, schrieb ich Artikel, vermittelte freiwillige Dienstleistungen an ein paar gute Adressenkarteien und führte zahllose Telefongespräche. Wenn mich das zu sehr ermüdete, betete ich an meinem Schrein, daß meine Mutter am Leben bleiben möge. Sie sollte sehen, daß ich mein Versprechen erfüllte und den guten Namen unserer Familie im Dorf wiederherstellte, das war jetzt mein sehnlichster Wunsch.

Außerdem sponserte ich, allein und mit anderen Gruppen, asiatische Bankette (für die ich das meiste selber kochte) und versteigerte einige der Grafiken, die ich vor langer Zeit aus Vietnam mitgebracht hatte. Doch die dabei erzielten Erlöse, mitsamt den wachsenden Mitgliedsbeiträgen von East Meets West reichten für die Fertigstellung der Klinik nicht aus, auch wenn wir Unmassen an medizinischen Geräten verschifften und die Grundlagen für das Projekt schafften. Wir brauchten einen glücklichen Zufall und ahnten nicht, woher er kommen sollte.

Nach einigen Monaten verbesserten sich meine finanziellen Aussichten und die für East Meets West, als ein Taschenbuchverlag, Buchklubs und ausländische Zeitungen mein Buch entdeckten. Unerfahren in der Branche, dachte ich, das bedeute massenhaft Geld, tatsächlich aber war es nur ein Versprechen für die Zukunft. Trotzdem reichten die Verkäufe für die Zinszahlungen der zweiten Hypothek und für den Lebensunterhalt von Tommy und Alan bis zu ihrem Schulabschluß. Außerdem ermöglichten sie mir, bei meiner nächsten Reise nach Vietnam endlich meine drei Söhne mitzunehmen – damit sie ihre vietnamesischen Verwandten kennenlernen konnten und Jimmy seinen Vater, den er nie gesehen hatte.

Meine Söhne machten sich ein Bild von Vietnam, das sich nicht nennenswert von den allen amerikanischen Touristen vertrauten mexikanischen Städten unterschied. Daher war es für sie ein Schock, als sie sahen, was Armut im Rest der Welt wirklich bedeutete.

Die Zollabfertigung mit unseren Medikamentenkisten war immer noch langwierig, aber reibungsloser als vor ein paar Monaten. Und als I-Tüpfelchen wurden die Jungen wie Rockstars empfangen. Selbst Jimmy, der hundertprozentige Vietnamese, fiel auf wie ein bunter Hund – seine ganz normale Kleidung, wie sie jeder amerikanische College-Student trägt, wirkte auf seine Landsleute stärker als ein Glitzerkostüm von Elvis. Der größte Unterschied lag natürlich in den hochgewachsenen, gesunden Körpern meiner Jungen, die nach amerikanischen Maßstäben nur dem Durchschnitt entsprachen, aber die gleichaltrigen Vietnamesen bei weitem überragten.

Das erste große Ereignis fand in unserem Hotel in Saigon statt, wo Jimmy seinem Vater zum erstenmal begegnen würde. Ein amerikanisches Reporterteam begleitete uns, und bei dieser Gelegenheit begann ich mich mit der Frage auseinanderzusetzen, ob Publicity, wie dringend sie meine um ihre Existenz kämpfende Stiftung auch brauchen mochte, den hohen emotionalen Preis auch wirklich lohnte. Ich wollte Jimmy und Anh nicht mehr Streß zumuten, als sie sowieso schon spürten, und die hektisch herumsausenden Techniker und die grellen Scheinwerfer trugen auch nicht gerade zur Nervenberuhigung bei. Zu allem Überfluß hatte man Jimmy in seinem Zimmer eingeschlossen, um ein zufälliges, verfrühtes Zusammentreffen mit seinem Vater zu vermeiden, was die *Authentizität* beeinträchtigt hätte, die der Regisseur bei dieser ersten Begegnung von Vater und Sohn einfangen wollte. Mir leuchtete nicht ein, wie eine solch ausgeklügelte Inszenierung anders als plump und unnatürlich wirken sollte. Mir erschien es wie eine Art Seelen-Striptease, aber ich hatte mich ja damit einverstanden erklärt, also mußte ich den Mund halten – und mein Sohn desgleichen.

Kurz vor der vereinbarten Ankunft von Anh suchte ich Jimmy in seinem Zimmer auf.

»Na, wie geht's unserem Filmstar? Möchtest du die Rolle zurückgeben?«

Mein Ältester grinste. »Nein. Ich weiß bloß nicht, was ich tun soll.«

»Der Regisseur sagt, du sollst nur du selbst sein. Mach, was dir gerade einfällt, dann wird's schon richtig.«

»Aber was soll ich sagen? Ich weiß doch nicht mal, wie ich ihn auf vietnamesisch begrüßen muß!«

»*Chao Ba*«, sagte ich. »Da siehst du, wie einfach das ist.«

»Chao Ba«, wiederholte er. »Und soll ich ihm dann die Hand schütteln oder ihn umarmen oder was sonst?«

Ich lachte. »Am besten verbeugst du dich, wie die Vietnamesen. Benimm dich einfach höflich, richte dich nach deinen Gefühlen, dann klappt's schon. Sie wollen, daß du ganz natürlich bist, so kannst du gar keine Fehler machen. Ich werde sie trotzdem bitten, die Kameras sobald als möglich abzuschalten.«

»Bisher die beste Idee«, meinte Jimmy nervös.

Gleich darauf kam der Regisseur an die Tür. »Er ist da! Los!«

Jimmy betrat den Raum durch die eine Tür, sein Vater durch die andere. Die Kamera surrte bereits, ein paar Blitzlichter flammten auf. Jimmy blieb stehen, kreuzte die Arme und verbeugte sich steif wie Charlie Chan.

»Chao Ba«, sagte er ernst.

Anh stutzte, lächelte amüsiert – ein echter Augenblick – und antwortete auf vietnamesisch. Ich war so fasziniert vom Anblick meines Erstgeborenen, der neben seinem angejahrten Vater wie ein Hüne wirkte – beide in weißes Licht getaucht wie Engel –, daß ich zu übersetzen vergaß.

Jimmy wußte natürlich nicht, was Anh gesagt hatte, und konnte nur auf englisch antworten: »Schön, dich nach all den Jahren zu sehen.« Ich kam endlich wieder zu mir und rief sie zum Tisch, wo ich ihnen Tee servierte.

Ich übersetzte ihre Unterhaltung und begann die ganze Situation als völlig undramatisch zu empfinden. Ich hatte mir diese beiden Hälften meines Lebens so groß aufgebaut, daß ihre Begegnung meinen romantischen mütterlichen Wunschvorstellungen ja gar nicht entsprechen konnte. Und es gab dafür auch keinen vernünftigen Grund. Vor mir saßen zwei Männer, blutsverwandte Fremde, die einander nur durch Erzählungen, Fotos und dem Namen nach kannten. Beide hatten Anlaß, alten Groll mit sich herumzutragen – Jimmys Geburt hatte Anh aus der Fassung gebracht und Eheprobleme verursacht; daß Anh ihn im Stich gelassen hatte, war für seinen Sohn eine enorme Belastung. Dennoch hatten beide Schlimmeres überlebt und saßen jetzt hier beisammen. Mehr als alles andere spürte ich, daß Jimmys Leben – sein Schicksal und seine Zukunft – nicht mehr in meinen, sondern in seinen eigenen Händen lag. Tatsächlich spielte es keine Rolle, ob Anh seinen Sohn jemals vorher gesehen hatte oder ob Jimmy jeden Tag seines Lebens mit Anh zusammengewesen war. Jimmy ging jetzt seinen eigenen Weg. Das Gesetz des Universums waltete. Ich war meinen Vorfahren einen Schritt näher und Jimmy einen Schritt weiter auf seiner Lebensbahn. Die funkelnde Aura, die uns umgab und verband, war ein Bild, das keine Kamera einfangen konnte.

»*Tiep tuc hoc; lam nhieu: Dung hoc huot can sa bich phien*«, sagte Anh. »Studiere weiter, arbeite tüchtig. Halte dich von Drogen fern.«

Jimmy lachte. »Jetzt hörst du dich genau wie Mom an!« Ein

Einheimischer würde sich unter solchen Umständen niemals so ungezwungen benehmen, sondern mehr Bescheidenheit und Unterwürfigkeit an den Tag legen. Es machte mir wieder einmal bewußt, wie verwestlicht meine Söhne tatsächlich waren.

Anh wußte, daß Jimmy demnächst das College absolviert hätte. »*Ba rat tiet la ba khong lo cho con duoc.*«

Ich beugte mich zu Jimmy hinüber. »Er sagt, es tut ihm leid, daß er sich nicht um dich gekümmert hat, als du noch klein warst.«

Jimmy zuckte die Achseln, lächelte. »Verstehe. Sag ihm, wenn er's getan hätte, wär ich nie nach Amerika gegangen. Mein Leben ist gut gelaufen – wirklich prima. Er hat keinerlei Grund für irgendwelche Skrupel.«

Ich übersetzte das für Anh, er beugte sich zu mir und sprach rasch, ernst auf mich ein.

Als er fertig war, sagte ich: »Okay, allerseits, können wir die Scheinwerfer abstellen? Haben Sie genug Bilder im Kasten?«

Anh hatte erklärt, ihm fehlten die Worte. Er fühlte sich unbehaglich unter all diesen fremden Leuten. Es handelte sich schließlich nicht um einen Staatsakt. Zum Glück erloschen die Scheinwerfer.

Anh stand auf und schüttelte dem Team und unseren Reisegefährten die Hand. Er schüttelte auch Jimmy die Hand, zog ihn dann fest an sich, was er vor laufender Kamera niemals getan hätte. Jimmy umarmte ihn ebenfalls und wirkte, trotz seiner Länge, wie ein kleiner Junge in den Armen seines Vaters.

Am nächsten Morgen flogen wir nach Da Nang, wo wir unsere medizinischen Hilfsgüter unter mehreren lokalen Waisenhäusern und dem Krankenhaus aufteilten. Alle Institutionen waren voll besetzt nach einem Taifun, der kürzlich in Quang Nam gewütet, 78 Todesopfer gefordert und 250 000 Menschen obdachlos gemacht hatte. Das aufgestapelte Material hielt sich nicht lange. Die Ärzte nahmen sich gerade die Zeit, sich förmlich dafür zu bedanken und für ein bis zwei Aufnahmen zu posieren, bevor sie sich verzweifelt auf die Hilfsgüter stürzten. Ein wahrhaft befriedigendes Gefühl, diese Not etwas lindern zu können, obwohl es mich mit Macht weiterdrängte. Ich hatte die Genehmigung bekommen, meine Söhne und das Team nach Ky La mitzunehmen, und konnte es kaum noch erwarten.

Wir bogen an der bekannten Stelle von der Fernstraße ab und blieben sofort im schweren Erdreich stecken, da der Fahrer meine Warnungen überhört hatte. Das letzte Stück legten wir, mit den Videokameras beladen, zu Fuß zurück.

Als wir am neuen Friedhof vorbeikamen, rannte die übliche Schar Dorfkinder herbei. »Ong Ba My!« riefen sie. »Mr. und Mrs. America sind wieder da!« Bis zu meinem Elternhaus hatten wir eine riesige Menschenmenge im Schlepptau. Mit der ganzen Ausrüstung dürften wir den Eindruck erweckt haben, als seien die Marines nach China Beach zurückgekehrt!

Da sie von unserem Kommen wußten und nach meinem letzten Besuch Frieden mit den Klatschbasen geschlossen hatten, waren mein Bruder Bon Nghe und meine Schwester Ba Xuan zur Begrüßung erschienen, zusammen mit Hai und meiner Mutter. Ich war tief gerührt, als mein Bruder, der Kommunist, Opferspeisen und Weihrauch für den Schrein unseres Vaters hervorholte – eine vom Nachkriegsregime strikt verpönte Geste.

»*Thang Hung dau?*« rief meine Mutter, als sie uns herannahen sah. Sie wollte wissen, wo Jimmy sei.

»Ba Ngoai!« Er umarmte seine fassungslose Großmutter.

»*Oi chu cha troi, oi lon qua!*« keuchte sie.

»Was hat sie gesagt?« erkundigte sich Jimmy. Seine Augen funkelten.

»Sie kann's nicht fassen, wie groß du bist«, übersetzte ich. »Du bist ein Riese, sagt sie.«

Meine Mutter wollte wissen, ob Jimmy sich noch an sie erinnere.

»Na klar.« Er grinste. »Du bist die Frau, die sich immer an dem Türpfosten in unserem Haus den Rücken gekratzt hat!«

Ich übersetzte das für meine Mutter, und alles lachte. Streng nach dem Familienprotokoll wandte sich meine Mutter als nächsten an Tommy: »*Con thang Chau dau?* – Und wo ist Chau?«

»Hi, Ba Ngoai!« Auch Tommy erdrückte die gebrechliche alte Frau fast.

Sie blickte ihm kurz ins Gesicht, überlegte vielleicht, ob ihre Bemühungen, ihm als Säugling eine dunklere Haut und eine plattere Nase zu verpassen – ihr Versuch, Eds Sohn in mehr vietnamesisches Aussehen zu verschaffen –, Früchte getragen hatten. Was immer sie dabei herausfand, es machte sie glücklich und zufrieden.

»Und das ist Alan«, sagte ich auf vietnamesisch. »Der Enkel, den du noch nicht kennst. Sein Vater hat Nam Lan und ihre Söhne 1975 gerettet.«

Sie musterte den Sohn von Dennis, der sie, obwohl immer noch in der Grundschule, beträchtlich überragte. Sie drückte seine muskulösen Arme und bedachte mich mit einem breiten, zahnlosen Grinsen, offensichtlich erfreut.

Sie überhäufte die Jungen mit typischen Großmutter-Fragen: »Was lernt ihr in der Schule? Habt ihr viele Freunde? Seid ihr auch fleißig und macht immer eure Hausaufgaben? Helft ihr eurer Mutter, wenn sie als Witwe männliche Unterstützung braucht?« Und zu Jimmy, den sie als einen geradewegs vom Sockel gesprungenen schönen jungen Gott betrachtete: »Hast du dir schon ein Mädchen ausgesucht? Erinnerst du dich noch, was wir in Da Nang immer gemeinsam unternommen haben? Vermißt du mich überhaupt?«

Ich verbrannte Weihrauch und andere Opfergaben an unserem Schrein, und meine Mutter genoß ihre Rolle als Gastgeberin und weibliches Familienoberhaupt ungemein. Sie versammelte alle um sich und sang ein Lied. Ihre Stimme hatte eine erstaunliche Kraft und Frische.

Als sie geendet hatte, lachte sie auf und hielt sich schüchtern den Mund zu, während alle applaudierten. Ich übersetzte den Text, änderte nur die letzten Verse, die in ihrer Version lauteten: »Nachdem sie unser Dorf zerstörten, wurden viele Amerikaner von unseren Führern getötet.« Es gab kaum ein altes Lied, das nicht in den zwei Jahrzehnte anhaltenden Kämpfen seinen ursprünglichen Wortlaut dem Krieg zum Opfer gebracht hatte.

Kurz vor Sonnenuntergang fragte das TV-Team, ob ich sie wohl in das Sumpfgebiet führen und ihnen die Stelle zeigen würde, wo ich vom Vietcong vergewaltigt und terrorisiert worden war. Es war ein ziemlich kurzer Weg – ich erinnerte mich, daß ich von der kleinen Insel aus, auf der alles passierte, mühelos die Lichter unseres Hauses sehen konnte. Der innerliche Abstand freilich war gewaltig, und ich war mir nicht sicher, ob ich die Kraft besaß, die Geschichte just an dem Ort zu erzählen, wo sie sich zugetragen hatte. Trotz alledem bot sich eine seltene Gelegenheit, für andere zu dokumentieren, was immer noch so deutlich in meine Seele eingebrannt war, und (wie ich US-Veteranen seit Jahren geraten hatte) es könnte eine heilsame Wirkung haben, den Schauplatz alter Wunden wieder aufzusuchen.

Als wir die schachbrettartigen Reisfelder an den Deichen überquerten und die Abendsonne mir das Gesicht wärmte, schien sich die Zeit zurückzudrehen. Als wir durch den sumpfigen Boden und einen Engpaß auf die Insel platschten, fühlten sich meine Beine jünger, und mir kam plötzlich ein Lied in den Sinn – ein Lied, das ich meine Mutter und meine Schwester Hai während des Krieges gegen die Franzosen singen gehört hatte. Es handelte von einem Vietminh-Kämpfer, der allzu lange an der Front war und nun heimkehrte. Ich sang es leise vor mich hin.

Als ich endete, standen wir in einer Lichtung, die gerade für ein paar Kinder zum Ballspielen reichte. Ein paar Meter von dem dichten Gestrüpp entfernt war eine kaum wahr-

nehmbare flache Grube und daneben das ausgehobene Erdreich, in zwanzig Jahren von Wind und Regen abgetragen –
Yin und Yang, alles, was diesen Alptraum und jene Jahre
ausgemacht hatte. Ich denke, das Team war ein wenig enttäuscht über diese Miniaturausgabe von einem ›killing
field‹. Es war weder ein Friedhof noch eine Hinrichtungs-
stätte, vielmehr ein Reservat des Vietcong, das bei seinen
Opfern diese Vorstellung erwecken sollte. Dennoch hatte es
damals vollauf seine Wirkung getan. Der Gedanke an diesen
Ort hatte mir stets großes Unbehagen bereitet, und jetzt erkannte ich den Grund dafür. Es war nicht nur das unfaire
›Volksgericht‹ und die angedrohte Exekution oder auch
meine Vergewaltigung – so gräßlich das alles war –, die
mich quälten. Am meisten verabscheute und fürchtete ich
an diesem Ort, daß andere Menschen mir, zumindest für
eine kurze Zeitspanne meines Erdendaseins, meine Seele genommen hatten – meinen Wunsch und Willen zu lieben. In
den vergangenen paar Jahren hatte ich viel über Vergebung
gesprochen und geschrieben. Ich hatte es vermocht, den beiden VC-Wachen, Loi und Tau, die schrecklichen Dinge zu
verzeihen, die sie mir angetan hatten, doch das war einfach,
verglichen mit dem, was der kosmische Gott jetzt von mir
verlangte. Ich mußte mir nun selber verzeihen für die größte
aller Sünden aus jenen Jahren: meine Abwendung vom
Leben. Jetzt wußte ich, warum es so wichtig war, daß ich an
diesen Ort zurückkehrte und in der Nähe die Klinik errich-
ten wollte. Andere mögen das Wohltätigkeit nennen, doch
in Wirklichkeit rettete ich meine Seele.

Auf der Rückfahrt zum Hotel fragte ich die Jungen, was sie
denn von dem Ort hielten, an dem ihre Mom aufgewachsen
war.

»Ist's da immer so heiß?« erkundigte sich Jimmy.

»Heut war ein ausgesprochen schöner Tag.« Ich lachte.
»Wart nur den Sommermonsun ab.«

»Das ganze Videogerät in Shorts und T-Shirts zu schleppen, hat uns schon gereicht«, ergänzte Tommy. »Ich kann's mir nicht vorstellen, wie GIs in Drillichanzügen und mit Tornister über die Reisfelder patrouilliert sind. Selbst wenn man die Energie aufbringt und losmarschiert, versinkt man doch bis an die Knie im Schlamm. Unglaublich! Ich frag mich, wieso sie sich nie passend angezogen haben.«

»Wenigstens bin ich mal auf einem Wasserbüffel geritten«, sagte Jimmy.

»Du meinst die dürre kleine Kuh, auf der ich dich sitzen sah, als wir zurückkamen?« neckte ich ihn.

»Na ja – von nahem ist sie viel größer.«

»Es war nur 'ne kleine Kuh!«

»Wir erzählen den Leuten eben einfach, ich bin auf 'nem Wasserbüffel geritten, okay? Und dabei bleibt's dann.«

Nachdem wir tags darauf das Fernsehteam verabschiedet hatten, lernte Tommy ein paar Mädchen kennen, die ihn zu einem Konzert in Da Nang einluden. Als er zurückkam, zogen ihn die beiden anderen furchtbar auf.

»Na, Tom, wie steht's? Soll Mom den Heiratsvermittler aus dem Dorf rufen?« fragte Jimmy.

»Du bist ja bloß neidisch, weil sie hübscher sind als die Kuh, mit der du dich in Ky La amüsiert hast.«

Die zu Peitschen zusammengerollten Badetücher knatterten wie Maschinengewehrfeuer, und ich fürchtete schon, sie würden die Hoteleinrichtung zertrümmern.

»Okay, okay, das reicht!« schrie ich. »Natürlich hat Großmama Phung recht, Jimmy. Du bist jetzt ein junger Mann. Demnächst hast du das College hinter dir und wirst dich selbständig machen. Ich kann ja Ba Ngoai schon mal bitten, daß sie nach einem netten vietnamesischen Mädchen für dich Ausschau hält.«

»Halt! Nichts für mich!« Jimmy winkte ab. »Vietnamesische Mädchen sind viel zu schüchtern. Tom sagt, man darf nicht mal beim Tanzen ihre Hand halten. Die wollen bloß ihr Englisch üben und über die Schule reden.«

»Klar«, erwiderte ich stolz. »Typische Mädchen vom Dorf.

Die wollen euch mit ihrer Ernsthaftigkeit beeindrucken. Ihr müßt Geduld haben. In Amerika ist Liebe so, wie wenn man sich 'nen Big Mac schnappt. Hier ist's wie Reis anpflanzen. Meine Güte, du kannst doch nicht am gleichen Abend säen und ernten!«

»Und wie wär's, wenn man mit 'nem Düngemittel nachhilft?« fragte Tommy.

Jetzt hielt ich ihn mit einem Kissen fest, und die beiden anderen stürzten sich auf ihn.

»Wenn du so redest, findest du nie 'ne Freundin in Vietnam«, sagte ich. »Die Mädchen hier sind viel zu nett für euch!«

Ich hörte mich an wie meine Mutter. Insgeheim freilich konnte ich mir für meine Söhne nichts Besseres vorstellen, als daß sie die Liebe ihres Lebens unter den armen Mädchen in Vietnam entdeckten – ich wußte, daß sie starke Herzen und willige Hände in die Ehe mitbringen konnten. Natürlich wußte ich genauso, in welche Schwierigkeiten Mädchen vom Land in Amerika geraten würden, auch wenn meine Jungen mich als Beispiel vor Augen hatten – jetzt sogar schwarz auf weiß, ein schriftlicher Ratgeber! Doch es gibt Erfahrungen, im Osten wie im Westen, die jede Generation selber machen will und muß.

Wir verließen Vietnam als etwas veränderte Familie. In vieler Hinsicht hatte uns die Reise näher zusammengebracht. Die Jungen hatten das Geburtsland ihrer Mutter gesehen und mußten sich nicht mehr aus Büchern, alten Fotos und Erzählungen ein Bild davon machen. In anderer Weise war der Unterschied in Alter und Kultur, der zwischen mir und meinen Söhnen immer bestanden hatte, jetzt zu einer Kluft angewachsen, die stets und unvermeidlich die Generationen trennt, besonders im Westen. Ich konnte nicht länger so tun, als seien meine Jungen irgendwie vertriebene Vietnamesen – ersatzweise Dorfbewohner, von Gott geschickt, als vertraute Dekoration meines Lebens. Sie sahen klarer als ich in Vietnams Not und Elend einen Teilaspekt des größeren, weltum-

spannenden Elends. Ihre Sicht war die von realistischen, ge-
bildeten Amerikanern – ob sie eines Tages Geschäftsleute,
Ärzte, Rechtsanwälte, Künstler oder was auch immer werden
würden –, nicht die eines Mädchens vom Land mit Grund-
schulbildung, das die Wunden eines ganzen Volkes in einem
Tag zu heilen versuchte. Auf jeder Reise lernte ich mehr über
meine Aufgabe, und ebenso erkannte ich nun, daß meine
amerikanischen Söhne ihre eigenen Aufgaben im Leben hatten. Eine Entdeckung, die jede Mutter macht, und eine Lektion, die jedes Kind lernen muß.

Nach meiner Rückkehr in die Staaten erwarb Oliver Stone,
Oscar-Preisträger und selber Vietnam-Veteran, eine Option
auf die Filmrechte an meinem Buch. Er sah in meiner Geschichte die dritte Fortsetzung seiner großen Vietnam-Trilo-
gie, die mit *Platoon* begann und mit *Geboren am 4. Juli* weiter-
ging. Wir trafen uns, um über das Projekt zu reden, und ich
lernte in ihm einen nüchternen, kreativen Menschen kennen,
der sich erfolglos bemühte, sein gutes Herz und seine
Großzügigkeit zu verbergen. Wie so viele Veteranen, mit
denen ich zusammengearbeitet hatte, lebte der Zorn und die
Wut über den Krieg immer noch in ihm weiter. Doch zugleich
besaß die Intuition des Künstlers, die es ihm ermöglichte,
seine Gefühle in überwältigende und letztlich heilsame Bilder
umzusetzen. Ich sah in Oliver eine verwandte Seele; er
konnte meiner Geschichte dazu verhelfen, weltweit ein viel
größeres Publikum anzurühren, das nur durch Filme zu erreichen ist.

Er war auch ein Mensch, der gern dazu beitrug, etwas zu
verwirklichen.

Drei Tage, nachdem er die Pläne für die Mother's Love Clinic und Informationsmaterial über East Meets West erbeten
hatte, spendete er einen Scheck über die zur Beendigung unseres Werkes benötigte Summe. Dieser erste Dominostein
schien ein weiteres Wunder bewirkt zu haben: Wir erhielten
unsere Genehmigung vom State Department, unsere Klinik

zu bauen und die erforderliche Unbedenklichkeitsbescheinigung. Die Mauer, die mein altes von meinem neuen Land getrennt hatte, fiel – Stein um Stein.

Im September 1989 war ich wieder in Vietnam. Mehrere Onkel waren in Da Nang eingetroffen und fuhren weiter nach Ky La zur zwei Tage später stattfindenden feierlichen Eröffnung der Klinik. Ich fuhr mit ihnen und stand kurz nach Sonnenuntergang an der Tür meiner Mutter.

»Ich werde in meinem Dorf übernachten«, verkündete ich meiner Mutter und Hai. Mit Eröffnung der Klinik würde für das Dorf und seine Geister ein neuer Lebenskreis beginnen. Dies waren die letzten zwei Nächte, in denen ich mir die Welt meiner Jugend ins Gedächtnis zurückrufen konnte.

Hai kontrollierte alle Fenster auf Lauscher, und meine Mutter blies die Lichter aus, um Besucher abzuschrecken. Wir hockten mit meinen Onkeln auf dem Boden wie Kinder, die sich im Dunkeln Gespenstergeschichten erzählen.

»Das erinnert mich an 1975«, sagte Hai lachend, »als der Norden Da Nang einnahm. Alles rannte zum amerikanischen Army PX in China Beach, weil dort Lebensmittel verschenkt wurden. Ich schnappte mir zwei leere Säcke und ging auch hin. Ich war ein bißchen sauer, daß die Republikaner Eintrittsgeld verlangten, zahlte aber und füllte meine Säcke. Als ich rauskam, nahm mir ein Soldat aus dem Süden meine Beute ab – ja, er klaute sie einfach. Sie benutzten die Bauern, ihnen die Dreckarbeit zu machen! Ich fing an zu schreien und auf den Soldaten einzuschlagen, als Schüsse ertönten. Jemand brüllte: ›Giai phong, giai phong! – Befreit das Volk!‹ – und die Republikaner hatten wie der Blitz ihre Uniformen ausgezogen und ihre Gewehre versteckt. Der Mann, der mir eben meinen Sack gestohlen hatte, versuchte ihn gegen ein paar Kleider von mir zurückzutauschen – könnt ihr euch das vorstellen? Jedenfalls umzingelten die Soldaten aus dem Norden den Platz. Sie nahmen die Republikaner fest und banden sie an die schweren Säcke, damit sie nicht weglaufen konnten, dann ließen sie die Bauern gehen. Es wurmte mich, daß ich den großen Beutesack verloren hatte, aber zu sehen, wie diese Halunken das kriegten, was sie verdienten, das hat gutgetan!«

Alle lachten, bis auf meine Mutter. »Mich erinnert das heute an die Nacht, in der mir der Dorfschamane von Sau Ban erzählte ...«

Ich hörte ebenfalls auf zu lachen. Das war neu für mich. »Jemand hat dir erzählt, was mit meinem Bruder geschehen ist?«

Meine Mutter blickte nach oben, als könnte sie durch unser Strohdach die Sterne sehen.

»Es ist noch nicht lange her, da hat Bon Nghe unten im Süden einen *ong thay xac dong* engagiert, die sterblichen Überreste von Sau Ban ausfindig zu machen. Er hat eine Menge Dorfbewohner befragt und glaubt zu wissen, was geschehen ist. Sau Ban hat bei der Artillerie im Bezirk Dai Loc gedient, kurz vor der Tet-Offensive 1968 – und kurz bevor euer Vater starb. Er war auf Beobachtungsposten in einer Bergfestung und hat eine amerikanische Panzerkolonne gesichtet. Er hat seiner Geschützbedienung Feuerbefehl gegeben, aber sie haben den Panzer an der Spitze nicht erwischt, und gleich hatten sämtliche Geschütze in der Kolonne ihre Stellung im Visier. Seine Mannschaft wurde von der ersten Salve niedergemäht, obwohl Sau Ban zwar schwer verwundet war, aber noch wegkriechen konnte, bevor die amerikanischen Truppen kamen. Er lag den ganzen Tag in der Sonne, bis VC-Sanitäter kamen und ihn in ein unterirdisches Lazarett brachten. Sie trafen dort gegen Mitternacht ein, aber es war zu spät. Dein Bruder starb und wurde in Dai Hong begraben. Ein paar von den älteren Dorfbewohnern haben diese Geschichte bestätigt. Dort werden wir ihn suchen und finden – eines Tages.«

Wir sprachen noch eine Weile über Sau Dan, dann wandte ich mich an meine Mutter: »Du bist also zufrieden mit deinem Leben, Mama *Du?*«

»Wie kann man eine alte Frau so was fragen? Komm du

erst mal in meine Jahre, dann wird dir klar, was es für ein Segen ist, einfach nur lebendig zu sein – ein wahres Wunder! Vom winzigsten Käfer bis zum riesigsten Wal freut sich alles seines Lebens. Hör auf, darüber nachzugrübeln, das einzige, worauf es ankommt, ist – zu leben. Hai Ngai und die anderen reden über ihre Unabhängigkeit von den Eindringlingen, und ich nehme an, das ist ganz richtig. Es gibt den Leuten etwas zum Nachdenken – von der Zeit ihrer Geburt, wo sie alles noch lernen müssen, bis zur Zeit ihres Todes, wo sie dann alles vergessen haben. Um die Wahrheit zu sagen, ich freue mich darauf, in die Welt der Geister hinüberzugehen. Wir haben eine Menge neuer Geister überall hier in der Gegend.«

»Was meinst du damit, Mama *Du?*«

»Ich meine, daß eine Menge von Menschen, die dem Krieg zum Opfer fielen, als Babys zurückgekommen sind, und viele von ihnen sind jetzt junge Männer und Frauen. Sie sind unzufrieden mit dem, was heute als Frieden gilt. Sie wollen die Dinge besser machen und werden das auch auf die eine oder andere Weise tun. Wie meinst du, daß deine Klinik gebaut wurde? Wenn die alten Geister sie nicht wollten, stünde sie jetzt nicht da. Darum geht heute alles in diesem Land, Bay Ly – um das Leben, nicht um Tod. Deine Klinik ist nur einer von seinen neuen grünen Trieben.«

Am nächsten Morgen um acht waren alle Ehrengäste eingetroffen: Beamte aus dem Gesundheitsministerium und vom Roten Kreuz; Ärzte und Krankenschwestern aus der Stadt, die im Turnus Schichtdienst in der Klinik machen würden; kleine Funktionäre aus den verschiedensten Bezirksverwaltungen; und natürlich jeder Dorfbewohner, der laufen konnte, und viele, die es nicht konnten.

Bon Nghes Team installierte ein Podium und eine Lautsprecheranlage und stellte ein paar Dutzend Klappstühle für die Würdenträger auf. Auf dem Dach der Klinik entrollten sie Fahnen: auf der einen stand GRAND OPENING mit den Emblemen des Roten Kreuzes und von East Meets West, wie ein neuer Drugstore in einem kalifornischen Einkaufszentrum; auf der zweiten stand WELCOME TO THE MOTHER'S LOVE HEALTH CLINIC. Eine Marmortafel neben dem Eingang trug diesen Namen und die von vielen unserer Gönner, auch den von Oliver Stone.

Nach zahlreichen Reden und Händeschütteln wurden die Dorfkinder im Hintergrund unruhig. Ich wurde als letzte aufgefordert, ein paar Worte zu sprechen. Als ich aufs Podium ging, schien es mir tausend Jahre her zu sein, seitdem ich ein Kind wie sie war, doch in Wirklichkeit waren es nur zweiundvierzig Jahre. *Zweiundvierzig* – die magische Zahl des Ong Thay! Staunend und dankbar schwebte ich förmlich ans Mikrophon.

Meine Mutter war zu schüchtern, sich vorne hinzusetzen, wo ich ihr einen Platz reserviert hatte. Ich entdeckte sie hinten, wo sie stolz in einem flatternden *ao dai* stand – den ich vorher nur zweimal an ihr gesehen hatte: bei Sau Bans Hochzeit und bei der Beerdigung meines Vaters. Neben ihr, in seinem abgetragenen weißen Hemd, mein ältester Bruder, Bon Nghe, Oberhaupt der Familie Phung Trong.

Nachdem ich mich bei allen bedankt hatte, auch beim Schicksal oder Glück oder Gott, daß sie mir Gelegenheit gegeben haben, mich mit diesem Projekt selber zu heilen, sagte ich: »Bei den Bewohnern von Hoa Qui oder Ky La, wie es hieß, als ich hier lebte, möchte ich mich in aller Form entschuldigen. Alle hier wünschten sich, daß meine Schwestern und ich nette Dorfjungen heiraten und traditionelle vietnamesische Familien gründen. Nun, ich habe das nicht getan. Mein Karma hat mich in andere Richtung geführt, nach Amerika. Aus eigener Erfahrung kann ich Ihnen heute sagen, daß Amerika nicht Ihr Feind ist, es niemals war, auch nicht während des Krieges. Damals hat Amerika mich aufgenommen, verstört, geschunden, hat für mich gesorgt, mich erzogen und mir geholfen, meine drei wunderbaren Söhne großzuziehen. Es hat mich zur Staatsbürgerin gemacht und mir die Rückkehr ermöglicht, damit ich Ihnen diese Gaben bringe, die es euch gern und ohne Vorbehalte schenkt. Mehr als alles andere aber möchte Amerika, wie ich meine, eins: Es möchte euch verzeihen und dafür von euch Verzeihung erlangen. Wenn es im Laufe der kommenden Jahre Geschäftsleute, Touristen und Hilfsarbeiter zu euch schickt, so begrüßt diese, und damit Amerika, bitte mit offenen Armen. Wir alle sind Brüder und Schwestern. Wir alle müssen unserer Mutter ihre Liebe vergelten.«

Dann wurde die rote Fahne entrollt, und Feuerwerkskörper explodierten am Himmel. Kinder schlugen Trommeln, und die bösen Geister, die in den Sümpfen gelauert hatten, schrumpften zusammen und flüchteten vor dem fröhlichen Lärm.

EIN LIED VON TU UND DAO

Der erste Patient in unserer Klinik war ein ehemaliger Soldat, in dessen Hand seit zwanzig Jahren ein Granatsplitter steckte. Die Amtsärzte, die ihn zuletzt untersucht hatten, fanden ihre Zeit zu schade, um sie an eine solche Lappalie zu verschwenden, und rieten dem Patienten, ›die Zähne zusammenzubeißen‹. Eben dies hatte er bis jetzt getan.

Nun war er gekommen, um die hiesigen Ärzte zu fragen, ob sie nicht irgend etwas unternehmen könnten. Sie machten eine Röntgenaufnahme und sahen darauf drei Metallsplitter in Nähe des Knochens. Der Patient lag entspannt auf einem blitzend weißen Operationstisch, die Ärzte verabfolgten ihm eine Lokalanästhesie mit einem frisch aus Amerika eingetroffenen Präparat.

Als die Hand taub und desinfiziert war, begannen sie, anhand des Röntgenbildes zu operieren. Nach einer halben Stunde überreichten sie dem ehemaligen Soldaten drei schartige Splitter als Andenken, sein letztes an den Krieg.

Der Name des ersten Patienten wurde registriert: »Louis Block, US-Vietnam-Veteran aus Plummer, Idaho, USA; auf Dienstreise für East Meets West, 22. Oktober 1989; Da Nang Provinz Quang Nam, Vietnam.«

Seit der Eröffnung wurden in der Mother's Love Clinic mehr als 16 500 Patienten behandelt und 300 Kinder zur Welt gebracht. East Meets West errichtet derzeit auf einem rund zwanzig Morgen umfassenden Gelände in China Beach, inmitten von weißen Sandflächen und hohen Pinien, ein Rehabilitationszentrum für Heimatlose und Behinderte, mit dem Namen Peace Village. Dieses Friedensdorf liegt auf einem Areal, wo vor genau fünfundzwanzig Jahren über 3500 Marines landeten, der Beginn des amerikanischen Militäreinsatzes. Die erste Phase des Projekts – ein komplettes medizinisches Zentrum, in dem mehr als siebenhundert Patienten am Tag behandelt werden, und eine Schule für die gleiche Anzahl armer Kinder – wurde bereits vollendet.

Ebenfalls seit Eröffnung der Klinik fand unter Führung der Amerikaner ein unseliger, blutiger – zum Glück kurzer – Krieg im Irak statt. Die vietnamesische Regierung hat ihre Truppen aus Kambodscha abgezogen, und damit dem ersten wirklichen Frieden in Südostasien seit der Zeit vor dem Zweiten Weltkrieg eine Chance gegeben. Nordvietnams treuer Verbündeter, die Sowjetunion, ist verschwunden, nicht einmal der Name ist übriggeblieben. Die Teilung Deutschlands wurde überwunden. Bis auf China, Nordkorea und Cuba steht die Sozialistische Republik Vietnam allein, betrachtet aus der Ferne nachdenklich eine Welt, in der die Freiheit wiederentdeckt wird. Innenpolitisch hat sie ein breitgefächertes Programm der wirtschaftlichen Erneuerung – *doi moi* – in Angriff genommen, mit dem der Lebensstandard für die gesamte Bevölkerung gehoben werden soll. Ob dies ausreicht für eine Gesundung des Landes, weiß niemand, aber es ist zumindest ein Anfang.

Was Amerikas längsten Krieg angeht, so scheint der Teufelskreis von Rache und Vergeltung allmählich aufzubrechen. Das State Department hat einen Vier-Punkte-Plan zur Normalisierung der politischen und wirtschaftlichen Beziehungen zu Vietnam entwickelt, der als ersten Schritt ab März 1992 die Aufhebung des Verbots organisierter Reisen ins Land und die Gewährung von vier Millionen Dollar für humanitäre Hilfe vorsieht. Weitere Schritte sind abhängig von der künftigen vietnamesischen Kooperation bei der Suche nach amerikanischen Vermißten und von dem Zustandekommen freier Wahlen in Kambodscha.

Dennoch findet diese Entwicklung nicht allseits Zustimmung.

Ein Veteran, ehemaliger Green Beret, antwortete auf meine Aufforderung, nach Vietnam zurückzugehen: »Zum Teufel, nein! Nie im Leben! Nicht, solange die Kommunisten am Ruder sind!«

Nach einem Vortrag auf einem College-Campus im Mittelwesten stellte eine vietnamesische Zuhörerin die Frage: »Wer bezahlt Sie für diese Arbeit?«

»Niemand«, erwiderte ich. »Alles, was ich in Vietnam tue, wird aus Spenden oder aus meiner eigenen Tasche bezahlt. Ich habe mein Haus zweimal neu finanziert und meinen Wagen beliehen, um Mittel zu beschaffen. Bei meinen Freunden habe ich zehntausend Dollar Schulden. Ich wünschte, Sie hätten recht mit Ihrer Vermutung, aber sie stimmt einfach nicht. Dieser Job hat mich eine Menge gekostet.«

Ein anderer fragte: »In Ihrem Buch schreiben Sie, daß die südvietnamesische Regierung und die Amerikaner Ihnen schreckliche Dinge angetan haben. Wie sieht's denn mit den vielen aus, die jetzt in kommunistischen Umerziehungslagern sitzen? Was ist mit den Kriegsgefangenen und den Vermißten? Warum sagen Sie nichts von denen?«

Ich entgegnete: »Ich würde über sie sprechen, wenn ich Informationen hätte, was nicht der Fall ist. Ich weiß nur, was man mir erzählt hat, daß nämlich die Regierung alle verfügbaren Mittel erschöpft hat, Genaueres über ihren Verbleib in Erfahrung zu bringen. Sobald eine Belohnung ausgesetzt wird, fabrizieren die Leute Beweismaterial, um sich zu bereichern. Sobald die Regierung Strafmaßnahmen dafür fordert, beschweren sich die Leute über diese Brutalität. Auch die Regierung möchte diese Frage hinter sich bringen, genauso wie die Menschen in den Staaten. Das Problem dabei ist, daß manche Menschen in Vietnam, ebenso wie manche Menschen in Amerika keinesfalls zugeben wollen, daß der Krieg vorbei ist. Sie haben furchtbare Verletzungen erlitten und wollen den Feind immer weiter verletzen.«

Eine Vietnamesin stand auf. »Was ist mit den Flüchtlingen aus dem Süden – den Bootsflüchtlingen und all der Mühsal, die wir erdulden mußten? Auch wir haben gelitten! Warum schreiben Sie nicht über uns?«

»Ich habe nicht über die Bootsflüchtlinge geschrieben, weil ich nicht mit dem Boot hergekommen bin. Ich persönlich finde, daß jede Seite der Geschichte erzählt werden sollte.«

Eine andere junge Frau sprang auf und brüllte: »Wenn Buddha meine Gebete nicht erhört und Sie am Leben läßt, dann nehmen Sie bitte diese Botschaft mit für Ihre kommunistischen Dienstherren in Vietnam: Sagen Sie ihnen, die sollen sich zum Teufel scheren! Sagen Sie ihnen, sie sollen alle Häftlinge aus den Straflagern freilassen! Wenn wir zurückgehen, werden wir Waffen in den Händen tragen, und wir wünschen nicht, unsere Angehörigen dann tot vorzufinden!«

Ich entgegnete: »Glauben Sie wirklich, daß vierzig Jahre Krieg – mit den Japanern, den Franzosen, den Amerikanern, den Khmer und gegeneinander – für uns Vietnamesen nicht genug sind? Meinen Sie, daß wir weiter nichts brauchen als noch ein paar Jahre Kampf, und alles wird gut? Glauben Sie, daß wir dafür auf der Welt sind?«

Nach solchen Veranstaltungen kommen gewöhnlich ältere Vietnamesen und reifere Studenten zu mir, um sich ruhig etwa so zu äußern: »Schrecklich, daß sich manche Vietnamesen vor Amerikanern derart aufführen. Ich komme mir dann immer wie ein Barbar vor und schäme mich, Vietnamese zu sein.«

»Das sollen Sie nicht«, entgegne ich, »seien Sie stolz auf sich und auf unser Volk. Würden Sie Ihr Kind schelten, weil es sich krank fühlt? Nach allem, was wir durchgemacht haben, ist uns eine wunderbare Zukunft bestimmt. *Ai oi hay o cho lanh kiep nay chang gap de danh kiep sau* – Führe ein gutes Leben: wenn du in diesem Dasein das Glück nicht findest, dann gewiß im nächsten.«

Immer wieder tauchen Metaphern für Heilen in meinen Reden, in meinem Schreiben, in meinen zwanglosen Gesprächen, in meinen Träumen auf. Natürlich hat vieles davon mit meiner Arbeit zu tun, doch ich hatte die Worte des Ong Thay Vu Tai Loc und die des Mediums Paul nicht vergessen, der mir von dem alten Schutzgeist erzählte, dem Medizinmann, der meinen Schritten gefolgt ist seit meiner Geburt – auf einer höheren Ebene angesiedelt, eine Seele, noch älter als die meines Vaters –, dessen Identität einmal offenbar würde.

Im Jahre 1990 fuhr ich nach Ky La, um meine Mutter zu besuchen, inzwischen vierundachtzig und noch gebrechlicher geworden. Daß die Möglichkeiten, uns bei zukünftigen Reisen zu sehen, begrenzt waren, wußte ich, auch wenn Gott allein wußte, wann es das letzte Mal sein würde.

»Wenn du einen Wunsch frei hättest, Mama *Du*, was wäre das?« fragte ich in der Hoffnung, einen Hinweis auf irgend etwas aus dem Westen zu bekommen, das ihr die verbliebene Zeit erleichtern würde.

»Ein Wunsch? Oh, das ist einfach«, entgegnete sie. »Weißt du, nach all den Kriegsjahren liegen unsere Verwandten in flachen Gruben über ganz Vietnam verstreut. Ihre Seelen sind einsam und verlassen, ich kann ihr Wehklagen manchmal hören, wenn der Wind von China Beach herweht. Sollte ich einen letzten Wunsch äußern, so hätte ich gern die sterblichen Überreste gesammelt und auf dem neuen Friedhof neben deinem Vater begraben. Das würde ihn glücklich machen, glaube ich. Und mich ebenso.«

»All die alten Leichen suchen, wie?« Ich konnte mir nicht einmal vorstellen, wie sich das bewerkstelligen ließe.

»Mach doch kein so finsteres Gesicht.« Meine Mutter knuffte mich. »Du brauchst doch bloß einen *ong thay xac dong* zu engagieren.«

»Einen Geisterboten? Wie der Mann, der nach San Bau gesucht hat? Was kann der denn tun?«

»Na ja, mit den herumwandernden Geistern Kontakt aufnehmen. Die führen ihn zu ihren Gräbern. Dann muß er sie nur noch ausgraben und nach Ky La bringen.«

»Von wieviel Überresten sprechen wir eigentlich?« Ich war nach wie vor skeptisch.

»Ungefähr fünfzig bis sechzig«, erwiderte sie, als sei das gar nichts. »Das ist natürlich alles, woran ich mich erinnern kann und reicht nur sechs Generationen zurück. Dein Vater weiß darüber viel mehr.«

Dieses Projekt schien meine Mutter überaus zu beleben, und ich wollte es liebend gern für sie verwirklichen, doch meine Zeit war bei diesem Besuch knapp. Außerdem konnte nur das Familienoberhaupt ein solches Unternehmen autorisieren, und das war jetzt mein Bruder Bon Nghe.

»Das ist doch sicher ein Scherz«, sagte er, als ich ihn fragte.

»Nein, ich mache keine Scherze. Und unsere Mutter auch nicht. Ich habe Geschichten gehört und Zeitungsartikel gelesen über Regierungsbeamte, die mit Hilfe von Medien versuchen, amerikanische Vermißte aufzuspüren. Für Sau Ban hast du doch das gleiche gemacht. Können wir für unsere Vorfahren denn weniger tun?«

Bon Nghe schüttelte murrend den Kopf, doch ich wußte, wie seine Antwort ausfallen würde. Da hatten wir schon größere Wunder vollbracht.

Bei meiner nächsten Reise nach Vietnam im März 1991 begrüßte mich der von Bon Nghe eingestellte *ong thay xac dong.*

»Die Überreste all Ihrer Vorfahren väterlicherseits erwarten Sie auf dem Friedhof, junge Frau«, sagte der fast zahnlose Alte. »Die spirituale Energie ist überall in Quang Nam deutlich niedriger geworden, wo sie jetzt einen ordentlichen Ruheplatz haben, das kann ich Ihnen versichern! Sogar ich schlafe besser.«

Ich holte meine Mutter und Hai, und wir folgten dem *ong thay* zum Friedhof neben dem alten Deichweg, wo Reliquiengefäße, in Leinen gehüllte Knochenfragmente, umgebettete Särge und marmorne Gedenksteine aufgereiht waren wie für eine Truppeninspektion.

Ich konnte nicht beurteilen, ob diese Gebeine – vor allem die ohne Inschrift – wirklich von Vorfahren der Phung stammten oder nicht; aber meine Mutter schien glücklich zu sein. Ich zündete ein Weihrauchstäbchen an und schritt die Reihe ab, betete zu jedem Geist, wenn er sich durch seine Gedenktafel oder durch die Stimme des *ong thay* zu erkennen gab.

Am Ende der Reihe war der älteste aller Vorfahren. Der schön behauene alte Marmor zeigte, daß er entweder als sehr reicher Mann gestorben war oder von seinen Zeitgenossen hoch verehrt wurde. Ich legte ein brennendes Weihrauchstäbchen neben dem Grabstein nieder, und mir lief ein kalter Schauer über den Rücken. Die Inschrift lautete:

ONG TIEN HIEN THAY THUOC
Pflanzenheilkundiger Vorfahr

Das Laub der Bäume rauschte – eine Geisterstimme lachte. Tu und Dao, sagte sie, *der geistige und der weltliche Weg laufen in einen zusammen. War das so schwierig, diese Lektion zu lernen?*

Die Nachmittagssonne versank hinter den Bergen im Westen. Arbeiter betteten die Überreste an einem eigens dafür ausgehobenen Grab und stellten die neuen Grabsteine sorgfältig auf. Meine Mutter und Hai standen dicht nebeneinander im Abendsonnenschein, schwatzend wie Schulmädchen – verjüngt durch die Wiedervereinigung so vieler Generationen. Weiter unten unterhielt sich eine Gruppe Amerikaner, durch ihren Reiseführer als Dolmetscher, vergnügt mit ein paar Dorfbewohnern – Ost und West begegneten sich so natürlich und mühelos, wie die schäumende Brandung den Sand in China Beach berührt.

In der Ferne näherte sich der Schatten des alten Pfefferbaums neben unserem Haus langsam der Klinik Mother's Love. Jetzt – endlich – spielte es keine Rolle mehr, ob der Boden unter meinen Füßen vietnamesisch oder amerikanisch war. Mutter Erde war meine Heimat und alle ihre Kinder meine Brüder und Schwestern.

Ich spürte, wie der Kräutermann sich umdrehte und tief in seinem neuen Bett schlief. Ein Traum endete. Ein anderer hatte begonnen.

Dieses Buch handelt von *Schuld* – vom Dank, dem wir dem kosmischen Gott dafür schulden, daß er uns erschaffen hat; dem Dank, den wir unseren Müttern schulden, weil sie sein Geschöpf zur Welt gebracht haben; der Seelenschuld, die wir durch die Wahl, die wir im Leben treffen, anhäufen und bezahlen. Ähnliche Schulden haben wir bei den Menschen, die uns führen, formen und helfen. Wir mögen nicht immer in der Lage sein, diese Schulden zurückzuzahlen, doch zumindest können wir dankbar anerkennen, auf welche Weise sie unseren Lebensweg reicher und weniger steil gemacht haben.

Zuerst möchte ich all denen danken, die mir und meinen Söhnen einfache, menschliche Freundlichkeit entgegengebracht haben, als wir Amerikas ›goldene Küste‹ betraten. Meist kannten wir nicht einmal ihren Namen oder haben ihnen nicht genug gedankt. Lassen Sie mich das jetzt tun. Sollten Sie sich in einer anderen Inkarnation als Immigrant – einsam und verlassen in einem fremden Land – wiederfinden, dann werden Sie wissen und genau verstehen, was ich sagen will. Möge ich dann der Verkäufer in der Lebensmittelabteilung oder der Beamte, der Lehrer, der freundliche Nachbar sein, der Ihnen mit einem Lächeln und ein paar aufmunternden Worten hilft, wenn Sie es am nötigsten brauchen.

Besonders möchte ich den Familien Munro und Hayslip danken: den noch lebenden Mitgliedern und denen, die sich zu ihren Ahnen versammelt haben. Von meinen Ehemännern und ihren Angehörigen habe ich gelernt, Amerikanerin zu werden. Auch meiner Schwester Lan, die mir an diese Küsten gefolgt ist, möchte ich meinen bescheidenen Dank abstatten. Durch sie alle habe ich gelernt, daß Blumen in jedem Boden blühen können.

Mein Dank gilt ferner allen, die *Geboren in Vietnam* gelesen und ihm damit zum Eigenleben verholfen haben – einem weiteren Sohn, der seinen Weg in der Welt gemacht hat. Ohne das unerschütterliche Vertrauen, das Doubleday – insbesondere unser Herausgeber, Casey Fuetsch, und noch viele andere – in mich und meine Lebensgeschichte gesetzt hat, hätte viel Gutes nicht verwirklicht werden können. Während ich dies schreibe, hat meine ›Tochter‹, die East Meets West Foundation zwei Kliniken im ländlichen Gebiet von Vietnam gebaut, beziehungsweise dabei mitgeholfen und ist auf dem besten Wege, ein regionales Friedensdorf in China Beach fertigzustellen. Wie kann eine solche Dankesschuld jemals in einem Menschenleben zurückgezahlt werden?

Dieses literarische Kind hat seinerseits Kinder geboren, und die Geburtshelfer verdienen ebenso meine tiefe Dankbarkeit. So gilt mein herzlichster Dank Rachael Klayman, der Herausgeberin unserer Taschenbuchausgabe bei Plume Books; Michael Viner und Nancy Kwan von Dove Audio; und den Herausgebern und Übersetzern der fremdsprachigen Ausgaben in zehn anderen Ländern, die mitgeholfen haben, meine Botschaft von Frieden und Vergebung unter denen zu verbreiten, die zwar den Vietnamkrieg nur von ferne beobachtet haben mögen, aber selber Kriege und Not erleiden mußten. Oliver Stone, Lynwood Spinks, Kathryn Sommer, Mario Kassar, Christina Rodgers, Robert Kline und anderen, die so hart daran gearbeitet haben und noch arbeiten, meine Geschichte als Film zu erzählen, danke ich aus tiefstem Herzen. Sie helfen damit, die versöhnliche Botschaft an Millionen Menschen in der ganzen Welt weiterzugeben, die nur durch die besondere Magie von Bild und Ton zu erreichen sind.

Mein Dank geht ferner an alle Journalisten von Presse und Funk und an die zahlreichen Colleges, Universitäten, High-

Schools und Wohltätigkeitsorganisationen, die meiner kleinen Stimme Gehör verschafft haben – in den Vereinigten Staaten und weltweit. Dank Ihnen hatten viele Menschen Gelegenheit, innezuhalten und die Tempelglocke zu hören. Aus den Tausenden von Briefen, die ich bekam, weiß ich, daß viele in das Lied der Erleuchtung eingestimmt haben.

Ost und West zusammenbringen, bedeutet manchmal – Berge versetzen. Ich möchte Steven Pinter, Michael Marine und Jeff Braunger vom US Treasury Department und Marc Kron vom US Commerce Department danken und ebenso vielen, vielen Menschen im State Department, daß sie uns die Sondergenehmigungen erteilt haben, die wir für die Fortführung unserer Arbeit in Vietnam benötigen. Desgleichen danke ich für Hilfe und Unterstützung Trinh Xuan Lang und Nguyen Can, Botschaftern der vietnamesischen UN-Mission, Botschafter Empassi in Bangkok sowie Nguyen Co Thach und Dang Nghiem Bai und ihrem Mitarbeiterstab im Außenministerium in Hanoi. Ferner möchte ich in Vietnam dem Vorsitzenden des Volkskomitees, Nguyen Dinh An, und Ngo Van Tran und seinem Mitarbeiterstab im Amt für Außenhandelsbeziehungen danken; ebenso den Mitarbeitern vom Roten Kreuz, den örtlichen Funktionären in den Dörfern Hoa Hai und Hoa qui (Ky La) und allen Menschen in der Provinz Quang Nam Da Nang, die mir, meiner Familie und der Stiftung beim Bau der Kliniken behilflich waren, die von der Bevölkerung Zentralvietnams so dringend benötigt werden.

Besonders danke ich all den Menschen, die East Meets West auf unseren Hilfsaktionen und Erkundungsreisen begleitet haben. Sie haben sich dankenswerterweise mit den keinesfalls erstklassigen Hotels, dem einfachen Essen und den nicht gerade komfortablen Transportmitteln und anderen Unbequemlichkeiten abgefunden, die Sie sich erspart hätten, wenn Sie gemütlich zu Hause in den Vereinigten Staaten geblieben wären. Seien Sie bedankt dafür, daß Sie die Ärmel hochgekrempelt, sich in die Arbeit gestürzt und Ihre Mühe und Liebe einem Land und einem Volk geschenkt haben, die vor so vielen Jahren von Amerika ihrem Schicksal überlassen wurden. Allerdings bleibt noch viel zu tun, doch die Berge wurden von Ihnen etwas näher zueinander versetzt.

Mein besonderer Dank gilt auch meinen Brüdern und Schwestern unter den Viet Kieu, die große Risiken auf sich genommen haben und dies auch weiterhin tun, um das ›Land, wo unsere Nabelschnur begraben liegt‹, immer wieder zu besuchen und es gesundzupflegen. Dieses neue Buch wurde im wahrsten Sinne des Wortes für Euch geschrieben. Als Mitglieder einer großen Familie betrifft das, was einem von uns widerfährt, uns alle.

Manchmal schulden wir den meisten Dank denen, die unsere Dankesworte zuletzt zu hören bekommen: unseren Nächsten daheim. Meinem ältesten Sohn, Jim, meinem neuen Koautor und einem prächtigen jungen Mann, wie ihn sich jede Mutter nur wünschen kann, danke ich dafür, daß er gemeinsam mit mir die nicht immer erfreulichen Erinnerungen an unser turbulentes Leben in Amerika noch einmal aufleben ließ. Die Zeit und die Ideen, die du zusammen mit deinen Brüdern, Tum und Alan, den zwei wichtigen Protagonisten in unserer Geschichte, eurer ›armen alten Mom‹ so verschwenderisch zur Verfügung gestellt hast, haben mir mehr bedeutet und mich mehr bewegt, als du ahnen kannst. Wir haben wahrhaftig unseren eigenen Sau-Dau-Baum im üppigen Boden von Amerika gepflanzt und gehegt. Wir dürfen freilich auch die anderen nicht vergessen, die ebenfalls unseren Garten beackert haben: Jay Wurts, der uns mit seinem schriftstellerischen Können und seiner Erfahrung zur Seite stand; und Sandy Dijkstra, Kathy Goodwin und Mary Ann Grode, die neue Türen öffneten und uns halfen, die Früchte unserer Arbeit zu ernten.

Danken möchte ich in aller Bescheidenheit auch den vielen Vietnamesen und Amerikanern, die bei East Meets West im Direktorium, als Ehrenvorsitzende und als Berater tätig waren, ebenso all denen, die sich unermüdlich als freiwillige Helfer zur Verfügung gestellt haben. Die vielen Stunden, die

Sie dafür geopfert haben, brachten Ihnen meine Zuneigung und die tiefgefühlte Dankbarkeit all derer, denen Sie geholfen haben; und wie ich hoffe, für Sie selbst mehr als nur ein bißchen Befriedigung.

Mein herzlichster Dank gilt auch den vielen Ärzten aus den Vereinigten Staaten und anderen Ländern, die Apparate, Instrumente, Medikamente und Geld gesammelt haben, um unsere Kliniken in Vietnam auszustatten und weiter zu versorgen. Angesichts der Unsummen, die immer noch für Kriegsmaschinerien vergeudet werden, um sie funktionstüchtig zu erhalten, wirkt Ihre Großzügigkeit in unserem Kreuzzug für den Frieden geradezu überwältigend.

In enger Verbundenheit – trotz der viertausend Meilen, die zwischen uns liegen – möchte ich meinen Angehörigen in Vietnam danken: meiner Mutter, meinem Bruder Bon Nghe, meinen Schwestern Ba Xuan (und ihrem Mann Chin) und Hai sowie meiner Nichte Tinh und all ihren Familien, die mir in den letzten paar Jahren bei meinen vielen Reisen in unser Land geholfen haben. Wir sind glücklicher dran als die meisten anderen, denn wir konnten uns bei guter Gesundheit oft wiedersehen. Diese große Dankesschuld wollen wir weiterhin abtragen, zu Ehren unserer Vorfahren und aller *am binh* Soldaten. Meinen Mönchen, die ja zu meiner ›spirituellen Familie‹ gehören, möchte ich ebenfalls Dank sagen: den ehrwürdigen Thich Giac Ngoi, Thich Giac Nhien, Thich Tri Chon, Thich Man Giac, Thich Phap Chan und Phuoc Thuan. Ohne Sie wäre ich meiner Bestimmung in diesem Leben nicht halb so nahe gekommen, wie es meiner Meinung nach der Fall ist.

Gern würde ich den Namen jedes einzelnen abdrucken lassen, der East Meets West mit einer Spende geholfen oder uns durch Gebete und aufmunternde Worte unterstützt hat, doch das würde ein eigenes Buch erfordern. So muß es also für diesmal genügen, auf der folgenden Liste all jene zu nennen, die auf tausenderlei Arten geholfen haben, wann immer sie darum gebeten wurden. Sollte ich versehentlich einen Freund hier ausgelassen haben, so bekenne ich mich schuldig und versichere ihn meiner unwandelbaren Dankbarkeit und Zuneigung. Jeden Freund, dem ich bisher noch nicht begegnet bin, dessen Mitgefühl aber durch diese Worte über den Ozean gelenkt wurde, fordere ich auf, sich telefonisch oder schriftlich zu melden:

> East Meets West Foundation
> 11956 Bernardo Plaza Drive #310
>   Rancho Bernardo, CA 92128
> (619) 747-6017

In einer Welt, die aus den Schatten ihrer düsteren Vergangenheit ungestüm ins Licht drängt, dürfen wir ein Volk nicht vergessen, das sie hinterlassen hat. Es bleibt noch vieles zu lehren und zu lernen. Es bleibt noch viel Arbeit zu tun.

> PHUNG THI LE LY HAYSLIP
> San Diego, California
> März 1992

Tony Abat	Geoffrey Clifford
Dee Aker	Luc Do
American Legion Post 33	Chanh Doan
(Kasson Legion)	David Donnan
Mr. and Mrs. Doan C. An	Robert Donnan
Bill Backner	Robert and Judy Dunn
Dean Barad	George Elson
Thomas Bass	Mary Emeny
Patrice Basse	Michael Feldstein
Lowell Blankfort	First Unitarian Church
Louis Block	Dave Gallo
Vickie Block	Loraine Gardner
Jeff Brown	Louis Gotlib
Dr. Richard Buchta	Dee Gove
Le and Lan Bui	Steve Graw
David Bushnell	Kathy Greenwood
Fredy and Sherry Champagne	Ailill Halsema
Steve Chang	Lambert Halsema
James Chapman	Doan Thi Nam Hau
Joan Chen	H. M. & T. Cohn Foundation

A. Kitman Ho
Doan Thi Nam Hoa
Doan Thi Nam Hue
Marie Huhtala
Le Van Hung
Laurens J. Jansen
Chuck Jones
Russell Jones
Don and Carol Kenyon
Victor Kempster
Ron Kovic
Dr. Judy Ladinsky
Jeanne Lang
Andrew Le
Dr. William Lenon
Jean Lovejoy
Milton Low
Don Luce
Marvin May
Barry McMahon
Medic of Illinois
Nguyen Tang Mien
Jim Miller
Mr. and Mrs. Lu Van Moch
Hiep Nguyen
Tanya Nguyen
Northwest Airlines
Vu Thi Van Nuong
Bernard O'Gara
Pacific Unitarian Church
Richard Pardo
Herbert Paas
Peace Development Fund
Val Petersen
John Pritchard
June Pulcini
Binit Rama
Morria Ratcliff
Dr. R. C. Reznichek
Michael and Monica Rhodes

Jim Robinso
Timothy Rogers
Dr. John Romine
Roger Rumpf
Steve Russel and the Landmark Theater Corporation
San Diego Foundation
Nguyen Thi Sanh
Dolie Schien
Dr. Edward Sherwood
Michael Singer
Dr. Peter Singer
Bob Sioss
Mike Snelling
Kathy Sommer
Perry Steinberg
Oliver Stone
Rose Stone
Shirley Sun
Mai Phuoc Thien
Nguyen Thuan
Clayton Townsend
Tom Tran
University of California, San Diego Medical Center
U.S. Committee for Scientific Cooperation with Viet Nam
U.S./Viet Nam Friendship Aid Association
Nick Ut
Nam C. Van
Linda Vo
Jennifer Wall
VVAF/Washington, D.C.
James Watson
Putney Westerfield
The Wonderful Foundation
Janet Yang
John Sacret Young
Azita Zendel

John Grisham

Der "König des Thrillers" *FOCUS*
Die neuen Weltbestseller im Heyne-Taschenbuch!

01/8822

Außerdem erschienen:
Die Jury
01/8615

Wilhelm Heyne Verlag
München